现代市场营销理论与实务

主　编 ◎ 李小丽　梁惠珍　张　锐

副主编 ◎ 苏嘉明　许　媛　王　娜　权　乐

西南交通大学出版社
·成都·

内容简介

本书共 14 章，在内容体系上分为基本理论及应用与实践两大部分。基本理论包含章节概述及经典理论；应用与实践包含案例介绍、案例分析与方法应用以及课后思考题等。本书基于营销管理新格局，坚持以市场营销理论深度理解与应用实践相结合为出发点，培养新时代"国际化、数字化、趣味化、产业化、实践化"的市场营销复合型人才。本书从市场营销基本理论、市场营销环境评估与应对、市场分析方法与应用、消费者市场与心理行为、市场细分与定位、开发新产品与管理产品生命周期、全球市场等方面系统阐述了市场营销相关知识，具有语言简洁、逻辑严密、案例丰富等特点，集理论性与实践性于一体。

本书可作为市场营销专业及管理类、财经类和其他相关专业的教材，也可作为相关从业人员的自学参考书。

图书在版编目（CIP）数据

现代市场营销理论与实务 / 李小丽，梁惠珍，张锐
主编. -- 成都：西南交通大学出版社，2025. 7.
ISBN 978-7-5774-0469-1

Ⅰ. F713.50

中国国家版本馆 CIP 数据核字第 2025G689P2 号

Xiandai Shichang Yingxiao Lilun yu Shiwu
现代市场营销理论与实务

主　编 / 李小丽　梁惠珍　张　锐

策划编辑 / 李鹏飞
责任编辑 / 罗爱林
责任校对 / 左凌涛
封面设计 / 墨创文化

西南交通大学出版社出版发行
（四川省成都市金牛区二环路北一段 111 号西南交通大学创新大厦 21 楼　610031）
营销部电话：028-87600564　　028-87600533
网址：https://www.xnjdcbs.com
印刷：成都市新都华兴印务有限公司

成品尺寸　185 mm × 260 mm
印张　22.75　　字数　554 千
版次　2025 年 7 月第 1 版　　印次　2025 年 7 月第 1 次

书号　ISBN 978-7-5774-0469-1
定价　60.00 元

课件咨询电话：028-81435775
图书如有印装质量问题　本社负责退换
版权所有　盗版必究　举报电话：028-87600562

前言

PREFACE

在经济全球化发展进程中，企业市场竞争力的强弱取决于能否及时、准确、全面地获取市场信息，并通过分析市场信息准确地预测和把握市场发展趋势，从而提高决策能力、管理水平和整体竞争力。为此，我们在参阅国内外资料和最新科研成果的基础上，结合自身多年积累的教学经验编写了本书。

本书在编写过程，着力突出以下特点：

1. 融入课程思政、体例新颖、结构合理。本书每章节的思政目标明确，理论与实务教学安排清晰，设计了学习目标、案例导入、案例分享、阅读资料、本章小结、知识结构图等模块，以提高营销实践能力为目标，力求做到理论性、应用性、现实性和前瞻性的有机结合。

2. 注重实践、学科交叉、创新前瞻。本书根据教学对象的特点和教学需要，在每章设置了经典案例介绍、案例分析与方法应用、课后思考题，注重理论和实践互通互融；以新商科前沿、经典案例解析、"任务驱动、项目导引"的全景课程设计和多元教学模式，巩固基础理论知识及实务技能；引入国内外最新市场营销案例以及大数据时代智慧营销案例，与数字概念、技术和实践发展同步。

3. 数字资源、平台辅助、便于使用。为广大师生提供了一站式教学资源，读者可以登录综合教育平台"营销课堂"（http：//www.gaoxinedu.com）体验平台式教学，下载相关教学资源包，以提高教学效率和提升教学体验。

本书由李小丽担任第一主编，负责教材内容的结构安排、体例设计、编撰任务分工；由梁惠珍、张锐担任第二、第三主编，负责全书统稿、定稿。具体撰写分工如下：苏嘉明编写第 1 章、第 14 章；李小丽、王娜共同编写第 2 章；王娜编写第 4 章、第 13 章；梁惠珍编写第 3 章、第 10 章、第 12 章；张锐、权乐共同编写第 8 章；张锐编写第 5 章、第 7 章；李小丽编写第 8 章；许媛编写第 6 章、第 11 章；权乐编写第 9 章。本书在编写过程中参考了部分专家学者的观点，并征求了多位学者的意见，在此一并表示感谢！

由于编写时间仓促，加之编者水平有限，书中疏漏之处在所难免，敬请广大读者批评指正。

李小丽

2024 年 6 月

目 录

CONTENTS

第1章　市场营销基本概念与理论

◆学习目标

思政目标：提高学生的政治敏锐性；树立正确的市场意识，传递家国情怀、民族自豪感，培育系统思维和国际视野，启发学生整体、联系、动态的多元化思维方式。

知识目标：理解市场营销的概念及市场营销的学科性质；了解全方位营销的内容；掌握市场营销管理的定义与任务；掌握市场营销组合的内容与特点。

能力目标：培养分析企业营销管理的能力；掌握提高顾客忠诚度的衡量方法。

素质目标：培养学生具备诚信正直的品格，注重道德修养和职业操守，以诚实守信的态度处理人际关系和营销活动中的各种情境。

案例导入

如何开拓市场

美国一个制鞋公司要寻找国外市场，公司派了一个业务员去非洲的一个海岛，让他了解一下能否将本公司的鞋销给他们。该业务员到了非洲后，待了一天就发回一封电报："这里的人不穿鞋，没有市场。我即刻返回。"公司又派出一名业务员。第二位销售员在该岛待了一个星期后，发回一封电报："这里的人不穿鞋，鞋的市场很大，我准备把我们公司生产的鞋卖给他们。"公司总裁得到两种不同的结果后，为了解到更真实的情况，于是又派去了第三个人。该人到达该岛后，待了3个星期，发回一封电报："这里的人不穿鞋，原因是他们脚上长有脚疾，他们也想穿鞋。但我们的鞋太窄，我们必须生产宽鞋，才能适合他们对鞋的需求。这里的部落首领不让我们做买卖，除非我们借助政府的力量和公关活动大搞市场营销。我们打开这个市场需要投入大约1.5万美元。这样，我们每年能卖大约2万双鞋，在这里卖鞋可以赚钱，投资收益率约为15%。"

思考：如果你是本例中的公司总裁，你将采纳哪一个业务员的建议？为什么？

学习市场营销学，先要认识市场营销，了解市场营销最基本的概念与内容，包括市场营销的核心概念、市场营销的学科性质、市场营销的管理哲学、市场营销管理，以便为学好市场营销打下坚实的基础。

1.1　基本概念与理论

1.1.1　市场营销学的内涵

市场营销的定义是随着企业市场营销实践的发展而发展的。

1985 年，美国市场营销协会（American Marketing Association，AMA）首次将市场营销定义为：市场营销是关于构思、货物和服务的设计、定价、促销和分销的规划与实施过程，目的是创造能实现个人和组织目标的交换。

经过近 40 年的发展，当前所认可的定义为：市场营销是与市场有关的人类活动，它以满足人类各种需要和欲望为目的，通过市场使潜在交换变为现实交换。

1. 市场营销的定义

理解市场营销的定义时，应该注意以下几点：

（1）市场营销不同于推销或促销。现代市场营销活动包括市场营销研究、市场需求预测、新产品开发、定价、分销、物流、广告、人员推销、销售促进、售后服务等内容，而推销或促销仅仅是现代营销的一部分，而且不是最重要的一部分。著名管理学家彼得·费迪南·德鲁克（Peter Ferdinand Drucker）指出：市场营销的目的就是使推销成为多余。

（2）市场营销的核心是交换。这在美国市场营销协会对市场营销的定义中得到了很好的体现。

（3）市场营销者可以是卖主，也可以是买主。假如有几个人同时想买正在市场上出售的某种稀缺产品，每个准备购买的人都尽力使自己被卖主选中，这些购买者就都在进行市场营销活动。在另一种场合，买卖双方都在积极寻求交换，那么买卖双方都可称为市场营销者。

市场营销是与市场有关的活动，市场营销活动在现代经济生活中有着非常重要的作用。如果没有市场营销活动，现代经济生活则难以开展。

2. 市场营销的相关概念

市场营销可以看作一种计划及执行活动，其过程包括对一个产品、一项服务或一种思想的开发制作、定价、促销和流通等活动，其目的是经由交换及交易的过程达到满足组织或个人的需求目标。

市场营销的定义是建立在一系列的相关概念之上的，这些概念包含以下几个要素：需要、欲望、需求、产品、价值、交换、交易、市场等。

1）需要和欲望

市场营销最基本的概念是人的需要。需要是人类经济活动的起点。美国著名心理学家亚伯拉罕·哈罗德·马斯洛（Abraham H. Maslow）在对人的需要研究的基础上将其划分为5 个层次：生理需要、安全需要、社会需要、受尊重需要和自我实现需要。马斯洛认为，只有当前一个层次的需要被满足之后，人们才会去追求下一层次的需要。应该注意的是：人的需要并非由市场营销活动所造成的，它们是人的内在需要。当一个人的基本需要没有被满足时，他有两种选择——寻找可以满足这种基本需要的东西，或者降低这种基本需要。在工业发达的社会里，人们往往通过各种手段来制造新产品以满足这种需要，而在贫穷落后的社会里，人们采取的态度往往是暂时降低这种需要。在明确了需要后，还要区分欲望和需要，因为将两者进行区分对市场营销工作的进行是十分有利的。

欲望是指人希望得到更深层次的需要的满足。例如，人渴了要喝水，上班时穿漂亮套装，休闲时娱乐与健身，这便是欲望。在不同的社会里，这些需要满足的方式是不同的。

尽管人们的需要有限，但欲望却很多。人类欲望的不断形成和再形成受到很多外界力量，如价值观念、流行与时尚、宗教团体、学校、家庭和公司等因素的影响。

由此可以看出，市场营销者虽然无法创造人的需要，但可以采用各种营销手段来影响人们的欲望，并开发及销售特定的产品或服务来满足这种欲望。

2）需求

市场营销者的任务不仅是激起消费者的欲望，更重要的是激起他们购买产品的需求。

需求通常是为满足某种欲望而产生的，即对某一特定产品或服务的市场需求。市场需求反映消费者对某一特定产品或服务的购买意愿和购买力，也就是说，产品需求是建立在两个条件基础之上的：有购买力且愿意购买。当有购买力支持时，欲望即变为产品需求。一个人可能会有无限的欲望，但只有有限的财力。他必须在自己的购买力范围内选择最佳产品来满足自己的欲望，在这种情况下，他的欲望就变成了产品需求。许多人都想开高级轿车，但只有少数人才能支付得起并购买。因此，市场营销者不仅要预测有多少人喜欢自己的产品，更重要的是要了解到底有多少人愿意并能够购买。可见，市场营销者最重要的任务就是分辨出消费者的购买力层次，挖掘他们的需求并最大限度地满足这些需求。

3）产品

产品是指厂商提供的各种商品和劳务，也就是任何可以满足需要和欲望的东西。产品最重要的是必须要与购买者的欲望相吻合。一个厂家的产品与消费者的欲望吻合程度越高，其在市场竞争中获得成功的可能性就越大；反之，失败的可能性就越大。美国通用电气公司在 20 世纪 60 年代将其在欧美非常畅销的家用面包烤箱推向日本市场，并投入大量促销广告，结果日本消费者的反应却非常冷淡。这是因为虽然日本人与美国人一样饿了需要吃东西，可绝大多数日本人饥饿时是吃米饭而不是面包，而面包烤箱是不能烤大米的。

有些产品的重要性并不在于拥有它们，而在于得到它们所提供的服务。女性在购买口红时，她们购买的是美的"愿望"；木匠在购买电钻时，他们购买的是钻的"孔"。可见，有形产品只是提供服务的手段。因而，市场营销人员的工作不仅要描述产品的物理特征，更重要的是要销售产品深层次的利益和所能提供的服务。

4）价值

为了满足消费者的某种需求，企业会提供多种可供选择的产品或服务。一个消费者在满足自己的需要时是怎样在众多的产品中做出选择的呢？消费者往往是根据自己的价值观念来评估产品选择系列，然后选出一个能极大地满足自己需求的产品。这里必须强调，真正决定产品价值的因素是一种产品或一项服务本身给人们所带来的极大满足，而不是生产成本。例如，王先生需要娱乐。能满足这一需求的产品或服务有许多，如旅游、打球、看电影、听戏等，这些构成一个产品选择系列。另外，王先生需要的这项娱乐活动还必须能健身、安全、价格低等。这时，王先生就能根据自己的价值观念从以上产品或服务中选出最能满足自己需要的一种产品或服务。

一般来说，顾客在不同的产品或服务之间做出选择的基础是看哪种产品或服务可以给他们带来更大的价值。价值是市场营销中的一个重要概念。实际上，可以把市场营销看成识别、创造、沟通、传递和监控顾客价值的过程。

5）交换和交易

人们有需要和欲望以及能够评定产品效用的事实并不足以定义营销。当人们决定通过交换来满足需要和欲望时，才出现了市场营销。

交换是市场营销理论的中心。如果没有买卖交易式的交换行为，单单是用产品去满足特定的需要，还不足以构成市场营销活动。交换是以提供某物作为回报而与他人换取所需产品的行为。交换是先于市场营销的前提性概念。

交换并不是一次性的活动，而是一个过程。交换的双方都要经历一个寻找合适的产品和服务、谈判价格和其他交换条件以及达成交换协议的过程。一旦达成交换协议，交易也就产生了。交易是交换的基本组成单位，是双方之间的价值交换，若要发生交易，必须是"A 把 X 给 B 的同时获取了 Y"。

为了成功地达成交易，营销者必须研究每一个成员的供给与需要，简单的交换情况可用买卖双方及相互之间的供求关系来表示。

6）市场

在市场营销学中，市场是由一切具有特定的欲望和需求，并且愿意和能够以交换来满足此欲望和需求的潜在顾客构成的。市场规模的大小取决于那些有某种需要并拥有使别人感兴趣的资源的人数，并且他们愿意以这种资源来换取其需要的东西。由此可知，市场包含 3 个主要因素：有某种需要的人、为满足这种需要的购买力和购买欲望。市场的这 3 个因素是相互制约、缺一不可的，只有三者结合起来才能构成现实的市场，才能决定市场的规模和容量。例如，一个国家或地区人口众多，但收入很低，购买力有限，则不能构成容量很大的市场。又如，购买力虽然很大，但人口很少，也不能形成很大的市场。只有人口多，需求旺盛，购买力又大，才能成为一个有潜力的大市场。但是，如果产品不符合需要，不能引起人们的购买欲望，对营销者来说，仍然不能成为现实的市场。所以市场是上述 3 个因素的统一。

3. 市场营销的学科性质

1）市场营销的产生与发展

市场营销的产生与发展是一个特殊的历史过程，在这一过程中，市场营销学科不断地完善并走向成熟。

管理学大师彼得·德鲁克认为，市场营销最早起源于 17 世纪的日本，而不是西方。他指出：市场营销最早的实践者是日本三井家族的一位成员。17 世纪 50 年代，作为商人，他在东京定居下来，成立了世界上第一家百货商店，并为该商店制定了一些经营原则。这被视为最早的市场营销实践。彼得·德鲁克还指出，直到 19 世纪中叶，市场营销才在美国国际收割机公司产生。第一个把市场营销当作企业的中心职能，并把满足顾客需求当作管理的专门任务的是美国国际收割机公司的塞勒斯·H.麦考密克（Cyrus H.McCormick）。

在这些实践基础上，19 世纪 50 年后，市场营销进入美国学术界，进而登上企业经营管理的舞台。直到 20 世纪初期，"市场营销"一词才首次作为大学课程的名称。1904 年，克鲁希（W.E.Kreusi）在宾夕法尼亚大学讲了一门名为"产品市场营销"的课程。1910 年，巴特勒（Ralph Starr Butler）在威斯康星大学讲授了一门名为"市场营销方法"的课程。这些被视为市场营销在理论上的开端。

具体来说，市场营销学科的发展经历了以下几个阶段：

（1）发现时期（1900—1910年）。

在此期间，承担大学商科教学的教师们开始注意到交换领域的定价、分销和广告问题的研究，并陆续开设相关课程，但市场营销学的理论体系尚未形成，授课时常借用经济学理论。

（2）概念化时期（1911—1920年）。

随着批发业和零售业的逐渐壮大，广告和推销技术也得到了进一步发展。学术界开始运用产品研究法、机构研究法和职能研究法研究市场营销问题，陆续提出了一些市场营销学科的新概念，初始的学科体系逐渐形成。

（3）整合时期（1921—1930年）。

为了促进市场营销理论的完善和科学化，学术界开始将各专门学科和各种研究方法的成果加以整合，融合提炼，博采众长，形成了基本的市场营销理论，市场营销学科的独立性、系统性和完整性日趋明显。

（4）扩展时期（1931—1940年）。

已出版的各种市场营销学原理论著经过不断修订，在理论体系上有了明显发展。尤其在消费者分析方面，出现了社会学、心理学等非经济学的理论，并逐步向消费者心理研究和市场营销问题的定量化研究发展。

（5）完善时期（1941—1950年）。

这一时期，既是对原有研究成果的重新评价，又是强调市场营销学理论体系科学性的时期。其主要特征是：更加强调市场营销管理；更加强调从消费者立场出发，把市场营销当作整体来考察；在原有理论体系基础上，加入了计划、预测和预算等市场营销职能。

（6）体系化时期（1951—1960年）。

这一时期是现代市场营销理论的形成时期。其主要特征是：市场营销理论的阐述更加准确；广泛吸收其他学科（包括自然科学和社会科学）的概念、原理，理论体系更加充实；注重市场营销决策研究和定量研究；强调市场营销活动必须适应消费者需求的变化；强调目标市场营销、市场营销信息和市场营销系统的重要作用。

（7）差异化时期（1961—1970年）。

市场营销学从原来的总论性、归纳性和概括性分析研究转变为区别不同的研究对象、确定具体研究内容的专门性研究，并分化出许多子学科，如服务市场营销学、国际市场营销学、非营利组织市场营销学、房地产市场营销学等。

（8）社会化时期（1971—1980年）。

市场营销学由原来单纯论述企业或组织的市场营销活动转变为强调企业市场营销活动所关联的社会责任、社会义务和商业道德，强调借助市场营销学原理、方法来推进社会事业的发展和社会目标的实现。由此产生的结果是，社会日益认同市场营销学科在经济发展、社会进步以及精神文明建设等方面的重要作用。

（9）国际化时期（1981—1990年）。

这一时期既是市场营销学的分支学科——国际市场营销学的理论化、系统化的大发展时期，也是市场营销学在国际范围内迅速扩散和被广为采纳的时期。伴随着和平与进步的国际潮流，许多国家积极倡导改革开放、发展经济。这不仅有力地促进了市场营销学的传播，也极大地丰富了市场营销学的理论内容，迅速壮大了市场营销学的教学研究队伍。

（10）科技化时期（1991年至今）。

这一时期，市场营销学界日益重视科学技术对市场营销的影响和渗透作用。学者们纷纷运用现代科学技术（如IT技术等）开展市场营销教学与研究，分析科学技术给市场营销带来的机遇与挑战。总之，寻求科学技术与市场营销的结合成为这一时期市场营销教学与研究的热门话题。

2）市场营销的作用

现代社会经济条件下，由于生产的规模化和消费的多样化，生产和消费的矛盾更加突出。解决这一矛盾的最佳手段就是市场营销活动，这是因为进行市场营销活动可以减少由生产和消费的分离而带来的交换的不方便。具体来说，市场营销的作用主要体现在以下几方面：

（1）消除由生产和消费地点的分离而带来的不便性。

生产者与消费者在地理位置上的距离问题是通过市场流通来解决的。某轿车的生产厂在上海，但消费地在全国各地；茶叶的主要产地在中国，消费地却遍及世界各地。当市场营销人员需要将上海生产的轿车销往全国各地市场，将中国的茶叶销往世界各国市场时，生产和消费地点上的不同一性就随之产生，而科学的市场营销活动可以减少由空间的分离而带来的不便。市场营销活动在这里创造的是地点效用。

（2）消除由生产和消费时间的分离而带来的不便性。

时间的分离主要是指产品的生产时间与消费时间的分离。产品往往是先生产后消费。营销人员将生产出来的产品分类后，集中起来，运送到离消费者最近的地点，等待消费者购买。这项市场营销活动为消费者提供了方便，使消费者在自己需要时就能购买到合适的产品，从而减少了因时间的分离而带来的不便。市场营销活动在这里创造的是时间效用。

（3）消除由生产和消费所有权的分离而带来的不便性。

生产者对其产品具有所有权，但他们自己不需要这种产品；而消费者需要这种产品，但他们对这种产品没有所有权，这就是产品所有权与使用权的分离。其产生的根源是价值和使用价值的分离。因此，当一个消费者购买一台电视时，电视的所有权就随之转移到了消费者手中。显然，营销活动促使了交易的产生，给这个所有权转移的过程提供了方便，在制造商与中间商、中间商与消费者的所有权移交上起了桥梁作用。一项交易的产生不是取决于制造商或中间商的价值观，而是取决于消费者的价值观。只有当消费者认为一项产品或服务的价值等同或超过了自己的期望价值时，交易才会产生。然而，制造商或中间商往往是根据产品的成本和竞争的环境来定价的，而消费者则往往是根据产品的使用价值来定价的。市场营销活动的功效之一就是使制造商、中间商和消费者的价值认定统一起来，促使市场交易的产生。市场营销活动在这里创造的是价值效用。

（4）消除由生产和消费信息的分离带来的不便性。

市场营销的一个主要功能是将市场信息传递给消费者，同时将消费者的需求和爱好反馈给制造商。在市场经济条件下，市场上的产品成千上万，消费者很难知道哪一种产品最符合自己的期望价值，最能满足自己的需求。他们往往是通过研究营销人员传递的市场信息（如广告）来做出购买决定的。另外，消费者的需求和爱好是不断变化的，为了满足这些不断变化的需求和爱好，生产商往往通过营销人员反馈的市场动态信息来指导自己下一阶段的生产。市场营销活动在这里创造的是信息效用。

3）市场营销学的研究对象

市场营销学是从经济学的母体中脱胎出来的，是一门以经济学、行为科学和现代管理理论为基础，研究以满足消费者需求为中心的企业市场营销活动及其规律性的综合性应用学科。

市场营销学的发展经历了一个充分吸收相关学科研究成果，博采众家之长的跨学科演变过程，进而逐步形成了具有特定研究对象和研究方法的学科。其中，经济学、心理学、社会学以及管理学等相关学科对市场营销学的贡献尤为显著。

市场营销学的研究对象具有一定的特殊性，它是以满足消费者需求为中心的企业市场营销活动过程。具体来讲，市场营销学要研究作为卖方的企业如何在动态的市场上有效地管理其与购买者的交换过程和交换关系及相关市场营销活动过程。

1.1.2　市场供给与需求

营销的所有工作都围绕着为顾客创造价值而展开。因此，市场营销过程的第一步是，公司必须完全理解消费者和企业运营的市场。

因而，营销人员需要了解顾客的需求和欲望以及企业运营的市场环境。首先讨论营销领域的 5 个核心概念：顾客需要、欲望与需求；市场供应品（产品、服务和体验）；顾客价值与满意；交换和关系；市场。

1. 顾客需要、欲望与需求

人类需要是市场营销背后最基本的概念。需要（Needs）是一种感受到匮乏的状态。它既包括基本的生理需要，如食物、衣服、温暖和安全等，也包括对归属和情感的社会需要，还有对知识和自我表达的个体需要。这些需要并非由营销活动创造，它们是人类本能的基本组成部分。

杰出的营销公司竭尽所能地去了解并弄清顾客的需要、欲望和需求。它们开展消费者调研并分析大量的消费者数据，观察线上、线下的顾客如何购物和互动，它们的各级成员（包括最高管理层）都与顾客保持紧密的联系。

波士顿市场（Boston Market）的首席执行官乔治·米歇尔（George Michel）也经常光顾公司餐厅，在餐厅里工作，让顾客了解"好的、坏的、丑陋的方面"。为了与顾客保持联系，他还阅读顾客在波士顿市场网站上的留言，甚至还打电话给顾客寻求客户洞察。"与顾客保持紧密联系是非常重要的"，米歇尔说，"我可以了解他们看重什么，欣赏什么"。

2. 市场供应品：产品、服务和体验

消费者的需要和欲望通过市场供应品（Marketing Offerings）来满足。市场供应品是指向市场提供的旨在满足顾客需要或欲望的产品、服务、信息或者体验的某种组合。市场供应品不限于实体产品，还包括服务——用于销售的活动或者利益，它们本质上是无形的，且不会导致任何形式的所有权变化，如金融服务、航空、酒店、零售和房屋维修服务等。

从更广义上说，市场供应品还包括一些其他实体，如人、地点、组织、信息和观念等。例如，圣地亚哥推出了一项价值 900 万美元的"幸福计划"广告活动，邀请游客来这里享受这个城市的好天气和好时光：从海湾和海滩到市中心的夜生活及城市风光。

很多营销人员错误地把过多的注意力集中在特定产品上，而忽略了产品所带来的利益和体验，从而患上了营销短视症（Marketing Myopia）。他们太过关注自己的产品，结果只注意到了现有的需求却忽视了消费者的潜在需求。他们忘记了产品只是用来解决消费者问题的工具。生产 1/4 英寸（1 英寸 ≈ 2.54 厘米）型号钻头的制造商可能会认为顾客需要的是钻头，但实际上顾客需要的只是一个 1/4 英寸的孔。当一种可以更好地服务于消费者需求或者更便宜的新产品出现时，营销人员就会陷入困境。

消费者的需求没有变，但是他们可能会想要新的产品。精明的营销人员不仅看中他们所销售产品和服务的具体属性，更重要的是通过将产品和服务结合起来，为顾客创造品牌体验。

3. 顾客价值与满意

顾客往往面临多种可以满足其特定需求的产品和服务，他们如何在其中做出选择呢？顾客会对多种市场供应品提供的价值和满意度形成期望，以此为依据进行购买，满意的顾客将会重复购买并将自己的良好体验告诉他人，不满意的顾客则会转向竞争对手并向他人贬低该产品。

营销人员必须非常仔细地设定正确的期望水平。过低的期望虽然会使顾客感到满意，但往往无法吸引到足够的顾客；如果他们把期望抬得过高，顾客又会对真实产品或服务感到失望。顾客价值和顾客满意是发展和管理顾客关系的关键模块，我们将在本章后面部分重新讨论这些核心概念。

4. 交换和关系

当人们决定通过交换满足需要或欲望时，就产生了营销。交换（Exchange）是指通过提供某种物品作为回报，从别人那里换取自己所需物品的行为。从广义上来说，营销人员会尽力促使顾客对某种产品产生反应。这种反应可能不仅仅是"购买"或者"交易"产品和服务。比如，一个参加竞选的政治家想要的是选票，一个教堂需要的是信徒，一支交响乐队需要的是听众，而一个社会团体需要的是人们接受他们的观念。

营销包含为了同目标受众建立并保持与某种产品、服务、观点或其他对象有关的良好交换关系而采取的所有行动。公司希望通过持续提供出众的顾客价值来维系良好的顾客关系。我们将在本章后面部分就"顾客关系管理"这一重要概念展开详细的论述。

5. 市　场

由交换和关系的概念可以引出市场的概念。市场是产品或服务的所有实际和潜在购买者的集合。这些购买者具有某些共同的特定需要或者欲望，可以通过交换关系来满足。

市场营销就意味着管理市场并带来能够产生利润的交换关系。然而，创造交换关系要花费很多心血。销售人员必须寻找购买者，明确他们的需要，设计恰当的市场供应品并为其设定价格，进行促销、仓储和分销。消费者调研、产品研发、沟通传播、分销、定价以及服务都是核心的营销活动。

尽管我们通常会认为营销是由营销人员来完成的，但是购买者同样会参与营销过程。当消费者寻找他们需要的产品，与公司打交道以获取信息并做出购买决策时，他们就是在参与市场营销过程。事实上，今天的数字技术，包括网站、智能手机应用软件以及现在很火的社交网络，都使消费者拥有了更多的选择权并让营销真正地成为双向的过程。因此，除顾客关系管理外，营销人员还必须有效处理"顾客管理关系"。他们不只要问"我们怎样影响我们的顾客"，而且还要问"我们的顾客如何影响我们"，甚至还要问"我们的顾客如何相互影响"。

图 1-1 展示了营销体系中的主要元素。在通常情况下，营销涉及如何在面临竞争者的情况下为终端消费者市场提供服务。企业及其竞争者要通过对市场进行调研以及与消费者互动来了解消费者需求。然后创造市场供应品、营销信息及其他营销内容，直接或通过营销中间商传递给消费者。营销系统当中的所有参与者都受到主要环境力量(人口统计因素、经济因素、自然因素、技术因素、政治/法律因素、社会文化因素）的影响。

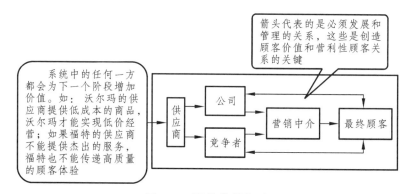

图 1-1　现代营销体系

从图 1-1 中可以看出，系统中的任何一方都会为下一个阶段增加价值。箭头代表的是必须要发展和管理的关系。因此，一个企业能否成功建立营利性的顾客关系不仅取决于它自身的活动，还取决于整个系统对终端消费者需求的满足程度。如果沃尔玛的供应商不能以低价提供商品，它就无法履行自己"天天低价"的承诺；同样，如果福特的经销商不能提供杰出的销售和服务，福特公司也无法向汽车购买者传递高质量的使用体验。

1.1.3　市场营销管理过程

1. 市场营销管理的定义

1985 年，美国市场营销协会把市场营销管理定义为：规划和实施理念、商品和劳务设计、定价、促销、分销，为满足顾客需要和组织目标而创造交换机会的过程。

这一定义指出，市场营销管理是一个包括分析、计划、执行和控制的过程，涵盖理念、商品和劳务，它以交换为基础，目标是满足各方需要。可见，市场营销管理的实质是需求管理。企业在开展市场营销的过程中，一般要设定一个在目标市场上预期要实现的交易水平，然而，实际需求水平可能低于、等于或高于这个预期的交易水平。换言之，在目标市场上，可能没有需求、需求很小或超量需求。市场营销管理者要根据不同的市场需求制定不同的市场营销管理任务。

2. 市场营销管理的任务

根据需求水平、时间和性质的不同，可归纳出 8 种不同的需求状况。在不同的需求状况下，市场营销管理的任务不同。

1）负需求

负需求是指市场上的大部分人不喜欢某产品，甚至宁愿付出一定代价来躲避该产品的情况。此时，市场营销管理的任务是改变营销，分析该产品不受欢迎的原因，研究是否可以通过重新设计、降价、积极促销等方案来改变顾客的印象和态度。

2）无需求

无需求是指顾客对产品根本不感兴趣或无动于衷的情况。此时，市场营销管理的任务是刺激营销，想方设法地把产品的功效与人们的自然需求和兴趣结合起来。

3）潜伏需求

潜伏需求是指许多消费者都有不能由现有产品来满足的强烈需求的情况，如大量节油的汽车等。此时，市场营销管理的任务是开发营销，估测潜在市场的规模并开发产品和服务以有效地满足潜在的需求。

4）下降需求

任何一个组织迟早都会面对它的一种或几种产品的需求下降的情况。市场营销者必须分析需求下降的原因，并判断通过改变产品特性、寻找新的目标市场或加强有效沟通等手段能否重新刺激需求。此时，市场营销管理的任务是重振营销，通过创造性的再营销，力挽狂澜，扭转需求下降的局面。

5）不规则需求

许多组织面临的需求每季、每天，甚至每小时都处于不规则状态，这就造成了生产能力的不足或闲置浪费。例如，娱乐场所和购物中心平日门可罗雀，而周末又人满为患；医院手术室周初登记人数过多，周末又过少。此时，市场营销管理的任务是协调营销，即通过灵活的定价、促销和其他激励办法来改变需求模式，使之平均化。

6）充分需求

当公司的业务量达到满意程度时，所面临的是充分需求。此时，市场营销管理的任务是维持营销，面对消费者偏好的改变和竞争的加剧，设法保持现有的需求水平。组织必须不断提高自己的产品质量，并密切关注消费者的满意程度，以确保良好的效果。

7）过量需求

有些组织所面临的需求水平超出了它们的预期，此时，市场营销管理的任务是减少营销，需要寻找暂时或永久的减少需求的办法，如提价、减少促销或服务等。

8）有害需求

有害的产品如香烟，会引起某些民间组织反对其消费。此时，市场营销管理的任务是责任营销，使嗜好有害产品的公众控制其消费行为，可用的方法有宣传其危害、提价、减少购买机会等。

3. 市场营销管理过程

市场营销管理过程，就是企业为实现其任务和目标而发现、分析、选择和利用市场机会的管理过程。更具体地说，市场营销管理过程包括分析市场机会、选择目标市场、设计市场营销组合、管理市场营销活动等步骤。

1）分析市场机会

市场营销学认为，寻找、分析和评价市场机会是市场营销管理人员的主要任务，也是市场营销管理过程的首要步骤。在现代市场经济条件下，由于市场需要不断变化，任何产品都有生命周期，所以任何企业都不能永远依靠其现有产品维持生产和发展。正因为如此，每一个企业都必须经常寻找、发现新的市场机会。市场营销管理人员可通过经常阅读报纸、参加展销会、研究竞争者的产品、召开献计献策会、调查研究消费者的需要等来寻找、发现或识别未满足的需要和新的市场机会。

2）选择目标市场

市场营销管理人员在发现和评价市场机会以及选择目标市场的过程中，除了要广泛地分析研究市场营销环境和大体了解消费者市场、生产者市场、中间商市场和政府市场外，还要进行信息收集、市场测量和市场预测等市场营销研究工作，据以决定企业应当生产经营哪些新产品，决定企业应当以哪个或哪些市场为目标市场。

3）设计市场营销组合

营销组合是企业市场营销战略的一个重要组成部分。杰罗姆·麦卡锡（Jerome McCarthy）曾指出，企业的市场营销战略包括两个不同的而又互相关联的部分：一是目标市场，即一家公司拟投其所好的、颇为相似的顾客群；二是市场营销组合，即公司为了满足这一目标顾客群的需要而加以组合的可控制的变量。所谓市场营销战略，就是企业根据可能机会，选择一个目标市场，并试图为目标市场提供一个有吸引力的市场营销组合。

4）管理市场营销活动

企业市场营销管理过程的第四个步骤是管理市场营销活动，即执行和控制市场营销计划。这是整个市场营销管理过程中一个具有关键性的、极其重要的步骤。因为企业制订市场营销计划不是纸上谈兵，而是为了指导企业的市场营销活动，实现企业的战略任务和目标。

4. 市场营销组合

鉴于市场营销组合的重要性，下面进一步对市场营销组合的内容进行阐述。

市场营销组合主要包括产品策略（Product Strategy）、定价策略（Pricing Strategy）、渠道策略（Placing Strategy）和促销策略（Promotion Strategy），简称"4P"。因为这4个策略的组合通常是由市场营销人员决定的，所以也被称为可控变量。其中，每一个策略都包含了许多相关的决策因素，各自又形成一个组合，如产品组合、价格组合、渠道组合、促销组合。这些措施可以归纳为4组变量——4P。图1-2总结了每个P中包含的市场营销工具。

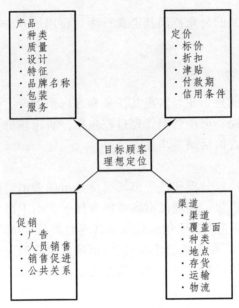

产品
- 种类
- 质量
- 设计
- 特征
- 品牌名称
- 包装
- 服务

定价
- 标价
- 折扣
- 津贴
- 付款期
- 信用条件

目标顾客
理想定位

促销
- 广告
- 人员销售
- 销售促进
- 公共关系

渠道
- 渠道
- 覆盖面
- 种类
- 地点
- 存货
- 运输
- 物流

图 1-2　市场营销组合的 4P

1）产品策略

产品的范围很广,它是指一切用于满足消费者需求的有形产品、无形服务或思想观念。与产品相关的决策因素包括产品的开发与生产、产品的包装、产品的商标和产品的质量保证等。产品策略之所以重要,是因为它直接涉及消费者需求和欲望的满足。生产者奉献给消费者的产品应该是上述几个决策因素的有机组合,即"全方位产品"。为了满足长期的战略目标,一个企业必须根据市场变化不断地开发新产品,更新现有产品,淘汰过时产品。

2）定价策略

消费者非常关心产品的价格,因为价格是产品价值的反映形式,而消费者对产品价值的认定又正好与他们需求的满足程度相关联。定价决策涉及两个方面:一方面是价格政策,如高价投放或低价渗透等;另一方面是具体定价,如基本价格、折扣、折让、支付期限等。因为消费者往往用价格来衡量产品的价值,而产品的价值是否与消费者的期望价值相符又影响购买决策,定价策略在市场营销策略组合中的地位非常特殊。在现代商业活动中,企业常常用产品价格来建立一种产品以及公司的形象,使之成为竞争的有力工具。

3）渠道策略

渠道策略涉及一个公司怎样以最低的成本,通过最合适的途径,将产品及时送达消费者的过程。渠道策略包括选择产品销售的地点,保持适当的库存,选择合适的中间商与零售商和维持有效的物流中心等。简言之,公司要想营利,就必须在合适的时间将合适的产品送至合适的地点供消费者选购。

4）促销策略

促销策略关心的是怎样将产品信息有效地传播给潜在消费者。促销策略涉及以下几个方面:向潜在消费者介绍本公司的新产品、新品名、新式样等,激起潜在消费者购买该公司产品的欲望,使消费者不断保持对该公司产品的信赖和兴趣,在消费者中形成对该公司完美的形象等。促销的手段主要有人员推销、广告、销售促进、公共宣传和直复营销等。

5. 市场营销组合的特点

1）市场营销组合因素对企业来说是"可控因素"

企业根据目标市场的需要可以决定自己的产品结构，制定产品价格，选择分销渠道（地点）和促销方法等。对这些市场营销手段的运用和搭配，企业有自主权。但这种自主权是相对的，不是随心所欲的，因为企业的市场营销过程不但要受本身资源和目标的制约，而且要受各种微观、宏观环境因素的影响和制约，这些是企业所不可控制的变量，即不可控因素。因此，市场营销管理人员的任务就是适当安排市场营销组合，使之与不可控制的环境因素相适应，这是企业市场营销能否成功的关键。

2）市场营销组合是一个复合结构

4 个"P"之中又各自包含若干小的因素，形成各个"P"的亚组合，因此，市场营销组合是至少包括两个层次的复合结构。企业在确定市场营销组合时，不但应求得 4 个"P"之间的最佳搭配，而且要注意安排好每个"P"内部的搭配，使所有这些因素达到灵活运用和有效组合。

3）市场营销组合是一个动态组合

每个组合因素都是不断变化的，是一个变量；同时又是互相影响的，每个因素都是另一因素的潜在替代者。4 个大的变量又各自包含着若干小的变量，每一个变量的变动都会引起整个市场营销组合的变化，形成一个新的组合。

4）市场营销组合要受企业市场定位战略的制约

企业需要根据自身的市场定位战略设计、安排相应的市场营销组合。

6. 大市场营销的提出

1984 年，菲利普·科特勒（Philip Kotler）提出了一个新的理论，他认为企业能够影响自己所处的市场营销环境，而不应单纯地顺从和适应环境。因此，市场营销组合的"4P"之外，还应该再加上 2 个"P"，即权力（Power）与公共关系（Public Relations），成为"6P"。这就是说，要运用政治力量和公共关系打破国际或国内市场上的贸易壁垒，为企业的市场营销开辟道路。他把这种新的战略思想称为"大市场营销"。

1.1.4 市场营销战略与计划

每个企业都必须在既定的环境、机会、目标、资源条件下寻找一个最有利于自身长期生存和发展的规划，这就是战略规划的重点。战略规划（Strategic Planning）是制定和保持企业目标及能力与不断变化的营销机会之间的战略匹配的过程。

战略规划是企业其他规划的基础。企业通常需要制订年度计划、长期计划和战略规划。年度计划和长期计划通常针对企业现有业务，制订方案使之持续发展。相对来说，战略规划则是在不断变化的环境中对企业进行调整以抓住合适的机会。

首先，在企业层面，企业从定义整体目标和使命开始整个战略规划过程（见图 1-3）。这个使命随后发展成详细的支持性目标来指导整个企业的发展。其次，企业高层管理者要决定怎样的业务和产品组合对企业最为有利，以及为它们各自提供多少支持。反过来，企业的每一项业务和产品都要提供详细的营销计划和其他部门性计划来支持企业的整体规划。从中我们可以看出，市场营销计划发生在业务层面、产品层面和市场层面。它通过提供针对特定市场机会的计划，来支持企业整体战略规划。

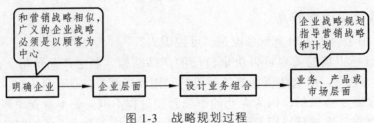

图 1-3　战略规划过程

1. 市场导向的定义

组织的存在是为了达成某个目标，这个目标必须被清楚地陈述出来。要形成合理的使命陈述，需要回答以下几个问题：我们的业务是什么？我们的顾客是谁？我们的顾客注重什么？我们的业务应该是什么样的？这些看似简单的问题实际上最难回答。成功的企业会不断提出这些问题并仔细、完整地回答它们。

很多企业通过形成正式的使命陈述来回答这些问题。使命陈述（Mission Statement）是关于组织目标的陈述，说明在宏观营销环境中组织需要完成什么任务。一个清晰的使命陈述就像一只看不见的手，指导着组织内部人员的活动。

一些企业在定义其使命时具有短视性，仅关注产品或技术层面（如"我们制造和销售家具"，或者"我们是经营化学品的企业"）。但好的使命陈述应该以市场为导向并从满足顾客基本需求的角度来定义。产品和技术最终会过时，但基本市场需求则可能会持续存在。例如，社交网站 Pinterest 把自己定义为一个发布网络图片的场所，使命是为人们提供一个收集、组织和分享自己心爱之物的社交媒体平台。Chipotle 餐厅的使命也不仅是卖墨西哥卷饼，餐厅承诺"诚信食品"，突出了企业对保护顾客和自然环境的短期和长期利益的承诺。为了支持这一使命，Chipotle 只采用最天然的、可持续的当地原料。表 1-1 为我们提供了有关产品导向和市场导向的业务定义的事例。

表 1-1　产品导向和市场导向的业务定义对比

组织或机构	产品导向的定义	市场导向的定义
Chipotle	我们卖墨西哥卷饼和其他墨西哥菜	我们为顾客提供"诚信食品"，服务于顾客和环境的长期利益
Facebook	我们是一家在线社交网络企业	我们把世界各地的人们联系起来，帮助他们分享生活中的重要时刻
家得宝	我们销售工具、家庭维修和装饰用品	我们帮助消费者实现他们的家庭梦想
NASA	我们探索外太空	我们挑战新高度，揭示未知，让我们的所作所为造福人类
露华浓	我们制造化妆品	我们销售生活方式和自我表达：成功、地位、记忆、希望和梦想
丽思·卡尔顿酒店	我们出租客房	我们打造"丽思·卡尔顿体验"：令人难忘的经历，远远超过已然很高的顾客期望
星巴克	我们卖咖啡和点心	我们出售"星巴克式体验"，让人们的生活变得丰富多彩，一个人，一杯咖啡，一次超凡的体验
沃尔玛	我们经营折扣店	我们天天低价，为普通老百姓提供和富人购买相同东西的机会，"省钱，让生活更美好"

使命陈述应该是有意义的、具体的，还要有激励作用。企业的很多使命陈述仅仅是为了满足公关需要而写的，缺乏明确的、可操作的指导方针。但真正的使命陈述应该强调企业的优势并有力地展示它将如何在市场中获胜。例如，Google 的使命不是成为世界上最好的搜索引擎公司，而是在任何人想要了解的世界信息面前为他们打开一扇窗。

2. 确定企业的目的和目标

企业需要将其使命细化为每个管理层的支持性目标。每一位管理者都应该有各自的目标并负责实现这些目标。例如，大多数美国人都知道 CVS 是连锁零售药店，销售处方药和非处方药、个人护理产品，以及大量的便利品和其他物品。但 CVS 最近更名为 CVS Health，其使命变得更加广泛。它视自己为"制药创新企业"，帮助人们走上健康之路。企业的座右铭是：健康就是一切。

3. 设计业务组合

在企业使命陈述和目标的指导下，管理部门需要设计自己的业务组合（Business Portfolio）——构成企业的业务和产品的组合。最好的业务组合能够把企业的优劣势与其所处环境中的机会达成最好的匹配。

大多数的大型企业都有着复杂的业务和品牌组合。为这些业务组合制定战略和营销计划是一个艰巨但至关重要的任务。例如，ESPN 的业务组合包括 50 多个业务实体，从多个 ESPN 有线电视频道到 ESPN 广播电台、ESPN 网站、ESPN 杂志甚至 ESPN 体育主题餐厅。反过来，ESPN 只是其母公司迪士尼更广泛、更复杂的业务组合中的一部分。然而，ESPN 已经建立了一个有凝聚力的品牌，它的使命是为体育爱好者提供服务，"无论体育赛事在哪里被观看、收听、讨论、辩论或举行"。

1.1.5　市场营销管理哲学

市场营销管理哲学，是指企业在开展市场营销活动的过程中，在处理企业、顾客和社会三者利益方面所持的态度、思想和观念。根据西方较为流行的划分方法，市场营销管理哲学的演变可以归纳为以下 5 个阶段：

1. 生产导向

生产导向认为，消费者喜欢那些可以随处买到而且价格低廉的产品，企业应致力于提高生产效率和分销效率，扩大生产，降低成本，以扩大市场。显然，生产导向是一种重生产、轻市场营销的商业哲学。这种观念是在卖方市场条件下产生的。

2. 产品导向

随着产品供应的增加，供不应求的市场现象在西方社会得到了缓和，产品导向应运而生。产品导向认为，消费者最喜欢高质量、多功能和具有某种特色的产品，企业应致力于生产高价值的产品，并不断加以改进。在企业研发新产品时，最容易滋生产品导向，此时企业最容易患上"市场营销近视症"，即不适当地把注意力放在产品上，而不是放在市场需要上，在市场营销管理中缺乏远见，只看到自己的产品质量好，看不到市场需求在变化，致使企业经营陷入困境。例如，在我国，曾有一段时间，铁路管理部门认为乘坐火车安全、经济，从而忽略了航空运输、公路运输、水路运输日益增长而带来的竞争，致使铁路客运部门全面亏损，这就是典型的产品导向带来的危害。

3. 销售导向

20 世纪 30 年代以来，由于科学技术的进步，加之科学管理和在"生产观念"驱动下产生的大规模生产，商品产量迅速增加，产品质量不断提高，买方市场开始在西方国家逐渐形成。在激烈的市场竞争中，许多企业的管理思想开始从生产导向或产品导向转移到销售导向。这些企业认为，要想在竞争中取胜，就必须卖掉自己生产的每一件产品；要想卖掉自己生产的产品，就必须引起消费者购买自己产品的兴趣和欲望；要想引起消费者购买的兴趣和欲望，企业就必须进行大量的推销活动。他们认为，企业产品的销售量总是与企业所做的促销努力成正比，于是销售导向在当时的企业中大量流行。

4. 营销导向

营销导向产生于 20 世纪 50 年代中期。第二次世界大战后，欧美各国的军工工业很快转向民用工业，工业品和消费品生产的总量剧增，造成生产相对过剩，随之导致市场上的激烈竞争，从而形成买方市场。在这一竞争过程中，许多企业开始认识到传统的销售观念已不再适应市场的发展，它们开始注意消费者的需求和欲望，并研究其购买行为。观念上的这一转变是市场营销学理论上一次重大的突破，企业开始从以生产者为中心转向以消费者为中心，从此结束了以产定销的局面。只有以市场营销的观念为指导才能适应世界经济形势的发展与变化。

营销导向认为，实现企业目标的关键在于正确确定目标市场的需要和欲望，并且比竞争者更有效地传送目标市场所期望的产品或服务，进而比竞争者更有效地满足目标市场的需要和欲望。

这种导向的核心包括：以顾客为中心、以竞争为基础、以协调为手段、以利润为结果。这种导向与销售导向有着极大的不同。哈佛大学的西奥多·莱维特（Theodore Levitt）对这两种导向的区别做了深刻的比较：销售导向以卖方需求为中心，营销导向以买方需求为中心。

5. 全方位营销导向

21 世纪，营销环境的发展与变化促使企业采取更加整体化和更具一致性的营销策略，为此，菲利普·科特勒等在《营销管理》中提出了全方位营销导向。全方位营销认为，企业营销活动应该综合运用内部营销、整合营销、关系营销和绩效营销的手段与方法全方位地为顾客服务。

1.2 应用与实践

1.2.1 经典案例——海尔集团的市场营销策略

海尔集团是世界白色家电第一品牌、中国最具价值品牌。海尔在全球建立了 29 个制造基地，8 个综合研发中心，19 个海外贸易公司，全球员工超过 6 万人。

海尔文化的核心是创新。它是在海尔发展历程中产生和逐渐形成的特色文化体系。海尔文化以观念创新为先导、以战略创新为方向、以组织创新为保障、以技术创新为手段、以市场创新为目标，伴随着海尔从无到有、从小到大、从大到强、从中国走向世界，海尔文化本身也在不断创新、发展。员工的普遍认同、主动参与是海尔文化的最大特色。海尔的目标是创中国的世界名牌，为民族争光。这一目标把海尔的发展与海尔员工个人的价值追求完美地结合在一起，每一位海尔员工将在实现海尔世界名牌大目标的过程中，充分实现个人的价值与追求。

同时，市场的宏观环境渐趋有利，改造农村电网，改善农村交通、通信设施等，都成为培育农村冰箱市场的有利因素。下面分别从产品策略、价格策略、渠道策略、促销策略4个方面进行阐述。

1. 产品策略

（1）降低冰箱科技含量，生产价低耐用的冰箱产品。海尔投放农村的冰箱需做到：减少产品中不必要的功能设置，防止功能多余造成闲置；从大多数农民的消费能力出发，实施产品档次的多元化配置；合理提高冰箱产品的民俗文化品位。

（2）健全售后服务网络，消除农民的后顾之忧。海尔的售后服务网络是强大的，但在农村三级市场还不够完善。为了弥补农村市场服务落后的状态，海尔以巡回维修大篷车和小分队形式深入农村，进行宣传和实际维修服务。

（3）海尔以顾客为中心，从满足不同的消费者需求出发，在对市场进行合理细分的基础上，开发生产出品种繁多，各具特色的产品，每个消费者群都能从海尔的产品中选出适合自己的产品。

（4）创新是海尔品牌的核心，这也是海尔从1984年创立起，快速发展繁荣并从青岛当地一家中国制造商发展成为家电领域的世界领先者的关键所在。

2. 价格策略

海尔集团采用需求导向的定价法，即以目标市场的消费者需求为定价的基础。海尔集团同时采用差别定价法（Price Discrimination）：在低端市场，采用价值定价法（Value Pricing），即用相对的低价出售高品质的产品或服务，而非牺牲质量的前提下降低成本；在高端市场，通常采取撇脂定价。撇脂定价法（Market-skimming Pricing），又称高价法，即将产品的价格定得较高，尽可能在产品生命初期，在竞争者研制出相似的产品前，尽快地收回投资，并且取得相当多的利润。

3. 渠道策略

海尔营销渠道网络的建设，经历了一个由区域性网络到全国性网络，由全国性网络再到全球性网络的发展过程。经营发展初期，海尔集团依靠商场销售到店中店、再到建设自己的品牌专卖店，树立起海尔品牌的知名度和信誉度。此后，海尔对营销渠道重新进行设计，即从产品销售逐步向客户服务销售方式转变，从多层营销渠道向扁平营销多渠道转变。

在全国每一个一级城市设有海尔工贸公司，在一级城市设有海尔营销中心，负责当地所有海尔产品的销售工作，包括对一级市场零售商和二级市场零售商的管理。在二、四级市场按"一县一点"设专卖店。这样，取消了中间环节，降低了销售通路的成本，有利于对零售终端销售的控制和管理业绩。

一对一上门销售减少中间环节，实现渠道扁平化，增加对三级市场管理的同时，增加三级市场的销售网点数量，尤其是扩大县一级的营销网络；派营销代表辅助经销商，加强销售网络功能，但效果不太明显。接着又进行两次有针对性的大规模的市场调查，发现农民对冰箱需求一般属于被动购买，光有渠道还不够，还要能唤起农民的购买欲望。而市场试验表明，定点、定区域由冰箱市场部、当地海尔工贸和经销商联合进行一对一上门销售是一种行之有效的方法，不但能迅速提高销售业绩，还能节省大量的延伸销售网络成本费用。

4. 促销策略

贴近农民，做农民式促销。海尔，中国造。在中国家电工业走向成熟的时候，海尔果断地打出"中国造"的旗号，加强了消费者的民族自豪感和产品的忠诚度。从 20 世纪 90 年代开始，海尔人开始把营销对象的选择从目标市场的消费者扩大到目标社会公众，2000 年年底海尔集团冰箱事业部将目光转向具有良好销售前景的农村市场，制定了海尔冰箱的"一对一"中国农村市场营销策略。

一对一策略就是根据农村各地区不同的收入和消费行为特征，分别采取直接入户销售、直接对村队的销售促进和对乡镇的销售推广的 3 个层次的营销手段，最终海尔在农村市场上取得巨大成功，迅速占据了农村市场。"企业社会责任"一经提出，便受到社会的广泛重视。一直以来，海尔都把援建希望小学作为参与公益事业的主要内容。尤其在 2008 年奥运会期间，海尔又倡导了"一所金牌希望小学"行动，海尔成为中国唯一一个将公益与奥运完美结合的家电企业。

1）一对一促销人员职能

对半年内有冰箱需求的消费者要直接上门入户推介海尔冰箱，确定消费者对冰箱购买的准确信息，对一年内有需求的要不断跟踪促销，对两年内有需求的要建档，并利用节假日等当地特有的风俗习惯的机会以海尔文化和品牌为主题进行宣传，建立良好的品牌和产品形象。

2）广告宣传

通过调查了解到，广告在促使农村消费者注意、认知、了解、购买品牌的过程中起到重要作用。由于农村消费者的文化素质、风俗习惯、媒体接触、价值观和审美情趣等都有自己的特点，所以，海尔冰箱面向农村消费者的广告宣传力求因地制宜，有所创新。

3）注重口碑宣传

大多数农民家庭购买冰箱时是接受了亲戚朋友的介绍和推荐，即口碑宣传。所以促销人员要抓住消费领袖和现有冰箱消费者，利用亲朋好友以及左邻右舍对他们评价的信任提高海尔冰箱良好的口碑形象。

4）营业外推广

农村冰箱市场有着典型的淡季、旺季之分，根据淡季、旺季的特点，海尔制定了不同的营业外推广手段，充分发挥营业外推广的促销作用，抓紧时机，提高海尔的市场份额。农村消费者不了解冰箱的使用和各种功能，组织海尔大篷车深入农村现场演示海尔冰箱的使用方法、功能，讲解冰箱使用注意事项同时开展认知冰箱的消费教育。冰箱送上门后安装调试，消费者使用满意后付款的措施更易赢得农村消费者的信任，有利于海尔冰箱的口碑和品牌形象建设。

5）公共关系策略

农村消费者是一个比较感性的群体，他们爱憎分明，如果有哪个企业给他们留下了好的印象，打动了他们的心，获得了他们的好感，他们将成为这个企业永远的、忠诚的支持者。相反，这个企业在农村将永远没有市场。因此，要十分注重与农民建立起良好的公共关系，塑造良好的公众形象。

海尔为农民举办知识讲座、维修队免费放电影、送科普读物，组织符合民俗的文艺演出等，使他们赢得农村消费者的信赖。海尔几十年的发展历程中，始终以观念创新为先导、以战略创新为方向、以组织创新为保障、以技术创新为手段、以市场创新为目标，始终坚持顾客是第一位，顾客永远是对的，采取以顾客为导向的现代营销策略，从而能够牢牢把握用户的需求，不断去创造市场，不断将产品更新换代，不断地去创造用户的需求，从而使海尔从小到大、从大到强、从中国走向世界。

资料来源：市场营销成功案例——"海尔"的成功之路[EB/OL].知乎，https://zhuanlan.zhihu.com/p/20816925215.

1.2.2　案例分析与方法应用

1. 产品策略分析

（1）多元化的产品线：海尔拥有涵盖冰箱、洗衣机、空调、电视等多个品类的产品线，满足了不同消费者的需求。通过不断推出新品类产品，海尔扩大了自己的产品范围，吸引了更多消费者的关注。

（2）产品档次的多元化：海尔根据市场调查结果，构建了多种价格区间产品，针对投放在农村地区的产品，降低科技含量，生产价格低并且耐用的产品，实施产品档次的多元化配置。

（3）市场拓展：海尔采取多渠道的市场拓展策略，包括与房地产开发商合作提供定制化的全屋家电解决方案，以及加强对二三线城市和乡村市场的开拓，提升品牌在这些市场的知名度和影响力。此外，海尔还加大了线下实体店铺的建设和拓展，同时加强与电商平台的合作，提升产品的销售渠道和覆盖面。

（4）客户关系管理：海尔建立了完善的客户关系管理系统，通过定期沟通和回访，了解消费者需求和反馈，提供更好的售后服务。这种策略有助于增强客户忠诚度和口碑传播，同时也帮助海尔及时调整品牌策略，优化产品设计和服务，以适应市场需求的变化。

2. 价格策略分析

海尔的定价策略主要包括层次分明的价格组合和认知价值定价方法。

（1）层次分明的价格组合：海尔针对不同层次的消费者，制定了不同的价格，通过制造差异化产品来满足不同消费者的需求。这种策略使海尔的产品价格段连续，从高端到低端几乎每隔一定价格区间就有两款产品供选择，满足了不同需求和购买力的消费者。这种多样化的产品系列使海尔避免了卷入价格战，同时也扩大了市场份额。

（2）认知价值定价方法：海尔的价格政策基于产品所能表现出来的实物价值、品牌价值、服务价值和其他价值形式，在消费者心目中建立了相对独立的认知价值。这种定价方法使海尔能够根据产品的实际价值和提供的服务来设定价格，而不是简单地跟随市场价格。这种独立的认知价值系统建立在海尔多年积累的品牌和服务理念基础上，形成了独特的竞争优势，使海尔在激烈的市场竞争中保持领先地位。此外，海尔还通过提高顾客让渡价值来增加顾客满意度。顾客的让渡价值是总顾客价值与总顾客成本之差，包括产品价值、服务价值、人员价值、形象价值等。在高度竞争的市场环境中，海尔通过提高品牌形象和服务价值等方式，增加了总顾客价值，从而提高了顾客满意度和忠诚度。

海尔的定价策略不仅考虑了产品的物理价值，还充分考虑了品牌、服务和顾客的认知价值。通过这种综合策略，海尔成功地在市场竞争中保持了领先地位。

3. 渠道策略分析

海尔集团的营销渠道策略主要包括电子商务、社交媒体营销、专卖店营销以及网络营销。

（1）电子商务：随着互联网的普及，电子商务已成为海尔集团越来越重要的营销渠道。海尔集团积极布局电子商务领域，建立了官方电商平台和第三方电商平台。通过这些平台，消费者可以方便地购买海尔的产品，并享受到优质的售后服务。

（2）社交媒体营销：社交媒体在营销渠道中的地位日益凸显。海尔集团充分利用社交媒体平台，如抖音等，与消费者进行互动，提高品牌曝光度和用户黏性；通过直播带货等形式，提高产品销售量。

（3）专卖店营销：专卖店是海尔集团不可或缺的营销渠道之一。海尔通过与经销商、零售商合作，建立品牌专卖店。这些专卖店主要依靠海尔在公众当中的良好印象，以及"海尔真诚到永远"的广告语和实际表现，树立起海尔品牌的知名度和美誉度。

（4）网络营销：为了适应数字化时代的需求，海尔集团在重要城市设立直销网点，同时加强线上渠道的建设。网络营销渠道的特点包括坚持服务优质，保证顾客满意，以适应数字化时代的销售模式。

通过这些多元化的渠道策略，海尔集团成功提高了客户满意度，增强了品牌影响力，打入了全球市场，并提高了销售额。

本章知识结构图：

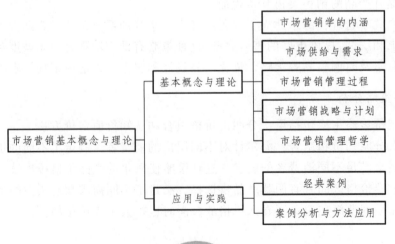

课后思考题

一、名词解释

1. 市场：

2. 市场营销：

3. 市场营销组合：

4. 内部营销：

5. 市场导向：

二、单选题

1. 市场营销观念的核心是（ ）。

    A. 重视生产   B. 重视质量

    C. 满足企业   D. 满足需求

2. 市场营销组合是指（ ）。

    A. 对企业微观环境因素的组合   B. 对企业宏观环境因素的组合

    C. 对影响价格因素的组合   D. 对企业可控的各种营销因素的组合

3. 许多冰箱厂家近年来高举"环保""健康"的旗帜，纷纷推出无氟冰箱，他们所奉行的市场营销观念是（ ）。

    A. 推销观念   B. 生产观念

    C. 市场营销观念   D. 社会市场营销观念

4. 与顾客建立长期合作关系是（ ）的核心内容。

    A. 绿色营销   B. 公共关系

    C. 关系营销   D. 整合营销

5. 市场营销活动的核心是（ ）。

    A. 销售   B. 购买   C. 交易   D. 交换

三、多选题

1. 下列几项中，属于传统经营观念的有（ ）。

    A. 生产观念   B. 产品观念

    C. 推销观念   D. 市场营销观念

    E. 社会市场营销观念

2. 下列说法正确的有（ ）。

    A. 交易营销适合于眼光短浅和低转换成本的顾客

    B. 关系营销适合于具有长远眼光和高转换成本的顾客

    C. 交易营销企业强调市场占有率

    D. 关系营销没有必要了解对方的文化背景

3. 以下属于销售促进的促销方式的有（ ）。

    A. 订货会与展销会   B. 优惠券

    C. 赠品促销   D. 为残疾人举行义演

    E. 上门推销满分

4. 有效市场的三要素包括（　　　）。

    A. 人口 　　　　　　　　　　B. 购买力

    C. 信息 　　　　　　　　　　D. 购买欲望

    E. 场所

5. 顾客总价值包括（　　　）。

    A. 产品价值 　　　　　　　　B. 人员价值

    C. 服务价值 　　　　　　　　D. 形象价值

    E. 理想价值

四、判断题

1. 差异性市场营销的优点是节省成本。（　　　）

2. 差异性市场营销适用于产品同质化程度较高时。（　　　）

3. 公司资源有限时，特别适合采用差异性市场营销。（　　　）

4. 市场定位与产品定位的含义是一样的。（　　　）

5. 沟通在市场营销中至关重要。（　　　）

五、简答题

1. 如何理解市场营销的定义？

2. 市场营销的相关概念主要有哪些？

3. 简述市场营销管理哲学的演变过程。

第2章 营销战略与顾客价值

◆ **学习目标**

思政目标：帮助学生更好地理解和应用营销战略，提高个人专业技能，培养具有社会责任感和创新精神的优秀营销人才。

知识目标：了解市场营销在战略规划中的作用；掌握公司层面的战略规划及其步骤。

能力目标：具备设计业务组合和制定增长战略的能力；掌握创造和递送顾客价值的方法。

素质目标：具备可持续发展的学习与适应能力；具备良好的职业道德、职业习惯和职业素质。

案例导入

褚橙成功的原因是什么？

褚时健注定是一个传奇人物，年逾古稀的他东山再起，创造了"褚橙"这一品牌。

褚橙成功的原因是什么：褚橙的前世今生，从"励志牌"到"年轻牌"。

2012 年 11 月，经济观察报曾发布两篇关于褚时健的报道，经济观察报微博第一时间做了转发。微博发出来的 10 分钟，就被大量转发。可见，"一个人的高度不在于他走得多高，而是在于他低到谷底以后能反弹到多高"。之后，在整个褚橙微博传播中，有一个词被大家反复提到，就是"励志"。

2013 年 11 月 16 日，一条名人微博发布："我觉得，送礼的时候不需要那么精准。"附图是一个大纸箱，上面仅摆着一个橙子，纸箱上印着一句话："在复杂的世界里，一个就够了。"此时，褚橙实现了从"励志橙"到"年轻橙"的过渡。

"褚橙"的营销策略 1：品牌化手法

本来生活将褚橙做成了一个品类品牌，并沿着这个路径，用名人姓氏为品类品种命名。从其传播历程看，这个"点子"有着意外收获。本来生活通过 2012 年的"小名"赋值推广试验，发现了名人的市场影响力，这才有了 2013 年褚橙的疯狂轰炸。

"褚橙"的营销策略 2：销售渠道

褚橙利用的是典型的电商销售渠道：不需要开发任何实体经销商、终端零售点，所有销售均在网上完成。快递取代了经销商，支付宝（网上支付）代替了零售终端（收款），网络传播代替了媒体广告。网购一族，是褚橙的买主。

"褚橙"的营销策略3：定价策略

褚橙的定价，是在上述品牌化、渠道革命的背景下，才有可能发生的事情。与小米不同，褚橙走的是高溢价的撇脂定价路线，而不是小米的超低价超值定价策略。也就是说，尽管从渠道上，褚橙实际上降低了渠道成本，但是，褚橙并没有走低定价路线。因为对于农产品来说，低价格意味着低价值，反而不能让消费者产生购买冲动，这与消费电子产品的"极致"特性正好相反。

"褚橙"的营销策略4：新媒体营销

橙子不是稀罕物，竞争本就激烈，传统广告也未必奏效。褚时健不做广告，他讲了故事。就和成名要趁早一个道理，老人没有少年成名的新闻爆炸性，但是他有沧桑的故事可以讲述。自然会有媒体帮他做足文章。褚橙进京的文章24小时内被转发了7 000多条，名人的评价又诱发4 000多次转发。2013年11月5日一发售，前5分钟被抢购了800多箱，一时间，褚橙成了励志的代名词。

资料来源：加里·阿姆斯特朗，菲利普·科特勒. 市场营销学[M]. 赵占波，孙鲁平，赵江波，等，译. 13版. 北京：机械工业出版社，2019：410-411.

在当今竞争激励的市场环境中，一个好的市场营销战略对于企业的成功至关重要。因此，我们首先要认识什么是营销战略，了解营销战略的概念和内涵。其次要明确，好的营销战略的核心在于了解并满足顾客的需求，以及通过精准的策略和手段提升顾客价值。

2.1 基本概念与理论

2.1.1 战略规划与规划业务组合

1. 战略规划

每一个公司都必须为在特定的情境、机会、目标和资源下谋求长期生存和增长找到最有效的游戏规则，这就是战略规划（Strategic Planning）——在组织的目标和能力与不断变化的市场机会之间，建立和维持战略适配的过程的核心。

战略规划为公司中其他计划设定了舞台。公司通常会制订年度计划、长期计划和战略规划。其中，年度和长期计划安排公司当前的业务，并指导如何使这些业务保持良好状态；而战略规划涉及通过整合公司资源，利用环境变化中蕴含的机会。

在公司层面，战略规划的制定过程始于对整体目标和使命的确定（见图2-1）。使命随即被转化为详细的目标以指导整个公司的发展。然后，总部决定什么业务组合和产品最适合公司，以及给予每种业务或产品多少支持。相应地，每种业务和产品都要制订详细的市场营销计划以及其他职能部门的计划，以支持公司层面的总体计划。也就是说，市场营销规划是业务单位、产品和市场层面的，它针对特定市场营销机会制订更加详细的计划，有力地支持公司整体的战略规划。

图 2-1　战略规划的步骤

1）确定市场导向的使命

一个组织之所以存在是为了完成某些事情，这一目的应该被清晰地陈述出来。可以借助以下问题形成清晰的使命：企业是干什么的？谁是企业的顾客？顾客看重什么？应该成为什么样的企业？这些听上去简单的问题却是公司不得不面对的最困难的问题。成功的公司不断地提出这些问题，并慎重和完整地给予回答。

许多组织制定正式的使命陈述来回答这些问题。使命陈述是对组织目标的说明——组织希望在大环境中实现什么。清晰的使命陈述犹如"看不见的手"引导着组织中的每一个人。

一些公司根据产品或技术定义它们的使命（"我们制造和出售家具"或者"我们是化学加工企业"）。但是，使命陈述应该是市场导向的，根据所要满足的顾客的基本需求来定义。产品和技术最终总会过时，但是基本的市场需求将永远存在。

使命陈述应该是有意义的、明确的和具有激励性的。但是，许多使命陈述往往出于公共关系的目的，缺乏针对性、空洞、笼统，不能对企业发展起具体、有效的指导作用。而且，使命陈述应该强调公司在市场中的优势，并明确地阐述公司希望如何在市场中获胜。公司的使命不应该过多地关注销售或者利润，利润只是为顾客创造价值的回报。相反，使命应该强调顾客以及公司力求创造的顾客体验。

2）确定公司目标

企业必须将其宏大的使命转化为各个管理层的具体支持性目标。每一位管理者都应该有相应的目标和实现它们的责任。

2. 规划业务组合

在公司使命和目标的指导下，管理者必须规划业务组合（Business Portfolio）——公司所有业务和产品的集合。最佳业务组合往往是公司的优势和弱势与环境中的机会最佳匹配的结果。

大多数大型公司有复杂的业务和品牌组合。为这些业务组合制订战略计划和营销计划是令人望而却步但格外关键的任务。公司业务组合规划涉及两个步骤：第一，公司必须分析当前业务组合，并决定哪些业务应该得到更多的支持，哪些业务应该减少投入或者不再投入；第二，它必须制定增长和精简战略，构建未来的业务组合。

1）分析当前业务组合

组合分析（Portfolio Analysis）是战略规划中的主要任务，管理者借此对构成公司的各项业务和产品进行评价。公司希望将优势资源投入营利潜力较大的业务，削减或者剔除较弱的业务。

管理者的第一步工作是确定构成公司的关键业务，即所谓的战略业务单位（SBU）。一个战略业务单位可以是公司的一个部门、一个部门中的一条产品线，或者是一个产品或品牌。确定战略业务单位后，管理者紧接着要评估各个战略业务单位的吸引力，并且决定应该给予各项业务何种支持。设计业务规划时，增加和支持符合公司的核心理念和竞争优势的产品与业务是明智的做法。

战略规划的目的在于寻求最佳途径使公司能够发挥自身优势，以利用环境中最有吸引力的机会。所以，大多数标准的业务组合分析都从两个维度评价各个战略业务单位：市场或行业吸引力；战略业务单位在该市场或行业中的地位。著名的业务分析方法是由波士顿咨询集团开发的。

2）波士顿咨询集团法

通过使用经典的波士顿咨询集团（Boston Consulting Group，BCG）法，公司根据增长-份额矩阵（Growth-share Matrix），对所有战略业务单位进行分类（见图2-2）。在纵轴上用市场增长率度量市场的吸引力；在横轴上用相对市场份额度量公司在市场中的实力和地位。增长-份额矩阵定义了4种类型的战略业务单位。

图2-2　BCG增长-份额矩阵

（1）明星类。明星类是高市场增长率、高市场份额的业务或产品。它们常常需要大量投资以支持其快速发展。最终它们的增长会放慢，转变成现金牛类业务或产品。

（2）现金牛类。现金牛类是低市场增长率、高市场份额的业务或产品。这些已经成功的战略业务单位需要较少的资金投入来维持其市场份额。因此，现金牛类业务和产品为公司贡献大量现金，用于支付各种费用和贡献其他战略业务单位所需的投资。

（3）问题类。问题类是高市场增长率中低市场份额的业务或产品。要维持其份额需要投入大量的现金，更不用说提高份额了。管理者必须考虑哪些问题类业务应该尽力支持，使之转化为明星类，而哪些应该淘汰。

（4）瘦狗类。瘦狗类是低市场增长率、低市场份额的业务或产品。它们也许可以产生足够的现金自给自足，但不可能为公司贡献大量现金。

波士顿咨询集团法和其他正规的方法为战略规划带来了变革。但是，这些集中化的方法也存在局限性：它们执行起来费时费力，而且成本很高。管理者可能会发现，要确定战略业务单位并评价其市场份额和增长速度非常困难。另外，这些方法侧重对现有业务进行分类，对将来的业务规划未予以考虑。

鉴于以上问题，许多公司放弃正规的矩阵方法，转而选择更适应公司特殊情况的更具定制特征的方法。与以往的战略规划制定主要掌握在公司总部的高层管理者手中不同，现在的战略规划已经分权化。越来越多的公司将战略规划的责任交由更接近市场的各部门经理组成的跨职能团队来完成。在如今的数字时代，这些经理掌握着丰富和及时的信息，能迅速调整计划以适应市场中不断变化的条件和突发事件。

3）制定增长和精简战略

除了评价当前业务，业务组合规划还涉及寻找公司未来要考虑的业务和产品。要想更有效地竞争、满足利益相关者的需要和吸引人才，公司需要不断地增长。与此同时，公司必须提防为了增长而增长，公司的目标必须是管理"有利可图的增长"。

营销对公司实现有利可图的增长负有主要责任。市场营销需要识别、评价和选择市场机会，并制定抓住机会的战略。产品/市场扩张矩阵（Product/Market Expansion Grid）是一种确定增长机会的有用工具，如图 2-3 所示。

	现有产品	新产品
现有市场	市场渗透	产品开发
新市场	市场开发	多元化

图 2-3 产品/市场扩张矩阵

产品/市场扩张矩阵将企业的增长战略分为 4 个主要部分：市场渗透、市场开发、产品开发和多元化。每一部分代表了不同的产品–市场组合，指导企业如何根据现有资源和市场环境选择最合适的增长路径。

市场渗透战略：旨在增加现有产品在现有市场中的市场份额。该策略通常通过增加市场推广力度、改进产品定价策略或提升产品质量来实现。

市场开发战略：涉及将现有产品引入新的市场或地区。该策略适用于产品在当前市场已接近饱和，或者新市场存在潜在需求的情况。

产品开发战略：侧重开发新产品或改进现有产品以满足现有市场的需求。该策略可以帮助企业在竞争中保持领先，通过持续创新吸引顾客。

多元化战略：企业开发新产品并进入新市场的战略。这是一种风险较高的增长策略，但同时也提供了巨大的增长潜力。

公司不仅要为其业务组合制定增长战略，还要制定精简战略（Downsizing）。企业希望放弃某些产品或市场的原因有很多。可能是增长太快或进入了自己缺乏经验的领域，也可能是市场环境变化，致使某些产品或市场变得无利可图。例如，在低迷的经济环境下，许多公司削减实力较弱的、营利性差的产品和市场，将其有限的资源集中到最有优势的产品和市场上。最后导致一些产品或业务单位因过时而衰亡。

但是，当企业发现旗下的品牌或业务不能营利或不再适合其总体战略时，就必须谨慎地调整、剥离它们。处于劣势的业务通常会分散管理层过多的注意力。管理者应该将注意力集中在有前途的增长机会上，而不是为挽救已经衰弱的业务而徒劳地耗费自己的精力。

2.1.2 营销战略与营销组合

1. 营销战略

战略规划确定了公司的整体使命和目标。图 2-4 展示了市场营销的作用和活动，总结了管理顾客价值导向的市场营销战略和市场营销组合所涉及的主要活动。

顾客永远居于中心地位。市场营销的目的是为顾客创造价值和建立有利可图的顾客关系。接下来是市场营销战略：公司借以创造顾客价值和实现有利可图的顾客关系的市场营销逻辑。公司决定自己将为哪些顾客服务（市场细分和目标市场选择）以及如何为他们服务（差异化和定位）。为此，公司必须了解整个市场，然后将其划分为较小的细分市场，选择最有潜力的部分，并集中精力服务和满足这部分细分市场中的顾客。

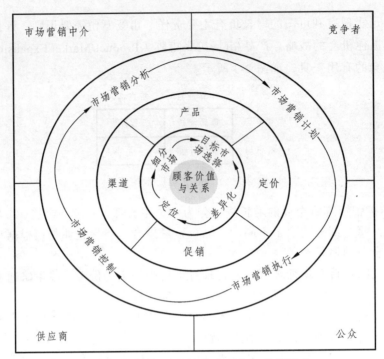

图 2-4　管理市场营销战略和市场营销组合

在市场营销战略的指导下,公司设计由可控制的要素——产品、定价、渠道和促销(4P),构成的、协调有序的市场营销组合。为寻求最佳的市场营销战略和组合,公司需要致力于市场营销分析、计划、执行和控制。通过这些活动,公司监测并适应市场营销环境中的组织者和力量。

1)顾客价值导向的市场营销战略

要在今天的市场竞争中获胜,需要以顾客为中心。它们必须从竞争者那里获取顾客,然后通过递送更高的价值来留住顾客并不断增加顾客。但是,在使顾客满意之前,公司必须先了解他们的需要和欲望。于是,成功的市场营销需要细致的顾客分析。

公司不可能通过为市场中所有的顾客服务来营利,至少不可能以同样的方式服务所有人。消费者有许多不同的类型,他们的需求千差万别。大多数公司寻找自己更有优势的细分市场。因此,公司必须将整体市场划分成细小的部分,选择其中最好的细分市场,为之设计战略并营利。这一过程包括市场细分、目标市场选择、差异化和定位。

2)市场细分

市场由各种各样的消费者、产品和需求构成。公司必须决定哪些细分市场为自己提供了最好的机会,可以根据地理、人口统计、心理和行为因素将消费者进行分组,有针对性地提供服务。将市场划分为独特的购买者群体(各个群体之间在需要、特征或行为上存在明显差异,需要不同的产品或市场营销计划),这一过程被称为市场细分(Market Segmentation)。

每个市场都可以细分,但不是所有的细分方式都有效。例如,如果不同收入的患者对镇痛药生产厂家的市场营销努力有相同的反应,泰诺根据收入进行市场细分就没有意义。细分市场由对既定市场营销努力具有类似反应的消费者构成。比如:在汽车市场,想要最大的、最舒适的汽车而不在乎价格的消费者组成一个细分市场；关心价格和使用经济性的消费者构成了另一个细分市场。通过制造一种型号的汽车在这两个细分市场中同时成为消费者的首选是极其困难的。明智的做法是，公司将其注意力集中于满足单个细分市场的独特需求。

3）目标市场选择

公司完成市场细分之后，可以进入一个或多个细分市场。目标市场选择（Market Targeting）涉及评价各个细分市场的吸引力并选择其中一个或几个细分市场提供服务。公司应该瞄准自己能够通过创造最大化顾客价值而盈利，并长期保持竞争优势的细分市场。

资源有限的企业可以只服务一个或几个专门的细分市场或缝隙市场。这种拾遗补阙者专门为被大公司轻视或忽略的细分顾客群提供产品和服务。或者公司可以选择同时为几个相关联的细分市场提供服务，也许那些不同类别的顾客具有相同的基本需求。大多数公司借助服务于某个细分市场进入新市场，取得成功之后，再扩张到更多的细分市场。

4）差异化与定位

公司选定目标市场之后，就必须决定如何使自己的产品具有差异化，即希望自己在目标市场占据什么位置。产品的定位是与竞争者相比，自己的产品在消费者的心目中处于什么位置。公司希望为自己的产品树立独特的市场定位。如果人们感到某种产品与市场上其他产品非常相像，就没有充分的理由购买它。

定位（Positioning）是相对于竞争者的产品而言，设法使自己的产品在目标顾客的心目中占据一个清晰、独特而理想的位置。公司应该策划能够使自己的产品与竞争性品牌相区别，并在目标市场中具有最大竞争优势的定位。

在为品牌定位的过程中，公司首先要确定顾客可能看重的差异点，这些差异点往往是为其定位提供依据的竞争优势。公司可以通过两种途径为顾客提供更大的价值：要么比竞争者收取更低的价格，要么提供更多的利益来使较高的价格合情合理。但是，如果公司承诺更多的价值，就必须递送更多的价值。于是，有效的定位始于差异化（Differentiation）：切实地将公司的产品或服务与竞争者区别开来，以为顾客提供更多的价值。一旦公司选择了理想的定位，就必须采取强有力的措施向目标顾客传达和沟通这一定位。公司整体营销方案应该全力支持既定的定位战略。

2.1.3　营销计划与建立顾客关系

公司的战略规划明确了公司将经营何种业务以及每种业务要达到的目标。接着，必须为各个业务单位制订更加周详的计划。每个业务单位内的主要职能部门——市场营销、财务、会计、采购、运营、信息系统、人力资源和其他，必须紧密合作，齐心协力实现战略目标。

在公司进行战略规划的过程中，市场营销在许多方面发挥着重要作用。首先，市场营销提供一种指导哲学——市场营销理念，即公司的战略应该围绕与主要顾客群建立有价值的顾客关系展开。其次，市场营销通过帮助识别有吸引力的市场机会和评价公司利用这些机会的潜力，为战略规划者提供依据。最后，在单个业务单位中，市场营销为实现其目标而设计营销战略。战略业务单位的目标一旦确定，市场营销的任务则以有利可图的方式实现目标。

顾客价值是市场营销者成功秘诀中最关键的部分。但是，市场营销者无法单独为顾客创造卓越的价值。尽管市场营销扮演着领导角色，但在吸引、留住和发展顾客中，它只能是一个合作者。因此，除了顾客关系管理，市场营销者还必须进行伙伴关系管理。他们必须与公司其他部门的伙伴紧密合作，形成有效的价值链为顾客服务。同时，必须与市场营销系统中其他公司有效合作，构成有竞争力的价值递送网络。下文将深入地讨论公司价值链和价值网络的概念。

1. 与公司其他部门合作

公司的每个部门都可以视为公司价值链（Value Chain）的一个环节。也就是说，每个部门都执行着价值创造活动来设计、生产、营销、递送和支持企业的产品。企业成功与否不仅取决于每个部门能否出色地履行自己的职责，还取决于各个部门之间能否很好地彼此配合。

公司价值链的优劣是由最薄弱的环节决定的。成功则取决于各个部门在增加顾客价值方面表现得是否出色，以及公司如何协调各部门的行动。理想的状况是，公司不同的部门能够以协调一致的合作方式为顾客创造价值。但是，部门之间的关系难免存在矛盾和误会。市场营销部门从顾客的角度看待问题。但是当市场营销部门试图使顾客满意时，可能会降低其他部门的工作绩效。市场营销部门的行为可能增加采购成本，打乱生产进度，增加库存，或给预算制造麻烦。于是，其他部门可能不愿意鼎力支持市场营销部门的努力。

但是，市场营销者必须使所有部门都"为顾客着想"，并建立一条能够顺畅地完成各项职能的价值链。无论你是会计、运营经理、财务分析师，还是信息技术专家，或者是人力资源经理，都需要理解市场营销，认识自己在企业创造顾客价值的过程中所扮演的角色。

2. 与营销系统内的其他企业合作

为完成吸引顾客互动和创造顾客价值的任务，企业需要超越自己的价值链，将视野扩展到供应商、经销商以及最终顾客所构成的价值链上。以麦当劳为例，人们涌入麦当劳并不仅仅是因为喜欢它的汉堡包。实际上，消费者青睐的不只是麦当劳的食品，更是它的运作系统。在世界范围内，麦当劳精确调节的系统严格地执行着公司称为 QSCV 的高标准——质量、服务、清洁和价值。只有成功地与特许经销商、供应商和其他企业通力合作，为"我们的顾客创造最佳就餐场所和就餐方式"，麦当劳的努力才是有效的。

如今，越来越多的公司与供应链中的其他成员——供应商、分销商以及最终顾客紧密合作，以改善顾客价值递送网络的业绩。当今的市场竞争已不再发生在单个的竞争者之间，相反，它发生在由这些竞争者创造的整个价值递送网络之间。丰田的业绩之所以优于福特，取决于丰田整体价值递送网络相对于福特价值递送网络的杰出质量。即使丰田制造出了世界上最好的汽车，如果福特的经销网络能够提供令顾客更满意的销售和服务体验，丰田也会失去市场。

2.1.4　管理顾客关系与获取顾客价值

1. 吸引顾客与管理顾客关系

市场营销过程最初的 3 个步骤：理解市场和顾客需要、设计顾客导向的市场营销战略以及构建市场营销计划，都是为了第四步也是最重要的步骤：建立有价值的顾客关系。本节首先讨论顾客关系管理的基础，然后考察公司如何在如今的数字和社交营销时代更深层次地吸引顾客。

1）顾客关系管理

顾客关系管理（也称客户关系管理）是现代市场营销最重要的观念。顾客关系管理（Customer Relationship Management）可以广义地理解为通过递送卓越的顾客价值和满意，来建立和维持营利性的顾客关系的整个过程。它涉及获得、维持和发展顾客的所有方面。

关系建立的基础：顾客价值和满意。建立持久顾客关系的关键是创造卓越的顾客价值和满意。满意的顾客更容易成为忠诚的顾客，并为公司带来更大的生意份额。

吸引和留住顾客是一项艰巨的任务。顾客常常面对大量可供选择的产品和服务。他们会选择能提供最高的顾客感知价值的公司。顾客感知价值（Customer Perceived Value）是指与其他竞争产品相比，顾客拥有或使用某种市场提供物的总利益与总成本之间的差异。重要的是，顾客常常不能"准确"或"客观"地判断价值，他们依照感知价值行事。对有些消费者而言，价值可能意味着以实惠的价格买到质量过得去的产品；对另一些消费者而言，价值却意味着以较高的价格换得优质的产品。

顾客满意（Customer Satisfaction）取决于顾客对产品的感知效能与顾客预期的比较。如果产品的效能低于预期，顾客不满意；如果效能符合预期，顾客满意；如果效能超过预期，顾客非常满意或者惊喜。

杰出的市场营销者会想方设法使重要的顾客感到满意。大多数研究表明，高水平的顾客满意产生高水平的顾客忠诚，进而产生更好的公司业绩。精明的公司只承诺自己能够做到的，然后比所承诺的给予更多来取悦顾客。满意的顾客不仅会重复购买，还会成为热心的市场营销伙伴，积极地向他人传播自己的美好体验。对打算取悦顾客的公司而言，预期价值和服务是构成公司整体文化的重要组成部分。

尽管以顾客为中心的企业努力递送优于竞争者的顾客满意，但它们并不试图使顾客满意最大化。公司固然能够通过降低其价格或增加服务来提高顾客满意度，但这样做也往往会导致利润降低。市场营销的目的是创造有利可图的顾客价值。这要求非常精妙的平衡：市场营销者必须持续创造更多的顾客价值和满意，又不使自己赔得倾家荡产。

顾客关系水平与工具。公司可以根据目标市场的特点，将顾客关系划分为不同的等级。一种极端的情况是，拥有众多低毛利顾客的公司会追求与他们建立基本的关系。除了提供一贯的高价值和满意，市场营销者还可以运用特殊的营销工具与顾客建立牢固的关系。例如，许多公司现在提供常客计划，回报那些经常购买或大量购买的顾客。航空公司提供常旅客计划，酒店为常客升级客房，超市为"非常重要的顾客"提供惠顾折扣等。如今，大多数处于领先地位的公司都建立了顾客忠诚和保持计划。这些计划可以巩固和强化顾客的品牌体验。

顾客–品牌关系的性质与特点正在发生巨大的变化。当今的数字技术——互联网络、移动通信以及社交媒体的发展，从根本上改变了全球人与人之间的联系方式。进而，这些变化也显著地影响着公司及其品牌如何与顾客建立联系，以及顾客之间如何相互联系并影响彼此的品牌行为。

2）顾客契合与现代数字和社交媒体

数字时代涌现出许多有助于建立顾客关系的新工具，从网站、网络广告和视频、移动广告和应用程序、博客，到诸如抖音、YouTube、Instagram、Pinterest等重要网络社群和社交媒体。

以往，公司主要集中于面向广大细分市场的大众营销。如今情况大不相同，许多公司运用网络、移动通信、社交媒体精确地瞄准并吸引顾客深度参与和互动。传统营销涉及向顾客推广品牌，新营销则注重顾客契合营销（Customer-engagement Marketing）：在形成品牌对话、品牌体验和品牌社群中培养直接，以及持续的顾客参与。顾客契合营销不仅仅是向顾客推广品牌，其目标是使品牌成为顾客谈话和生活的重要组成部分。

迅猛发展的互联网和社交媒体推动顾客契合营销的快速增长。如今的消费者比以往更加消息灵通、联系紧密，也更强势。他们通过大量的数字平台便捷地发布并与其他消费者分享对品牌的看法。因此，市场营销者现在不仅要进行顾客关系管理，还涉及顾客管理的关系（Customer-managed Relationship），即顾客与公司和其他顾客联系以形成他们自己的品牌体验。

顾客控制能力的提高意味着，公司在建立顾客关系时不能再仅仅依赖灌输式的市场营销，而必须加强吸引式营销——创造市场提供物和信息吸引顾客主动参与，切忌一味地解释和灌输。于是，大多数市场营销者现在用网络、移动和社交媒体营销组合来拓展自己在大众媒体上的营销能力，以促进品牌与顾客之间的密切关系和沟通。

顾客契合营销的关键是找到合适的方式加入消费者的社交谈话，引入有趣和重要的品牌信息。简单地发布幽默视频、制作社交媒体主页或者建立博客是不够的。因为不是所有的顾客都愿意与品牌进行深入和频繁的互动。成功的契合营销意味着对顾客的生活和谈话有重要、真实的贡献。

3）消费者生成的营销

消费者生成的营销（Consumer-generated Marketing）是顾客契合营销的一种形式，强调消费者在形成自己和他人的品牌体验中起到越来越重要的作用。这主要体现在消费者在博客、视频分享网站、社交媒体和其他数字论坛中自发地交换信息及看法。一些公司也越来越多地邀请消费者参与形成产品和品牌信息的过程，并承担更加积极的角色。

一些公司向消费者征集新产品和服务的创意。许多品牌将用户生成的社交媒体内容融合进自己的传统营销和社交媒体活动之中。尽管有许多成功的实例，但利用消费者生成的营销内容也是一个耗费时间和金钱的过程，公司可能会发现很难去找到真正的好作品。而且，因为消费者对社交媒体内容的生成及传播有很大的控制权，邀请他们参加即使看上去无害的社交媒体活动也可能引发事与愿违的后果。

随着数字和社交媒体技术的持续发展，消费者变得更具联系性和影响力。消费者品牌管理中，消费者生成的营销已经成为一种重要的营销力量。借助大量消费者生成的视频、评论、博客、移动应用程序和网站，消费者在形成自己和他人的品牌体验中发挥着越来越重要的作用。除了引发品牌讨论，顾客在从产品设计、用途、包装到品牌信息、定价和分销等各个方面的影响日益加强。品牌需要接受并利用这种消费者能力，掌握新的数字和社交媒体关系工具及其蕴含的潜在风险。

4）伙伴关系管理

如今的市场营销者明白，在创造顾客价值和建立牢固的顾客关系时，自己无法孤军奋战，而必须与各市场营销伙伴密切合作。除了善于管理顾客关系，市场营销者还必须擅长伙伴关系管理（Partner Relationship Management）——与公司内部和外部的其他人紧密合作，共同为顾客创造和递送更多价值。

传统上，市场营销者负责理解顾客，向公司内部其他部门解释顾客需求。但是，在当今联系日益紧密的世界中，每个职能领域都可能与顾客互动。新的理念是，无论你在公司从事什么工作，都必须理解市场营销并以顾客为中心。公司不再让每个部门各自为战，而是将所有的部门整合到创造顾客价值的事业之中。

营销者还必须与供应商、渠道伙伴以及其他外部成员建立伙伴关系。营销渠道由分销商、零售商以及其他在公司与购买者之间起到媒介作用的组织构成。供应链指从原材料延展到零部件，再到向最终顾客提供产成品的过程，犹如一条长长的通路。如今许多公司正通过供应链管理，强化自己与供应链中各种伙伴之间的联系。他们明白，自己的财富不仅仅取决于自己的优良业绩。要想成功地建立顾客关系，还必须依赖整条供应链与竞争对手相比是否业绩更佳。

2. 获得顾客价值

市场营销过程最初的 4 个步骤涉及通过创造和递送卓越的顾客价值建立顾客关系。最后一步则是获得以当前和未来的销售、市场份额及利润等形式表现的回报。通过创造卓越的顾客价值，企业赢得高度满意的顾客，他们会保持忠诚并重复购买。这对公司而言，意味着更高的长期回报。下文将讨论创造顾客价值的结果：顾客忠诚和维持顾客份额，以及顾客权益。

1）建立顾客忠诚和维持

良好的顾客关系管理产生顾客愉悦。反过来，愉悦的顾客保持忠诚，并向他人积极地介绍公司及其产品。研究表明，不太满意、某种程度上满意和完全满意的顾客在忠诚度上存在很大差异。即使与完全满意只有细微差别，也可能导致忠诚度的显著降低。于是，顾客关系管理的目标不仅是创造顾客满意，还包括顾客愉悦。

维护顾客忠诚的经济意义显而易见。忠诚的顾客通常花费更多，停留的时间也更长。研究还显示，争取一位新顾客与保留一位老顾客相比，前者的成本要高 5 倍。失去一位顾客的后果远不止损失一笔订单那样简单，而是意味着失去这位顾客一生中可能购买的总量。

2）提高顾客份额

好的顾客关系管理不仅能够留住好顾客以获得顾客终身价值，而且有助于市场营销者提高他们的顾客份额（Customer Share）——顾客所购买的某公司的产品占其同类产品购买量的比重。因此，银行希望增加"钱包份额"，超市和酒店希望获得更多的"美味份额"，汽车公司希望提高"汽油份额"，而航空公司则希望获得更多的"旅行份额"。为提高顾客份额，公司会想方设法为现有顾客提供多样化的产品和服务，或利用交叉销售和增值销售向现有顾客营销更多的产品与服务。

3）建立顾客权益

我们现在理解了不仅获得顾客很重要，维持和发展顾客更重要。公司的价值来自其当前和未来的顾客。企业需要对顾客关系管理从长计议，不仅希望赢得有价值的顾客，而且希望能够一直"拥有"他们，争取更大的购买份额，获得他们的终身价值。

什么是顾客权益？顾客关系管理的最终目标是产生高的顾客权益。顾客权益（Customer Equity）是企业现有和潜在顾客的终身价值的贴现总和。因此，它可以衡量顾客基础的未来价值。显而易见，企业拥有的有价值的顾客越忠诚，其顾客权益就越高。与当前的销售和市场份额相比，顾客权益是衡量公司业绩更好的指标。销售和市场份额反映的是过去，顾客权益则意味着未来。

与恰当的顾客建立恰当的关系。公司应该谨慎地管理顾客权益，应该把顾客视为需要管理和使之最大化的资产。但是并非所有顾客，甚至不是所有忠诚的顾客，都是好的投资。令人吃惊的是，一些忠诚顾客可能是无利可图的，而一些不忠诚的顾客反而可能是有价值的。公司应该争取和留住哪些顾客呢？

公司可以根据潜在营利性将顾客分类并相应地管理顾客关系。图 2-5 根据顾客的潜在营利性和忠诚度将顾客划分为 4 个群体。每个群体需要不同的顾客关系管理战略。

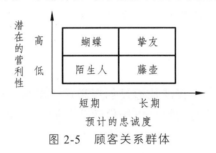

图 2-5　顾客关系群体

"陌生人"代表低潜在营利性和低忠诚度。公司的提供物不符合他们的需要。对这些人的关系管理战略很简单：停止投资；在每一笔交易上挣钱。

"蝴蝶"具有高潜在营利性但不够忠诚。在公司的提供物和他们的需要之间存在很好的适配性。但是，就像现实中的蝴蝶一样，只能欣赏一会儿，它们就会飞走。股票市场的投资者也是如此，他们经常大量地交易股份，但始终在寻求最好的交易，不会与任何一家公司建立稳固的关系。将"蝴蝶"转化为忠诚顾客的努力很少成功。相反，公司应该暂时欣赏"蝴蝶"，可以运用促销手段去吸引他们，达成满意又有利可图的交易，即充分获取其价值，然后停止对他们的投资，直到下一次循环开始。

"挚友"是既有价值又忠诚的顾客。他们的需要和公司的提供物之间有很强的适配性。企业希望进行持续的关系投资来取悦这些顾客，并培育、留住他们和增加他们的数量。企业还希望将"真正的朋友"转化为"真正的信仰者"，后者经常惠顾并将自己的良好体验告诉他人。

"藤壶"非常忠诚，但不能为公司带来营利。他们的需要与公司的提供物之间的适配性有限。银行的小型顾客就是如此。他们经常去银行，但产生的回报不足以弥补维持和管理其账户的成本。就像吸附在船身上的藤壶，对船的行进是一种拖累。这类顾客也许是最有争议的。通过向他们出售更多产品、提高费用或减少服务，公司也许能够提高他们的营利性。但是，如果他们不能为公司带来利润，就应该放弃。

关键之处是：不同类型的顾客需要不同的关系管理战略。企业的目的是与恰当的顾客建立恰当的关系。

2.1.5 管理市场营销活动与营销投资回报

1. 管理市场营销活动

公司在营销管理中除了善于"营销"，还需要重视"管理"。图 2-6 展示了市场营销管理过程需要的 4 种营销管理职能——分析、计划、执行与控制。公司首先制定整体战略规划，然后将它们转化为每个部门、产品和品牌的市场营销计划或其他计划，通过执行，公司将计划转化为行动。控制是测量和评价市场营销活动的结果，并且在必要的时候采取纠偏措施。最后市场营销分析为所有其他营销活动提供信息和评估。

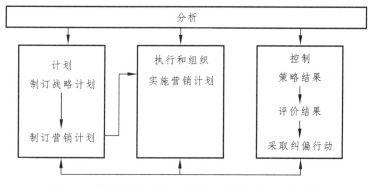

图 2-6　管理市场营销：分析、计划、执行与控制

1）市场营销分析

对市场营销职能的管理始于对公司环境的全面分析。市场营销者应该进行 SWOT 分析，即评价公司的优势（Strengths）、弱点（Weaknesses）、机会（Opportunities）和威胁（Threats）（见图 2-7）。优势包括有助于公司为目标顾客提供服务并实现目标的内部能力、资源以及积极的环境因素；弱点包括损害公司业绩的内部局限性和负面的环境因素；机会是公司能够利用其优势的外部环境中的有利因素或趋势；威胁是对公司业绩构成挑战的不利的外部因素或趋势。

公司应该仔细地分析市场和营销环境，发现有吸引力的机会和识别环境威胁。它应该分析公司的优势和弱点以及当前或可能的市场营销行为，借此判断自己能够最好地抓住哪些机会。目的是将公司的优势与环境中有吸引力的机会相匹配，消除或克服弱点以使威胁的影响最小。市场营销分析为其他市场营销管理职能提供了基础。

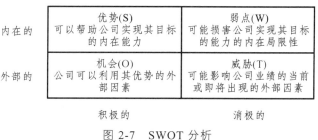

图 2-7　SWOT 分析

2）市场营销计划

通过战略规划，公司明确了各业务单位所从事的活动。营销计划涉及制定有助于公司实

现总体战略目标的市场营销战略。每项业务、每个产品或品牌都需要一份详细的市场营销计划。市场营销计划究竟是什么样的？我们的讨论将集中于产品或品牌的市场营销计划。

表 2-1 总结了一份典型的产品或品牌市场营销计划应该包含的主要内容。计划的第一部分是概述，简明扼要地阐述主要评价、目标和建议；计划的主体部分是对当前的营销环境及潜在机会和威胁的详细的 SWOT 分析；计划阐述品牌的主要目标，并说明为实现该目标应该采取的具体的市场营销战略。

表 2-1　市场营销计划的主要内容

内容	目的
概述	对计划的主要目标和建议进行简要的总结，便于管理层评价计划，帮助高层管理者尽快发现计划的要点。概述之后应该有目录
当前的营销环境	描述目标市场以及公司在其中的定位，包括市场、产品偏好、竞争和分销方面的信息。这部分包括： 市场描述：界定市场和主要的市场细分，进而评价营销环境中可能影响顾客购买行为的顾客需要和其他因素。 产品评价：显示产品线中主要产品的销售额、价格和毛利。 竞争评价：确定公司的主要竞争对手，并评估其市场定位以及为产品质量、定价、分销和促销所制定的战略。 渠道评价：评价近期的销售趋势和主要分销渠道的其他动态
威胁和机会分析	评价产品可能会面临的主要威胁和机会，帮助管理层预测对公司及其战略能产生影响的重要的积极或消极动态
目标和问题	陈述公司在计划期间要实现的营销目标，讨论可能影响目标实现的关键问题。例如，假如目标是获得 15% 的市场份额，这就要考察如何使这一目标得以实现
市场营销战略	简述业务单位为实现营销目标所依据的总体营销思维逻辑，以及目标市场、定位和营销费用水平的具体情况。市场营销战略阐释营销组合各个要素的具体战略，并解释每项战略如何应对计划中已经指出的威胁、机会等关键问题
行动计划	清晰地说明营销战略如何转化为行动计划，并回答下列问题：做什么？何时做？谁对此负责？费用是多少
预算	详细说明支持性的营销预算，实质上就是预计的损益表。预算列明预期收益（预测的销售量和平均净价）与预期成本（生产、分销和营销）。两者之差就是预计的利润。预算一经管理层批准，就成为原材料采购、生产计划、人员计划和营销运作的基础
控制	简要说明用于监控进展的控制措施，使高层管理者能够评估实施结果并发现未能实现目标的产品。包括测量市场营销投资回报

市场营销战略由目标市场选择、定位和市场营销组合以及市场营销费用水平等具体战略要素构成。它说明公司为了获得利益回报，打算如何为目标顾客创造价值。在这一部分，计划制订者解释各项战略如何应对计划中已经指明的威胁、机会和关键问题。市场营销计划的其他部分根据支持性营销预算的细节，为执行营销战略安排行动方案。最后一部分阐述控制活动，用于控制进程、衡量市场营销投资回报和采取必要的纠偏措施。

3）市场营销执行

制订优秀的计划只是成功营销的开始。如果无法恰当地执行，再出色的营销战略规划也会黯然失色。市场营销执行（Marketing Implementation）是为了实现公司的战略营销目标，将市场营销计划转化为市场营销行动的过程。市场营销计划解决的是采取什么营销行为以及为什么要这样做的问题，市场营销执行则解决谁、何地、何时以及如何做的问题。

许多管理者认为，与"做正确的事"（战略）相比，"正确地做事"（执行）同样甚至更加重要。实际上，两者都是成功的关键，公司可以通过有效的执行获得竞争优势。一家企业可能与另一家企业有着大同小异的战略，但可以在市场上通过更灵活、更有效的执行获胜。然而，市场营销执行比较困难，因为构思一个好的市场营销战略往往比执行要容易得多。在当今这个联系日益紧密的世界，市场营销系统中各个层次的成员必须通力合作，才能确保营销计划和战略得以落实。

4）市场营销组织

公司必须建立执行市场营销战略和计划的营销组织。如果公司非常小，一个人或许就可以包揽调研、销售、广告、顾客服务及其他营销工作。但是，随着公司的扩张，会出现专门执行市场营销活动的营销部门。在大公司，这一部门往往汇聚了众多专家——产品和市场经理、销售经理和销售人员、市场调研人员、广告专家以及其他许多领域的专业人员。

为指挥如此庞大的市场营销组织，许多公司设立了首席营销官（Chief Marketing Officer，CMO）这一职位。CMO 指挥公司的整体营销运营，并在公司的高层管理团队中代表市场营销部门。CMO 的职位将市场营销置于与其他 C 层级的经理人员，如首席运营官（Chief Operating Officer，COO）和首席财务官（Chief Financial Officer，CFO）平等的地位。作为高层管理者中的一员，CMO 的作用是捍卫顾客利益：做一位"首席顾客官"（Chief Customer Officer，CCO）。

现代营销部门可以按照以下几种方式来组织。最常见的市场营销组织形式是职能型组织（Functional Organization）。在这种组织中，不同的市场营销活动分别由相应领域的职能专家掌管，如销售经理、广告经理、市场营销调研经理、顾客服务经理、新产品经理等。跨国销售或国际化经营的公司常常采用地理型组织（Geographic Organization）。其销售和营销人员被分派到特定的国家和地区。地理型组织要求销售人员在某个地区常住，了解当地顾客，以最少的差旅时间和费用完成工作。拥有众多不同产品或品牌的公司，常常建立产品管理组织（Product Management Organization）。对向需求和偏好各异的不同类型的市场和顾客出售单一产品线的公司而言，市场或顾客管理组织（Market or Customer Management Organization）最合适不过。生产多种不同产品并销往不同地理区域和顾客群的大公司通常采用职能、地理、产品和市场组织形式的某种组合。

市场营销组织近年来已经成为日益重要的问题。越来越多的公司正将自己的重点从品牌管理转向顾客管理：从只关注产品或品牌的营利性，转为关注管理顾客价值和顾客权益。与其说公司在管理品牌组合，不如说它们在管理顾客组合。与其说它们在管理品牌财富，不如说它们在管理顾客对品牌的体验和关系。

5）市场营销控制

由于在营销计划的执行过程中会发生许多意想不到的情况，市场营销者必须进行持续的市场营销控制（Marketing Control）——评价市场营销战略和计划的结果，并采取纠偏措施以确保既定目标的实现。市场营销控制涉及几个步骤，管理层首先要设定具体的营销目标；然后衡量其市场业绩，找到造成预期业绩和实际业绩之间缺口的原因；最后采取纠偏措施缩小目标与业绩之间的差距。这可能要求改变行动计划，或者改变目标本身。

执行控制（Operating Control）涉及根据年度计划检查当前的绩效，并在必要的时候采取纠偏措施。其目的在于确保公司实现年度计划中设定的销售、利润和其他目标。执行控制还要判断不同产品、区域、市场和渠道的营利性。战略控制（Strategic Control）就是考察公司的基本战略是否很好地与市场机会相匹配。市场营销战略和计划可能会很快过时，每个公司都应该定期重新评估其整体市场战略。

2. 测量与管理市场营销投资回报

市场营销管理者必须确保自己的营销费用支出恰当。过去，许多市场营销者在代价不菲的大型营销方案上随意支出，常常没有仔细地考虑财务回报问题。他们的目标往往很笼统——建立品牌和消费者偏好。他们认为，营销会产生无形的收益，而不必烦心考虑测量生产率或回报。但在今天竞争日益激烈的经济环境下，一切都在改变。

如今，随意支出的日子已一去不复返，取而代之的是，人们更重视营销业绩及其测量方法。与以往相比，越来越多的公司热衷于将营销活动与市场结果联系起来。市场营销投资回报率（Marketing Return on Investment，MROI）是一种测量营销业绩的重要方法，是指用市场营销投资的净回报除以市场营销投资成本，以衡量企业对市场营销活动的投资所产生的利润。

MROI 的确很难度量。通常在测量财务投资回报率时，R（回报）和 I（投资）都需要以货币来计量。例如，采购一台设备可能使劳动生产率明显提高。但在营销领域，人们对投资回报的界定尚不统一，诸如顾客契合、广告和品牌建设的效果很难用金钱衡量。

公司可以根据标准的营销业绩衡量指标来评估 MROI，如品牌知名度、销售额和市场份额等。许多公司正将这些度量指标综合为"市场营销仪表盘"——重要的市场营销业绩测量指标被集中展示，用于监测战略性营销的业绩。就像汽车的仪表盘将关于汽车运作状况的细节一览无余地展示给司机一样，市场营销仪表盘为市场营销者评价调整其营销战略提供所需的详细测量数据。

除了运用标准的业绩测量方法，越来越多的市场营销者开始采用以顾客为中心的测量指标度量市场营销的影响，如获得顾客、留住顾客、顾客终身价值以及顾客权益等。这些测量指标不仅反映营销业绩，而且可以帮助市场营销者从可靠的顾客关系中预测未来业绩。图 2-8 将市场营销费用视为一种投资，其回报体现为更有价值的顾客关系。市场营销投资能够产生持续改善的顾客价值和满意，进而提高企业吸引和留住顾客的能力，最终增加单个顾客的终身价值和企业总体的顾客权益。不断增加的顾客权益与市场营销投资的成本相比，决定了 MROI。

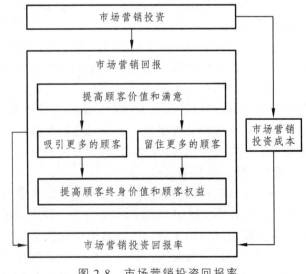

图 2-8　市场营销投资回报率

因此，必须考察反映顾客契合的更加深入的业绩指标，证明自己的花费是值得的。各个营销项目的效果应该以是否推动顾客契合、最终促进了购买行为和提高了收入来衡量。

2.2 应用与实践

2.2.1 经典案例——赢商网的市场营销战略

赢商网自 2010 年正式上线以来，就吸引了无数商业地产行业从业者的关注目光。短短几年间，赢商网已经从一个初创企业快速发展成为中国零售商业领域内极具影响力的全媒体平台及行业大数据平台。赢商网用其优异的成绩单向众人展示了企业从 0 到 1 的发展范式：2010 年上线后，短短两年时间用户数增长突破万位。目前，赢商大数据中心已经全面覆盖商业地产行业多维度数据，是业内拥有最大数据量、最全数据维度以及最强数据时效性的商业数据云生态系统。此外，大数据中心还融合了第三方调研机构/数据供应商的资源，拥有超过 20 万个品牌的数据和超过 4 万个项目的数据。

消费升级背景下，商业地产作为实体经济中最重要的场景，要在电商的冲击下实现突围，必须依托数字化、科技化转型，以适应新的商业环境。而赢商网作为连接场所端和品牌端的桥梁，不仅通过大数据视角向开发商、品牌商、政府机构、投资公司等各类企业提供大数据解决方案，而且密集签约了众多知名开发商、品牌商，通过大数据挖掘深层商业价值，重构商业地产服务新标准，提升了商业地产行业运营效率及质量，助力商业地产转型升级。赢商网始终致力于建立一个能够对场所端与品牌端进行测评的数据平台，构建了一个"赢商＋"的平台数据生态圈。

1. 平台融合，创新赢商生态链

在中国商业地产即将步入高速发展阶段的时候，赢商网的 3 位创始人走到了一起，并敏锐地发现在商业地产这个垂直细分领域，还没有一个只专注于该领域的服务平台。于是创始人看准时机，在 2009 年注册赢商网，2010 年正式上线网站，试图搭建起一个精准提供行业资讯分享、促进开发商和个人用户高效开展交流合作的互联网平台。

3 位创始人通过跟客户、行业人士的交流和思想碰撞，不断修正服务内容。例如，先建设网站 BBS，让商业地产行业的有识之士在论坛上发布一些专业文章，慢慢地将同行的从业人员、企业吸引到赢商网，并真正地关注网站自发的新闻和相关信息。

2013 年，赢商网网站本身就开始有了投放广告的收益，这标志着客户群体开始认识到网站的传播、营销价值，也证明了回归媒体主业是一个正确的选择。因此，顺着这个势头，赢商网在稳扎赢商网 PC 端的基础上，开始了全渠道传播的新媒体战斗集群搭建之路：一是线上媒体矩阵扩大品牌传播范围；二是直营分站抢占区域。

2. 启动赢商大数据，创新数据生态链

赢商网吸取了创业初期经验后决定：一方面，根据时代大环境趋势，顺势再度起飞；另一方面，重新审视赢商网的各种可能性，探索业务收入的新增长点。经过 3 位创始人的反复思考讨论，赢商网业决心追逐大数据的革命浪潮，以变应变。

从 2015 年实施大数据战略至今，赢商网无疑已经迈进蓬勃发展阶段。目前，经过不断迭代升级，"赢招商""赢在选址"已经构建起了汇集 360 多个城市商业指标数据、2 000 多个商圈数据、40 000 多个商业项目、200 000 多个全业态品牌和 40 000 多个结构化连锁品牌的数据库。

3. 深入挖掘需求，把"圈"画出来

"无数据，不运营！"大数据是新零售在线下胜出的第一步，它不仅能用最高效率找到选址目标，还能提升门店运营。因此，要想成为市场竞争中的胜者，就必须重视深入挖掘数据价值，从大数据视角谋求突围。

2017 年 2 月，赢商大数据免费平台 wins-hangdata.com 上线；2017 年 7 月，商业地产大数据运营决策工具——mall 眼正式上线首发。该数据服务工具具备在线监控、多维度监测、超轻量级 3 大特点。至此，赢商网的内部生态圈已然得到初步构建，"媒体营销 + 大数据应用"齐驱并进，选址、招商、运营 3 大数据产品与媒体分站、公众号形成了一个可循环、相互推进的生态圈。

4. 开放合作，扩构平台生态圈

"这是一个最好的时代，也是一个最坏的时代。"市场竞争从没像现在这样激烈而残酷。虽然赢商网已经初步建立起了平台内部生态圈，可是创始人清楚地意识到，在互联网数据、行业快速发展变化的时代，仅仅凭借赢商网自己单枪匹马肯定走不远、走不久，需要主动寻求外部合作，以促进两大核心业务再提升，把平台生态圈画得更圆一些、更大一些。

5. 双核驱动，协同扩展外部生态圈

打造"媒体平台 + 数据平台"双核驱动的商业地产行业平台生态圈，是创始人对赢商未来的业务战略规划。赢商网也正是在为品牌端和场所端提供全方位服务与支撑的同时，深耕媒体、大数据系统，并积极联合技术、专业、渠道等各个层次的行业顶尖企业共同合作，形成围绕"赢商 +"战略的平台生态圈。

6. 快速迭代，建立壁垒

从产品链到平台数据生态圈的转变是赢商网在战略上的一次巨大飞跃，稳定了其行业领先地位。从布局上看，赢商网构建的平台数据生态圈将企业自身、场所端、品牌端、云端数据合作企业等纳入进来，使自身的大数据平台定位也愈发清晰："我们要做的是在技术上进行投入，将这些信息转化为数据，并基于行业需求，将数据根据不同的应用场景产品化，用户在云端使用这些应用，产生新的数据，从而形成一个生态的数据平台。"一方面，从用户层面来说，赢商数据产品越多，使用数据产品的客户越多，而顾客在使用产品的同时也在创造数据；于数据平台而言，数据池里的数据就会越来越多。另一方面，与数据供应商、合作伙伴构建云端平台，也能增加数据池流量。

资料来源：许安心，林榅荷. 市场营销教学案例与分析[M]. 北京：中国农业出版社，2021：25-48.

2.2.2 案例分析与方法应用

1. 企业在不同的发展阶段和不同的战略环境下如何构建内部生态圈

"生态圈"一词来源于生态学领域，是指星球表面由各种生命物质与非生命物质组成的开放且复杂的自我调节系统。生态圈涵盖生物体和生物体支持系统，是一种强调生物体和非生物体之间交互融合的闭环生态系统。平台生态圈的概念源于仿生学，与自然界的生态系统类似，具体是指在网络平台商业模式下由供应商、生产商、销售商、消费者、金融和技术等第三方服务中介等群体所构成的一个交易平台，平台内各群体各司其职又相互依赖，遵照平台搭建者预先制定的一系列运营机制有序活动，共同维持着平台稳定运转。社会商业领域的生态圈强调企业的核心平台作用，企业与生态系统内的其他企业是合作共赢的关系，企业之间的竞争不仅是个体竞争，更是协作系统之间的竞争。在社会商业生态系统中，知名品牌的生态系统是最具竞争力的生态子系统，它拥有名牌产品数量众多的消费者顾客以及强大的系统成员，因而是社会生态系统中的重要组成部分，在社会商业生态系统中起决定性的作用。

关于赢商网，其平台生态圈的本质是多个组织成员通过不断创新实现共同进化，为了达到持续发展，企业内部生态圈的各个成分需要相互协作，推动该系统的稳定发展。且从成长特点的角度看，核心平台企业进化的成长存在一致性。因此，作为连接各资源主体的共生系统，赢商网内部生态圈实现了从单一型、双边型到共生型的结构类型跨越，在不同发展阶段中，其战略环境、技术发展、资本结构和产品服务也各不相同。

2. 结合价值迁移理论分析构建外部生态圈的必要性

面对市场和技术的双重压力，企业需要进行品牌价值迁移，以更新品牌价值构成要素、提升品牌价值、获得持续竞争优势。品牌价值迁移理论聚焦品牌价值构成的动态演变，认为品牌价值构建取决于企业的环境压力与品牌架构之间的匹配性。品牌价值固化是导致品牌老化和衰退的主要原因，可以通过基于产品创新、品牌二次定位的品牌延伸和品牌价值链扩张创建新品牌，构建新的品牌组合，进入新的市场，以实现价值迁移和升级。

虽已初步建立起"媒体服务＋数据服务"平台内部生态圈，但在互联网数据、行业快速发展变化的时代，赢商网认识到只有主动寻求外部合作，促进两大核心业务再提升，才能持续保持企业的核心竞争力，在竞争激烈的红海里开拓出大数据时代的蓝图（紧跟技术创新和用户消费需求变化）。在资本结构上，2017年，赢商网吸引了深创投、大有基金、璀璨资本等投资机构，并顺利完成股改，为数据研发投入提供了有力的资金支持，使原有数据业务更加快速迭代，研发新的服务产品。资本的入驻也逼迫赢商网规范运营，从此正式开启了赢商网的资本市场之路。移动互联化促使了企业构建平台，并从各个层面、行业间实现资源整合与信息流动。为更深入市场了解客户需求，赢商网大数据董事长携大数据核心团队走访了北京、上海、广州、深圳、重庆、福建等地标杆企业，并陆续与大悦城地产、旭辉集团、世茂集团、爱琴海商业（红星商业）、碧桂园集团、泰禾集团、宝龙商业集团、龙湖商业、世纪金源商管、华侨城商业、天河城集团等企业进行深入交流分享，共同探讨全方位数据应用与商业发展新思维。通过路演，赢商网认识到只有回归服务的本质，听取用户对产品的需求，才能在风云变幻的商业时代立于不败之地。2018年，赢商大数据在不断完善更新已有产品与着力研发新品的基础上，最终实现赢商大数据产品覆盖客户全生命周期。

3. 内部生态圈与外部生态圈如何协同发展

随着社会从传统工业经济向互联网经济转变，不但商业环境产生了深刻的变化，而且市场需求也变得越来越容易波动。这导致资源边界严重制约了企业的经营发展，仅凭单个企业的力量越来越难以做到快速响应市场需求，以及为客户提供更加个性化、智能化、多样化的产品。生态圈内的核心平台企业等连接方需要持续不断地完善自身的功能、促进多边用户之间的相互交流，以满足多边主体越来越多元化的需求；要优化商业生态环境，形成特色商业生态系统。从成长特点的角度看，核心平台企业的进化与成长存在一致性，即从产品平台到平台企业最后形成平台生态系统。当下，企业的价值创造呈现出了从要素型到关系型再到结构型的显著特征。因此，如何构建健康有序的商业生态系统成为影响生态圈内的核心平台企业长远发展的战略性问题。

在内部生态圈逐渐成熟完善的基础上，赢商网在原本已有雏形的媒体产品上增加数据平台，打造"媒体平台＋数据平台"双核驱动的平台生态圈。赢商网在为品牌端和场所端提供全方位服务与支撑的同时，深耕媒体、大数据系统，并积极联合技术、专业、渠道等各个层次的行业顶尖企业共同合作，形成围绕"赢商＋"战略的平台生态圈。数据赋能也将驱动产业价值转移，共创、共生和共赢的生态系统将是未来企业组织进化的主要路径，即打造一个由平台生态圈内所有成员共同组成的价值网和价值生态系统。

本章知识结构图：

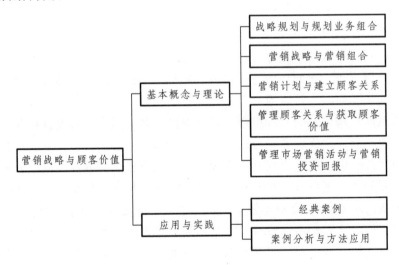

课后思考题

一、名词解释

1. 组合分析：

2. 市场细分：

3. 顾客关系管理：

4. 顾客权益：

5. 市场营销投资回报率：

二、单选题

1. 通过使用经典的波士顿咨询集团，公司根据（　　），将其所有战略业务单位进行分类。

    A. 增长－份额矩阵　　　　　　　　B. 增长－利润矩阵

    C. 利润－份额矩阵　　　　　　　　D. 份额－份额矩阵

2. 市场营销执行是为了实现公司的（　　）目标。

    A. 战略营销　　　　　　　　　　　B. 市场战略

    C. 市场营销　　　　　　　　　　　D. 公司战略

3. 以下策略可以帮助企业提升顾客感知价值的是（　　）。

    A. 提高产品价格　　　　　　　　　B. 降低产品质量

    C. 提高服务质量　　　　　　　　　D. 减少产品功能

4. 在顾客价值链模型中，（　　）是指企业通过营销活动传递价值给顾客的过程。

    A. 价值创造　　　　　　　　　　　B. 价值传递

    C. 价值沟通　　　　　　　　　　　D. 价值实现

5. 顾客价值是指顾客对产品或服务的（　　）的评价。

    A. 成本　　　　　　　　　　　　　B. 效用

    C. 质量　　　　　　　　　　　　　D. 成本和效用

三、多选题

1. 市场营销管理过程需要的营销管理职能有（　　）。

    A. 分析　　　　　　　　　　　　　B. 计划

    C. 执行　　　　　　　　　　　　　D. 控制

2. 最常见的市场营销组织形式有（　　）。

    A. 职能型组织　　　　　　　　　　B. 地理型组织

    C. 产品管理组织　　　　　　　　　D. 市场或顾客管理组织

3. 制定营销战略时，企业需要考虑的宏观环境因素包括（　　）。

    A. 经济环境　　　　　　　　　　　B. 社会文化环境

    C. 技术环境　　　　　　　　　　　D. 所有以上选项

4. 以下选项中，企业在制定营销战略时需要关注的微观环境因素有（　　）。

    A. 竞争对手　　　　　　　　　　　B. 供应商

    C. 消费者　　　　　　　　　　　　D. 分销商

5. 在产品生命周期中，以下策略适用于成熟期的有（　　）。

    A. 市场扩张　　　　　　　　　　　B. 增加产品功能

    C. 降低价格　　　　　　　　　　　D. 增加广告支出

四、判断题

1. 战略规划是在组织的目标和能力与不断变化的市场机会之间，建立和维持战略适配的过程的核心。（　　）

2. 市场营销战略由目标市场选择、定位和市场营销组合以及市场营销费用水平等具体战略要素构成。（　　）

3. 营销组合的 4 个基本要素，又称 4P，包括产品（Product）、价格（Price）、促销（Promotion）和地点（Place）。（　　）

4. 在营销组合中，产品策略仅关注产品的物理特性，而不包括产品的品牌和包装。（　　）

5. 价格策略仅仅是确定产品售价的过程，不包括价格调整、折扣和信用政策等。（　　）

五、简答题

1. 简述市场营销过程。

2. 简述如何获得顾客价值。

3. 根据顾客的潜在营利性和忠诚度将顾客划分为哪几个群体？

第3章 市场营销环境评估与应对

◆ 学习目标

思政目标： 引导学生分析组织内外环境综合概况，提高学生对国内外政策、社会、经济等的综合认知。

知识目标： 理解市场营销环境的概念；明晰微观营销环境和宏观营销环境的要素及含义；掌握市场营销环境的评估与应对策略。

能力目标： 了解对宏观环境和微观环境分析评估和应用能力；掌握 SWOT 矩阵分析的基本方法、商业模式的基本模型、行业竞争的波特五力模型；培养基于宏观环境和微观环境开展市场决策能力。

素质目标： 激发学生敏锐的行业动态预判和创新意识，培养其解决问题的能力和独立思考的能力，使其能够在市场营销环境和竞争中快速应对变化并找到创新解决方案。

案例导入

美国贺卡行业领袖企业的市场营销环境分析

广阔世界出版公司曾经是美国贺卡行业的领袖企业。它于 20 世纪 30 年代开始国际业务，把产品销往加拿大。加拿大的贺卡市场很有潜力，于是，公司决定在加拿大建立子公司来管理加拿大的业务。

在加拿大获得成功后不久，广阔世界出版公司在英国的利兹建立了第二个子公司，经营也很成功。广阔世界在英国贺卡行业赢得了非常好的声誉。

20 世纪 50 年代末期，广阔世界出版公司研究进入欧洲大陆市场的可行性，并把卡片项目委托给瑞典营销咨询公司进行调研。结果表明，欧洲大陆的贺卡行业非常有利可图，于是它在法国、意大利和德国分别建立了自己的子公司。但贺卡在德国的销售量并不理想。该公司在德国的经营策略如下：

1. 贺卡产品

传统的德国贺卡很少在卡片上写诗句，因为德国人的习惯是购买者在卡片里面或背面写上自己想说的话，但该公司把印有诗文的卡片介绍给德国贺卡市场，这种卡片当时在德国还是很新鲜的东西。为了克服德国传统习惯造成的销售阻碍，该公司告诉零售商，他们应向顾客介绍贺卡上的诗文，应该让顾客看到这些诗文，所以不要用包装纸去包装贺卡。

另外，该公司卡片的设计是美国卡片的复制，仅把卡片上的英语翻译成德语。很多情况下，翻译会漏掉一些内容，如在英语中原本幽默的成分翻译成德语之后就失去了幽默的成分。由于两国文化的不同，对美国人很有吸引力的一些卡片韵味在德国则没有了。

2. 销售渠道

在德国主要是在连锁商店和百货商店零售贺卡。对这些零售店，该公司把自己成功的存货控制系统介绍给它们。这是一个能有效地自动控制存货和发出新订单的系统，它使零售商不必劳心控制存货和选择订货的品种。该公司还将一种美国式的层式货架介绍到德国，这种货架可装120张卡片。

3. 促 销

广阔世界出版公司唯一的广告是通过贸易杂志做的，它同时也依靠销售组来推销商品。销售组由销售经理管理的12个德国雇员组成，推销的地域范围是按照人口划分的。销售经理以前是母公司的推销员，有很深的德国背景。

4. 价 格

广阔世界出版公司的产品比德国造的同样产品价格略高，但公司人员仍认为，他们的价格是很有竞争力的，大部分产品的价格为1马克或再少一点。管理人员认为，他们的产品定价略高一点是因为德国的贺卡比较小，上面很少有诗文，而该公司的卡片上印有诗文。另外，在德国和美国，零售商的加价都是100%，如果一个卡片卖50美分，那它的成本就只有25美分，价格太低就无法保证企业获利。

尽管德国的子公司在市场上取得了显著的成绩，但是销售额却没有达到预期的目标，甚至没有达到所期望的发展速度。在对管理成本及对产品的革新做了仔细的检查之后，该公司的经理认为，在贺卡中引入诗文、所采用的促销方式及对零售商的控制都是正确的，是德国卡片市场上的其他因素限制了销售额的增长。其中之一就是，按照德国的传统习惯，德国人之间的交往很正统，他们不像美国人那样使用很多卡片，而只是偶尔为之。然而，最近对德国市场的分析表明，德国人之间的交往正逐渐变得不那么正统，部分原因是因为他们与住在当地的许多美国人有接触而受到了影响。所以，广阔世界出版公司对进一步开拓德国市场仍旧充满信心。

资料来源：叶敏，赵伯庄. 市场营销原理与实践[M].北京：国防工业出版社，2008：24-25.

从上述案例可以看出，贺卡产品虽小，却生动地体现了产品在国外销售时的影响因素。产品在国外销售不仅要考虑产品质量，更重要的是要考虑语言、文化、消费者习惯等多重因素。如果不注意这些因素，即使质量再好，价格再低，往往也难以获得成功。企业营销行为既要受自身条件的制约，也要受外部条件的制约。关注并研究企业内外环境的变化，把握环境变化的趋势，识别环境变动而造成的机会和威胁，是营销人员的主要职责之一。在营销活动中，环境是不可控制、不可超越的。企业必须根据现实环境及其发展趋势，制定并不断调整营销策略，自觉地利用市场机会，防范可能出现的威胁，确保在竞争中立于不败之地。

3.1 基本概念与理论

3.1.1 市场营销环境

1. 市场营销环境的概念

市场营销环境也称市场经营环境。企业的市场营销环境是指影响企业营销活动及其目标实现的各种因素和动向。根据营销环境对企业营销活动产生影响的方式和程度，又将市场营销环境大致分为两大类：微观市场营销环境和宏观市场营销环境。微观市场营销环境是指与企业关系密切，直接影响企业为目标市场顾客服务的能力和效率的各种因素，包括企业自身、供应商、营销中介、顾客、竞争对手和公众。宏观营销环境是指那些作用于微观营销环境，并因而对企业市场营销施加影响的广泛社会性因素，包括人口环境、经济环境、自然环境、科技环境、政治法律环境和社会文化环境等。这两种环境之间不是并列的。营销环境对企业营销活动的影响关系，是包容和从属关系。微观环境受宏观环境大背景的制约，宏观环境借助于微观环境发挥作用。两者的关系如图 3-1 所示。

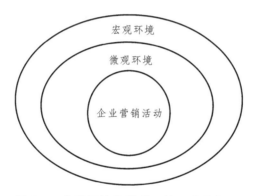

图 3-1　宏观环境和微观环境两者的关系

2. 市场营销环境的特征

1）客观性

营销环境不以营销者的意志为转移而客观存在，有着自身的运行规律和发展趋势。企业的营销活动能够主动利用和适应客观环境，但不能改变或违背客观环境。

2）多变性

构成企业营销环境的因素是多方面的，而每一个因素都会受到诸多因素的影响，都会随着社会经济的发展而不断变化。

3）可利用性

营销环境的变化虽然不以企业的意志为转移，但可以被企业利用。

4）关联性

构成营销环境的各种因素和力量是相互联系、相互依赖的。

5）层次性

从空间上看，营销环境因素是一个多层次的集合。第一层次是企业所在的地区环境；第二层次是整个国家的政策法规、社会经济因素；第三层次是国际环境因素。

6）差异性

营销环境的差异主要因为企业所处的地理环境、生产经营的性质、政府管理制度等方面存在差异。

7）动态性

营销环境是一个动态的概念，任何环境因素都不是静止的、一成不变的。

8）不可控性

相对于企业内部管理机能，如企业对自身的人、财、物等资源的分配使用来说，其他营销环境是企业外部的影响力量，是企业几乎无法控制的。

3.1.2 宏观营销环境

企业与供应商、营销中介单位、顾客、竞争对手及公众都在一个更大的宏观环境中活动。在这个大环境中，有些因素对企业来讲是根本无法控制的，它们的影响力也是不容忽视的。宏观环境因素包括人口环境、经济环境、自然环境、科技环境、政治法律环境、社会文化环境，具体如图 3-2 所示。

图 3-2　宏观营销环境

1. 人口环境

市场是由具有购买欲望与购买能力的人所构成的，因而，人口的数量、分布、结构以及在地区间的移动等人口统计因素，形成企业市场营销活动的人口环境。人口环境及其变动对市场需求有着整体性、长远性的深刻影响，制约着企业营销机会的形成和目标市场的选择。

1）人口规模及其增长速度

人口规模即总人口的多少，是影响基本生活资料需求、基本教育需求的一个决定性因素。过多的人口必然会对市场形成强大的压力。

2）人口地理分布

地理分布是指人口在不同地区的密集程度。市场消费需求与人口的地理分布密切相关。人口密度的不同，人口流量的多少，影响着不同地区市场需求量的大小。

3）人口结构

人口结构主要包括人口的年龄结构、性别结构、家庭结构、社会结构、民族结构以及教育程度等。

年龄结构：由于消费者年龄的差别，消费者必然会产生不同的消费需求和消费方式，形成各具特色的消费者群体。

性别结构：人口的性别不同，其市场需求也有明显的差别，而且购买习惯与行为方式也会有所不同。

家庭结构：现代家庭是社会的细胞，也是商品的主要采购单位。

社会结构：我国农村地域辽阔，人口众多，有着巨大的发展潜力。

民族结构：我国是一个拥有 56 个民族的多民族国家，民族不同，其生活习性、文化传统、风俗习惯等物质和文化生活也各具特色，反映到市场信息上，就是各民族的市场需求存在着很大的差异。

教育程度：从世界范围看，发达国家人口受教育程度普遍较高，就业人口中白领比重不断上升，而蓝领的比重呈下降趋势。

2. 经济环境

经济环境是指企业市场营销活动所面临的外部社会经济条件，其运行状况和发展趋势会直接或间接地对企业市场营销活动产生影响。研究经济环境要重点研究消费者的购买力、消费水平和消费方式等相关问题。

1）消费者收入的变化

消费者的现实购买能力和潜在购买能力对于市场营销的影响很大。消费者的购买力取决于消费者的收入。20 世纪 80 年代以前，我国计划经济体制下实行自给自足，限制了收入和分配的发展；改革开放后，我国实行市场经济，经济发展迅速，人均国民收入逐年增长，人民生活水平不断提高，个人可支配的收入越来越多，对消费品的需求和购买力越来越大。

2）消费者的支出模式

消费者的支出模式主要研究消费者在各类商品和服务方面的支出比例。消费者的支出对市场有很大影响，消费者收入变化，其支出模式也会变化。

3. 政治法律环境

政治法律环境是影响企业营销的重要宏观环境因素，主要包括进出口国家和地区的社会因素、政治体制、执政党派及有关经济政策和外贸政策，以及国际的和东道国的各种经济法令和条例等。

1）国际国内政治环境

国际政治环境：国际政治环境对于一个国家的经济发展影响巨大，一个国家的国际政治地位和影响力可以增加或者降低经济发展速度；增加或者降低国际合作和国际援助；增加或者降低进出口贸易等。目前，国际上各国政府采取的对企业营销活动有重要影响的政策和干预措施主要有：进口限制、税收政策、价格管制和外汇管制。

国内政治环境：政府在市场经济中扮演的角色和地位正在由监督、命令、管理向服务、协调、扶持的方向发展。政府从宏观经济出发，推动产业合理布局，鼓励产业与企业的发展，利用资源和优惠政策扶持企业特别是中小企业的发展，鼓励私营企业发展，鼓励人人勤劳致富。

2）法律环境

加强法治管理。政府对企业的行政干预转变为政策上的宏观调控，为保证宏观调控目标的实现，一个重要手段就是加强各种立法和执法力度，以完善的法制体系规范制约企业行为。随着经济的不断发展，人们更加注重环境与社会的和谐发展，加强对国际市场法律环境的研究。法律环境是特别重要的因素，尤其是在国际市场环境中。国际市场的很多经营活动，往往由于符合法律规范而进展十分顺利，也往往由于法律上的限制而受到阻碍。因此，必须了解国际市场法律环境，尤其是要了解东道国的法律环境。

4. 自然环境

自然环境因素，又称自然物质环境因素，是指影响企业生产和经营的物质因素。物质环境的发展变化会给企业造成一些"环境威胁"和"市场营销机会"。目前这方面的动向主要反映在以下 3 个方面。

1）资源状况

地球上的自然资源有 3 大类。第一类是"取之不尽，用之不竭"的资源，如空气等。第二类是"有限但可更新的资源"，如森林、粮食等。第三类是"有限又不能更新的资源"，如石油、煤、锌、锡等矿物资源。由于供不应求或在一段时期内供不应求，需要这类资源的企业面临着威胁，迫使其必须寻找替代品，迫使人们去大力研究开发新的能源，如太阳能、核能、风能等。

2）资源成本

在 20 世纪 70 年代，美国汽车行业竞争中有一个众所周知的实例。美国的第三大汽车公司克莱斯勒汽车公司，在与通用和福特两个汽车公司的竞争中，虽然考虑了很多因素，但由于没有重视能源紧张及其经营策略没有及时改变，长期生产耗油大的汽车，最终失去了部分市场份额。

3）环境保护意识日益增强

许多工业化进程较快的国家，环境污染日益严重。这种动向给那些制造污染的企业和行业（如造纸业、化工业等）造成一种"环境威胁"，它们在社会舆论的压力和政府的干预下，不得不采取控制措施和消除污染。

5. 科技环境

技术对人类的生活具有不可低估的影响，它深刻影响着人类的社会历史进程和社会经济生活的各个方面，也影响着企业的市场营销活动。估价新技术的后果，并从中敏感地发现市场机会，是企业适应技术环境变化的一个重要方面。

6. 社会文化环境

社会文化是指一个社会的民族特征、价值观念、生活方式、风俗习惯、伦理道德、教育水平、语言文字、社会结构等的总和。

市场营销对文化环境的研究一般从以下几个方面入手。

1）价值观念

价值观念是人们对社会生活中各种事物的态度、评价和看法。价值观念的形成与消费者所处的社会地位、心理状态、时间观念以及对变革的态度、对生活的态度等有关。不同的文化背景下，人们价值观念的差别很大，而消费者对商品的需求和购买行为则深受其价值观念的影响。

2）风俗习惯

风俗习惯是人们根据自己的生活内容、生活方式和自然环境，在一定的社会物质生产条件下长期形成，并世代相袭而形成的一种风尚，以及由于重复、练习而巩固下来并变成需要的行为方式等的总称。

3）审美观念

审美观念是指人们对事物的好坏、美丑、善恶的评价。处于不同时代、不同民族、不同地域的人有不同的审美观念和美感，这将影响人们对商品及服务的看法。营销人员必须根据营销活动所在地区人们的审美观设计产品，提供服务。

4）语言文字

语言文字是人类表达思想的工具，也是最重要的交际工具，它是文化的核心组成部分之一。不同国家、不同民族往往都有自己独特的语言文字，即使同一国家，也可能有多种不同的语言文字，即使语言文字相同，表达和交流的方式也可能不同。语言的差异代表着文化的差异，语言文字的不同对企业的营销活动有巨大的影响。

5）宗教信仰

宗教是构成文化因素的重要方面。不同的宗教信仰有不同的文化倾向和戒律，从而影响人们认识事物的方式、价值观念和行为准则，也影响着人们的消费行为，进而催生出特殊的市场需求。

7. 市场营销环境

市场营销环境的动态性使企业在不同时期面临着不同的市场营销环境。不同的市场营销环境，既可能给企业带来机会，也可能给企业带来威胁。一般来说，企业营销者对环境分析的基本态度有以下两种。

1）消极适应

消极适应的态度认为，环境是客观存在、变化莫测、无规律可循的，企业只能被动地适应而不能主动地利用。持这种态度的营销者忽视人和组织在营销环境变化中的主观能动性，始终跟在环境变化的后面走，维持或保守经营，缺乏开拓创新精神，难以创造显著的营销业绩，容易被竞争激烈的市场所淘汰。

2）积极适应

积极适应的态度认为，在企业与环境的对立统一中，企业既依赖于客观环境，同时又能够主动地认识、适应和改造环境。营销者积极能动地适应环境，主要表现在3个方面：一是认为不可控的营销环境的发展变化是有规律可循的，企业可以借助科学的方法和现代营销研究手段，揭示环境发展变化的规律，预测其趋势，及时调整营销计划与策略；二是把适应环境的重点放在研究环境发展的变化趋势上，根据环境变化趋势制定营销战略，当环境发生实际变化时，企业不至于措手不及，也不会跟在变化了的环境后被动挨打；三是利用各种宣传手段，如广告、公共关系等，来创造需求、引领需求，以影响环境、创造环境，促使某些环境因素向有利于企业实现其营销目标的方向发展变化。

3.1.3 微观营销环境

营销管理的作用是通过创造顾客价值和满意度与顾客建立良好的关系。微观环境是企业的内部以及与企业紧密相关的环境,如图 3-3 所示。营销的成功取决于与企业的其他部门、供应商、营销中介、顾客、竞争者和各种公众之间的关系。这些关系共同构成了企业的价值传递网络。

图 3-3　微观营销环境

1. 企　业

企业是组织生产和经营的经济单位,是一个复杂的整体,内部由各职能机构组成,包括计划、生产、财务、供应、销售、质检、技术、后勤等部门。各部门各自独立完成自己的工作,但又与其他部门发生联系,形成企业的整体性、系统性、相关性。

2. 供应商

供应商是指向企业及其竞争者提供生产产品和服务所需资源的企业或个人,这些资源包括原材料、设备、能源、劳务、资金等,企业生产经营活动必须考察供应商的质和量。

现代企业在竞争中,更多采取将供应商当作同盟者或合作伙伴,企业与上游供应商紧密合作带来许多利益和效益方面的优势,企业可以通过这种合作甚至实现现代化的管理,形成一体化业务流程,将供应环节按照企业的标准和要求进行重组及优化,从而提高效率和降低采购成本,实现企业供应价值链。

3. 营销中介

营销中介是指为企业营销活动提供各种服务的企业或部门的总称,包括中间商、物流企业、融资企业及其他营销服务机构。

1)中间商

中间商是指协助企业寻找客户或直接与客户进行交易,分为代理中间商和经销中间商两类。代理中间商专门介绍客户或与客户磋商交易合同,并不拥有商品所有权;经销中间商包括批发商、零售商和其他再售商,他们购买企业产品,拥有商品所有权,然后再出售商品。

2)物流企业

物流企业是指协助生产厂家储存产品和把产品从原产地运往销售目的地的专业企业,

其中包括仓储公司和运输公司等机构。仓储公司主要储存和保护商品；运输公司以各种运输工具和运输方式为企业运输产品，既把产品送达目标市场，又把生产所需的生产资料运到企业。

3）融资企业

融资企业是企业营销活动中进行资金融通的机构，包括银行、信贷公司、保险公司以及其他对货物购销提供融资和保险的公司。

4）营销服务机构

在现代市场经济条件下，营销服务机构所涉及的面比较广，包括市场调研公司、广告公司、各种广告媒介及营销咨询公司等，他们协助企业选择最恰当的市场，并帮助企业向选定的市场推销产品。

4. 顾　　客

顾客是企业服务的对象，也是企业的目标市场。可以从不同角度，用不同的标准对顾客进行划分。按照购买动机和类别分类，顾客市场可以分为以下5类：

消费者市场：个人和家庭购买商品及劳务以供个人或家庭消费。

工业市场：组织机构购买产品与劳务，供生产其他产品及劳务所用，以达到营利或其他的目的。

中间商市场：组织机构购买产品及劳务用以转售，从中营利。

政府市场：政府机构购买产品及劳务以提供公共服务或把这些产品及劳务转让给其他需要的人。

国际市场：买主在国外，这些买主包括外国消费者、生产者、中间商及政府。

5. 竞争者

一个企业很少能单独包揽为某一市场服务，其营销系统总会受到一群竞争对手的包围和影响。

1）竞争者类型

（1）从消费需求的角度划分，企业的竞争者包括愿望竞争者、平行竞争者、产品形式竞争者和品牌竞争者。

愿望竞争者：提供不同产品以满足不同需求的竞争者。

平行竞争者：提供能够满足同一种需求的不同产品的竞争者。

产品形式竞争者：生产同种产品但提供不同规格、型号、款式，满足相同需求的竞争者。

品牌竞争者：产品相同，规格、型号等也相同，但品牌不同的竞争者。

（2）从竞争者性质和竞争对象角度划分，企业的竞争者包括潜在竞争力量、同行业现有竞争力量、替代品竞争力量、买方竞争力量和供货者竞争力量。

潜在竞争力量：营销环境是由多种动态变化的因素所构成的，每个行业随时都可能有新的进入者参与竞争。它们会给整个行业的发展带来新的生产力，同时也会形成行业内企业之间更激烈的竞争。掌握市场任何细微变化，才能及时调整自身的营销行为，从而争取在竞争中处于领先的地位。

同行业现有竞争力量：同行业内现有企业之间的竞争是最直接、最显而易见的。这种竞争往往因为企业争取改善自身的市场地位而引发，一般通过价格、新产品开发、广告战以及增加为客户提供的服务内容等手段表现。一般而言，行业内的竞争往往会表现为4种基本状态：①完全竞争。完全竞争是指有较多的企业参与某个目标市场竞争，买卖交易都只占市场份额的一小部分。②垄断性竞争。垄断性竞争是指参与目标市场竞争的企业尽管比较多，但彼此提供的产品（服务）是有差异的，一些企业会由于其在产品或服务上的某些优势而获得部分市场的相对垄断地位。③寡头竞争。寡头竞争是指一个行业被少数几家相互竞争的大企业所控制，其他企业只能处于从属的地位。寡头竞争中控制市场的企业依赖的主要是实力优势而不是产品或服务的差异。④完全垄断。完全垄断是指由某一家大企业对整个市场全部占有，其他企业基本无法进入。完全垄断除了极少数具有实力优势外，基本上是资源或技术上的垄断地位所形成的，也有的是政府对于某些行业所实行的政策性垄断所致。

替代品竞争力量：广义地看，企业的竞争对手并不局限于同一行业。许多企业尽管彼此生产的产品（服务）在形式、内容等方面并不雷同，然而这些产品（服务）却都从特定的角度满足市场的需求而吸引社会购买力。

买方竞争力量：买方是企业产品（服务）的直接购买者和使用者，关系到企业营销目标能否实现。买方的竞争威胁往往意味着企业让利的代价，它们可以通过压低价格、追求更好的产品质量、寻求更全面的服务项目等，从竞争企业彼此对立的状态中获得好处。

供货者竞争力量：企业营销目标的实现，必然要依赖于某些特定的原材料、设备、能源等的供应。如果没有经营供货保障，企业也就无法正常地进行营销运转。

2）市场竞争者的营销目标

企业在营销活动中所承担的营销任务不同，所以有各自的营销目标。市场竞争者的营销目标一般包括以下内容：

竞争对手的经营理念：竞争对手的经营理念包括竞争者是否想成为市场领导者、行业的发言人、行业标新立异者、技术领导者、竞争者是否重视产品开发和产品质量，竞争者是否对营销地区有特殊偏好，经营理念是否成为全体员工的行为指南，是否已成为企业惯例化行为的特定营销战略或职能方针等。

竞争对手的组织结构：竞争对手的组织结构包括竞争者企业的职能结构。这种结构包括对资源分配、定价和产品换代等关键性决策的责任和权力分配如何，竞争者最高领导层的背景和经历如何，竞争者对企业管理人员的培养要求和激励措施如何等。

竞争对手的财务目标：竞争对手的财务目标包括竞争者在长期和短期营销业绩之间的权衡，竞争者在利润和收入增长之间的权衡，竞争者在获利能力、市场占有率、销售增长率、风险期望水平等因素之间的权衡等。

3）竞争对手的控制系统

竞争对手的控制系统包括竞争者的会计制度如何评估库存、分配成本、计算通货膨胀，竞争者企业各级人员的报酬，竞争者股份分布情况，竞争者营销业绩评估措施等。

4）市场竞争的主要策略

市场竞争的主要策略包括了解竞争环境、摸清市场竞争者的情况、分析企业自身的竞争能力等，目的是要争取竞争优势。根据企业的营销目标、营销环境、营销资源及企业在目标市场、竞争性行业市场中的地位所确定的竞争策略，能恰当地促进企业制造和保持竞争优势，从而最终帮助企业实现营销目标。争取竞争优势的基本市场竞争策略有 3 种：低成本策略、差别化策略和聚焦策略，如图 3-4 所示。

图 3-4　主要竞争策略

低成本策略：通过降低产品生产和销售成本，在保证产品和服务质量的前提下，使自己的产品价格低于竞争对手的价格，以迅速扩大的销售量提高市场占有率的竞争策略。

差别化策略：通过发展企业别具一格的营销活动，争取在产品或服务等方面独有特性，使消费者产生兴趣而消除价格的可比性，以差异优势产生竞争力的竞争策略。

聚焦策略：通过集中企业力量为某一个或几个细分市场提供有效的服务，充分满足一部分消费者的特殊需要，以争取局部竞争优势的竞争策略。

5）波特的五力模型

波特的五力模型（Porter's Five Forces Model）是由迈克尔·波特（Michael Porter）在《竞争的战略》中提出的一种分析竞争力和行业吸引力的框架。该模型旨在帮助组织评估所在行业的竞争情况，并制定相应的战略。

波特的五力模型基于以下 5 个关键要素：

同行竞争对手：在特定行业中与组织竞争的其他公司。

潜在竞争者：潜在新公司进入特定行业的威胁。

替代品：替代产品或服务对特定行业的威胁。

买家的讨价还价能力：买家对组织的影响力和议价能力。

卖方的讨价还价能力：供应商对组织的影响力和议价能力。

波特的五力模型如图 3-5 所示，被广泛应用于战略规划和行业分析中，以帮助组织了解市场竞争环境，并制定适当的竞争策略。

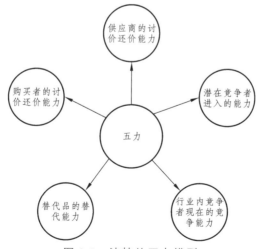

图 3-5　波特的五力模型

6. 社会公众

一个企业开展营销活动时，不仅要考虑竞争对手与之争夺的目标市场，而且要考虑这种营销方式是否能得到公众的欢迎。一般来说，每个企业的周围有6类公众。

金融公众：包括银行、投资公司、证券公司、保险公司以及其他对货物购销提供融资或保险的各种公司。

媒介公众：刊载、播送新闻、特写和社论的机构，如报纸、杂志、电台、电视台。

政府公众：有关的政府部门，营销管理者在制订营销计划时必须充分考虑政府的发展政策，企业还必须向律师咨询有关产品安全卫生、广告真实性、商人权利等方面可能出现的问题，以便同有关政府部门搞好关系。

群众团体：消费者组织、环境保护组织及其他群众团体。

当地公众：企业所在地附近的居民和社区组织。

内部公众：企业内部的公众，包括企业的股东、董事会的董事、经理、技术工人、普通工人等。内部公众的态度会影响外部社会公众。

上述6个方面的公众，都与企业的营销活动有直接或间接的关系。现代企业是一个开放的系统，它在经营活动中必然与各方面发生联系，必须处理好与各方面公众的关系。

3.1.4 营销环境评估与应对

1. 市场营销环境分析的基本策略

市场营销环境的动态性使企业在不同时期面临着不同的市场营销环境。不同的市场营销环境，既可能给企业带来机会，也可能给企业带来威胁。对企业营销环境的分析和评价，始终是营销者制定营销战略、策略和计划的依据。

1）SWOT分析

优劣与劣势分析：竞争优势是指一个企业超越其竞争对手的能力，即一个企业超越其竞争对手的能力，这种能力有助于实现企业的主要目标——营利（竞争优势并不一定完全体现在较高的营利率上，因为有时企业更希望增加市场份额）。常见的企业优劣势如表3-1所示。

表3-1 常见的企业优劣势

S（优势）	W（劣势）	S（优势）	W（劣势）
成本优势、技术优势、创新能力	产品创新能力差、研发落后、竞争地位恶化	规模经济优势、管理优势、员工优势	管理不善、设备老化、季节限制

机会与威胁分析：环境威胁是指环境中一种不利的发展趋势所形成的挑战。机会与威胁并存并相互转化，可用机会、威胁矩阵图分析机会、威胁对企业的影响。如图3-6所示，在威胁分析矩阵的4个区域中，第1区域是企业必须高度重视的，因为它的危害程度高，出现概率高；第2区域虽然出现概率较低，但一旦出现，就会给企业营销带来巨大的危害；第3区域虽然对企业的影响不大，但出现概率高；对第4区域，主要是注意观察其发展变化，是否有向其他区域发展变化的可能。

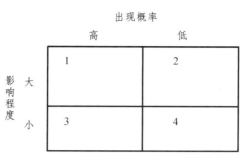

图 3-6 威胁分析矩阵

机会分析矩阵：如图 3-7 所示，在机会分析矩阵的 4 个区域中，第 1 区域是企业必须重视的，因为它的潜在利益和出现概率都很大；第 2 区域虽然出现概率低，但一旦出现会给企业带来很大的潜在利益；第 3 区域虽然潜在利益不大，但出现概率却很高；对第 4 区域，主要是观察其发展变化，并依据变化情况及时采取措施。

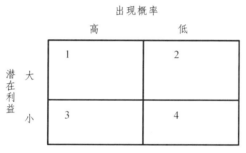

图 3-7 机会分析矩阵

常见的企业机会与威胁如表 3-2 所列。

表 3-2 常见的企业机会与威胁

O（机会）	T（威胁）	O（机会）	T（威胁）
市场增长迅速、有利的政策、价值链增值	市场饱和、竞争激烈、环境萧条	扩大产品线、战略联盟	新竞争者争相进入、用户议价能力增强

2）SWOT 矩阵分析

SWOT 矩阵分析方法如表 3-3 所示。

表 3-3 SWOT 矩阵分析

因素	优势（Strength）	劣势（Weakness）
机会（Opportunity）	利用优势抓住机会（SO 策略）	利用机会弥补劣势（WO 策略）
威胁（Threats）	利用优势规避风险（ST 策略）	弥补劣势，消除威胁（WT 策略）

对于企业来说，研究内外部环境是一个周而复始的过程，这使企业的经营活动能够适应环境的变化，并且增加企业成功的机会，它也能够帮助企业获得市场竞争优势。

2．应对市场营销环境

许多公司将市场营销环境视为一种必须对其做出反应和适应的不可控因素，被动地接受市场营销环境。另一些公司对环境采取一种更为积极的态度，并不认为战略一味受到环境限制，而是实施战略改变环境。更有甚者，对环境中发生的事件不是简单地观望和反应，而是采取积极的措施影响公众和环境。

3.2 应用与实践

3.2.1 经典案例——冻品在线的营销环境与市场感知

福建冻品在线网络科技有限公司（以下简称"冻品在线"）于 2015 年 8 月正式成立，是一家专营冷冻食品 B2B 供应链业务的移动电商平台。冻品在线通过移动互联网技术打造"轻平台、短流程、快模式"的 B2B 平台，对冻品传统流通过程中产生的信息流、资金流、物流进行有效流程再造，以提高供应链的流通效率。在短短 3 年时里，冻品在线创下一个又一个令人叹为观止的战绩，而冻品在线的事业还在加速发展中。一个新事物的诞生总是伴随着赞誉与争议。对于冻品在线的出现，业界内外有着诸多评论："就算打开互联网的渠道，直接面对消费者，你的利润就能提高吗？这种想法简直太可笑了！直接面对消费者，厂家将会更加忙碌，而且要处理的事情也更烦琐。到时候估计很多厂家都要被淘汰，剩下的也就几个厂家会比从前更好。"面对质疑之声，冻品在线的应对秘诀是什么？什么才是好的商机？冻品在线又有着怎样的商业特质和时代烙印呢？

1．冻品行业背景

1）餐饮消费需求高涨

餐饮行业作为满足居民衣、食、住、行四大基本生活需求之一的行业，规模庞大。就在冻品在线进入冻品行业不久，中国饭店协会于 2016 年 5 月在上海举行的首届中国连锁餐饮产业发展大会上发布《2016 中国餐饮业年度报告》指出，2016 年，全国餐饮收入达 35 799 亿元，同比增长 10.8%；2017 年，全国餐饮收入达 39 644 亿元，同比增长 10.7%；2018 年，全国餐饮收入达 42 716 亿元，同比增长 7.8%；2019 年，全国餐饮收入达 46 721 亿元，同比增长 9.4%，这种趋势一直延续到了 2020 年。2020 年，受到大环境的影响，全国餐饮收入仅为 39 527 亿元，同比下降 15.4%。但随着大环境的逐渐好转，餐饮业也开始逐渐回暖。2020 年 12 月，全国餐饮收入达到 4 950 亿元，同比增长 0.4%。相关部门做出行业发展态势预测，餐饮业今后几年还将继续复苏。

2）国内餐饮供应链市场

伴随着第三次消费升级，餐饮业进入 4 万亿元时代，按照食材采购 50% 计算，餐饮供应链已是万亿元规模的市场。在大众餐饮消费成为主流的当下，企业通过提高客单价获取利润的难度加大。餐饮供应链领域内虽然企业众多，但整体发展不尽如人意，可以说目前仍处在初期发展阶段。

2．冻品在线公司的发展

1）创业前期积累：涉足生鲜农产品

2012 年，冻品在线的创始人觉得农业是个商机，便开始寻找投资项目。经过深思熟虑，他选择了白水农夫农业股份有限公司（以下简称"白水农夫"）。白水农夫有 30 000 亩（20 平方千米）高山种植基地，其中 60% 都是跟农民签约的合作基地。冻品在线在白水农夫的时候充分考虑到了农民的利益，采取了用稳定的价格和数量来收购农产品这一方法。这样一来，农民种得再多也不用担心销路，只管按要求做好生产就行，白水农夫也能更好地把控生产标准和质量规格。同时，生产资料的统购统销使生产成本大大降低，农民和企业都是受益者。第一次创业，可谓有惊无险还有赚。

但是冻品在线发现，生鲜农产品是粗放型生产、损耗较大且经常出现价格倒挂的一类产品，而冷冻食品不仅损耗小、附加值高，而且市场容量大，于是冻品在线的创始人开始思考自己曾在海欣食品从事了 5 年的冷冻食品行业。当时的冷冻食品行业还没有利用互联网来改造冷冻产品流通渠道，行业效率低下，他觉得自己应该在此有所作为。因而并没有因第一次创业的成功而止步不前，而是马上投身于第二次创业。

2）二次创业机会识别：专注"互联网+冻品"

在海欣食品担任市场总监期间，冻品在线的创始人就对冰冻食品行业有着非常深入的洞察和思考。冷冻食品（以下简称"冻品"）是一种储存于 −12~23 ℃ 的食品，包括海产类、水产类、鸡副类、鸭副类、鹅副类、猪类、牛类、羊类、农产类、丸糕点类、其他肉类、其他农产类等。冻品在大小、形状、质地、色泽和风味方面一般不会发生明显的变化，还能保持原始的新鲜状态，在 −18 ℃ 储藏条件下可以有长达一年的保质期。在对整个冻品行业流通环节进行深入分析后，他发现，虽然冻品领域市场容量巨大，但传统的单一性多层级流通方式效率低下、流通环节非常长，产品从厂家出来，需要经过一批、二批、三批才到达终端。首先，由于渠道层级多，容易让产销双方信息不对称，生产者的产品不是用户所需，很难满足其需求，容易造成大量的产能浪费；其次，由于渠道层层加价，终端用户拿到的产品价格很高，性价比较低。在不断探索中，他发现很多餐厅的需求是多样性的，单一厂家提供的产品只能满足其需求的 1/10，无法满足终端客户的需求。基本上厂家直接给客户做终端会加大人力成本和物流成本，必须由一个平台把所有的需求进行整合之后再统仓统配，这样才能使效率得到提升。

3）冻品在线成长快速：多次受资本青睐

冻品在线的创始人谈道："餐饮终端的采购需求是本来就存在的，我们只是去用互联网重塑模式，提升效率，而不是去凭空创造，因此会容易很多。"目前，冻品在线在重点地区主要采用自营模式，其自营的城市已经发展到 12 个，包括福州、厦门、泉州、莆田、漳州、杭州、宁波、温州、重庆、成都、南昌、绍兴。冻品在线在非重点城市一般选择当地的合伙人，目前累计合作近 20 个城市。冻品在线已累计与将近 500 家的上游厂家合作，在自营层面大概为 10 万家的餐饮终端提供服务。

2015 年 8 月，"冻品在线"公司正式成立并开始组建团队；10 月 30 日，"冻品在线"App 正式上线；11 月"冻品在线"App 开始在福州做推广，App 用户量、订单量屡创新高，其运营模式和商业模式备受关注，行业主流媒体中华冷冻食品网、冷链物流网、《中国食品报·冷冻产业周刊》杂志、《创业邦》杂志等不间断对该项目跟踪报道。2016 年 1 月，"冻品在线"仓储配送体系全面升级，扩大仓储容量，增加配送力量，更好地服务客户；6 月，厦门分公司正式启动；8 月，南昌子公司正式启动，同时，冻品在线启动首届"818 冻采节"，打造全国冻品行业"双十一"；9 月，冻品在线入选"福建省创新企业百强"；10 月，泉州分公司正式启动；11月，宁波分公司正式启动；12月，第三届中国B2B电子商务大会召开，冻品在线荣获中国B2B百强企业和最具潜力企业两项大奖。2017年5月，冻品在线开放区域合作，寻找城市合伙人，合作城市拓展迅速；9月，主办中国首届冻品产业互联网峰会；10月，再次入选"2017年中国B2B百强企业"，这也是冻品在线连续第三次获得不同权威机构颁发的"中国B2B百强企业"称号；12月，再次登上2017年中国B2B行业百强榜；2018年3月，荣获"2017年度中国餐饮食材供应链创新奖"；2020年形成了产业互联网的核心价值，即商品在线、人员在线、客户在线和管理在线，用互联网、大数据的方式创建了全链条、数字化、一体化的数字化平台；2022年冻品在线正式开发了合伙人加盟；2023年冻品在线荣登第八次产业数字化百强榜单；2024年中国最大的冻品B2B平台冻品在线宣布完成了新一轮亿元级融资。冻品在线不断攀登新的业务高峰，将推动整个行业以更健康、更智能的姿态向前迈进，引领行业的新一轮变革。

3. 冻品在线公司整体的商业模式

冻品在线精准规划并构建整体商业模式，主要体现在3个方面：一是用户端。公司利用地面推广，教会用户使用冻品在线的App下单采购冷冻食材。二是源头端。冻品在线直接和厂家形成直供（或定制）合作，直达终端，形成"厂家直供，反向定制"。三是核心中枢，即数据驱动的反向供应链。

1）纵向发展：打造核心竞争力

（1）易鲜冷链：解决"流通效率低"问题。冻品在线前几年在城市的扩张中，由于订单增长过快，发生了外包的零散的仓配团队无法满足企业的增长需求以及服务需求的问题，同时也存在费用高、服务态度差等问题。问题也意味着机会，为保障服务质量和爆发式增长的订单需求，冻品在线自建了"最后一公里"的冷链物流体系——易鲜冷链。目前，冻品在线在全国建立了9个冷链物流仓配中心，其物流服务范围从每个省份的云仓到每个城市的分仓再到"最后一公里"的门店。"易鲜冷链"不同于其他的城配公司，它打造的是集"区域云仓+'最后一公里'""城配+县域冷链班车"于一体的冷链配送。

易鲜冷链通过星级评价体系和司机合伙人体系建立独一无二的服务闭环。首先，将各个区域进行路线划分，把划分好的路线分配给各个合伙人，按单结算。总体而言，冻品在线的订单比较密集，每个合伙人都会有可观的收入。其次，公司将冷链班车分3年按揭给这些合伙人，3年之后所有权归他们所有。这让合伙人有了创业心态，能够更好地完成配送服务，从而提高客户的体验感。最后，巧妙地将重资产转化为轻资产。物流所需的车辆原本是由公司购入的，属于公司的重资产，将这些车辆按揭给合伙人，使这些重资产转化为轻资产。

（2）冻采金服：供应链金融服务解决方案的引导者。冻品在线通过建立企业自身的冻采金服来解决上下游合作商之间在资金流和物流方面存在的问题。一方面，对于与冻品在线合作的小规模下游终端，不采用冻采金服，按照传统的方式进行管理。因为小规模终端的采购负责人与终端主要负责人往往是同一人，采购的数量也比较小，可以直接支付相应的费用，不担心会有较多的应收账款。另一方面，对于大规模的下游终端，则采用冻采金服。冻品在线与银行合作，银行给予下游终端一定的授信额度，下游终端在授信额度内进行采购，等到企业内部报销流程结束后，资金便会返回账户。冻采金服的使用不仅降低了交易风险，而且可以在连锁企业进行业务扩张。

（3）食材研究院：中餐标准化践行者。冻品在线成立的食材研究院致力于研究中餐的标准化，根据不同的餐饮类别，基于用户需求及交易数据，形成菜谱研发、食材定制，从而形成柔性供应链整合，如图 3-8 所示。冻品在线根据这些算法制定了冻品在线独有的渠道标准的产品，让工厂直接按冻品在线的标准实行定制化生产，从而提高了产品附加值，并降低了终端的厨师人工成本。

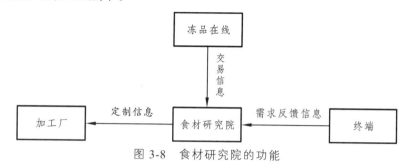

图 3-8　食材研究院的功能

食材研究院对所有进入冻品在线的产品设下了 5 道关卡保证食品安全：第一道是优选品牌，采用的是京东的模式。京东是自营模式，因此可以做到优选，优选品牌有很好的质量保证。第二道是检验检疫，厂家供应的所有货物都必须要有检验检疫报告。第三道是食材研究院的品控中心，对进库的每一批产品进行定期抽检，如对是否含有瘦肉精、孔雀石绿等进行基础的抽检。如果要对产品进行比较复杂的检验，则会将其送到权威的检验中心进行检验。第四道是与中国人民保险集团股份有限公司（以下简称"中国人保"）合作。冻品在线平台上的每一箱每一件货都在中国人保进行投保。第五道是全程冷链。冻品在线拥有自己的冷链车队，可以在运输过程中全程温控，保证运送到客户手中的货品在外观和内在品质上与刚运输时没有差别，几乎可以实现零损耗。

2）大数据中心：最全消费数据

冻品在线认为产业互联网的应用会使今后的行业所有业务都实现数据化。目前，B2C（如淘宝、京东、天猫、美团等）的数据化渗透力很高，而 B2B 的数据化程度较低，因此现在主要进行大宗贸易的数据化，进而实现未来产业互联网的全面数据化。正是基于这种认识，冻品在线将大数据中心作为冻品在线的核心中枢之一。大数据中心的数据可以应用于行业上下游经营的金融化方面，做到精准营销，使行业上游将产品精准推送到终端。冻品在线是一个 B2B 的平台，其用户网点密度高、订单密集，可以实现规模化定制，因此供应商可以在产品多元化的基础上进行标准化生产。

3）横向拓展：面向源头端

厂家直供就是利用行业资源整合优势，联合一线、二线品牌共同作战，与合作供应商共享整合后的消费数据，从而以优质的产品、完善的服务、大幅地让利服务于终端用户。

冻品在线创始人表示："我们不像其他的生鲜 B2B 平台什么都做。冻品在线主要追求在冷冻食品领域做深做透。冻品这个市场足够大，万亿元级别，而且相对标准化，品类分散，品牌不集中，附加值高，大部分上游没有分销能力，是一个非常适合 B2B 平台的品类。"专注于冻品品类，让冻品在线有着非常强的供应链源头挖掘能力。

在上游供应链方面，冻品在线整合了全球的冻品源头资源，如与澳大利亚的牛羊肉供应商、越南的巴沙鱼供应商以及国内各顶尖食材源头厂家都形成了非常深入的战略合作。

冻品在线不仅帮助这些源头厂家建立了数字化通路的分销能力，还通过平台的消费数据形成不同渠道的品类标准，让这些源头厂家具备差异化的研发能力，达到柔性供应链的目的。

在下游渠道方面，冻品在线通过直营城市的 B2B 业务，加上城市合伙人覆盖的业务，以及冻采网覆盖县级市场的业务，拥有业内最庞大的用户群，以及交易数据。为了更方便地向终端用户提供服务，冻品在线开发了 3 个移动 App，如图 3-9 所示。

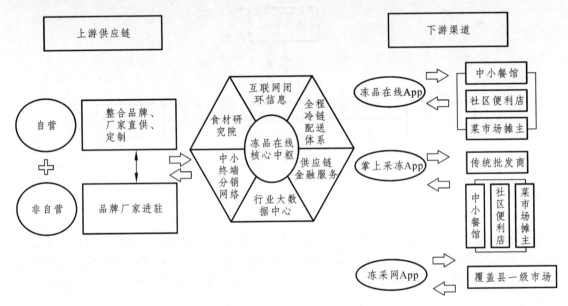

图 3-9　冻品在线的商业模式

冻品在线 App：覆盖自营城市的餐饮终端和社区根据点终端（福建的福州、厦门、泉州、莆田等），采用自营模式，主要赚取产品的差价。

掌上冻采 App：针对传统经销商输出的供应链 SaaS1 系统，通过输出企业自身的模式和系统给三线、四线城市的传统贸易商（宁德、龙岩、三明、南平等），帮助他们转型为城市合伙人，然后将其改造成冻品在线在当地的运营商，通过这些运营商将该 App 覆盖他们所在的地区终端。采用城市合伙人模式，虽然也有赚取差价，但还是以系统服务费和数据沉淀的服务费为主。

冻采网 App：覆盖县一级的市场，帮助县级次终端、小批发商直接和厂家形成交易。冻采网不赚差价，只提供订单平台服务，以及"云仓+县级冷链班车"的增值服务。

资料来源：许安心，林楣荷. 市场营销教学案例与分析[M]. 北京：中国农业出版社，2021：2-12.

3.2.2　案例分析与方法应用

（1）冻品在线如何识别商业机会？

商业机会是指有利于创业企业生存和发展的一组市场条件，其中包括趋势型机会、问题型机会和组合型机会。趋势型机会是指在变化中看到未来的发展方向，预测将来的潜力和机会；问题型机会是指为了应对现实中存在的未被解决的问题而产生的机会；组合型机会是指将现有两项以上的技术、产品、服务等组合起来以实现新用途和价值的创业机会。

创始人选择离开生鲜农产品转战冻品行业并创建冻品在线，在此过程中他首先是识别了趋势型机会。随着中国经济增长迅速，城镇和农村人均可支配收入增加，人均餐饮消费水平呈上升趋势，中国的城市化进程推动着餐饮业的长期、高效、稳定发展，餐饮行业规模不断扩大，全国餐饮食材市场规模约为3万亿元，其中冻品领域有5000亿元以上的市场。可见，冻品领域市场容量足够大，并且未来几年还将持续扩大。其次识别了问题型机会。虽然冻品领域市场容量巨大，但传统的单一性多层级流通方式效率低下、流通环节非常长、渠道层级较多。具体来看，一是容易让产销双方信息不对称，很多厂商盲目生产，生产的产品却不是用户所需要的，容易造成大量的产能浪费；二是上游厂商由于产品同质化严重，不得不低价竞争，而下游终端由于上游流通层级多，层层加价，不得不高价买入产销不对称的冻品。三是识别了组合型机会，减少流通层级，提升行业效率，不仅食品安全问题将会得到很大的改善，该行业的经济态势也会出现很大的转变，去掉流通的中间环节，直接由厂家向终端客户提供产品，同时由一个平台把所有的需求整合完之后进行统仓统配，促使效用得到提升。针对冻品行业存在的问题寻找更多的解决方案，如表3-4所示。

表3-4　冻品行业问题驱动型商业机会识别

存在问题	解决方案	商业机会
传统冻品行业层级多、流通效率低、成本高、产销不匹配	利用互联网创建平台，压缩层级，降低成本、提高流通效率	开发专注于冷冻食品的电商平台——冻品在线App
单一的自营方式无法提高业务的覆盖率	通过与城市合伙人的合作，开发二线、三线城市	开发掌上冻采App交由城市合伙人运营
对于县一级城市，没有专门的电商平台的覆盖，仍然处于传统冻品行业的商业模式	自建冷链物流车队，定时定点绕县一级城市主干线运输，开发县一级客户	设立易鲜冷链，开发冻采App

（2）互联网思维对冻品在线商业模式有何影响？

互联网思维，就是在（移动）互联网、大数据、云计算等科技发展下，对市场、用户、产品、企业价值链乃至对整个商业生态进行重新审视的思考方式。冻品在线的商业模式为"互联网＋冻品"，而互联网思维的快速、用户至上、平台思维、坚持开放性、专注性5大核心特征对该类商业模式具有一定的影响作用。

快速：商业迭代快，主要表现为决策快、产品推出快、行动快、产品迭代快、创新速度快、变革快和具有快速的市场反应能力。冻品在线成立于2015年，从2020年形成了产业互联网的核心价值，即商品在线、人员在线、客户在线和管理在线，用互联网、大数据的方式创建了全链条、数字化、一体化的数字化平台，2022年冻品在线正式开发了合伙人加盟，冻品在线发展迅猛，引领行业的新一轮变革。

用户至上：维护老客户，吸纳新客户。首先，吸收用户不做物质化的推广（如采用海报、广告、推送等），而是组织专业的销售团队以地面推广的方式进行人力宣传推广，吸纳客户；其次，冻品在线非常重视客户需求，专门建立大数据中心以分析客户的消费数据、探知客户潜在需求，再通过冻品在线的食材研究院研发菜谱，实现产销匹配；最后，针对配送过程中的"最后一公里"，冻品在线拥有自己的冷链车队并采取"司机合伙人"的制度，从而能很有效地提高服务质量，追求极致的客户体验。

平台思维：打造供应链的核心枢纽。互联网思维的最大特征是必须运用平台的思想，通过平台规则、平台运营机制创新，聚合双边或多边市场规模，打造有关利益方共赢的商业生态圈，实现平台模式的变革。传统冻品行业多层级、效率低的特点极大地阻碍了行业的发展，而冻品在线的出现为整个供应链提供了一个平台。这个平台可以压缩层级、提高流通效率。冻品在线作为一个 B2B 的供应链平台，处于供应链的中间环节，将上游同下游紧密连接在一起，不生产产品，只提供服务，成为上游供应商的"经销商"、下游终端的"供应商"。

坚持开放性：企业资源共享。开放是互联网经济的重要特征，运用互联网思维的企业都具有开放性，一方面对内部全员开放，另一方面对外部开放。冻品在线的大数据中心具有比较全面的消费数据，通过与相应供应商共享数据，使供应商可以生产保质保量的产品以满足消费者的需求，从而提高用户体验，增加用户对冻品在线的信赖。冻采商学院主要是打造优秀人才的训练基地，冻品在线不仅为公司内部培养人才，还将人才输送到合伙城市。

专注性：专注于"互联网+冻品"。专注是运用互联网思维的企业的重要特征，也是企业成功的关键要素之一。互联网是一个蓬勃发展的行业，孕育无限商机，任何一个企业都不能满足所有的需求。冻品在线专注于"互联网+冻品"，直接原因在于冻品的市场足够大，发展前景可观，根本原因是只做冻品更有利于企业集中精力于主要业务。在战略性的规划下，让企业更好发展的关键在于将核心业务做得更加精细。

（3）传统冻品行业存在哪些"痛点"？冻品在线在发展过程中经历了哪几次重要的战略调整？

问题管理理论倡导借助问题优化管理、通过问题驱动改进管理，其核心思想是：问题就是资源，问题就是机遇。企业要善于挖掘问题、转化问题，在解决问题的同时进行创新，即商业模式创新的"问题驱动法"。具体而言，商业模式创新的"问题驱动法"就是从挖掘行业问题、挖掘大企业问题、挖掘企业内部问题、挖掘管理者自身问题 4 个方面切入，在解决问题的同时实现商业模式创新，是更直接、更易实施、更快见效的商业模式创新方法。挖掘并解决行业问题、大企业问题、企业内部问题、管理者自身问题是实施问题驱动法的具体途径。一个企业的战略调整往往伴随着其商业模式的创新，战略调整的核心是问题的出现，问题可以是资源也可以是机会，问题促使企业进行战略调整，驱动企业创新商业模式。

从行业角度分析，传统冻品行业存在着诸多"痛点"（即问题），如渠道层级多、流通效率低、成本高、产销不匹配等，如图 3-10 所示。一是成本高。行业内传统的冻品营销方式是从厂商到代理商，经过层级分销商，几经辗转再到消费终端，一般要经历 4～5 个流通层级。在这种销售模式下，无论供应商还是终端客户都要面临高成本。二是流通效率低。商品流通的本质在于实现商品的价值、减少商品在流通过程中的迟滞或损耗，或在一定时间内通过流通过程完成更多的商品流转量。流通效率的高低取决于流通环节，流通环节越多，效率也就越低。冻品行业的多级代理模式不仅会增加成本，也使流通效率降低。供应商的产品需要经过多级流通才能到达终端客户手中，产品在每级流通中通常都会滞留一段时间，不能被及时送至终端客户。三是产销不匹配。现在的消费需求趋于多元化和个性化，而传统的粗放式流通方式不能将消费者的需求很好地反馈给供应商。在这种情况下，供应商无法提供能满足消费者需求的产品，消费者只能勉强购买那些同质化的产品进行二次处理，导致产销严重不匹配。

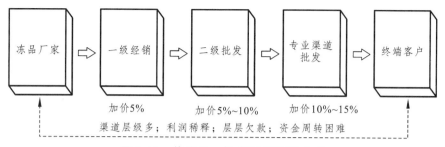

图 3-10　传统单一性多层级流通方式

　　冻品在线如何解决这些"痛点"并进行战略调整？冻品在线进入市场后，为了解决这些问题，首先，在 1.0 时期推出了冻品在线 App。该产品主要针对的是自营城市的终端用户，如中小餐馆、社区便利店、菜市场摊主等。在起步阶段，冻品在线的业务试点设置在福州，先确定中心点，当中心点取得一定效果之后再向四周扩散。冻品是一个万亿元级别的市场，冻品在线在精准的定位之下进入快速发展阶段。但是随着业务范围不断扩大，自营方式已经赶不上冻品在线发展的步伐。冻品在线并没有因此而止步不前，而是挖掘"痛点"的根源。其次，利用这一"痛点"将冻品在线推向 2.0 时期，由 1.0 时期的冻品在线 App 向 2.0 时期的掌上冻采 App 过渡，在保留冻品在线自营发展模式的基础上向掌上冻采的城市合伙人模式升级、扩张。再次，随着产业互联网的发展，冻品行业的关注点转向"赋能"，即如何利用互联网技术、大数据给行业赋能，帮助行业转型升级。掌上冻采 App 是针对传统经销商输出的 SaaS 系统，输出企业自身的模式和系统给三线、四线（宁德、龙岩、三明、南平等）城市的传统贸易商，帮助他们转型成冻品在线在当地的运营商，然后通过这些运营商将掌上冻采 App 覆盖他们所在的地区终端。冻品的市场增长率很高并且市场占有率也较高，属于明星类产品，冻品在线 2.0 时期的业务也在不断地扩展，将自营模式与城市合伙人模式相结合，在市一级城市发展得有声有色，但尚未涉足县一级城市。最后，冻品是明星类产品，而冻品在线的市场占有率还不是很高，还需要加强市场渗透，因此冻品在线 3.0 时期的产品——冻采网 App 正式诞生。冻采网 App 主要覆盖县一级的市场，帮助县级次终端、小批发商直接和厂家交易，为其提供订单平台服务及"云仓+县级冷链班车"的增值服务。冻品在线在产品上的 3 次迭代如图 3-11 所示：在历次战略调整过程中不断地挖掘企业内部与外部的"痛点"，将"痛点"进行转化，在解决"痛点"的同时调整企业战略，以实现商业模式的创新。

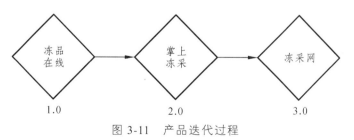

图 3-11　产品迭代过程

　　（4）结合案例及商业模式知识，分析冻品在线的商业模式并设计其商业模式画布。

　　奥斯特瓦德（Osterwalder）于 2011 年提出商业模式画布理论，从此商业模式便有了一个比较规范的定义：商业模式是指企业和企业之间、企业各部门之间、企业和顾客以及渠道之间存在的各种各样的交易关系及联结方式。商业模式的 9 要素分别为：价值主张、客户细分、客户关系、渠道通路、核心资源、关键业务、重要合作、成本结构以及收入来源。

冻品在线商业模式是将商业模式画布分成价值模式、运营模式、界面模式、营利模式 4 个模块来分析。

①价值模式。

一是价值主张。价值主张是指企业能够为客户、业务伙伴与企业自身创造价值的各种要素形态及其组合，揭示了企业产品或服务的本质核心，证明了企业存在的价值。冻品在线作为一家新兴创业型企业，富有极强使命感，其价值主张是：为提升冻品行业的流通效率和信息化水平、保障行业食品安全而努力。首先，食品安全是现在人们最关注的问题之一，而冻品在线的主张是让目标客户放心购买、放心食用。其次，流通效率是各个行业都比较在意的，冻品在线的主张是通过压缩供应链的中间层级，极大地提高产品的流通效率。最后，冻品行业的信息化水平随着互联网的发展而逐渐提高，但是在冻品这一行业中仍然存在信息不对称问题。为了使该行业实现产销匹配，冻品在线也将提高行业信息化水平作为企业的价值主张之一。

二是客户细分。冻品在线是专注于冷冻食品的 B2B 电商平台。冷冻食品的消费者范围比较广，如家庭（个体）、餐饮商户、超市、大型酒店等，而 B2B 电商平台的目标客户就是餐饮商户。在发展初期，为了能够稳定发展，冻品在线将其目标客户细分为中小型餐饮商户。因为近年来餐饮业的发展前景比较可观，目标客户仅限于中小型餐饮商户也能够有很好的市场，并且能够做精做细。对于客户所在区域，冻品在线专门按区域划分研发了冻品在线 App、掌上冻采 App、冻采网 App 3 个 App。

三是客户关系。冻品在线目前处于快速发展阶段，如何开发更多的客户并建立企业与客户之间的黏性是至关重要的。开发新客户时，通过客户关系的建立和维护将潜在客户转化为新客户并发展成为企业的忠诚客户；维护老客户时，要深度了解客户的需求反馈并及时回应，从不同角度体现对老客户的重视，增强他们对品牌的黏性。冻品在线通过地面推广的方式挖掘新客户，对于老客户，则由相关业务人员进行维护，并通过一些营销手段回馈老客户，尽可能提高客户满意度，为客户与企业间的长久合作奠定良好的基础。

②运营模式。

冻品在线自成立之后就快速发展，其成功之处离不开它的关键业务。包含如下板块：

一是研发产品。冻品在线设有专门平台运营中心来研发企业发展所需要的产品，如冻品在线 App、掌上冻采 App、冻采网 App 等，并通过研发的 App 产品建立大数据中心。终端客户在平台下单后，下单数据会在平台上沉淀，为大数据中心分析整合数据奠定基础。

二是售后服务。App 研发之后，有专门的营销团队将 App 推广出去。当客户通过 App 在公司的平台下单之后，平台运营中心的工作还在继续：一方面，要沉淀客户消费需求数据，为打造客户个性化需求的定制标准做准备；另一方面，要解决客户在使用过程中产生的各类问题，并设置独立的客服中心为所有客户答疑解惑。

三是仓储、物流业务。冻品在线为保障服务质量和爆发式增长的订单需求，自建了冷链物流体系——易鲜冷链。易鲜冷链是冻品在线的百分百控股子公司，目前在全国范围内建立了9个冷链物流仓配中心，从每个省的云仓到每个城市的分仓直至"最后一公里"的门店。"易鲜冷链"与其他的城配公司不同，它将"区域云仓""最后一公里城配""县域冷链班车"整合为一个整体的冷链体系。除此之外，易鲜冷链通过司机合伙人体系和星级评价体系建立起独一无二的服务闭环。司机合伙人属于冻品在线内部员工。

③界面模式。

一是重要合作。一个优秀的企业不是靠自身单打独斗逐渐发展起来的，要想使企业的商业模式能有效运作，必须要有自己的重要合作伙伴。

供应商。为了更好地对接上游的供应商，冻品在线专门成立了供应链中心，将企业所经营的产品分为6大类，即调理品类、海鲜品类、鸡副品类、猪牛羊品类、鸭副品类、火锅料品类。针对这些品类，大数据中心沉淀了客户需求数据，并在此基础上制定出相应的标准，按照这些标准寻找相应的长期合作伙伴，整合各大品牌的冻品供应商，形成直供和定制的合作。除此之外，冻品在线的食材研究院也在不断地研发产品，并衍生出自有品牌。

目标客户。作为产业链中端，冻品在线压缩了传统冻品行业的中间层级，在连接上游的同时还要开发及维护下游目标客户。不论是一线、二线城市还是三线、四线城市甚至县一级城市，冻品在线都在不断拓展业务，寻求长期合作的输出端合作伙伴，如各区域中小餐饮商户、大排档摊主、社区便利店等。有了这些下游目标客户，冻品在线所在的产业链才算完整。只有持续发展长期合作伙伴，才能使冻品在线的商业模式得到有效发展。

城市合伙人。冻品在线将三线、四线城市中与其合作的传统贸易商称为城市合伙人。当冻品在线的业务不断发展时，为了提高企业效率，冻品在线开始了产品升级——掌上冻采App。该产品主要是针对传统经销商输出的SaaS系统，通过帮助三线、四线城市的传统贸易商改造成冻品在线在当地的运营商。作为城市合伙人的他们则将掌上冻采App覆盖他们所在的地区终端，提高冻品在线业务的覆盖率。

二是渠道通路。渠道通路是指企业可以通过不同的路径将自身的价值主张传递给目标客户。首先，冻品在线将自身研发的冻品在线App、掌上冻采App、冻采网App通过销售团队线下介绍给餐饮商户，向目标客户传递他们的产品信息和价值观；其次，通过企业的微信公众号定期向外界宣传有关企业的相关内容，让关注冻品在线的老客户以及现有的目标客户能够接收到企业传播的价值主张。

④营利模式。

一是成本结构。冻品在线的成本主要由研发成本、人力成本、运营成本、仓储成本、物流成本组成。其中，随着网络技术的升级，平台运营维护的成本占比相对较小；随着公司的不断扩张，业务也在不断地增长，使企业的人力成本、仓储物流成本占比越来越大；运营成本主要是产品营销所需要支付的费用；研发成本主要是在App升级开发时产生的费用。

二是收入来源。在内部和外部环境的变动下，冻品在线的商业模式也在进一步创新。供应链的 B2B 平台的主要业务就是为上下游用户提供服务，而冻品在线在为用户提供服务的同时还为上游厂家提供数据形式的产品，如用户的消费数据、研发成功的菜谱等。通过这方面的创新形成企业具有差异化的营利模式。差异化营利模式如下：

产品差价：传统的多级代理模式中，每一个层级都需要获得一定的利润，因此避免不了该过程中的层层加价，导致终端用户采购的产品价格很高。冻品在线将多级压缩至一级，在这个层面部分让利给餐饮终端，使这些餐饮终端在冻品在线平台采购商品的成本较原先的采购成本降低 10%以上。

供应链金融利差：基于冻品行业上下游交易场景，大多数下游终端用户都有各自企业账期的资金流规定，有时无法即时结算。冻品在线通过联合银行信贷等，对符合条件的终端客户授予一定信用额度，在满足终端采购流程的前提下又不占用供应商和企业自身的资金，并且不影响资金流。

大数据收入：冻品在线的核心是数字驱动的反向供应链，终端用户通过 3 个 App 订单平台订购产品，其中的每一笔交易都有着大量的数据沉淀，而这些数据的产物——整合的数据、食材研究院研发的菜谱、食材的定制等都有其自身的价值，也成为冻品在线的第三个收入来源。

冻品在线通过 9 大模块，将企业的商业模式在行业内呈现，阐述了企业价值主张、价值创造、价值获取的模式。其商业模式画布如表 3-5 所示。

表 3-5　冻品在线的商业模式画布

重要合作	关键业务	价值主张	客户关系	客户细分
供应商合作、目标客户、城市合伙人、第三方平台合作	自营业务；产品研发；售后服务；仓储、物流业务	为提升冻品行业流通效率、信息化水平，保障行业食品安全而努力	地面推广：开发新客户，维护老客户；营销手段：如百万红包等	下游目标客户：中小餐饮商户
	核心资源		渠道通路	
	技术平台、用户交易数据、人力资源、金融资源等		App：冻品在线、掌上冻采、冻采网；微信公众号：冻品在线、冻品在线商城、冻品在线企业文化	

成本结构	收入来源
研发成本、人力成本、运营成本、仓储、成本、物流成本	产品差价、供应链金融差价、大数据收入

本章知识结构图：

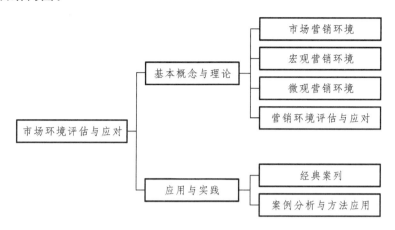

课后思考题

一、名词解释

1. 市场营销环境：
2. 微观市场营销环境：
3. 宏观市场营销环境：
4. 商业模式：
5. 行业痛点：

二、单选题

1. 生产电视机的厂商和生产电冰箱、洗衣机的厂商是竞争者关系，他们属于（　　　）。

    A. 愿望竞争者　　　　　　　　B. 普通竞争者

    C. 形式竞争者　　　　　　　　D. 品牌竞争者

2. 现在越来越多的消费者通过互联网订购产品，这就要求企业在制定市场营销组合战略时还应当着重考虑（　　　）。

    A. 人口环境　　　　　　　　　B. 技术环境

    C. 经济环境　　　　　　　　　D. 社会文化环境

3. 对市场机会的分析认为，企业最好的市场机会是（　　　）。

    A. 成功的可能性大　　　　　　B. 潜在吸引力大

    C. 成功的可能性和潜在吸引力都大　　D. 潜在吸引力大，但成功的可能性小

4. 消费流行属于（　　　）因素。

    A. 人口环境　　　　　　　　　B. 经济环境

    C. 文化环境　　　　　　　　　D. 地理环境

5. 影响消费者需求变化的最活跃的因素是（　　　）。

    A. 人均国民生产总值　　　　　B. 个人收入

    C. 个人可支配收入　　　　　　D. 个人可任意支配收入

三、多选题

1. 下列属于市场营销微观环境的是（　　　）。
   A. 供应商　　　B. 消费者　　　C. 政府公众
   D. 竞争者　　　E. 政策法律

2. 人口环境主要包含（　　　）。
   A. 人口总量　　　　　　　　　B. 人口的年龄结构
   C. 地理分布　　　　　　　　　D. 家庭组成
   E. 人口性别

3. 影响消费者支出模式的因素有（　　　）。
   A. 经济环境　　　　　　　　　B. 消费者收入
   C. 社会文化环境　　　　　　　D. 家庭生命周期
   E. 消费者家庭所在地点

4. 属于宏观营销环境的有（　　　）。
   A. 社会公众环境　　　　　　　B. 人口环境
   C. 经济环境　　　　　　　　　D. 营销渠道企业环境
   E. 政治法律环境

5. 市场营销环境的特征有（　　　）。
   A. 客观性　　　B. 差异性　　　C. 多变性
   D. 稳定性　　　E. 相关性

四、判断题

1. 企业的市场营销环境包括宏观环境和微观环境。（　　　）
2. 企业可以按自身的要求和意愿随意改变市场营销环境。（　　　）
3. 随着消费者收入的变化，消费者支出模式会发生相应变化，这个问题涉及恩格尔定律。（　　　）
4. 在一定时期货币收入不变的情况下，如果储蓄增加，购买力消费支出会增加。（　　　）。
5. 在经济全球化的条件下，国际经济形势也是企业营销活动的重要影响因素。（　　　）。

五、简答题

1. 简述企业 SWOT 分析的内容。根据面临的市场机会与环境威胁的不同，企业业务可划分为哪几种类型？应该采取怎样的营销对策？
2. 企业宏观环境和微观环境分别包含哪些内容？
3. 简述商业模式画布、商业模式与市场营销环境的关系。

第4章 市场分析方法与应用

◆学习目标

思政目标： 激发学生的创新思维和创造力，鼓励学生提出新颖、独特的营销策略，以适应快速变化的市场环境。

知识目标： 全面理解市场分析的基本概念、原理和方法；运用市场分析的知识和方法，对市场环境、竞争对手、消费者需求等进行深入的分析和评估。

能力目标： 熟练运用市场分析的各种工具和技术；具备进行实际市场分析的能力。

素质目标： 能够独立分析和解决问题，清晰、准确地表达自己的市场分析结果和建议。

案例导入

小米手机发展初期市场营销分析

小米科技有限责任公司由雷军先生于 2010 年 3 月创立，是一家专注于智能产品自主研发的移动互联网公司。小米公司首创了用互联网模式开发手机操作系统，发烧友（对某一特定事物或领域有极高兴趣和热爱的人）参与开发改进的模式。小米手机采用线上销售模式。

1. 小米 SWTO 市场分析

优势：①团队强大。雷军团队由具备丰富经验和出色能力的人组成。②国产优势。小米手机的诞生打破了世人对国产即为"山寨"的印象，为中国国产品牌树立了非常好的品牌形象。③价格优势。小米手机可视为智能机的巅峰之作，但是其售价只有 1 999 元。④官网订购，邮寄销售。省去了诸多没必要的流通环节，为其打价格战奠定了基础。

劣势：①起步晚，信誉缺乏。小米公司刚成立一年多时，在 HTC、三星、iPhone 等智能机统治天下的时候，市场份额、占有率明显不足，口碑还没能建立起来。②技术限制。小米手机的系统仍以 Android 为本，受到谷歌等研发技术的限制，不具备不可替代性。

机会：①功能先进。小米手机主打娱乐牌，这在年轻人中，特别是学生中大受欢迎，其高性能低价位的特征正好迎合了学生的购物心理。②未来移动终端的发展。随着 3G 网络的完善，"移动终端"逐渐得到用户的认可。小米的诞生无疑利用了这个极其有利的因素。③竞争对手的削弱。苹果公司又一次面临重大挑战，这便给了小米的发展、喘息的机会。

威胁：①竞争激烈。高端智能机的天下基本上已被 HTC、iPhone 等和三星瓜分完毕，小米真可谓是在夹缝中求发展。②自主产权不高。小米的主要部件生产还不能做到 100% 自主研发、自给自足。③"米黑"的挑战。"米黑"试图要利用、编造各种各样的负面消息来毁灭小米手机的形象，这种"三人成虎"的效应是不可忽视的。

2. 小米 PEST 分析

经济环境：2014 年国民经济稳定增长，全年国内生产总值 636 463 亿元，比 2013 年增长 7.4%。小米公司所生产的手机在价格上均处于同等手机的较低水平，且总体定位在 2 000 元以下，为更多的人提供了一个更优更低价的选择。

政治环境：政治环境状况良好，政局稳定。人民安居乐业，收入基本稳定，同时呈上升趋势。

社会文化环境：中国有庞大的人口基数，中国成为智能手机用户最多的国家，为小米手机的发展提供了有利的环境。中国智能手机市场发展前景广阔，为小米手机的发展提供了广阔的市场。

科学技术环境：中国第三代网络技术快速发展，为小米企业自主研发提供可能和良好的网络环境。

资料来源：小米的市场营销环境分析[EB/OL]. 齐齐文库，https://wenku.so.com/d/ba9a0d54829c6d4c6e2de7b25afc3480.

市场分析是在竞争激励的市场环境中取得成功的重要工具，对于企业制定有效的市场策略具有重要意义，如宏观市场分析方法、EFE 和 IFE 分析矩阵方法、SWOT 分析方法、波士顿矩阵分析方法等。这些市场分析方法的应用需要结合企业实际情况和市场环境进行选择。

4.1　基本概念与理论

4.1.1　宏观市场分析（PSET 分析法）及应用

1. PSET 分析法概述

PSET 分析法是一种综合性的市场分析工具，它将政治（Political）、社会（Social）、经济（Economic）、技术（Technological）4 个方面作为分析市场环境的框架。通过这 4 个方面的分析，企业可以全面了解市场环境，预测市场趋势，制定有效的营销策略。PSET 分析法在市场营销中的应用应重点关注以下几个因素。

1）政治因素分析

政治因素是影响市场营销的重要因素之一。企业需要关注国家的政治稳定性、政策导向、法律法规等方面的变化，以便及时调整营销策略。例如，如果国家出台了新的环保政策，企业就需要调整产品策略，推出更环保的产品。

2）社会因素分析

社会因素包括文化、教育、价值观等方面的因素。企业在市场营销中需要考虑目标市场的社会背景和消费者需求，以便更好地满足消费者需求。例如，针对不同地区的文化差异，企业需要制定不同的营销策略。

3）经济因素分析

经济因素是影响消费者购买行为的重要因素之一。企业需要关注宏观经济形势和微观市场需求，以便制定更为精准的营销策略。例如，在经济低迷时期，企业需要推出更为实惠的产品和促销策略。

4）技术因素分析

技术因素是推动市场发展的重要力量。企业需要关注新技术的发展和应用，以便及时调整产品策略和营销策略。例如，随着互联网技术的发展，企业需要制定更为精准的数字营销策略。

2. PSET分析法的优势

全面性：PSET分析法涵盖了政治、社会、经济、技术4个方面的因素，可以帮助企业全面了解市场环境。

动态性：PSET分析法可以随着市场环境的变化而调整，使企业能够及时应对市场变化。

精准性：通过对市场环境的深入分析，PSET分析法可以帮助企业制定更为精准的营销策略。

可操作性：PSET分析法具有明确的分析步骤和工具，可以帮助企业有效地实施市场营销策略。

3. PSET分析法的实施步骤

步骤一，确定目标市场：企业需要明确目标市场，以便对市场环境进行有针对性的分析。

步骤二，收集信息：企业需要收集政治、社会、经济、技术等方面的相关信息，了解市场环境的变化趋势。

步骤三，分析信息：通过对收集到的信息进行分析，企业可以了解目标市场的特点和消费者需求。

步骤四，制定营销策略：根据分析结果，企业可以制定更为精准的营销策略，包括产品策略、价格策略、渠道策略、促销策略等方面。

步骤五，实施与监控：企业需要实施营销策略，并在实施过程中进行监控和调整，以确保营销效果的最大化。

步骤六，评估与反馈：最后企业需要对营销效果进行评估和反馈，以便不断完善和优化营销策略。

PSET分析法作为一种综合性的市场分析工具，可以帮助企业在市场营销中更好地应对市场变化，制定更为精准的营销策略。通过政治、社会、经济、技术4个方面的全面分析，企业可以深入了解市场环境，预测市场趋势，从而在激烈的市场竞争中获得更大的优势。同时，PSET分析法的实施也需要一定的时间和资源投入，企业需要根据自身实际情况进行合理规划和安排。

4.1.2 EFE分析矩阵和IFE分析矩阵及应用

1. EFE分析矩阵和IFE分析矩阵概述

EFE分析矩阵和IFE分析矩阵在市场营销中具有重要作用。EFE分析矩阵和IFE分析矩阵是两种分析工具，主要用于评估企业面临的内外部环境因素，并帮助企业制定或调整发展方向和战略决策，对于企业的发展和管理有着重要的意义。

EFE 分析矩阵，即外部因素评价矩阵，主要关注影响企业未来发展的外部关键因素，包括机会和威胁两个方面。通过给每个因素赋予权重（0～1）并按照企业现行战略对各个关键因素的有效反应程度进行打分（范围为 0～4 分，4 分代表反应最好，0 代表反应极差），可以计算出企业的总加权分数。总加权分数越高，说明企业把握机遇和抵御风险的能力越强。

IFE 分析矩阵，即内部因素评价矩阵，主要关注企业发展面临的内部环境因素。它能够实现各内部因素的有效整合分析，更好地衡量企业发展的优缺项，帮助企业实时、灵活地制定或调整发展方向和战略决策。

在实际应用中，EFE 和 IFE 分析矩阵都是非常有效的工具。它们可以帮助企业全面、系统地评估内外部环境因素，识别出关键的成功因素和潜在的失败因素，从而制定出更加科学、合理的战略规划。通过不断完善、调整矩阵中的因素和权重，企业可以不断优化战略决策，提高市场竞争力和可持续发展能力。

2. EFE 分析矩阵和 IFE 分析矩阵在市场营销中的应用

1）确定市场机会和威胁

通过 EFE 分析矩阵，企业可以识别市场中的机会和威胁，从而制定相应的市场策略。例如：如果企业在市场竞争中处于劣势，可能需要采取防御性策略，如降价、提高产品质量等；如果企业在市场中处于优势地位，则可以考虑进攻性策略，如扩大市场份额、开发新产品等。

2）优化资源配置

IFE 分析矩阵可以帮助企业了解自身的优势和劣势，从而优化资源配置。例如：如果企业在某一方面存在明显优势，可以考虑将更多的资源投入到这一方面；如果企业在某一方面存在明显劣势，则可以考虑通过合作或外包等方式解决这一问题。

3）制定针对性的市场策略

通过 EFE 和 IFE 分析矩阵，企业可以制定针对性的市场策略。例如：如果企业在市场中处于优势地位，但某些内部因素存在明显劣势，可以考虑通过改进这些因素来进一步提高竞争优势；如果企业在市场中处于劣势地位，但某些内部因素存在明显优势，可以考虑通过发挥这些优势来提升市场地位。

3. EFE 和 IFE 分析矩阵的运用

1）确定评估因素

在运用 EFE 和 IFE 分析矩阵时，首先需要确定评估的因素。这些因素应根据企业的实际情况和市场环境来确定，通常包括市场、竞争、技术、法规、社会文化、资源、能力、文化和价值观等。

2）打分并评估

对每个因素进行打分，分数越高代表优势或机会越大，分数越低代表劣势或威胁越大。根据分数可以确定企业在该因素中的地位。

3）制定策略

根据打分结果制定相应的市场策略。如果企业在某些因素上处于优势或机会较大，可以制定发挥这些优势或机会的策略；如果企业在某些因素上处于劣势或威胁较大，可以制定改进或防御的策略。

注意事项：首先，动态性。市场环境和企业内部状况都是动态变化的，因此需要定期进行 EFE 和 IFE 分析矩阵的评估及调整。其次，数据支持。为了确保分析结果的准确性和可信度，应基于充分的数据进行打分和评估。在缺乏数据的情况下，应进行相应的市场调研和内部审查。

4. EFE 和 IFE：塑造营销策略的明智之选

在当今的商业竞争中，EFE 分析矩阵与 IFE 分析矩阵已经成为企业制定营销策略的必备工具。它们像指南针一样，帮助企业在复杂的市场环境中找到明确的方向。

EFE 分析矩阵，这个独特的战略工具，以独到的眼光审视企业所面临的外部环境。它不仅关注市场趋势、竞争态势和客户需求等核心要素，还深入剖析行业动态、市场准入条件以及法规环境等多元化因素。正是这种全面而精准的分析，使企业能够更好地把握市场机会，避开潜在的风险。在市场营销中，EFE 分析矩阵的作用不可小觑。它为企业揭示了市场的奥秘，提供了宝贵的洞察，帮助企业制定出更加有效的营销策略。通过深入了解市场需求和竞争状况，企业能够更加精准地定位自己的产品和服务，从而实现更好的销售业绩和市场占有率。

相比之下，IFE 分析矩阵则专注于企业内部资源和能力的评估。它像一个细致的雕塑家，精心塑造企业的核心竞争力。通过深入分析企业的组织结构、企业文化、财务状况、人力资源和技术能力等方面的要素，IFE 分析矩阵为企业提供了一个全面的自我认知。这种自我认知不仅让企业了解自身的优势和劣势，还揭示了企业在市场营销中可利用的关键资源和能力。基于 IFE 分析的结果，企业可以优化自身的组织结构，提升营销效率，进一步增强在市场中的竞争力。

综上所述，EFE 分析矩阵和 IFE 分析矩阵在市场营销中发挥着至关重要的作用。它们像一双明亮的眼睛，帮助企业看清市场的方向，找准自身的定位。通过这两大战略工具的运用，企业不仅能够更好地把握市场机会，发挥自身优势，还能制定出更加科学、有效的营销策略，从而在激烈的市场竞争中立于不败之地。

4.1.3　SWOT 分析方法及应用

在竞争激烈的市场环境中，了解自身的优势和劣势，以及外部的机会和威胁，对于企业的生存和发展至关重要。SWOT 分析方法作为一种战略分析工具，能够帮助企业全面、系统地评估内外部环境，为制定科学、合理的战略提供有力支持。

SWOT 分析即态势分析，通过对企业的优势（Strengths）、劣势（Weaknesses）、机会（Opportunities）和威胁（Threats）进行全面考察，为企业战略决策提供依据。它不仅有助于企业认清自身实力，还能帮助企业发现潜在的弱点，以更好地应对市场竞争。

SWOT 分析的优势：①策略明晰。通过 SWOT 分析，企业可以明确自身的优势与劣势，把握市场机会，规避潜在威胁，从而制定出更具针对性的发展策略。②洞察先机。通过对市场、竞争对手和客户需求等信息进行深入分析，企业可以提前预测市场变化，抢占先机。③资源优化。SWOT 分析有助于企业合理配置资源，集中力量发挥自身优势，提高竞争力。

SWOT 分析的局限性：①数据依赖。SWOT 分析的准确性很大程度上依赖于数据的真实性和完整性。在获取数据时，企业需确保信息的准确性和时效性。②动态环境。市场环境时刻在变化，企业需定期更新 SWOT 分析，以适应不断变化的竞争态势。③主观因素。在分析过程中，分析者的主观判断可能会影响结果的客观性。为减少误差，可以采用集体讨论的方式进行 SWOT 分析。

以某电商企业为例，通过 SWOT 分析，发现其优势在于商品种类繁多、价格便宜；劣势在于售后服务较差、品牌形象一般；面临的市场机会有互联网经济的发展、消费升级等；而竞争对手的激烈竞争、政策法规的变化等则构成了威胁。针对这些因素，企业可制定强化品牌建设、提高售后服务质量等策略，以提升市场竞争力。

SWOT 分析方法作为战略决策的有力助手，为企业提供了清晰的发展方向。只要合理运用这一工具，深入挖掘自身优势与市场机会，有效规避潜在威胁与劣势影响，企业定能在激烈的市场竞争中立于不败之地。

4.1.4　波士顿矩阵分析方法及应用

波士顿矩阵分析方法，又称 BCG 矩阵、四象限分析法、产品系列结构管理法等，由美国波士顿咨询公司（BCG）在 20 世纪 70 年代开发。这种方法被广泛用于分析企业的产品或业务组合，以更好地管理资源和制定战略。以下是关于波士顿矩阵分析方法在市场营销中应用的详细分析。

1. 波士顿矩阵的基本构成

波士顿矩阵（BCG Matrix）的核心在于解决如何使企业的产品品种及其结构适应市场需求的变化，以及如何将企业有限的资源有效地分配到合理的产品结构中去，以保证企业收益。

波士顿矩阵认为，产品战略管理可以从两个角度来衡量：市场增长率（决定企业产品结构是否合理的外在因素）和相对市场占有率（决定企业产品结构的内在要素）。市场增长率与市场占有率既相互影响，又互为条件。

市场增长率高、市场占有率也高的产品，显示出良好的发展前景，企业也具备相应的适应能力，实力较强。仅有市场增长率高，而没有相应的高市场占有率的产品，说明企业尚无足够实力，该种产品也无法顺利发展。相反，企业实力强，而市场增长率低的产品则预示了该产品的市场前景不佳。

市场增长率是包括企业销售额、竞争对手强弱及利润高低的综合指标，而相对市场占有率则代表了企业在市场上的竞争实力。

波士顿矩阵将企业的产品或业务划分为 4 个象限，每个象限代表一种不同的类型（见图 4-1）。

明星业务：高市场增长率和高市场份额的业务。这些是企业的增长引擎，需要大量的投资以维持或提高市场份额。

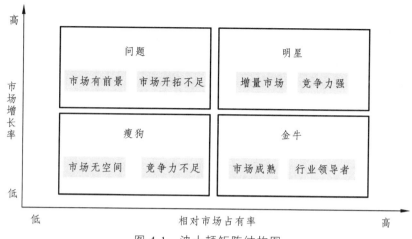

图 4-1 波士顿矩阵结构图

现金牛业务:低市场增长率和高市场份额的业务。这些业务为企业提供稳定的现金流,用于支持其他业务的发展。

问题业务:高市场增长率但市场份额较低的业务。这些业务具有较大的增长潜力,但需要投资以提升品牌知名度、产品质量和营销策略。

瘦狗业务:低市场增长率和低市场份额的业务。这些业务通常不能为企业带来显著的收入和利润,可能需要进行重组或淘汰。

2. 波士顿矩阵在市场营销中的应用

1)资源分配

企业可以根据波士顿矩阵的结果,将资源(如人力、财力、物力)重新分配到不同的业务或产品上。对于明星业务和问题业务,应加大投资力度,提高市场份额;对于现金牛业务,应保持稳定的投资,以确保其稳定的收入和现金流;对于瘦狗业务,应考虑减少投资或进行重组。

2)战略制定

根据波士顿矩阵的分类,企业可以制定不同的战略。对于明星业务,应加大市场推广力度,扩大市场份额;对于现金牛业务,应关注提高效率和降低成本;对于问题业务,应寻找改进和创新的机会;对于瘦狗业务,应考虑退出或寻找新的发展机会。

3)组织结构优化

企业可以根据波士顿矩阵的结果调整组织结构,以更好地支持不同类型业务的发展。例如:可以为明星业务设立独立的部门或团队,提供更多的资源和支持;对于瘦狗业务,可以考虑将相关的职能或部门合并或重组。

4)决策支持

波士顿矩阵可以帮助企业做出更明智的决策。例如:当企业面临新的投资机会时,可以通过波士顿矩阵评估不同机会的潜力和风险;当企业考虑进入新的市场时,可以通过波士顿矩阵分析现有产品或业务的竞争地位和市场前景。

5）绩效考核和激励

企业可以将波士顿矩阵的分类结果作为绩效考核和激励的依据。例如：对于明星业务和问题业务的团队或个人，可以设置更高的奖励标准；对于现金牛业务和瘦狗业务的团队或个人，可以适当降低奖励标准或进行其他形式的激励。

6）价格策略

波士顿矩阵可以帮助企业制定更合理的价格策略。例如：对于明星产品和问题产品，可以适当提高价格以增加收入和利润；对于瘦狗产品，可以考虑降低价格以刺激需求和增加销量。

7）品牌和渠道管理

通过波士顿矩阵分析品牌或产品的市场地位和竞争状况，企业可以更好地制定品牌战略和营销策略。例如：对于明星品牌或产品，可以加大宣传力度，提高品牌知名度和美誉度；对于问题品牌或产品，可以寻找改进和创新的机会，提高竞争力。

波士顿矩阵可以帮助企业评估不同销售渠道的潜力和风险。例如：对于高市场份额但低市场增长率的渠道，应关注提高效率和降低成本；对于低市场份额但高市场增长率的渠道，应加大投资力度，提高渠道的知名度和覆盖率。

8）市场定位与客户关系管理

市场定位与拓展：波士顿矩阵可以帮助企业更好地了解目标市场的竞争状况和发展趋势。例如：对于高市场份额和高市场增长率的区域市场，应加大拓展力度；对于低市场份额和高市场增长率的区域市场，应关注提高品牌知名度和竞争力；对于低市场份额和低市场增长率的区域市场，应考虑调整市场策略或寻找新的发展机会。

客户关系管理（CRM）：通过波士顿矩阵分析不同客户群体的特点和需求，企业可以更好地制定 CRM 策略和营销活动。例如：对于高价值客户群体，可以提供更加个性化和优质的服务；对于低价值客户群体，可以考虑进行客户挽留或寻找新的价值提升机会。

4.1.5 市场分析方法的选择和市场营销战略

在当今竞争激烈的市场环境中，企业需要准确的市场分析以制定有效的市场营销战略。市场分析方法的选择是制定战略的关键，它决定了企业如何理解和应对市场变化。而市场营销战略则是在此基础上，根据企业自身条件和市场环境，制定的营销目标和实现这些目标的策略。

基于上述市场分析方法的介绍，企业在进行市场营销时需要根据自身情况进行选择。选择哪种市场分析方法取决于企业的具体情况和市场环境。一般来说，定量分析和定性分析是基础，而竞品分析则可以帮助企业在竞争中脱颖而出。

制定市场营销战略时，企业需要综合考虑市场环境、竞争态势和自身资源等因素。同时，战略的执行和调整也是至关重要的。在执行和调整市场营销战略的过程中，领导层的支持和团队的合作也是不可或缺的。同时，创新思维和市场敏感度对于企业在不断变化的市场中获得成功至关重要。

总的来说，市场分析方法的选择和市场营销战略的制定是企业成功的关键因素。准确的市场分析能够帮助企业深入了解市场和消费者需求，而有效的市场营销战略则能够使企业在竞争中脱颖而出。然而，市场是动态变化的，企业需要持续进行市场分析，灵活调整市场营销战略，以适应不断变化的市场环境。

4.2 应用与实践

4.2.1 经典案例——瑞幸咖啡的市场营销方法运用

瑞幸咖啡总部位于厦门，是中国门店数量最多的连锁咖啡品牌。瑞幸咖啡以"创造幸运时刻，激发美好生活热望"为使命，充分利用移动互联网和大数据技术的新零售模式，与各领域优质供应商深度合作，打造高品质的消费体验，为顾客创造幸运时刻。以"创造世界级咖啡品牌，让瑞幸成为人们日常生活的一部分"为愿景，围绕"求真务实、品质至上、持续创新、非我莫属、互信共赢"的价值观，瑞幸咖啡正在通过产品和服务，努力渗透到日常生活的每一处，传递美好生活的理念，激发对美好生活的热切期望。

2023 年 6 月 5 日，随着厦门中山路旗舰店的开业，瑞幸咖啡在中国市场的门店数量已达 10 000 家，成为中国首家突破万店的连锁咖啡品牌，为顾客提供高品质、高性价比、高便利性的产品和服务。

瑞幸咖啡是中国新零售咖啡典型代表，致力于成为中国领先的高品质咖啡品牌和专业化的咖啡服务提供商，以优选的产品原料、精湛的咖啡工艺、创新的商业模式、领先的移动互联网技术，努力为广大消费者带来更高品质的咖啡消费新体验，推动咖啡文化在中国的普及和发展。

瑞幸咖啡的商业模式融合了新零售理念，采用"线上+线下"的方式，通过移动应用程序和实体门店的结合，提供高品质、高性价比、高便利性的产品。其还创新性地提出了"无限场景"的概念，旨在重新定义咖啡品牌在中国消费者心中的印象。瑞幸咖啡的咖啡豆曾经连续两年在 IIAC 国际咖啡品鉴大赛中获得金奖，体现了其对于产品品质的重视。

此外，瑞幸咖啡还采用了薄利多销的营利模式，通过整合供应链、优化门店选址和运营、利用大数据进行精准营销等手段降低成本和提高效率。同时，还通过优化产品结构，如提供轻食、新茶饮等其他产品来获得利润补贴，实现范围经济效应。

资料来源：公众号星期八团队. 瑞幸咖啡市场营销环境分析[EB/OL]. [2024-12-30]. https://mp.weixin.qq.com/s/4LHuDYVIvnMAEy5meEQrEQ.

4.2.2 案例分析与方法应用

1. 瑞幸咖啡的微观环境分析

微观营销环境是指与企业紧密相连、直接影响企业营销能力和效率的各种力量及因素的总和，主要包括供应商、营销中介、消费者、竞争者、社会公众、企业内部环境等。企业自身主要是指企业内部环境。在企业组织内部，以营销机构和营销人员为核心，其他机构和人员构成了企业营销的内部环境因素。微观环境因素对企业的营销活动有直接影响，所以又称直接营销环境。

1）企业分析

积极：2022年4月11日，瑞幸咖啡公司宣布，其金融债务重组成功完成，公司正式结束作为债务人的破产保护程序。瑞幸咖啡表示，自此，瑞幸咖啡已经全面解决完成了历史遗留问题，回归正常公司状态。

消极：2020年4月2日，瑞幸咖啡发布公告，承认虚假交易22亿元人民币，股价暴跌80%，盘中数次暂停交易。4月5日，瑞幸咖啡发布道歉声明。

价格错误：2022年4月18日，在饿了么App上，瑞幸咖啡的椰云拿铁和厚乳拿铁，两杯只需要7.5元，再叠加会员红包的话，2.5元就可以买到。2022年4月19日上午，针对瑞幸饿了么App门店18日早间出现价格异常一事，瑞幸咖啡发表声明称："此次所有损失由瑞幸咖啡全部承担，并将于当日陆续为饿了么所有退单用户补发32元代金券，有效期至4月30日。同时，因为前一日早高峰等待时间异常而取消订单的用户，我们也将补偿优惠券。"

2）供应者分析

瑞幸咖啡已先后与法国路易达孚（LDC）、瑞士雪莱（Schaerer）、瑞士弗兰克（Franke）、法国莫林（MONIN）、日本悠诗诗（UCC）集团、韩国希杰出（CJ）集团、中外运敦豪（DHL）、顺丰集团、百事（PepsiCo）、雀巢（Nestle）、恒天然（Fonterra）、奥兰（Olam）、中粮、希杰（CJ）、伊利、蒙牛、好丽友、卡乐比等多家全球顶级企业达成战略合作，缔结"蓝色伙伴"联盟，在咖啡配套、轻食、新茶饮与无人零售行业展开深度合作。

3）营销中介分析

瑞幸咖啡门店总数则攀升至5 671家。其中，自营门店4 206家，较同期增加了6.4%；联营门店1 465家，较同期增加了66.7%。

顾客分析：主要的消费群体还是一些大城市的青少年和职场人员。

4）竞争者分析

主要竞争者是星巴克。在品牌形象上，星巴克立足于"打造独立于生活和工作外的第三空间"。与瑞幸咖啡的"各层次消费者，商务白领和学生"用户定位相比，星巴克将用户定位为"中高端消费者"。在运营模式上，与瑞幸咖啡的线上与线下结合相比，星巴克长期以来都是以实体的门店运营为主，仅在2018年10月试运营了线上销售。在选址方面，星巴克将门店的选址定在高档次、高人流的场所。相对于瑞幸咖啡较为狭窄的门店，星巴克的门店面积较大，也更为高档，通常为300平方米左右。

5）公众分析

借助网络推动营销方式多样化：通过聘请明星代言、对包装设计进行创新，如制作胶囊咖啡及礼盒等包装，以及推动品牌合作等营销方式，促使咖啡品牌受到消费者广泛关注，通过潮流美观的产品包装吸引消费者的眼球，提升产品的知名度。

联动其他行业，助推咖啡品牌出圈：多个领先咖啡品牌与其他行业中知名品牌进行联名，推出限时爆款单品，提升咖啡品牌与单品知名度，引起不同品牌下消费群体共同关注，带动品牌出圈。

2. 消费者购买行为分析

主要采用5W2H分析法。5W2H分析法，又叫七何分析法，用5个以W开头的英语单词和 2 个以 H 开头的英语单词进行设问，发现解决问题的线索，寻找=思路，进行设计构思。5W2H 提问技术是指对研究工作以及每项活动从目的、原因、时间、地点、人员、方法上进行提问。为了清楚地发现问题可以连续几次提问，根据提问的答案，弄清问题所在，并进一步探讨改进的可能性。5W2H 分析法用于企业管理和技术活动中，对于决策和执行性的活动措施也非常有帮助，有助于弥补考虑问题的疏漏。

What：何事：分析瑞幸咖啡消费者的购买行为。

Why：何因：为什么消费者会选择瑞幸咖啡。

价格便宜：瑞幸咖啡前期进行了大量的投入，一上来就用免费券、1.8 折券、3.8 折券抢占市场，几块钱的咖啡甚至免费，使大量的群体迅速爱上了这一免费的或者说很便宜的咖啡。

购买方便：瑞幸咖啡采用的是新零售模式，用户通过手机 App 或者微信公众号就可以得知最近的瑞幸咖啡店，然后通过手机下单，即下即做。几分钟后一杯美味的咖啡就新鲜出炉了。

超前性和诱导性：瑞幸咖啡构建了一个巨大的虚拟市场，在这个市场中，最火热和最时尚的商品会以最快的速度与消费者见面。

选择的范围广：瑞幸咖啡注重创新，积极开发新口味的咖啡和饮品，打造了众多爆款产品，满足了各种人群的口味需求，且瑞幸咖啡利用点单程序将产品清晰地进行分类，减少了顾客挑选的时间。

Where：何地：瑞幸咖啡门店的选址。

在城市布局上，瑞幸主攻一二线城市的同时，在三线及以下的城市也均铺设了超过 40% 的门店。瑞幸门店的集中度很高，"一层"的占比达到了 63%，远超其他品牌。

When：何时：消费者在什么时候买瑞幸咖啡。

瑞幸咖啡全国门店工作日营业时间为 7：00 到 20：00；周末营业时间为 8：00 到 18：00。根据百度指数数据显示，有关"瑞幸"的搜索量在午饭时间达到峰值，是一天中咖啡消费最多的时间。

Who：何人：瑞幸咖啡的目标人群。

因为高端咖啡对于白领来说价格过于昂贵，或是在一二线城市的门店过少，造成很多人买不到，所以瑞幸咖啡的目标客户细分为一二线城市白领。因此，瑞幸的门店多开设在写字楼和商城，销售方式也是为了方便办公人群。

How：何法：瑞幸咖啡通过什么模式销售。

瑞幸的商业模式是新技术推动下的新零售模式。这种新零售模式建立在移动应用（App）和门店网络基础上。瑞幸 App 涵盖了整个客户购买过程，覆盖营销、获客、客户管理、结算等全周期，为客户提供了一个 100% 的无收银结算环境，从而提高了客户体验，提高了运营效率。同时，瑞幸可以随时随地与客户通过软件保持联系。

3. 瑞幸咖啡的 SWOT 分析

SWOT 分析是通过对企业进行全面考察，为企业战略决策提供依据。它不仅有助于企业认清自身实力，还能帮助企业发现潜在的弱点，以便更好地应对市场竞争。

1）Strengths（优势）

产品营销策略合理：采用补贴的方式进行裂变营销。在营销运作上，瑞幸通过线上线下配合，对咖啡消费的主力人群进行数字化营销，快速实现社交裂变。用大量的品牌广告进行曝光后，基于已有店铺范围通过微信推送精准的 LBS 广告，又针对办公室白领人群，大规模布局电梯广告，贯穿线上和线下。最终，在首单免费获取第一批下载用户后，用强力的裂变拉新（拉一赠一）吸引存量找增量，获得病毒式增长，快速实现社交裂变。瑞幸咖啡用户中 24～35 岁群体占比达 85%，这部分人群是近几年消费的中坚力量，而瑞幸咖啡正好符合这部分人群对咖啡的便利性和社交性的需求。

品牌传播效果好：在品牌传播渠道方面，主要选择广告精准投放。线下以分众广告为主，签约明星，将广告投放在主要城区写字楼和社区，覆盖大量白领。线上广告以微信 LBS 定向为主，反复进行门店周边吸量。在利用大量的品牌广告进行曝光后，基于已有店铺范围通过微信推送精准的 LBS 广告；又针对办公室白领人群，大规模布局电梯广告，贯穿线上和线下。通过有效的品牌传播，向消费者展现了品牌文化和价值取向，让客户迅速认同品牌。

2）Weakness（劣势）

用户黏度有待提高：前期营销手段以拉新为主，用户体验过后便卸载 App 导致企业需要不断发放优惠券。顾客未能深入了解品牌文化，品牌忠诚度和认同感有待提高。

产品质量有待保障：虽然瑞幸咖啡采用阿拉比卡咖啡豆、雪莱牌全自动咖啡机以及中国特色的咖啡口味，但由于迅速扩张，部分门店出现制作的咖啡品质与口感较差、员工服务不到位等问题，给顾客留下了不好印象，从而对品牌形象产生不利影响。

门店风格对品牌形象建设不利：没有做到强体验场景的依赖性业态，与星巴克有较大差距，顾客对门店评价较低，与品牌形象象征的小资雅致生活方式不符。

3）Opportunities（机会）

消费市场迅速扩大：统计数据显示，消费者逐渐回避碳酸饮料而转向更为健康的茶饮、果汁与咖啡等产品，咖啡消费量自 2013 年以来均保持 10%以上的增长，2017 年甚至达到 29%，中国咖啡市场销量规模、中国咖啡店及新式茶饮店的销售额稳步上升。

目标受众潜力巨大：瑞幸咖啡不仅瞄准分布一二线城市，也下沉市场，进攻三四线城市，市场阵容将进一步扩大。此外，瑞幸咖啡还计划建立海外合资企业，将服务客户拓展至邻近市场。面对职场和新一代的消费者，他们对于系列产品具有较高的喜爱偏好，潜在需求量巨大。

人均收入增加：随着经济的发展，人均可支配收入增加。人们生活水平提高，越来越追求高品质的生活，对咖啡店的需求增加，尤其是白领阶层扩大。瑞幸咖啡能满足该阶级对小资情调的追求，有助于增大需求量。

4）Threats（威胁）

星巴克等行业巨头的排挤：星巴克作为成熟品牌已经具备大量的市场份额和忠实客户，居于市场垄断地位，客户忠诚度高，用户黏性大，产品溢价能力强，会对瑞幸咖啡在高端市场的发展构成威胁。

众多小众品牌的发展：以咖啡为代表的众多中小品牌销售快速迭代的产品，满足消费者的新鲜感，提高品牌认知度，带来巨大需求量。它采用体验场景的纯外卖模式，专注于消费者对咖啡本身的需求。中国咖啡市场有从体验式需求到功能式需求的发展趋势，这会对瑞幸咖啡产生较大的威胁。

其他饮品的压力：咖啡的替代品有很多，以茶饮为例，与咖啡相比，茶具有深厚的文化底蕴，在中老年人群中的需求量较大。近年来，奈雪的茶等新式茶饮品质升级，与新零售结合，将市场拓展到年轻人群。因此，茶饮品需求迅速增加，对咖啡的需求造成威胁。

5）战略选择——多样化战略（ST 组合）

瑞幸咖啡作为一家互联网企业，需要充分分析信息后台收集的客户消费行为信息，精准定位客户需求，朝着个性化的定制方向发展，提升产品的更新速度，增加产品多样性，提高公司的营利能力。企业更应该具有前瞻性的独特眼光，在稳定发展核心业务的同时实行多元化战略，利用优质的产品和服务与客户建立长期的良好合作关系，占据更多咖啡市场份额。

本章知识结构图：

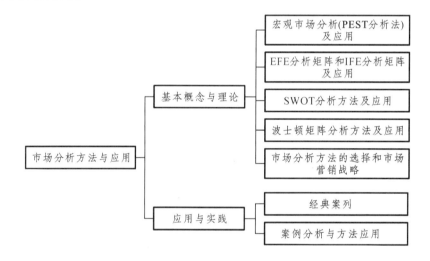

课后思考题

一、名词解释

1. PSET 分析法：

2. EFE 分析矩阵：

3. IFE 分析矩阵：

4. SWOT 分析：

5. 波士顿矩阵：

二、单选题

1.（　　）方法被广泛用于分析企业的产品或业务组合，以便更好地管理资源和制定战略。

    A. PEST   B. 波士顿矩阵   C. EFE   D. SWOT

2. EFE 分析矩阵通过给每个因素赋予权重（　　），并按照企业现行战略对各个关键因素的有效反应程度进行打分，可以计算出企业的总加权分数。

    A. 0 ~ 10   B. – 1 ~ 1   C. 0 ~ 1   D. 1 ~ 10

3. 不属于市场营销宏观环境因素的是（　　）。

    A. 人口环境   B. 经济环境

    C. 文化环境   D. 企业内部环境

4. SWOT 分析中的"T"代表的是（　　）。

    A. Tasks（任务）   B. Threats（威胁）

    C. Talents（人才）   D. Technologies（技术）

5. （　　）可以用来分析内部市场。

    A. EFE   B. IFE   C. SWOT   D. 波士顿矩阵

三、多选题

1. 执行与调整市场营销战略需要考虑的是（　　）。

    A. 执行力   B. 监控与反馈   C. 市场营销   D. 调整策略

2. PSET 分析法的优势是（　　）。

    A. 全面性   B. 动态性   C. 精准性   D. 可操作性

3. 以下工具可用于评估市场潜在的增长机会的是（　　）。

    A. 波特五力模型   B. 产品生命周期模型

    C. PEST 分析   D. SWOT 分析

4. 当企业准备进入一个新的市场时，以下分析可以帮助企业评估市场风险的是(　　)。

    A. 财务比率分析   B. 政治和法律环境分析

    C. 市场需求预测   D. 竞争对手分析

5. 下列选项可以用来分析外部市场的是（　　）。

    A. PEST   B. SWOT   C. EFE   D. IFE

四、判断题

1. EFE 分析矩阵和 IFE 分析矩阵是两种常用的战略分析工具，用于评估企业的宏观环境，从而为企业制定有效的战略提供依据。（　　）

2. 波士顿矩阵认为，产品战略管理可以从市场增长率和相对市场占有率两个角度进行衡量。（　　）

3. EFE 分析矩阵和 IFE 分析矩阵都用于评估企业的外部环境。（　　）

4. SWOT 分析具有数据依赖性。（　　）

5. 明星市场具有市场前景，但是市场开发力度不足。（　　）

五、简答题

1. 简述 EFE 分析矩阵和 IFE 分析矩阵在市场营销中的应用。

2. 简述 SWOT 分析的优势。

3. 简述 SWOT 分析的劣势。

第5章 消费者市场与心理行为

◆学习目标

思政目标： 在知识传授的同时，将爱国主义精神、社会责任、中华优秀传统文化等内容融入教学中；提升营销人员的职业素养，帮助消费者养成良好的消费习惯，注重个人的精神和身体健康。

知识目标： 了解对消费者购买行为进行分析的重要性；掌握影响消费者购买行为的主要因素；了解消费者购买行为类型；掌握消费者购买决策过程。

能力目标： 培养分析消费者行为模式的能力；培养分析消费者购买决策过程的能力。

素质目标： 培养学生优秀的沟通能力和人际交往能力，使其能够有效地与客户、同事和合作伙伴进行沟通与协作，建立良好的人际关系。

案例导入

难以捉摸的消费者行为

一位经常喝啤酒的朋友说："因为喝啤酒感到舒服，每次只尝一口冰凉的啤酒，感觉自己就进入了一种轻松的环境。"他的需求是改变态度，进入轻松环境。而另外一位朋友说："我和朋友在一起一定要喝啤酒，因为不喝酒显得关系较陌生。"他的需求是表示亲近的一种信号。还有一位朋友说："唱卡拉OK时我会喝很多啤酒，因为在那种场合一定要那样。"他要的是融入环境。再如，一天早上，你看到你的同事手里拿着一款新上市的手机，正好是你喜欢的那款，你可能下午就会去购买这款手机；或者决心不买这款手机，因为你不想与她一样；或者有点自卑，因为自己还没有能力购买……可见，消费者的行为可以简单归纳为刺激与反应的过程。作为最高等生物，人类拥有最复杂的刺激与反应系统。作为营销者，你的使命就是改变消费者的行为。上面描述的心理反应与过程发生的时间仅为 0.2~1秒。不同的个体可能产生完全不同的反应，每天每个消费者要处理数以万计的信息，并做出相应的反应。

现代市场营销要以顾客需求为中心。那么，顾客是谁？顾客到底需要什么？他们在哪里购买所需商品？他们何时、何地、怎样购买商品？要解决这些问题，就需要研究顾客的购买行为。是否了解顾客直接决定着企业经营的成败。为此，企业需要研究人数最多的一类顾客。

5.1 基本概念与理论

5.1.1 消费者市场概述

1. 消费者市场的含义

消费者市场是指个人和家庭为了消费需要而购买商品或服务所形成的需求的总和。它是现代市场营销理论研究的主要对象。成功的市场营销者是那些能够有效地开发对消费者有价值的产品，并运用富有吸引力和说服力的方法将产品有效地呈现给消费者的企业和个人。

2. 消费者市场的特点

相对于组织市场，消费者市场具有如下特点：

1）广泛性

生活中的每个人都不可避免地发生消费行为或消费品购买行为，成为消费者市场的一员，因此，消费者市场人数众多，范围广泛。

2）分散性

消费者的购买单位是个人或家庭。一般而言，家庭货物储藏空间小、设备少，购买大量商品不易存放；家庭人口较少，商品消耗量不大；再者，现代市场商品供应丰富，购买方便，随时需要，随时购买，不必大量储存，所以消费者每次购买数量较少，购买频繁。对于易耗的非耐用消费品更是如此。

3）复杂性

消费者受到年龄、性别、身体状况、性格、习惯、文化、职业、收入、教育程度和市场环境等多种因素的影响而具有不同的消费需求和消费行为，所购商品的品种、规格、质量、花色和价格千差万别。

4）易变性

消费者的需求具有求新求异的特性，要求商品的品种、款式不断翻新，有新奇感，不喜欢一成不变的老面孔。许多消费者对某个新品种、新款式的共同偏好就形成了消费风潮，这与科学技术的进步并无必然关系，只是消费心理的变化。商品的更新并不仅仅表示质量和性能有所改进，还反映结构和款式等的变化。随着市场商品供应的丰富和企业竞争的加剧，消费者对商品的挑选性增强，消费风潮的变化速度加快，商品的流行周期缩短。

5）发展性

社会生产力和科学技术总是在不断进步，新产品不断出现，消费者收入水平不断提高，消费需求也呈现出由少到多、由粗到精、由低级到高级的发展趋势。发展性与易变性都说明消费需求的变化。两者的区别在于，易变性说明变化的偶然性和短期现象，发展性说明变化的必然性和长期趋势；易变性是与科技进步无关的变化，发展性是与科技进步有关的变化。

6）情感性

消费品的种类很多，消费者对所购买的商品大多缺乏专门的甚至必要的知识，对质量、性能、使用方法、维修、保管、价格乃至市场行情都不太了解，只能根据个人好恶和感觉做出购买决策，多属非专家购买，受情感因素影响大，受企业广告宣传和推销活动的影响大。

7）伸缩性

消费需求受消费者收入、生活方式、商品价格和储蓄利率影响较大，消费者在购买数量和品种选择上表现出较大的需求弹性或伸缩性。收入多则增加购买，收入少则减少购买。商品价格高或储蓄利率高的时候减少消费，商品价格低或储蓄利率低的时候增加消费。

8）替代性

消费品种类繁多，同种商品不同品牌甚至不同品种之间往往可以互相替代。例如，不同品牌的洗衣粉可以互相替代，毛衣与皮衣虽属不同种类也可互相替代。由于消费品具有替代性，消费者在有限购买力的约束下对满足哪些需要肯定有所选择，对选择哪些品牌来满足需要必然慎重地决策且经常变换，这就使购买力在不同产品、品牌和企业之间流动。

9）地区性

同一地区的消费者在生活习惯、收入水平、购买特点和商品需求等方面有较大的相似之处，而不同地区的消费者的消费行为则表现出较大的差异性。

10）季节性

季节性分为 3 种情况：一是季节性气候变化引起的季节性消费，如冬天穿棉衣、夏天穿单衣、热了买冰箱、冷了买电热毯等；二是季节性生产引起的季节性消费，如春夏是蔬菜集中生产的季节，也是蔬菜集中消费的季节；三是风俗习惯和传统节日引起的季节性消费，如端午节吃粽子、中秋节吃月饼等。

5.1.2　消费者购买行为模式与分析

消费者每天都制定购买决策，而购买决策是市场营销者努力影响的重点。为准确地回答消费者买什么、在哪里买、如何买、买多少、何时买以及为什么买等问题，大多数大型公司都会仔细地研究消费者购买决策。市场营销者可以通过研究消费者的实际购买来发现他们买什么、在哪里买和买多少。但是，要了解消费者为什么购买并不是件容易的事情，答案常常深藏于消费者的心中。通常，消费者自己也不能准确地说明是什么影响了他们的购买行为。

消费者市场涉及的内容千头万绪，从哪里入手进行分析？市场营销学家归纳出以下 6 个主要问题：

消费者市场由谁构成（Who）？即购买者（Occupants）。

消费者市场购买什么（What）？即购买对象（Objects）。

消费者市场为何购买（Why）？即购买目的（Objectives）。

消费者市场怎样购买（How）？即购买方式（Operations）。

消费者市场何时购买（When）？即购买时间（Occasions）。

消费者市场何地购买（Where）？即购买地点（Outlets）。

由于 6 个英文字母的开头都是 O，所以被称为"6O"研究法。营销人员在制定针对消费者市场的营销组合之前，必须先研究消费者购买行为。

研究消费者购买行为的理论中最具代表性的是刺激—反应模式（见图 5-1）。市场营销因素和市场环境因素的刺激进入消费者的意识，消费者根据自己的特性处理这些信息，经过一定的决策过程产生了购买决定。

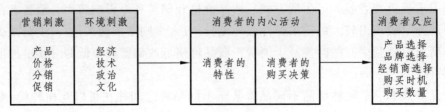

图 5-1　刺激—反应模式

营销刺激由 4 个 "P" 构成：产品（Product）、 价格（Price）、 地点/分销（Place）及促销（Promotion）。环境刺激包括消费者环境中的主要因素与事件：经济的、技术的、政治的、文化的。所有这些经过消费者的内心活动，会转化成一系列可以观察到的消费者反应：产品选择、品牌选择、经销商选择、购买时机及购买数量。

那么，消费者的内心活动是如何将刺激转变成特定的反应的呢？这需要分两部分来考虑，即消费者特性及消费者购买决策。

市场营销者需要理解刺激怎样在购买者的黑箱中转化为反应，这主要由两部分构成。首先，购买者的特征影响他对刺激的感知和反应。这些特征包括各种文化、社会、个人和心理因素。其次，购买者的决策过程本身影响购买者行为。这一决策过程从确认需求、收集信息和评价方案，到购买决策和购后行为，在实际购买决策做出之前早就发生了，并持续至决策之后的很长一段时间。我们首先讨论购买者的特征对购买者行为的影响，然后讨论购买者的决策过程。

5.1.3　消费者购买行为的影响因素

消费者购买行为主要受到文化、社会、个人和心理因素的影响（见图 5-2）。
大多数情况下，市场营销人员难以控制这些因素，但是他们必须考虑这些因素。

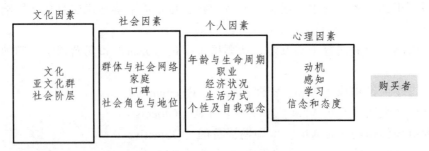

图 5-2　影响消费者行为的因素

1. 文化因素

文化因素对消费者行为具有广泛而深远的影响。市场营销者需要了解购买者的文化、亚文化和社会阶层所起的作用。

1) 文化

文化是引起个人愿望和行为的最根本原因。人类的行为方式大多是通过学习获得的。孩子在社会中成长，从家庭和其他重要机构中学习并建立基本的价值观、认知、喜好和行为。每个群体或者社会都有自己的文化，同时，文化对购买行为的影响在不同国家存在很大差异。

市场营销者总是试图发现文化变迁，以发现潜在的新产品需求。例如，当人们更多地关注健康和健身时，提供健身服务、运动器械和服装、有机食品和瘦身饮食的庞大产业便随之兴起。

2) 亚文化

每种文化都包含更小的亚文化。亚文化是因相同的生活经历和背景而拥有共同价值体系的人群。亚文化包括民族、宗教、种族和地域等。许多亚文化形成了重要的细分市场，市场营销者常常根据他们的需要设计产品并制订市场营销计划。

3) 社会阶层

几乎每个社会都存在社会阶层结构。社会阶层是一个社会中因具有相同价值观念、兴趣和行为而稳定存在的、有序的组成部分。每个国家和地区都会形成不同的社会阶层。社会阶层是依据经济、政治、教育、文化等多种社会因素所划分的社会集团。

市场营销者对社会阶层比较感兴趣，是因为同一社会阶层中的成员具有相似的购买习惯，而不同的社会阶层在服装、家居装饰、休闲活动、汽车等领域具有不同的产品和品牌偏好。

2. 社会因素

消费者行为同样受到社会因素的影响，这些社会因素包括消费者所处的小群体、家庭以及社会角色与地位等。

1) 群体与社会网络

个体行为受到许多小群体的影响。个人所从属且受到直接影响的群体称为成员群体。相比之下，参照群体是个人态度或行为形成过程中直接（面对面）或者间接对比或参照的对象。人们经常受他们所在群体外的参照群体的影响。崇拜性群体是指一个人想要加入的群体，就像一个篮球少年希望有一天能和偶像一样，站在美国职业篮球联赛（National Basketball Association，NBA）的赛场上。

市场营销者试图在目标市场上寻找参照群体。参照群体展示了新的行为和生活方式，影响着人们的态度和自我观念，进而可能影响人们对产品和品牌的选择。群体影响程度随产品和品牌的不同而不同。若某个产品和品牌恰是购买者所仰慕之人的偏好，参照群体的影响力就很大。

2) 口碑

口碑对消费者购买行为的影响很大。信赖的朋友、亲人和其他消费者提供的人际信息、推荐网文，比诸如广告或销售人员等商业来源的信息更可靠。一项最新的研究表明，只有49%的消费者信任或相信广告，但有72%的消费者信任家人和朋友，72%的消费者信任网上评论。

大多数口碑的影响是自然而然发生的：消费者开始谈论一个自己使用的或知晓的品牌。但是，口碑的发生也不一定是偶然的，市场营销者可以帮助创造关于其品牌的积极谈话。

对于容易受到参照群体影响的品牌，市场营销者应该弄明白如何找到意见领袖——从属于某参照群体，凭借自身专业技能、知识、特殊个性或其他特征而对他人施加社会影响的人。一些专家称他们为有影响力的人或率先采用者。当这些有影响力的人发表看法时，消费者会倾听。营销者应尽力为其产品确定意见领袖，并直接针对他们开展营销活动。

蜂鸣营销是指营销者找出甚至自己培养意见领袖，让他们以"品牌形象大使"的身份传播产品信息，如梅赛德斯-奔驰获奖的网红运动"开动起来"。

市场营销者开始利用新出现的社交网络和其他"网络语言"来推销他们的产品，建立更紧密的顾客关系。相比于单向地朝已对广告感到厌倦的消费者投放商业信息，市场营销者更希望通过使用社交网络与消费者进行互动，从而成为他们谈话和生活的一部分。

还有市场营销者正努力利用已经在网上建立影响力的网红——独立博主。关键是找到拥有强大相关读者网络、声誉可靠且与品牌高度契合的博主。例如，你会遇到登山和滑雪爱好者为巴塔哥尼亚的博客、骑手们为哈雷-戴维森、吃货为全食或乔氏点赞。又如，宝洁、麦当劳、沃尔玛和迪士尼等公司与有影响力的"妈妈博主"或"社交媒体妈妈"紧密合作，将她们转化为品牌的倡导者。

我们将在后面章节深入探讨在线社交网络作为营销工具的应用。但是，尽管目前人们谈及社会影响时非常关注互联网和社交媒体，约90%的品牌谈话依然通过传统途径发生——面对面的人际交谈。因此，大多数有效的口碑营销活动始于创造有关品牌的人际对话和整合线上线下的社会影响战略，旨在为顾客创造机会与品牌建立联系，帮助他们既在现实世界，也在虚拟的社交网络中与他人分享品牌情感和体验。

3）家庭

家庭成员对购买者的行为也有很大的影响。作为社会中最重要的消费购买组织，家庭的消费行为已得到广泛的关注和研究。市场营销者对丈夫、妻子、孩子在不同产品、服务的选择和购买上所扮演的角色很感兴趣。

对不同产品类别而言，夫妻在不同购买阶段的参与程度的差别很大。购买角色随消费者生活方式的不同而改变。例如，妻子一般在食品、家居用品、服饰等方面是家庭的主要采购者。但是近年来，随着越来越多的妻子外出工作，而丈夫愿意承担更多的家庭购买活动，这一情况正在改变。最近的调查发现，41%的男性现在是家庭日用品的首要采购者，39%的男性承担了家里大部分的洗衣任务。而如今女性在新科技产品购买上的支出已经以3：2的比例胜过男性，并且影响了超过80%的新车购买决策。

这些改变意味着新的营销现实。从日用品、个人护理产品到汽车和家用电器等原来只向男性或女性出售产品的行业，市场营销者现在应该争取相反性别的消费者。有些公司在"现代家庭"环境中展示产品。例如，通用磨坊公司的一则广告表现了一位父亲早上将酸奶放进为儿子准备的校园午餐之中，广告语说"称职的爸爸，用咕咕叫"。通用磨坊公司最近为其品牌晶磨开展的广告运动"怎样做父亲"表现了一位在家中承担多项任务的超级英雄似的父亲。与以往出现在食品广告中笨手笨脚的父亲的惯有形象有所不同，这位父亲把一切安排得有条不紊，包括给孩子吃健康的晶磨早餐。"做一名父亲太棒了！"广告宣称："就像晶磨很棒。这是为什么它能成为父亲慎重考量后的首选早餐。"

孩子们对家庭的购买决策有重要影响。据估计，美国儿童和青少年对家庭购买的影响高达80%，相当于对应每年大约12 000亿美元的消费支出。最近的一项研究发现，十几岁的孩子对父母的消费支出有显著影响，从去哪里就餐（95%）和度假（82%），到他们用什么移动设备（63%）和购买什么汽车（45%）。

4）社会角色与地位

个体可能同时归属于家庭、俱乐部、组织等多个群体，每个人在群体中的位置由其社会角色和地位决定。角色是在群体中人们被期望进行的活动内容。每个角色代表一定的社会地位，反映了社会的综合评价。

人们通常选择适合自己角色和地位的产品。一位有工作的母亲可能扮演多种角色：在公司，她是品牌经理；在家里，她是妻子和母亲；在她喜爱的体育赛事中，她是狂热的体育迷。作为一个品牌经理，她将购买那些符合她职场角色和地位的服饰。在观看比赛时，她可能会借助服装来表达对所喜爱的球队的支持。

3. 个人因素

购买者的行为还受到购买者自身的职业、年龄与生命周期阶段、经济状况、生活方式、个性及自我观念等个人因素的影响。

1）职业

个人的职业会影响他所购买的产品和服务。蓝领工人倾向购买更结实的工作服，而高级管理人员更多购买职业装。市场营销者试图识别对其产品和服务更感兴趣的职业群体。一家公司甚至可以专门为某一职业群体提供产品。例如，美国工装老牌 Red Kap 为汽车制造和建筑行业生产结实耐用的优质工作服及制服。

2）年龄与生命周期阶段

人们在一生中不断改变他们对产品和服务的选择。人们对服装、家具及娱乐的品位常常和年龄有关。例如：青少年对新产品、新技术极其敏感，而老年人大多偏爱老品牌，是企业的忠实顾客；在产品消费上，青少年的质量和品牌意识较强，品牌消费高度集中，而老年人更重视产品的实用性、方便性和保健性。

消费者的特性还受到家庭生命周期阶段的影响。家庭生命周期是指一个以家长为代表的家庭生活的全过程。根据年龄、婚姻、子女等状况的不同，可以把一个家庭的发展过程划分为以下几个阶段：未婚期，年轻的单身者；新婚期，年轻夫妻，没有孩子；满巢期一，年轻夫妻，有 6 岁以下的幼童；满巢期二，年轻夫妻，有 6 岁至 18 岁孩子；满巢期三，年纪较大的夫妻，有能自立的子女；空巢期，身边没有孩子的老年夫妻；孤独期，单身老人独居。不同家庭生命周期阶段的需要如表 5-1 所示。

表 5-1　不同家庭生命周期阶段的需要

家庭生命周期阶段	典型的需要以及相应的产品
未婚期	社交需要，娱乐需要，个人衣着打扮等
新婚期	住房需要，各类家具、电器等耐用消费品
满巢期一	幼小子女的生活和教育需要，如儿童用品、玩具、托儿服务费用，保姆服务（家务助理）
满巢期二	学龄子女的吃、穿、教育（如钢琴、绘画用具、家教支出等），户外娱乐
满巢期三	子女教育、文化支出、置换家具、装修房屋、娱乐活动、出外旅游
空巢期	娱乐需要，健康需要，自我充实和提高的需要，医药、保健品增多，读书看报，出外旅游
孤独期	社交、情感需要，医疗保健服务，药品，户外活动，读书看报

3）经济状况

个人的经济状况会影响产品选择。受收入影响较大的商品的市场营销者比较关注个人收入、储蓄和利率的变化趋势。在经济衰退后的节俭时期，大多数公司纷纷采取措施重新设计产品和服务，改变定位和调整价格。例如，高档折扣商店塔吉特就用"实惠"替代了原先的"时髦"，更强调其定位"预期更多，支付更少"中所承诺的支付更少。

类似地，为顺应全球经济趋势，一度只提供高端产品的智能手机厂商现在也为本国及新兴经济体市场的消费者推出了低价型号的产品。随着西方市场日渐饱和和竞争日趋激烈，手机厂商希望低端产品能够帮助自己在东南亚等欠发达的市场，与低成本的智能手机厂商展开有效竞争。

4）生活方式

即使来自相同亚文化、社会阶层和职业的人群，也可能具有完全不同的生活方式。生活方式是个人表达自己身心的一种生活模式。它需要衡量消费者的 AIO 维度，即活动（工作、爱好、购物、运动、社交活动等）、兴趣（食物、服装、家庭、娱乐等）和观点（关于自我、社会问题、商务和产品等）。生活方式不仅反映了个人的社会阶层或个性，而且集中体现了个人在整个社会环境中的互动模式。

如果运用得当，生活方式的概念可以帮助市场营销者了解消费者不断变化的价值观及其对购买行为的影响。消费者不仅购买产品，而且购买产品所代表的价值观和生活方式。

5）个性及自我观念

每个人的购买行为都受其独特个性的影响。个性是指使一个人或一群人区别于其他人或群体的独特的心理特征。个性通常用自信、优越、善于交际、自主、防御性、适应性和进取等特征来描述。个性是分析消费者产品或品牌选择的有用变量。

品牌也有个性，消费者更倾向选择与自身个性相符的品牌。品牌个性是品牌所具有的人类特质的具体组合。一位研究人员将品牌的个性特征划分为5类：真诚（朴实、诚实、健康、开朗）；兴奋（勇敢、坚定、创意、时尚）；能力（可靠、智慧、成功）；成熟（高档、迷人）；强健（适合户外、坚强）。一位消费者行为专家说："你的个性决定了你消费什么，观看什么电视节目，购买什么产品，以及你做出的其他决策。"

许多知名品牌都有自己独特的个性：福特 F150 属于"强健型"，苹果属于"兴奋型"，而 Method 属于"成熟型"，古驰（Gucci）则体现着"经典"和"成熟"。因此，这些品牌能够吸引那些与其个性高度匹配的人群。例如，快速增长的生活方式品牌 Shinola，塑造出"真诚、底特律打造"的个性特征，使之成为美国最炙手可热的品牌之一。

市场营销者经常运用一个与个性相关的概念——自我观念（或自我形象）。自我观念的基本前提是人们拥有的产品决定和反映了他们的身份，即"我们消费什么就是什么"。因此，想要了解消费者的行为，就要先明白消费者自我观念与其拥有物之间的关系。

因此，品牌将吸引具有相同个性特征的人群。例如，MINI 汽车的个性特征非常鲜明：一款灵巧、时髦、自信同时强劲有力的小车。MINI 不仅针对特定人口特征的细分市场，也对个性细分市场展开诉求——吸引"冒险、个性鲜明、思维开阔、创造性、热爱技术和心理年轻"的人。

4. 心理因素

个人的购买决策还受到 4 种主要心理因素的影响，它们分别是动机、感知、学习、信念和态度。

1）动机

个人在任何时候都有许多需要。有些需要是生理方面的，如饥饿、干渴和不安等；有些则是心理方面的，如认可、尊重或归属等。当一种需要强烈到一定程度时，它就变成了一种动机。动机也是一种需要，它促使人们去寻求满足。心理学家已经提出了多种人类动机理论。其中，最著名的是西格蒙德·弗洛伊德（Sigmund Freud）的理论和亚伯拉罕·马斯洛（Abraham Maslow）的理论，他们对消费者分析和市场营销产生了完全不同的影响。

西格蒙德·弗洛伊德假定人们对形成其行为的真正的心理动机并不了解。他的理论认为，个体的购买决策受到潜意识动机的影响。即使是购买者自己，也不能充分认识到这些动机。因此，一位"婴儿潮"时期出生的消费者购买了一辆运动型敞篷车，可能会解释说仅仅是因为喜欢风拂过自己稀疏头发的感觉。但在内心深处，他们可能正竭力向他人展示自己的成功。而在更深处，他们购买这款车的原因很可能是为了再次感受年轻和独立。

消费者常常不清楚或者不能解释他们自己的行为。因此，许多企业聘请大量的心理学家、人类学家和其他社会科学家进行动机研究，发掘品牌态度和购买行为背后的潜意识情感。一家广告公司定期对消费者进行一对一的心理诊疗式访问，以深入探究他们的心理活动。另一家公司则要求消费者将他们喜爱的品牌描述成动物或汽车，以此来评定各种品牌的声誉。另外，还有企业通过催眠、梦疗法或者用柔和的灯光和情调化的音乐，来探究消费者模糊的深层次心理。

有些投射技术看起来很愚笨，而且一些市场营销者认为这类动机研究过于烦琐，对此不屑一顾。但是，许多市场营销者运用这种现在被称为解释性消费研究的方法挖掘消费者深层次心理，更好地制定市场营销战略。

亚伯拉罕·马斯洛试图解释为什么人们在特定时期会有特定的需要。为什么当一个人花费大量时间和精力来满足个人安全需要时，另一个人在努力获取他人的尊重。马斯洛的答案是，人类的需要是分层次排列的，分别是生理需要、安全需要、社会需要、尊重需要和自我实现需要（见图 5-3）。

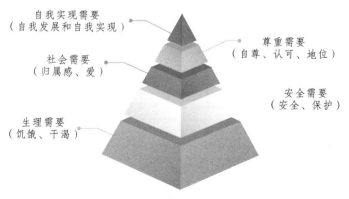

图 5-3　马斯洛的需求层次论

人总是先满足最重要的需要，当这种需要得到满足后，就不再是一种激励因素，此时，个人将会转向满足次重要的需要。例如，饥饿的人（生理需要）不会对艺术界最新发生的事（自我实现需要）感兴趣，也不会在乎别人如何看待自己（尊重需要），甚至不会关心自己是否在呼吸洁净的空气（安全需要）。但随着当前最重要的需要被满足，下一层次的需要就将发挥作用。

2）感知

受动机驱使的人随时准备行动。个人的行为受其对情境感知的影响。我们依靠自己的5种感官知觉来了解身边的信息，分别是视觉、听觉、嗅觉、触觉和味觉。然而，每个人接收、组织和解释这些感官信息的方式各不相同。感知是人们通过收集、整理并解释信息，形成有意义的世界观的过程。

由于选择性关注、选择性曲解和选择性记忆3种认知过程的存在，人们对同样的刺激因素可能会产生不同的感知，人们每天都要接收各种刺激。例如，人们平均每天接触到3 000~5 000条广告信息。从电视和杂志广告，到户外广告牌，再到社交媒体广告和智能手机上的信息。但人们不可能关注所有的刺激信息。这时就产生了选择性关注——人们常常忽略他们所接触到的大多数信息，意味着市场营销者需要格外努力地吸引消费者的注意力。

即使刺激因素被注意到了，它们也不一定会产生预期作用，因为人们总是按既有的思维模式处理接收到的信息。选择性曲解说明人们倾向选择符合自己意愿的方式理解信息。人们也会忘记自己接触过的大多数事情，而常常只记住那些符合自己的态度和信念的信息。选择性记忆意味着消费者很可能只记住自己喜欢的品牌的优点，而忽视竞争性品牌的长处。因为存在选择性关注、选择性曲解和选择性记忆。

有趣的是，尽管大多数市场营销者担心他们的信息能否被消费者接受，一些消费者却在担心他们由于潜意识广告而不自觉地受到营销信息的影响。50多年前，一位研究人员称，在一家影院的屏幕上，"吃爆米花"和"喝可乐"的标语每隔5秒闪现一次，每次1/300秒。他说，尽管观众并未有意识地接收这些信息，但他们在潜意识里接收了它们，因此会比原来多买58%的爆米花和18%的可乐。忽然间，广告主和消费者保护群体对这种速闪意识产生了浓厚的兴趣。尽管事后该研究人员承认这一数据是捏造的，但相关争论并未平息。一些消费者仍然害怕自己会被潜意识信息操控。

心理学家和消费者研究人员的大量研究发现，消费者行为与速闪信息之间鲜有或者根本没有联系。最近的脑电波研究发现，在某些情况下，我们的大脑可能会记录速闪信息。然而，速闪广告看起来并没有批评者所说的那种能力。市场营销协会的一则经典广告对潜意识广告进行了嘲讽。"所谓的'潜意识广告'根本就不存在。"这则广告说，"只是想象力过于活跃罢了，大多数人的确这样。"

3）学习

内在需要引起消费者购买某种商品的动机，这种动机可能在多次购买之后仍然重复产生，也可能在一次购买之后即行消失。为何会重复或消失，心理学家认为来自后天经验，可用学习的模式来表述，消费者学习的过程是通过驱使力、刺激物、诱因、反应和强化的相互影响来完成的，如图5-4所示。

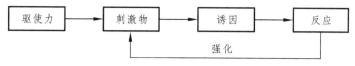

图 5-4 消费者学习的过程

驱使力：存在于人体内驱使人产生行动的内在刺激力，即内在需要。心理学家把驱使力分为原始驱使力和学习驱使力。原始驱使力是指先天形成的内在刺激力，如饥饿、口渴、逃避痛苦等。新生婴儿也知道饿了要吃，渴了要喝，疼了要哭等。学习驱使力是指后天形成的内在刺激力，如恐惧、骄傲、贪婪等。成年人会担心财产安全、交通安全，希望工作取得成就等，这些都是从后天环境中学习得到的。

刺激物：可以满足内在驱使力的物品。例如，人们感到饥渴时，饮料和食物就是刺激物。如果内在驱使力得不到满足，人们就会处于紧张情绪中，只有相应刺激物可使之恢复平静。当驱使力发生作用并寻找相应刺激物时，就成为动机。

诱因：刺激物所具有的能吸引消费者购买的因素。所有营销因素均可成为诱因，如刺激物的品种、性能、质量、商标、包装、服务、价格、销售渠道、销售时间、人员推销、展销、广告等。

反应：驱使力对具有一定诱因的刺激物所发生的反射行为，如是否购买某商品以及如何购买等。

强化：驱使力对具有一定诱因的刺激物发生反应后的效果。强化分为正强化和负强化。若效果良好，则反应被增强，以后对具有相同诱因的刺激物就会发生相同的反应；若效果不佳，则反应被削弱，以后对具有相同诱因的刺激物也不会发生反应。

人们总是在实践中学习。学习是指由经验引起的个人行为的改变。学习论者认为，大多数人类行为是通过学习获得的。学习是通过驱动、刺激、诱因、反应和强化间的相互作用发生的。

驱动是一种激发行动的强烈的内部刺激。当驱动直接指向某种具体的刺激目标时，它就变成一种动机。例如，消费者自我实现的驱动可能促使他想购买一台相机。消费者对购买相机想法的反应又与周围的诱因有关。诱因是决定人们何时何地以及如何反应的微弱刺激。例如，注意到商店橱窗里的相机品牌，听到一个特别的报价，或者和朋友讨论等，都可能成为影响消费者购买相机的诱因。

假如消费者买了一台尼康相机。如果这次经验是物有所值的，消费者就可能更多地使用这台相机，并且他的这种反应会被强化。然后，下次再购买相机、双筒望远镜或类似产品时，他购买尼康产品的可能性就会更大。学习理论对市场营销者的实际意义在于，他们可以把产品与强烈的驱动联系起来，利用激励性诱因，并提供积极的强化，使人们产生产品需求。

4）信念和态度

人们在实践、学习中形成信念和态度，信念和态度反过来又影响人们的购买行为。信念是个人对事物持有的具体看法。信念可能建立在现实的知识、观念或信仰之上，可能夹带着情感因素。市场营销者对人们形成的关于特定产品和服务的信念感兴趣，因为这些信念构成了产品和品牌的形象，进而影响人们的购买行为。如果存在某些阻碍购买行为的错误信念，市场营销者就需要开展宣传活动来予以纠正。

人们的态度涉及宗教、政治、服装、音乐、食品和其他任何事物。态度是个人对事物或观念相对稳定的评价、感觉和偏好。态度导致人们喜欢或不喜欢某种事物，并表现出亲近或疏远。购买者可能会持有以下态度："要买就买最好的""创造性和自我表达是生活中最重要的"等。

态度一旦形成就很难改变。人们的态度形成一种固定的模式，要改变态度就需要调整其他许多相关因素。因此，公司应该让它的产品适合既有的态度，而不是试图改变态度。当然，也有例外。如进行品牌重新定位或者扩展可能改变态度。

现在，我们已经了解了影响消费者行为的众多因素。消费者的选择受到文化、社会、个人和心理因素的相互作用。

5.1.4　消费者购买决策过程

市场营销者在分析了影响消费者特性的主要因素之后，还需了解消费者是如何真正做出购买决策的，即了解谁做出购买决策、购买决策的类型以及购买决策的过程。

1. 消费者购买决策过程的参与者

在购买决策过程中，人们可能扮演不同的角色。

（1）发起者，即首先提出或有意购买某一产品或服务的人。

（2）影响者，即其看法或建议对最终决策具有一定影响的人。

（3）决策者，即对是否买、为何买、如何买、何处买等购买决策做出全部或部分最后决定的人。

（4）购买者，即实际采购人。

（5）使用者，即实际消费或使用产品或服务的人。

2. 购买决策行为类型

消费者对牙膏、iPod、金融服务、新车等产品的购买行为各不相同。越复杂的决策往往包含越多的购买参与者，消费者也越慎重。图 5-5 显示了根据购买者介入度和品牌差异度两个维度划分的消费者购买行为类型。

复杂的购买行为	寻求多样性的购买行为
降低失调的购买行为	习惯性的购买行为

图 5-5　4 种购买行为类型

1）复杂的购买行为

当消费者高度介入且认为品牌间存在显著差异时，将采取复杂的购买行为。在购买价格高、风险大、不常购买且高度自我表现的产品时，消费者可能高度介入，尤其是当消费者对此类产品不太熟悉的时候。例如，个人电脑的购买者可能不知道应优先考虑何种性能。许多产品属性根本没有实际意义，消费者对各种核心处理器、图形处理器或者内存等计算机知识可能一窍不通。

这类购买者将经历一个学习过程：首先产生对产品的信念，然后逐渐形成态度，深思熟虑之后做出购买选择。高介入产品的营销者必须了解高介入的消费者如何收集和评价信息。他们需要帮助购买者了解产品属性及其相对重要性；他们需要突出自身品牌的特性，利用平面媒体和详细的广告文案来描述品牌优点；他们需要谋求商店销售人员和购买者朋友的支持，从而影响购买者对品牌的最终选择。

2）降低失调的购买行为

降低失调的购买行为发生在消费者高度介入购买，所购产品价格昂贵、低频率、有风险，但品牌间差异并不大时。例如，购买地毯可能是一个高介入决策，因为地毯价格昂贵并且表现自我。然而，购买者可能认为一定价格范围内不同品牌的地毯大同小异。因此，购买者可能在货比三家之后，会因为品牌间差异不大而快速做出购买决策。购买者主要关心的是价格或购买的便利程度。

如果消费者在购买地毯后发现所买品牌的缺点，或者了解到未买品牌的优点，就可能会经历购后失调（或售后不适）。为了应对这种失调感，市场营销者应该注重售后沟通，提供能让消费者对他们的品牌选择感觉良好的证据和支持。

3）习惯性的购买行为

习惯性的购买行为发生在消费者介入低和品牌差异细微的情况下。例如，购买食盐，消费者对这种产品的介入度很低。他们通常进入商店随意选择一个品牌。如果他们一直购买同一品牌，那也只是出于习惯，而不是强烈的品牌忠诚。消费者对大多数低成本、经常购买的产品介入度较低。

在这种情况下，消费者行为并不经过通常的"信念—态度—行为"模式。消费者不会仔细搜索品牌的信息，也不会评估品牌的特征，更不会对购买何种品牌反复推敲、慎重决策。因为消费者对产品选择介入度低，即使购买后，他们也不大会对所做的选择做出评价。因此，这一购买过程涉及通过被动学习形成的品牌信念，随后产生购买行为，事后可能有也可能没有评价。

因为购买者对任何品牌的投入都不高，品牌差异小且介入度低的产品的市场营销者经常通过价格和促销来刺激产品的购买。或者，他们增加产品属性或强调几个关键点来差异化自己的品牌和提高消费者介入度。

4）寻求多样性的购买行为

消费者在低介入度、高品牌差异的条件下，采取寻求多样性的购买行为。在这种情况下，消费者经常转换品牌。例如，消费者在选购曲奇饼干时可能会带着某种看法，简单地选择一个品牌，然后在食用过程中对这个品牌进行评价。然而下次购买曲奇时，消费者可能出于厌倦或想尝新而选择另一个品牌。品牌的转换并不是因为感到不满意，而是为了寻求多样性。

在这种情况下，在市场中占据领导地位的品牌和小品牌的营销战略会有所不同。市场领导者通过占据主要货架空间、不断补充货架商品和经常投放提示性广告，来鼓励习惯性的购买行为。作为市场挑战者的公司则通过提供低价、优惠、折扣、免费样品和倡导试用新鲜事物的广告，来鼓励寻求多样性的购买行为。

3. 购买决策过程

我们已经考察了影响购买者行为的主要因素，接下来将要了解消费者是如何做出购买决策的。图 5-6 展示了购买决策过程的 5 个阶段：确认需要、搜索信息、评估备选方案、购买决策以及购后行为。购买过程早在实际购买发生前就已经开始，在购买后还会延续很长时间。市场营销者需要关注整个购买过程，而不是只注意购买决策阶段。

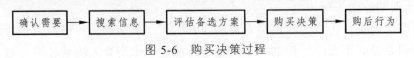

图 5-6　购买决策过程

图 5-6 表明，消费者每次购买都要依次经过上述 5 个阶段。但是，购买者完成整个购买过程的速度可能很快，也可能很慢。在经常性购买中，消费者常常跳过或颠倒某些阶段，主要取决于购买者特点、产品属性和购买情境。一位购买常用牙膏品牌的女士在确认需要牙膏后，会越过信息搜索和选择评估阶段，直接进入购买决策阶段。这里我们仍运用图 5-6 中的模式，阐述消费者面临一项新的复杂的购买时所发生的全部思考过程。

1）确认需要

购买过程从购买者确认某一个问题或某种需要开始，即确认需要。需要可能由内部刺激引起，当一个人的正常需要，如饥饿、干渴，强烈到某种程度时，就变成了一种驱动力。需要也可能由外部刺激引起。例如，广告或与朋友的讨论可能让你考虑是否要买辆新车。在这一阶段，市场营销者应该进行消费者研究，找出他们的问题、需要及其产生的原因，思考如何引导消费者关注特定的产品，搜索信息。

2）搜索信息

当消费者对某种产品感兴趣时，可能会搜寻更多的信息。如果消费者的需要强烈或满意的产品恰巧在手边，他很可能购买。反之，消费者会暂时将这个需要记在心里，然后进行与之有关的信息搜索。例如，你已经决定购买一辆新车，那么至少你可能会更多地关注汽车广告、朋友的车以及关于汽车的话题。或者，你会主动在互联网上搜索，与朋友交流，或通过其他方式搜集信息。

消费者可从以下渠道获取信息：个人来源（家庭、朋友、邻居和熟人）、商业来源（广告、销售人员、经销商网站、移动网站、包装和展览）、公共来源（大众传媒、消费者评审组织和网络搜索）和经验来源（对产品的操作、检查和使用）。这些信息来源的相对影响因产品和购买者而异。

一般情况下，消费者得到的大多数产品信息来自商业渠道，即市场营销者所控制的来源。然而，最有效的信息来源是个人来源。商业来源一般起告知作用，但个人来源具有判断或评价产品的作用。很少有广告活动可以比一个邻居靠在篱笆上说一句"这个产品很棒"更有效。

如今，"邻居的篱笆"越来越数字化了。消费者自由地在各种社交网站上分享商品评论、图片和经验。购买者可以从诸如亚马逊、小红书、抖音、快手等众多 App 中，获得大量关于拟购买产品的用户评价。随着获取信息的增多，消费者对各种品牌和特征的认知与了解也逐渐增加。在对汽车信息的搜索中，你可能会了解到许多品牌信息。这些信息帮助你再三思考后放弃了一些品牌。公司必须设计营销组合，以使消费者了解其品牌。另外，市场营销者应该认真识别消费者的各种信息来源，分析、评估其相对重要程度。

3）评估备选方案

消费者使用各种信息筛选出一组最终可供选择的品牌之后，是如何从中选择的呢？市场营销者需要了解评估备选方案，即消费者如何处理信息并选择品牌的过程。遗憾的是，没有适合所有购买情况的简明、单一的评估过程。相反，目前流行几种不同的评估过程。

购买方案的评估根据消费者个人和特定购买情形而定。在某些情况下，消费者会精打细算，缜密思考。在其他情况下，同一位消费者却可能很少甚至不加思考，他凭直觉或冲动进行购买。有时，消费者会自行决策；有时，他们会向朋友、网上评论或销售人员寻求购买建议。

假如你备选的汽车购买方案已被缩减到 3 个品牌。同时，假设你主要看中 4 个属性：款式、油耗、保修服务和价格。而且，你已经了解每个品牌各属性的表现。那么，如果某款车在所有属性上都表现得最好，显然市场营销者能够预测到你的选择非他莫属。然而，实际上每个品牌无疑有着不同的吸引力。你也许仅仅根据一个属性做出购买决策，那也很容易预测你的选择。比如你更重视汽车款式，就会购买自认为款式最好的那款。但是，大多数消费者会综合考虑几种因素，而且每一种的权重不同。只有了解这 4 种属性对你而言的相对重要性，市场营销者才能更加可靠地预测你的选择。

因此，市场营销者应该研究购买者评估品牌方案的实际过程。只要知道了消费者是如何评估产品的，市场营销者才能采取措施去影响消费者的选择。

4）购买决策

在评估选择阶段，消费者对品牌进行排序，并形成购买意图。一般地，消费者的购买决策将是购买他们最喜爱的品牌，但有两个因素会影响他们的购买意图和最终的购买决策。

第一个因素是其他人的态度。如果某个人对你很重要，而他认为你应该买价格最低的汽车，那么你选择高价汽车的可能性就会降低。

第二个是意想不到的环境因素。消费者可能将购买意图建立在预期收入、预计价格和期望产品利益等因素之上。然而，突发情况可能会改变消费者的购买意图。例如，经济开始恶化，竞争对手降低价格，或朋友认为你中意的汽车不好，等等。因此，偏好和购买意图并不总是会产生实际的购买行动。

5）购后行为

产品售出后，市场营销者的工作并没有结束。消费者是否满意以及他们的购后行为也是市场营销者应该关注的。哪些因素决定了购买者是否满意？答案取决于消费者预期与产品感知绩效之间的关系。如果产品未达到预期，消费者会感到失望；如果产品符合预期，消费者会感到满意；如果产品超过预期，消费者会感到高兴。预期绩效与实际感知绩效之间的差距越大，消费者越不满意。这说明为使消费者感到满意，销售人员应该如实介绍产品的真正绩效。

然而，几乎所有重要的购买行为都会产生认知失调，或是购后认知冲突而引起的不适。购买之后，消费者对所选品牌的优点感到满意，并庆幸避免了未购买品牌的缺点。然而，所有购买行为都涉及权衡。消费者会为所选品牌的缺点而担心，也会为没有得到未购品牌的好处而感到不安。因此，消费者每次购买后，或多或少都会存在心理不平衡感。

为什么让顾客感到满意如此重要呢？顾客满意是建立营利性的顾客关系的关键，它能吸引和保留顾客，获得顾客终身价值。满意的顾客会再次购买，并向他人推荐产品，他们更可能购买该企业的其他产品，而且不太重视竞争品牌及其广告。许多营销者不仅满足于达到顾客的期望，他们的目标是取悦顾客。

不满意的消费者有截然不同的反应。"好事不出门，坏事传千里。"对企业及其产品的差评能很快地破坏消费者对公司及其产品的印象。不满的顾客很少投诉。多数不满的顾客不会主动向公司反映他们遇到的问题。因此，企业应该经常测量顾客满意度，建立鼓励消费者投诉的机制。这样，企业就能了解自己的业绩，知道应该如何改进。

通过研究完整的购买决策过程，市场营销者或许能找到帮助消费者顺利决策的方法。例如，如果消费者因为没有发觉需要而不购买某种新产品时，市场营销者也许可以通过广告信息来激发需求，充分展示该产品能为消费者解决的问题。如果消费者知道这个产品，但因为缺乏好感而不购买，营销者要么想方设法改变产品，要么转变消费者的观念。

5.1.5 新产品购买决策过程

现在让我们来看看购买者是如何购买新产品的。新产品就是指潜在消费者眼中新的产品、服务或观念。尽管它们可能在市场上已经存在了一段时间，但我们感兴趣的是消费者怎样第一次了解该新产品，并做出接受或拒绝的决策。我们将采用过程定义为"个人初次知晓一项创新到最终采用的心理过程"。采用是指个人做出成为某产品固定用户的决定。

1. 采用过程的各个阶段

消费者采用新产品时要经过 5 个阶段：

认知：消费者知道了新产品，但缺乏相关信息。

兴趣：消费者寻找新产品的相关信息。

评价：消费者考虑是否适用该新产品。

试用：消费者少量使用新产品，以改善对该新产品价值的评价。

采用：消费者决定全面地或经常性地使用该新产品。

这个模型表明，新产品的市场营销者应该考虑如何帮助消费者经历这些阶段。例如，如果公司发现不少消费者考虑其产品，但迟迟未采取购买行动，就很可能提供零售优惠、补贴或其他价格激励，帮助消费者尽快做出购买决策。为了帮助有意购买汽车的消费者克服 2008 年经济不景气的影响，快速完成购买决策过程，某汽车提供了独特的保证计划，承诺贷款购买或租赁该汽车的买家可以无成本退货；如果一年内失业或收入下降，不损害他们的信用评级。该活动推出仅一个月，该汽车的销量就飙升了 85%。

2. 创新精神的个体差异

人们尝试新产品的意愿有很大差异。在各个产品领域，都有"消费先锋"和早期采用者。其他人采用新产品则要晚得多。人们采用新产品的情况可以划分为图 5-7 所示的几类。如图中曲线所示，经过最初阶段的缓慢增长，越来越多的人开始采用新产品。随着消费者陆续采用，购买者数量逐渐达到顶峰。创新者是最先接受新产品的人，占购买者总量的

2.5%（在平均采用时间 2 个标准差之外）；接着是早期采用者；紧随其后的 13.5%（位于均值 1～2 个标准差之间）；然后是早期大众和晚期大众；最后是落伍者。

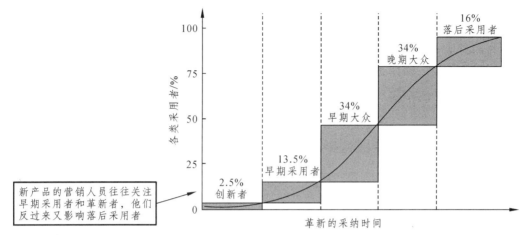

图 5-7　根据采用创新产品的相对时间对采用者的分类

这 5 类采用者拥有不同的价值观。创新者有冒险精神，他们乐于尝试有风险的新观念。早期采用者在意他人对自己是否尊重，他们是某些领域内的意见领袖，较早采用新观念，但态度谨慎。早期大众更加小心谨慎，尽管他们不是领导者，但比普通大众更早采用新观念。晚期大众往往疑虑重重，他们要等到大多数人都尝试之后才接受这项创新。最后落伍者受到传统的约束，他们往往持怀疑的观点，只有在创新成为一种传统之后才采用。

这种采用者划分表明，一家创新的企业应该在推出新产品时研究革新者和早期采用者的特点，并针对他们进行营销。

3. 产品特征对采用率的影响

新产品自身的特征会影响其采用率。有些产品几乎一夜之间就大受欢迎。例如，苹果公司的 iPod、iPhone 和 iPad 从最初上市开始，销量就迅速增加。而有些产品则需要经过较长的一段时间才会被接受。例如，在日产聆风、特斯拉 Model S 等品牌的引领下，纯电动汽车早在 2010 年就进入美国市场了。但是截至 2024 年，纯电动汽车在美国汽车总销售中的比重只占 8%左右。

很可能还需要数年甚至数十年，纯电动汽车才能取代燃油车。产品的 5 个特征对提高创新采用率特别重要，因而我们结合纯电动汽车的采用率，对这些特征进行分析。

相对优势：创新产品优于现有产品的程度。纯电动汽车不使用汽油，只用清洁的低成本能源。这将加速其采用率。但是，充电限制了行驶范围，加上初始成本较高，将延缓其采用率。

匹配程度：创新产品符合潜在消费者的价值观和经验的程度。纯电动汽车和燃油汽车驱动的方式相同。但是，却没有遍布全国的充电网络与之匹配。充电桩很少，而且相距很远。采用率能否提高很大程度上取决于全国充电站网络的建设，而这需要很长的时间。

复杂程度：了解和使用创新产品的难易程度。驾驶纯电动汽车并不困难也不复杂，这有助于加速其采用率，但是新技术的"感知复杂性"和对使用效果的顾虑会减缓其采用率。

可分程度：创新产品可以较小的单位或代价试用的程度。消费者可以试驾纯电动汽车，这对提高采用率有利。但是，目前拥有和充分体验这项新技术所需要的高昂价格很可能减缓采用率。

可沟通程度：人们使用创新产品后，可以观察到或向他人描述优点的程度。纯电动汽车本身展示和说明的程度越好，其优点在消费者之间就传播得越快。

其他影响采用率的特征还有初始成本、运行成本、风险、不确定性和社会认可度。在开发新产品和制订营销计划时，新产品的营销人员必须研究所有影响因素。

5.1.6　商业市场和商业购买者行为

大多数大企业会通过多种途径向其他组织销售产品。哪怕是制造终端消费者使用的产品的大型消费品制造商，也要首先把产品卖给其他企业。例如，通用磨坊打造了许多知名的消费者品牌，如 Big G 麦片（麦圈、麦片、Trix、Chex、Total、Fiber One）、烘焙产品（Pillsbury、Betty Crocker、Bisquick、Gold Medal 面粉）、小吃（天然山谷、妙脆角、Chex Mix）、优诺酸奶、哈根达斯冰激凌和许多其他品牌。为了将其产品卖给消费者，通用磨坊必须首先将产品卖给批发商和零售商，再由他们将产品转卖给消费者。

商业购买者行为是指购买产品和服务用于生产其他产品和服务并销售、出租或供应给其他人的组织购买行为。它还包括零售商和批发商的行为，他们获取产品以转售或出租给其他人并从中获利。在商业购买过程中，商业购买者首先决定组织需要购买的产品和服务，然后在众多可供选择的供应商、品牌中进行评估和筛选。

从事 B2B 业务的营销人员必须尽最大努力理解商业市场和商业购买者行为。然后，像面向最终消费者的企业一样，他们必须通过创造卓越的顾客价值来与商业顾客建立营利性关系。

1. 商业市场

商业市场是巨大的。事实上，商业市场涉及的资金和产品远远超过消费者市场。例如，试想生产和销售一套固特异轮胎所涉及的大量商业交易。各类供应商要卖给固特异橡胶、钢铁、装备和其他各种在生产过程中需要的商品；接着，固特异把生产好的轮胎卖给零售商，零售商又卖给消费者。消费者购买行为的背后可能需要很多商业购买行为的支撑。另外，固特异还会把轮胎作为原始设备卖给汽车制造商用于生产汽车，或者作为替换轮胎卖给那些将固特异轮胎用于汽车、卡车或其他交通工具的企业。商业市场和消费者市场在某种程度上具有相似性，两者都需要有人为满足需求而承担购买者的角色并做出购买决策。然而，商业市场和消费者市场还是存在着很多不同。最大的不同在于以下 4 方面：市场结构和需求、购买单位的性质、决策类型和决策过程。

1）市场结构和需求

与消费者市场相比，商业市场的营销人员通常要与少数但大规模的购买者打交道。甚至在规模很大的商业市场中，通常也是少数购买者占据大部分的购买量。例如，当固特异将替换轮胎卖给终端消费者时，其潜在市场包括全世界几百万的汽车拥有者。但是，固特异在商业市场的命运取决于屈指可数的几个大型汽车制造商。

此外，许多商业市场的需求缺乏弹性，且需求波动较大。许多商业产品的总需求不受价格变化的影响，尤其是在短期内。皮革价格的下降不会导致制鞋厂商购买更多的皮革，除非鞋子价格下降，进而增加了消费者对鞋子的需求。而且，许多商业产品和服务的需求往往比日常消费品和服务的需求变化更大、更迅速。消费需求的小幅增长会导致商业需求的大幅增长。

最后，商业市场的需求是衍生需求（Derived Demand）：从消费者产品需求中衍生出来的商业需求。例如，戈尔特斯面料的需求来源于消费者购买戈尔特斯生产的户外服装品牌。苹果、三星、联想、戴尔、惠普、索尼和微软等厂商生产的电子产品使用的是大猩猩玻璃的屏幕，消费者只有在购买这些厂商的笔记本电脑、平板电脑和智能手机时，才会对康宁的大猩猩玻璃屏幕产生需求。如果消费者对最终产品的需求增加，那么，他们对中间产品（即戈尔特斯面料和他们使用的大猩猩玻璃屏幕）的需求也会增加。

因此，B2B 营销人员有时会直接向最终消费者推销他们的产品，以增加其商业需求。例如，康宁长期以来针对消费者开展名为"坚韧，但是美丽"的营销活动，其特色是：由大猩猩玻璃家族的营销人员试图说服最终购买者选择使用了大猩猩玻璃屏幕的数字设备，而不要选择其竞争对手。

这样的广告对康宁和采用了其耐用、防刮擦屏幕的合作伙伴品牌都有好处。得益于这项消费者营销活动，康宁的大猩猩玻璃屏幕已经被使用在全球 40 多个主要品牌的 30 多亿台设备上。

2）购买单位的性质

与消费者购买相比，商业采购往往涉及更多的决策参与者和更专业的购买行为。通常，商业采购由经过专业训练的采购代表完成，这些人的工作就是学习如何更好地采购。购买行为越复杂，参与其中的人就越多。在购买大宗商品时，通常会有由技术专家和高层管理者组成的采购委员会。除此之外，B2B 营销人员还要与更高级别、训练有素的采购经理打交道。所以，企业必须要由接受过良好训练的营销人员和销售人员来与这些接受过良好训练的买家打交道。

3）决策类型和决策过程

商业购买者往往比个体消费者面临更加复杂的购买决策。商业购买通常涉及大量的资金、复杂的技术和经济利益，并且需要与买方不同级别的人打交道。商业购买过程往往比消费者购买所花费的时间更长，且更加正式。大型的商业采购往往要求详细的产品说明书、书面的采购订单、谨慎的供应商搜寻以及正式审批。

最后在商业购买过程中，买卖双方通常更加相互依赖。B2B 营销人员会全力以赴，并在购买过程的各个阶段与顾客紧密合作：从帮助顾客定义问题，到寻找解决方案，再到售后支持。他们还经常要根据每个顾客的需求提供定制的产品和服务。从短期来看，满足购买者对产品和服务的即时需求就能让供应商获得更多的销量。但从长期来看，B2B 营销人员不仅需要满足顾客的当前需求，还要与顾客密切合作帮助其解决问题，从而留住顾客。

2．商业购买者行为

在最基本的层面上，营销人员希望知道商业购买者对不同营销刺激的反应。商业购买者行为模型如图 5-8 所示。在这个模型中，营销刺激和其他刺激会影响购买组织并产生一定的购买者反应。为了设计有效的营销策略，营销人员必须掌握组织内部发生的事情，并将这些刺激转化为购买行为。

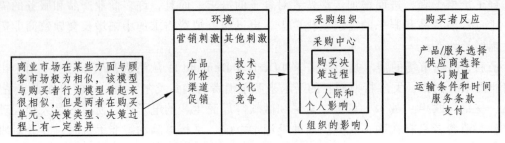

图 5-8　商业购买者行为模型

在组织中，购买活动包含两大部分：由所有参与购买决策的人组成的简单的例行购买，也有采购中心和购买决策过程。这一模型表明，采购中心和购买决策过程受到组织内极其复杂的影响：人际和个人因素以及外部环境因素的影响。图 5-8 中的模型对商业购买者行为提出了 4 个问题：商业购买者做出的购买决策是什么？谁参与了购买过程？影响购买者的主要因素是什么？商业购买者是怎样做出购买决策的？

1）主要的购买类型

购买主要有 3 种类型：

（1）在直接重购中，商业购买者不做任何调整地进行重复购买。直接重购常常是由采购部门根据惯例进行的。为了维持经营，"名单内"的供应商努力保持产品和服务的质量，"名单外"的供应商会积极寻求机会为购买者创造价值，或是利用现有供应商的不足，使购买者将其列入考虑范围。

（2）在修正重购中，购买者需要调整产品规格、价格、相关条款及供应商。此时，"名单内"的供应商会为了保住订单而感觉到紧张和压力，而"名单外"的供应商会将修正重购视为一次提供更好的产品和获得新业务的机会。

（3）当企业首次购买某种产品和服务时，它面临的是新采购任务。在这种情况下，成本或风险越大，参与决策的人就越多，他们为收集信息所付出的努力也越多。新采购任务这个购买类型对营销人员来说是全新的挑战，同时也是最好的营销机会。营销人员不仅要尽可能多地了解购买影响因素，还要提供帮助和各种信息。购买者在直接重购中做出的决策最少，而在新采购任务中需要做出的决策最多。

许多商业购买者更喜欢从一个供应商那里购买一整套问题解决方案，而不是从若干不同的供应商处分别购买产品和服务，然后再组合在一起。能为满足顾客需求和解决其问题而提供最完整的系统方案的企业往往能获得更高的销售额。这样的系统销售或方案销售通常是赢得和维持订单的关键。

2）商业购买过程的参与者

谁来负责采购商业组织所需的价值数千亿的产品和服务？在购买组织中做决策的单元被称为采购中心，它由所有参与购买决策过程的个人和单位组成。

这个群组包括产品或服务的实际使用、购买决策制定者、购买决策影响者、实际购买者以及购买信息的控制者。

在购买组织中，采购中心并不是一个固定和正式的部门。它由各种购买角色组成，这些购买角色在进行不同的采购时将由不同的人承担。对于某些常规采购，一个人（或采购代表）可以承担采购中心的所有角色，独自完成整个采购决策。对于更复杂的采购，采购中心可能会包含来自组织内不同级别和部门的 20~30 名员工。

采购中心的概念对营销提出了一个重大的挑战，即商业市场的营销人员必须知道谁参与了决策、每个参与者的相对影响力以及每个决策参与者使用的评估标准。这是非常困难的。

采购中心通常包括一些确定的参与者，他们会正式参与购买决策。例如，为企业购买一架直升机的决策很可能会涉及企业的 CEO、主要飞行员、采购代理、法律人员、高层管理者和其他要为采购决策负责的人员。同样，这一决策也会涉及一些不太明显的、非正式的参与者，他们中的某些人员也会影响甚至决定采购决策。有时候，甚至采购中心的工作人员都不清楚还有哪些参与者。例如，具体采购哪个品牌的直升机可能取决于某位对飞行感兴趣且很了解飞机的董事会成员，而这位董事会成员可能会在幕后影响这一决策。很多采购决策取决于不断变化的采购参与者之间的复杂相互作用。

3）影响商业购买者的主要因素

商业购买者在做购买决策时会受到很多因素的影响。一些营销人员认为，主要的影响因素是经济因素。他们认为，购买者会青睐那些提供最低价格、最好质量或最多服务的供应商。他们将工作重点放在向购买者提供更大的经济利益上。这样的经济因素对大多数买家来说是非常重要的，特别是在经济困难时期。但是，实际上，商业购买者会同时受到经济因素和个人因素的影响。商业购买者具有人的属性和社会性，远非人们想象的那样冷酷、精明和没有人情味。他们受到情感和理智的双重影响。

如今，大多数 B2B 营销人员都认识到了情感因素在商业购买决策中所扮演的重要角色。来看下面这个例子。

图 5-9 列举了影响商业购买者的几类因素，环境因素、组织因素、人际关系因素和个人因素。当前和预期的经济环境对商业购买者有着重要的影响，如基本需求水平、经济前景和资金成本。另一个环境因素是关键材料的供应情况。商业购买者同时还受到环境中供应情况、技术、政治/法规及竞争的影响。另外，文化和习俗也可以在很大程度上影响商业购买者对营销行为和营销策略的反应，特别是在国际营销环境中。营销人员必须要关注这些因素，判断它们会如何影响购买者，并试图将环境中的挑战转变成机会。

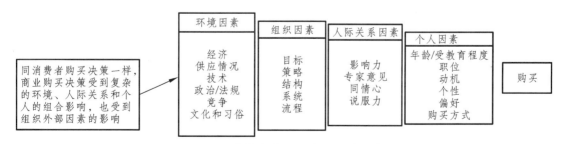

图 5-9 消费者购买行为的影响因素

组织因素同样重要。每一个购买组织都有自己的目标、策略、结构、系统和流程，商业市场营销人员必须很好地理解这些因素。需要思考的问题有：购买决策有多少人参与？他们是谁？他们的评估标准都是什么？企业关于购买者的政策和限制是什么？

采购中心往往由很多相互影响的参与者组成，因此人际关系因素也会影响商业购买过程。但是，评估人际关系因素以及小组动态的影响常常是很困难的。采购中心的成员不会自己贴上标签注明"决策制定者"或者"不重要的人"。采购中心成员中地位最高的人并不总是影响力最大的人。参与者影响购买决策也许是因为他们有决定奖惩的权力、人缘好、拥有特殊的专业技术，又或许是与其他重要的参与者有特殊关系。人际关系因素往往是非常微妙的。在任何可能的情况下，商业市场营销人员必须试着理解这些因素，并在设计营销策略时把这些因素考虑进去。

商业购买决策过程中的每个参与者都会带入他们各自的动机、看法和偏好。这些个人因素受到个人特征的影响，如年龄/受教育程度、个性等。而且，购买者具有不同的购买方式。有些是技术型的，他们在选择供应商前会对竞争提案进行分析。还有一些购买者可能是直觉谈判者，他们擅长使卖方相互竞争，自己则坐享渔翁之利。

4）商业购买决策过程

图 5-10 列举了商业购买决策过程的 8 个步骤。面临新购买任务的商业购买者通常需要经历整个过程的所有步骤。进行直接重购或者修正重购的购买者可以跳过中间的一些步骤。下面我们将通过典型的新购买任务情境来学习这些步骤。

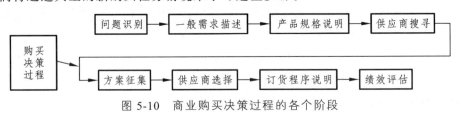

图 5-10　商业购买决策过程的各个阶段

事实上，商业营销人员通常利用广告来引起顾客对潜在问题的注意，并向他们展示其产品和服务如何帮他们解决问题。例如，咨询企业埃森哲受到嘉奖的"高性能交付"B2B 广告就是这样做的。埃森哲的一则广告指出，企业迫切需要与数字技术同步发展。该广告展示了飞蛾被智能手机屏幕的亮光所吸引，并宣称，"埃森哲数字技术可以帮助你吸引更多的顾客"。埃森哲的解决方案是："我们的行业专长，加上我们在互动、分析和灵活性方面的综合能力，可以帮助顾客利用机会进行创新和竞争。"该系列的其他广告讲述了埃森哲如何帮助顾客企业识别和解决各种问题的成功故事。

（1）一般需求描述。购买者认识到某种需求后，接下来需要准备一份一般需求描述，说明所需物品的特点和数量或解决方案。对标准购买而言，这个过程几乎不存在问题。但是，对于复杂的项目来说，购买者可能需要与其他人（工程师、用户、咨询人员）合作来确定需求。这个团队可能希望对产品的可靠性、持久性、价格和其他属性按照重要程度进行排序。在这一阶段，敏锐的商业营销人员可以帮助购买者界定需求，并提供信息介绍不同产品特征所带来的价值。

（2）产品规格说明。接下来购买组织就要制定产品的技术规格，这通常会在一个价值分析小组的协助下进行。产品价值分析是指企业通过仔细地研究产品或服务的构成来判断其是否能够被重新设计、标准化，或者用成本更低的方法生产出来，它是一种实现成本降低的方法。产品价值分析小组会确定最好的产品特性，并据此进行详细说明。卖方也可以把价值分析作为获取新顾客的工具。通过向购买者展示制造某个产品的更好方式，"名单外"的卖方可以将直接重购转化为新采购任务情形，从而为其创造获取新业务的机会。

（3）供应商搜寻。在这个阶段，购买者为了找到最好的卖家而进行供应商搜寻。购买者可以通过行业目录、网上搜索或其他企业的推荐来找到合格的供应商。如今，越来越多的企业通过互联网寻找供应商。

对营销人员而言，互联网为规模较小的供应商提供了与规模较大的竞争者公平竞争的环境。购买任务越新、产品越复杂、成本越高，购买者在寻找供应商上投入的时间就越长。供应商的任务是要被列入购买者的主要"名单"并在市场上建立良好的声誉。营销人员应该关注正在寻找供应商的企业，并确保他们的企业被列入考虑。

（4）方案征集。在商业购买过程的方案征集阶段，购买者邀请合格的供应商提交提案。作为回应，一些供应商将为购买者展示其官方网站或促销的材料，或安排一名营销人员去拜访购买者。然而，如果购买的产品过于复杂或非常昂贵，购买者往往需要每个潜在的供应商提供详细的书面提案或正式的报告。

商业营销人员必须精于研究、书写并展示提案，以回应购买者的方案征集。提案不是技术文档，而应该是营销文档。提案展示需要激发购买者对企业的信心，并且使企业在竞争中脱颖而出。

（5）供应商选择。接下来，采购中心的成员审核申请书并选择一个或多个供应商。在供应商选择过程中，购买者通常会提出希望供应商具备的属性列表以及不同属性的相对重要性。这些属性包括产品和服务的质量、声誉、按时送货、企业道德行为、诚信沟通以及有竞争力的价格。采购中心的参与者会根据这些属性对供应商进行评级，并确定最佳供应商。

在做出最终选择之前，购买者可能会尝试与其偏好的供应商谈判，以获得更好的价格和条款。最后他们会挑选一个或几个供应商。许多购买者更偏向选择多家供应商，以避免完全依赖一个供应商，同时也可以对几个供应商的价格和性能进行比较。如今的供应商发展经理通常想要开发一个完整的供应商合作伙伴网络，以帮助企业给顾客带来更大的价值。

（6）订货程序说明。接下来，购买者需要准备一个订货程序说明，包括购买者与所选供应商之间的最终订单，并明确所有条款，如技术规格说明、需求数量、期望的交货时间、退换货政策和担保。对于维护、修理和运营等服务，购买者可能会使用总括合同，而不是常见的定期采购订单。总括合同创建了一种长期的合作关系，供应商承诺按照约定的价格在规定的一段时间内为购买者提供所需的产品或服务。

现在，很多大的购买者都在实行供应商管理库存的方式，即将订单和库存的责任转移给供应商。在这样的系统中，购买者与重要的供应商分享销售和库存信息，供应商则监测库存量并在需要的时候自动为购买者补充存货。例如，服务于沃尔玛、塔吉特、家得宝和劳氏等大型零售商的大多数主要供应商都采用了供应商管理库存的方式。

（7）绩效评估。在这个阶段，购买者对供应商的绩效进行评价并做出反馈。购买者可以联系用户并要求他们对其满意度进行评分。供应商的绩效评估可能导致购买者继续、修正或者放弃对该供应商的采购计划。供应商要监控购买者所关注的因素，以确保实现顾客满意。

图 5-10 展示了包含 8 个步骤的商业购买决策过程模型，为新采购任务的商业购买过程提供了一个概览。实际的购买流程通常更复杂。在直接重购或修订重购的情境中，一些步骤可能会被省略或跳过。每个组织都有自己的购买方式，每种购买情境也有独特的要求。

采购中心的不同参与者可能会在不同的阶段参与进来。尽管一些购买步骤确实存在，但购买者并不总是按照同样的顺序执行这些步骤，他们也可能会增加一些步骤。购买者还会经常重复一些步骤。最后与同一顾客的关系可能会涉及同时进行的、处于不同购买步骤的多项购买。卖方必须管理好整体的顾客关系，而不只是单次购买中的顾客关系。

3. 以数字技术和社交媒体营销吸引商业购买者

像营销的其他领域一样，信息技术以及在线、移动和社交媒体的爆炸式增长同样也改变了 B2B 领域的购买和营销过程。在本小节中，我们将讨论两个重要的技术进步：电子采购和网上采购、B2B 数字和社交媒体营销。

1）电子采购和网上采购

信息科技的进步已经大大改变了 B2B 购买的过程。在线采购，常被称为电子采购，在近几年迅速发展。在 20 年前基本没人知道的在线采购，如今对于大多数企业来说已经是标准流程了。反过来，商业营销人员也可以与顾客进行在线联系，与其分享营销信息、销售产品和服务、提供支持服务，从而维持长期的顾客关系。

企业可以通过多种方式进行电子采购。它们可以进行逆向拍卖，在网上公布自己的采购要求并邀请供应商投标；或者，它们还可以参加在线贸易交流，共同合作以促进贸易过程的顺利开展；企业也可以建立自己的企业采购网站来进行电子采购。比如，通用电气运行了一个企业交易网站，在网站上通用电气可以发布它的采购需求并邀请供应商投标、协商相关条款和下订单。另外，企业还可以创造与主要供应商的外部连接。

B2B 电子采购有很多好处。首先，它降低了交易成本，并帮助购买者和供应商提升采购效率。其次，电子采购减少了订单和交付之间的时间，省去了传统采购的申请和下单环节所涉及的文书工作，并帮助采购者更好地跟踪所有的采购。最后，除了节约成本和时间外，电子采购还可以让人们从繁重的文书工作中解脱出来，从而使其可以专注于更具战略性的问题，如找到更好的供应商、与供应商合作来降低成本和开发新产品。

然而，电子采购的迅速扩张也带来了一些问题。例如，互联网使供应商和顾客可以共享业务数据，甚至在产品设计上进行协作。但同时，这也可能会破坏顾客与供应商之间持续数十载的关系。现在，许多购买者利用互联网的力量，让供应商之间相互竞争，为每次采购搜索更优的交易、产品和周转时间。

2）B2B 数字和社交媒体营销

为了应对顾客快速转向在线采购的趋势，B2B 营销人员现在广泛使用数字和社交媒体营销：从网站、博客、移动应用程序、电子通信和专有网络到主流社交媒体，随时随地吸引顾客参与和管理顾客关系。在商业市场营销中，数字和社交媒体渠道的使用呈现爆炸式增长。数字和社交媒体营销迅速成为吸引商业顾客参与的新方式。

与传统的媒体和营销方式相比，数字和社交媒体可以创造更多的顾客参与和互动。B2B营销人员明白，他们真正的目标不是企业，而是那些影响企业购买决策的个人。如今的商业购买者总是通过他们的数字设备，无论是个人电脑、平板电脑还是智能手机，来互动和相互联系。

数字和社交媒体在吸引相互联系的商业购买者中扮演着重要的角色，能够实现传统的人员销售所做不到的事情。在传统的销售模式中，销售代表需要亲自拜访商业顾客企业或者在贸易展会上与商业顾客代表会面。与此不同，新的数字技术允许卖方和商业顾客组织中的大量人员进行随时、随地的联系。数字技术使供应商和购买者对重要信息的控制权更强、获取更便利。B2B营销一直都是社交网络营销，但如今的数字环境提供了一系列令人兴奋的新型网络工具和应用。

5.2 应用与实践

5.2.1 经典案例——"宜家"的消费者心理行为分析

体验经济时代正向我们走来，体验消费与体验营销正在全世界蓬勃发展。中国家具业经过几十年的发展，至今已初见规模。但随着经济的发展，尤其是我国加入WTO后，我国家具企业之间的竞争日益激烈。体验营销是伴随着体验经济的发展应运而生的一种新型营销方式。案例试图将这种新型营销方式应用到家具营销领域，为我国家具企业普遍存在的无系统营销战略规划、模式僵化、手段陈旧，销售网络不健全、销售渠道不顺畅以及消费者的心理行为分析等问题寻找有效的对策。

体验经济的兴起是由于企业对产品及服务在质量、功能上已做得相当出色，消费者对产品及服务之间差异的追求已经淡化，而追求更高层次的由产品及或服务带来的"体验"。

随着体验经济的到来，生产及消费行为产生如下变化：①企业生产以消费者体验为基础来开发新产品、新活动，以创造体验吸引消费者，并增加产品的附加价值。消费者选择产品及服务也以其能否带来新鲜的体验或能带来新鲜体验为前提。②企业注重与消费者的沟通，并触动其内在的情感和情绪。消费者被动地接受企业的沟通，但又不断地创造新的社会消费文化和趋势，让企业去追随。③企业以建立品牌、商标、标语及整体形象塑造等方式，取得消费者的认同感。消费者则以品牌、商标等这些符号化的东西来区别不同的商品。

在理论层面，市场营销理论和方法，是随着消费者的需求变化和发展变化而变化的。现在，消费者在做出购买决策时，不仅要考虑产品或服务给他们带来的功能上的利益，更要重视购买和消费产品或享受服务过程中所获得的、符合自己心理需要和情趣偏好的特定感受，即消费者心理行为。

在现实意义层面上，任何公司都要懂得努力提供令人满意的产品和服务。公司必须必须保持让顾客满意，把他们从满意的购买者变成忠诚的倡导者。它应该表明自己的深切关怀，并且不断地让顾客感到惊喜。要做到这一点，没有比创造一种让顾客和公司相互作用的体验更好的方式。它把公司的产品或者服务与顾客的生活方式相连，赋予顾客的个体行为和购买时机广泛的社会意义。总之，体验营销为顾客带来新价值——体验价值，它将和产品价值、服务价值等一起，构成整体的顾客价值。

1. “宜家”体验式营销的策略和消费者心理行为分析

（1）“宜家”体验营销中的消费者购买动机分析。

并不是所有的动机都需要内部驱动力产生。消费者行为学把能够引起个体需要或动机的外部刺激（或情景）称作刺激诱因。宜家充分了解其目标人群现今追求个性以及尊重与自我实现的心理需要，抓住了消费者的购买动机，从独特的产品设计、现场体验人性化的居家式卖场陈设到多样美味的餐饮服务设计。其独特的体验营销载体，从“感官”“情感”“思考”“行动”“关联”5个方面的全程体验刺激消费者的购买欲望。这也是其营销战略的精髓，并且更能够诱发消费者在自发需求的基础上产生更多的连带购买行为。

（2）“宜家”体验性营销的全面导入。

宜家的体验性营销实质上就是一种与传统营销相区别的服务理念。除了差异化实物产品外，公司还可以差异化产品的附属服务。为了找到差异点，宜家设身处地考虑顾客与公司产品或服务接触的整个过程。

在宜家购物，你会发现与很多家居市场有着根本不同，因为你完全可以自由地选择你喜欢的逛商场的乐趣，因为轻松自在的购物氛围是宜家商场的特点。宜家强烈鼓励消费者在卖场进行全面的亲身体验。宜家利用全程体验性服务为消费者设计出了关于家的一切，也很好地做到了给消费者带来全面体验。通过体验营销的全面导入，宜家对产品和服务进行了清晰定位。这种与众不同的差异化服务与消费者建立了长久的良好关系，并有效提高了目标消费群体的品牌忠诚度与美誉度，从而提高了宜家家居的市场占有率。

（3）“宜家”体验性服务将带动体验营销成为家居行业营销模式的趋势。

体验性服务营销方式与其他营销方式相比，能够真正从消费者的感受出发，细心体察呵护消费者的情感，使消费者迅速采取购买行为。在当前的市场环境中，单一的低价促销或普通的营销方式，已经很难获得消费者真正的青睐。为了改变现状，很多企业都在研究消费者，都在设想如何从消费者的角度出发做好营销工作，但是往往是说得多做得少。在这个消费者越来越追求生活品位和越来越挑剔的今天，从家居产品的特殊性以及培养消费者忠诚度形成竞争优势来看，能够满足消费者更高层次需求的体验性营销便将成为一种必然趋势。

2. 当今市场消费人群心理行为与发展趋势

如今，“80后”已经变成了家具市场的主力军。与“60后”“70后”相比，“80后”消费有以下倾向：

（1）更倾向网购。一般情况下，“80后”会先上网了解家具产品信息、测评新闻和论坛上对产品的评价等，锁定一些目标之后再去卖场下单，或者少部分人干脆直接在网上订购。网购家具已逐渐成为现实。相应地，一些商家也推出了针对“80后”全新购物观的服务。

（2）家具越来越具有趣味性。这是“80后”在选择家具时又一不同理念。“好玩实际上是指家具本身就是件有意思的商品。”“80后”大多很喜欢宜家的家具，不仅是因为其风格简洁和实惠，色彩大胆适合小户型的摆放，而且可以自己根据需要安装。

（3）装修要简约有个性。对于装修的风格，“80后”也一直有着自己的一套审美标准。与简单化的功能性装修（客厅是客厅，厨房是厨房）和类型化装修相比，“80后”更加体现出把居室的每一个细小空间都加以精细的主题化设计与摆设的讲究。在装修时，更喜欢采购低成本的创意家具装点空间。

（4）在装修时，更具有环境敏感性。社交用房作为首次购房动机在"80后"中已出现。这便要求有更适合这种场合的家具出现。对于"80后"人群，环保家具产品接受度更高，如可循环的纸质家具等。

现如今的市场百花齐放，百家争鸣。顾客有很多的选择权，再也不是被动地选择。所以家具企业要抓住消费者的心理，融合更多的元素，从而为大众所喜爱。

资料来源：宜家家居消费者行为分析[EB/OL].[2024-12-30]. 百度文库，https://6viyij.smartapps.baidu.com/pages/view/view?docId=8c086663514de518964bcf84b9d528ea80c72f02&from=share&_swebfr=1&_swebFromHost=baiduboxapp.

5.2.2 案例分析与方法应用

1. 基于消费者心理行为分析的"宜家"体验营销给我国家居行业带来的影响

（1）实施体验营销战略，实现体验营销立体化。体验营销立体化是指体验营销时间上的持续化和空间上的系统化。家居行业体验营销理念的树立，首先要纠正营销观念，制定相应的体验营销战略，实现体验营销的立体化，即体验营销时间上的持续化和空间上的系统化。家居卖场在应用体验营销这种模式时，应将体验营销贯穿于卖场的每一个环节，使企业的营销活动建立在满足消费者心理和精神需求的基础上，实现营销的持续化和系统化，彻底摒弃急功近利的思想。

（2）根据消费者心理行为分析，提高顾客的参与度。在家居产品的开发设计方面，体验营销要注重消费者行为的心理需求分析和产品心理特征的开发。对特定的市场环境下，消费者在体验经济时代消费个性化、情感化、主动化的消费心理、生理变化以及消费者实现尊重与自我实现需要的购买动机变化方面表现出来的特殊需求，进行深层分析和理论总结，从产品设计到产品销售中的产品、价格、服务都融入更多符合消费者需求的体验成分。良好的体验感受是宜家吸引顾客的根本驱动力。在体验经济时代，消费过程中的体验已经成为诱发消费者做出购买决策的重要依据。家居行业要挖掘出有价值的营销机会，应重视家居产品的品位、形象、个性、感性等方面的塑造，营造出与目标顾客心理需要相一致的心理属性，从而采用相应的体验营销策略，适当地刺激和诱发消费者的心理过程及其购买行为。

（3）随着我国经济近年来的飞速发展，大众在满足了基本温饱需要后，继而转向更高的精神层面的需求，体验式营销便随之迅速发展。因为体验营销与服务式营销不同，它销售的不仅是产品与服务，更是一种精神层面的深刻的愉悦体验，是我们愿意花高出产品或服务本身价值几倍甚至几十倍的价钱去购买的一种喜欢的感觉。这符合我国消费者现今的品位和需要，所以体验营销日益受到重视。

消费者购买决策的过程一般分为5个阶段：确认问题，信息收集，备选产品评估，购买决策，购后过程。

在确认问题阶段，根据消费者的需要，体验营销的内容和目标得以确定，进而设计诱因，增强刺激，使消费者对本品牌有所关注。

在信息收集阶段，营销人员的任务是：①了解消费者的信息来源。②了解不同信息来源对消费者的影响程度。③设计信息传播策略。通过邮寄手册，制作并播放 52 集的电视系列片"宜家美好生活"，解决观众在家居装饰中经常遇到的难题，使其在轻松愉快的气氛中更加了解宜家的产品和服务，欣赏宜家的创意，获得灵感。这是宜家进驻中国市场以来首次使用电视这一媒介。这一步是宜家管理层经过深思熟虑后才做出的，同样这也是宜家扩大市场份额的需要。

在备选产品评估阶段，体验消费通过使消费者在卖场进行全面的亲身体验，如拉开抽屉、打开柜门、在地毯上走走、试一试床和沙发是否坚固等，使其对其他产品的评价行为的要求更高，有利于本产品的销售。

在购买决策阶段，消费者的购买意向虽已形成，但是否实际购买还受其他因素的影响，如他人态度和意外因素。体验销售有利于获得他人的赞美和认可，销售人员向服务人员的转变使消费者的不满意度下降，销售人员的全程陪同无非在消费者需要时提供同样的信息和一些消费者不需要的东西。这样的服务方式除了让消费者有一个轻松自在的购物经历、增加了从购物过程中所获得的满足感和成就感，也降低了对销售人员的需求，降低了销售费用，从而更好地抓住了消费者的心，得到了他们的认同，坚定了他们购买此商品的信念，为企业创造更高的收益。

在购后过程阶段，因为消费者是亲身试用要购买的产品，近距离接触和使用，保养、安装产品等的说明使他们全方位地了解所购买的产品，就能减少消费者对质量、性能、外观、价格等的不满，进而减少售后维修、退货等费用，最重要的就是使公司的信誉和品牌度激增，更易吸引更多的潜在消费者。

2. 简述宜家的现代营销手段

宜家鼓励顾客在卖场"拉开抽屉，打开柜门，在地毯上走走"，或者试一试床和沙发是否坚固。这种"体验式营销"或称"朋友式营销"，证明自身产品质量过硬的手段完全抓住和满足了具有生理需要的消费者的需求，获得了良好的口碑，为其树立了品牌。

宜家的产品做得非常人性化和精致，充分考虑到使用的方便性和舒适性，且风格独特。这是宜家开展体验营销有力的产品设计能力，符合现代社会人们的个性化需要。

拒绝主动服务让消费者了解更多：拒绝主动服务，给消费者营造轻松氛围；消费者信息指导，让消费者了解更多。这无疑使消费者的社会需要，尊重需要和自我实现需要得以实现，消费者自然想要购买宜家的产品。

作为全球知名的家具和家居用品零售商，宜家成功的秘诀在于深刻理解消费者心理，并据此设计商业模式。以下是宜家抓住消费者心理的几个方面：

（1）提供平价产品：宜家通过批量采购、简化供应链以及自行设计和生产产品，有效降低了成本，提供了价格合理的产品。这种低价策略满足了大多数对价格敏感的消费者的需求。

（2）提供产品触手可及感：宜家在商场中将展示产品以最真实而有吸引力的方式展示给消费者，创造出真实可触摸的购物体验。此外，宜家的产品都是自己安装的，消费者可以立即带回家，这种即时的满足感也能够激发消费者的购买欲望。

（3）提供整体解决方案：宜家的商场创造了一个家居装饰的理想环境，让消费者能够更容易地想象自己的家居效果。此外，宜家还提供了一套完整的配套产品，如墙纸、饰品等，帮助消费者一站式购齐所需，减少了他们的购物困扰。

（4）采用体验式营销：宜家卖场一般有 3 层，宜家会拿出一整层的面积来做生活场景的情景展示。每年都会根据潮流趋势变化推出年轻人最喜欢的若干种生活方式，并直接呈现在消费者面前。通过生活方式的情景间的展示形式，实现了设计师语言与终端消费诉求的无缝对接，从而促进消费者购买。

（5）增强顾客参与感：宜家的顾客参与方式分为 3 类：收集建议、倡导顾客 DIY、允许现场体验。这些方式增强了顾客对于产品和服务的参与感，是基于消费者展开的商业逻辑的实施策略。

总的来说，宜家的成功不仅在于其产品质量和设计，更在于其对消费者心理的深刻理解和准确把握。通过提供平价产品、触手可及的体验、整体解决方案、体验式营销以及增强客户参与感等方式，宜家成功地吸引了全球众多消费者的关注和忠诚。这种以消费者为中心的商业模式，使宜家在全球家居市场中保持了领先地位。

本章知识结构图：

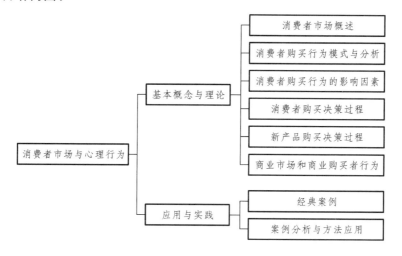

课后思考题

一、名词解释

1. 亚文化：

2. 社会阶层：

3. 信念：

4. 蜂鸣营销：

5. 降低失调的购买行为：

二、单选题

1.（　　）是指一个人对某些事物或观念长期持有的好与坏的认识上的评价、情感上的评价、情感上的感受和行动倾向。

　　A. 知觉　　　　　B. 学习　　　　　C. 信念　　　　　D. 态度

2. 希望得到一定的社会地位，希望得到社会的承认，这种需要属于（　　　）。

　　A. 生理需要　　　　　　　　　　B. 安全需要

　　C. 社会需要　　　　　　　　　　D. 受尊重需要

3. 一般来说，消费者经由（　　　）获得的信息最多。

　　A. 公共来源　　　　　　　　　　B. 个人来源

　　C. 经验来源　　　　　　　　　　D. 商业来源

4. 消费者在购买价格高昂、购买频率低、不熟悉的产品时，会投入很多的精力和时间，这类购买行为属于（　　　）。

　　A. 寻求平衡的购买行为　　　　　B. 寻求多样化的购买行为

　　C. 复杂的购买行为　　　　　　　D. 习惯性的购买行为

5. 消费者在购买活动中表现出的求实、求廉的心理倾向，属于消费购买的（　　　）

　　A. 时尚动机　　　　　　　　　　B. 理智动机

　　C. 惠顾动机　　　　　　　　　　D. 经济动机

三、多选题

1. 影响消费者购买行为的心理因素包括（　　　）。

　　A. 需要和动机　　　　　　　　　B. 感觉和知觉

　　C. 学习和态度　　　　　　　　　D. 教育程度

2. 消费者的信息来源主要有（　　　）。

　　A. 商业　　　　　B. 经验　　　　　C. 个人　　　　　D. 大众

3. 根据消费者的购买习惯，消费品可分为便利品、选购品和（　　　）。

　　A. 耐用品　　　　　　　　　　　B. 特殊品

　　C. 非渴求品　　　　　　　　　　D. 便利品

4. 马斯洛需求层次论除了生理需要外，还有（　　　）

　　A. 安全需要　　　　　　　　　　B. 社交需要

　　C. 尊重需要　　　　　　　　　　D. 自我实现需要

5. 德尔菲法是（　　　）预测方法。

　　A. 定量　　　　　B. 定性　　　　　C. 专家意见　　　　　D. 感受

四、判断题

1. 在消费者行为模式中，作用于消费者的外部刺激包括经济、政治、技术和文化。（　　　）

2. 参照群体是指直接或者间接影响人的看法和行为关系的群体。（　　　）

3. 购买一台电视机是习惯性的购买行为。（　　　）

4. 人们在实践中不断地学习。学习是指经验所引起的个人行为的改变。（　　　）

5. 影响消费者购买行为的内在因素很多，主要有消费者的个体因素和心理因素。（　　　）

五、简答题

1. 简述消费者行为模式。

2. 简述文化因素对消费者行为的影响。

3. 如何理解消费者购买行为？举例说明消费者购买决策和购买行为。

第6章 管理营销信息与获取顾客洞察

◆学习目标

思政目标：引导学生了解管理营销信息与获取顾客洞察时要具有系统性、逻辑性、全面性，并考虑中国特色；引导学生树立正确的市场意识，初步形成现代营销思维，培养学生的"三有三实"（有思想、有能力、有担当，实践、实干、实用）。

知识目标：了解信息及其功能；明确市场营销信息系统的构成及运作原理；认识营销调研对企业营销决策的作用，明确市场营销调研的内容、步骤与方法。

能力目标：理解顾客洞察的本质及消费者洞察的方法；理解市场调查的体系和内容；理解市场营销调研中的公共政策和伦理。

素质目标：激发学生的创新意识，培养其解决问题的能力和独立思考能力，使其能够在市场竞争中快速应对变化并找到创新解决方案。

案例导入

可口可乐的"Share a Coke"和迪士尼的市场调研

可口可乐的"Share a Coke"活动：可口可乐公司通过"Share a Coke"活动成功地管理了营销信息并获取了顾客洞察。该活动将常见的名字印在可口可乐产品上，鼓励人们与朋友、家人分享一瓶可口可乐。这个活动不仅让消费者感受到了个性化定制的体验，也让可口可乐公司更好地了解了消费者的偏好和行为习惯。通过分析消费者购买的名字定制产品的数据，可口可乐公司能够更精准地了解消费者的喜好，并进一步调整销售策略和产品定位。

迪士尼的市场调研：迪士尼在新产品推出前会进行大量的市场调研，以获取顾客的洞察。例如，当迪士尼准备推出新电影时，他们会进行消费者调查，了解人们对电影内容、角色设计和营销策略的看法。通过调研的结果，迪士尼可以更好地理解目标受众的需求和喜好，从而精准地制定营销策略，提高新产品的市场成功率。

资料来源：可口可乐市场调研报告案例分析[EB/OL].[2024-12-23].百度文库，https://wenku.baidu.com/view/1c52b93f084e767f5acfa1c7aa00b52acfc79c18.html?_.

这两个经典案例都展示了成功的营销信息管理和顾客洞察获取实践，可以为其他企业提供借鉴和启发。通过精准获取顾客洞察和管理营销信息，企业可以更好地满足消费者需求，提高竞争力。

6.1 基本概念与理论

6.1.1 市场营销信息的含义及特征

1. 市场营销信息的含义

市场营销信息是一种特定信息，是企业所处的宏观环境和微观环境的各种要素的特征及发展变化的客观反映，是反映市场各种要素的实际状况、特性、相关关系的资料、数据、情报等的统称，包括市场信息和营销信息两个方面。

2. 市场营销信息的特征

市场营销信息具有以下特征：来源广泛性、内容负责、时效性和经济价值。另外，还有诸如分散性、大量性、可压缩性、可存贮性、系统性等特征。其中，最为突出的特征是时效性：一条市场营销信息可以价值千金，错过了时机则一文不值。

3. 市场营销信息的作用

（1）市场营销信息是市场经济的产物。

在市场经济条件下，一个企业若想把自己的产品在市场上成功地销售出去，首先必须了解顾客的需求情况（即获得各种市场营销信息），并且要根据需求情况来组织生产和开展各项经营活动，从而获得经营的成功。由此可见，市场营销信息是市场经济的产物。

在市场经济条件下，一个企业的全部营销活动，可以概括为7个环节：①从市场获得各种信息，为企业的经营决策提供科学依据；②分析市场营销信息，做出各种营销决策（包括战略决策和各种营销策略）；③从市场购买除信息外的各种生产要素（包括设备、原材料和劳动力等）；④组织生产过程，实现物资转换；⑤向市场提供各种信息（包括各种销售促进活动）；⑥向市场投放产品（即选择各种销售渠道），把产品运送到最终客户手中；⑦从市场回笼货币，为下一个生产过程提供资金。如此周而复始。这一过程可以概括为实物运动（实物流）和信息运动（信息流）的统一，并且是从信息流开始，由信息流引导实物流。

当企业营销活动从一个地区的营销发展到全国的营销乃至国际的营销，从满足顾客的需要发展到满足顾客的欲望，企业之间从价格竞争发展到非价格竞争，市场营销信息就显得更为重要。

（2）市场营销信息是企业的重要资源。

市场营销信息是企业的一种重要资源，与人、财、物等企业资源一样，可以转化为财富。离开了市场营销信息，企业就会失去许多重要的市场机会，或者无法做出各种正确的营销决策，从而使企业的生产和营销产生盲目性，甚至给企业和国家造成极大的损失。我们应从资源的高度来认识市场营销信息的重要性，并且要付出一定的成本（包括建立机构、培训人员、添置设备等）来建立自己的市场营销信息系统。

6.1.2 市场营销信息系统

1. 市场营销信息系统的含义

市场营销信息系统是一个由人员、机器设备和计算机程序所组成的相互作用的复合系统，它连续有序地收集、挑选、分析、评估和分配恰当的、及时的和准确的市场营销信息，为企业营销管理人员制定、改进、执行和控制营销计划提供依据。

市场营销信息系统是企业收集、处理并利用相关环境数据的工具。环境包括宏观环境与微观环境，十分广泛且经常变化。企业在制定决策时，必须明确哪些范围内的环境最值得研究。企业应主要收集与研究消费者数量、收入水平、价格水平、消费方式以及竞争者情况等有关信息，自信息收集到并传送给管理人员再到向环境做出反应，整个过程的时间应尽量缩短。有效的市场营销信息系统应能向决策者提供迅速、准确、可解释的信息。

2．市场营销信息系统的构成

市场营销信息系统由内部报告系统、营销情报系统、营销调研系统和营销决策支持系统组成。

1）内部报告系统

内部报告系统又称内部会计系统，是企业营销管理者经常要使用的最基本的信息系统。内部报告系统的主要功能是向营销管理人员及时提供有关订货数量、销售额、产品成本、存货水平、现金余额、应收账款、应付账款等各种反映企业经营状况的信息。通过对这些信息的分析，营销管理人员能够发现市场机会、找出管理中的问题，同时可以比较实际状况与预期水准之间的差异。其中，订货—发货—开出收款账单这一循环是内部报告系统的核心，销售报告是营销管理人员最迫切需要的信息。

2）营销情报系统

营销情报系统是指市场营销管理人员用以获得日常的有关企业外部营销环境发展趋势等有关信息的一整套程序和来源。它的任务是利用各种方法收集、侦查和提供企业营销环境最新发展的信息。营销情报系统与内部报告系统的主要区别在于，后者为营销管理人员提供事件发生以后的结果数据，而前者为营销管理人员提供正在发生和变化中的数据。

3）营销调研系统

上述两个子系统的功能都是收集、传递和报告有关日常的、经常性的情报信息，但是企业有时还需要经常对营销活动中出现的某些特定的问题进行研究，如企业希望测定某一产品广告的效果。市场营销调研系统的任务就是系统地、客观地识别、收集、分析和传递有关市场营销活动等各方面的信息，提出与企业所面临的特定的营销问题的研究报告，以帮助营销管理者制定有效的营销决策。营销调研系统不同于营销信息系统，它主要侧重企业营销活动中某些特定问题的解决。

4）营销决策支持系统

营销决策支持系统又称营销管理科学系统，它通过对复杂现象的统计分析、建立数学模型，帮助营销管理人员分析复杂的市场营销问题，做出最佳的市场营销决策。营销决策支持系统由两个部分组成，一个是统计库，另一个是模型库。其中，统计库的功能是采用各种统计分析技术从大量数据中提取有意义的信息。模型库包含由管理科学家建立的解决各种营销决策问题的数学模型，如新产品销售预测模型、广告预算模型、厂址选择模型、竞争策略模型、产品定价模型以及最佳营销组合模型等。

3．理想的市场营销信息系统的特征

一个理想的市场营销信息系统一般应具备如下特征：

（1）能够向各级管理人员提供从事工作所必需的一切信息。

（2）能够对信息进行选择，以使各级管理人员获得与他能够且必须采取的行为有关的信息。

（3）提供信息的时间限于管理人员能够且应当采取行动的时间。

（4）提供所要求的任何形式的分析、数据与信息。

（5）所提供的信息一定是最新的，并且所提供的信息的形式都是有关管理人员最易了解和消化的。

4．市场营销信息的管理

市场营销信息要得到企业进一步地运用，必须有一个搜集、分析、应用和反馈的过程，针对这一过程各个环节的把握程度就是所谓的市场营销信息管理，对企业的市场营销活动的正常运行发挥了重要作用。

1）市场营销信息的搜集

来源：文献、实物、口头、内部、电子、新闻媒体。

采集方法：分析信息需求、选择信息源、确定信息采集方法、信息采集。

2）市场营销信息的加工

对原始信息、原始资料进行加工和整理换成二次信息，主要包括：鉴别筛选、分类整理、著录标记、编目组织等。

6.1.3　客户洞察的含义及方法

买方市场下，品牌绞尽脑汁地要争夺有限的消费者，让消费者为之花钱，而买和卖是天平的两端，起点和终点都在于人，对人的理解便成为商业博弈制胜的关键。对消费者心理、需求的洞察，对消费场景、趋势变化的掌握，成为品牌在激烈的市场竞争中生存的压舱石。究竟何为消费者洞察，它的意义和作用是什么？我们应该如何去了解消费者，有什么要点和方法？

1．消费者洞察的含义

简单地说，消费者洞察就是从消费数据中获取的企业可以利用的信息。从产品的阶段来说，起步阶段可能是为了发现消费者需求，成长阶段可能是为了提升消费者体验，衰退阶段可能是为了积累开发新产品的经验；从需求的角度来说，洞察消费者的目的可能是从已有的消费者需求中寻找出尚未被满足的细分领域需求，也有可能是从已被满足的需求中找到可以进一步提升的需求，又或许是为了创造出未被消费者意识到的需求。

消费者洞察的具体内容是什么？洞察是一个很精妙的词语，像是从一个小洞里窥见整个世界，而这个"洞"就是消费者表现出来的种种行为，而"察"就是掌握驱动消费者做出此行为的心理活动，甚至是探见消费者内心最深处的秘密。

2. 消费者洞察的方法

因为人和场景的复杂性，消费者洞察的方法往往因时因地制宜。但一般来说，有以下几个比较通用的步骤：

1）消费者分层

一个好的消费者洞察方案一定是基于精准地找到目标消费者，所以进行消费者洞察的第一步就是要做好消费者分层，从大众中细分出企业的受众。当然，由于不同类型和阶段的产品的针对性不同，细分消费者的方法也不同。一般来说，我们会先通过人口统计学的特征细分出一个比较笼统的消费者画像，再去通过心理和消费行为进行下一步细分。人口统计学的细分主要有以下 7 个变量：性别、年龄、健康状况、职业、婚姻、文化水平、收入水平。心理细分是根据消费者的生活方式、个性特点或价值观来划分不同的群体，行为细分则是根据其对产品的认识、态度、使用情况等来划分为不同的群体。

2）聚集消费场景

消费痛点往往与消费场景相伴相生，因而消费场景是消费转化最关键的一步，消费者在什么时间、什么地点因为什么痛点或需求使用企业的产品或服务，是消费者洞察必须考虑的因素。

3）获取消费者数据

获取消费者数据是消费者洞察中最不可或缺的一步。细分消费者和消费场景后，就需要获取实际的消费者数据。

客户洞察的实现依赖于 3 个重要的组成部分：

（1）客户数据管理：通过对客户数据的管理（清洗、去重、增强、更新、集成）获取对某一客户（或潜在客户）准确和完整的知识。

（2）客户分析：通过客户细分和分析工作，获得对高价值客户和细分客户群的更深入的认识。

（3）客户互动：运用获取的客户知识，通过各种方式开展针对性的营销活动。同时，在营销活动中获得反馈和数据，不断修正和完善对客户的认识。

基于客户洞察，企业才能针对客户群的变化及时做出准确、客观的决策。例如，对零售企业，商品组合、定价、促销、货架布置、人力分配以及新店选址都需要基于细分客户群购买行为的准确认识。即使只是对折扣促销的有效管理，也可以明显地提高企业的利润水平。客户洞察的 3 个组成部分：客户数据管理、客户分析和客户互动，具有较强的技术性和操作性。操作性强的特点使其容易入手和取得成效，但同时必须重视其技术上的难度。企业除了需要有一定 IT 技术手段支撑外，也需要逐步提高客户细分和分析工作的水平。

6.1.4 评价信息需要和开发数据

1. 评价市场营销信息

一个优秀的市场营销信息系统会在信息使用者想要得到的信息与他们真正需要并可获得的信息之间取得平衡。一些管理者想要获得所有能够得到的信息，而不仔细考虑自己真正的需要是什么。其实，信息过量与信息不足一样有害。另一些管理者忽略应该知道的信息，或者他们并不清楚自己需要什么信息。例如，管理者或许需要知道有利或不利的消费者网络口碑，即消费者在博客或线上社交网络中关于品牌的讨论。如果他们对这些讨论浑然不知，自然就想不到要去了解。市场营销信息系统必须监督市场营销环境，以便为决策制定者提供所需信息，帮助他们更好地理解顾客和制定市场营销决策。因此，获得、分析、存储和传递信息的成本可能会迅速增加，公司必须判断从额外信息中获得的洞察的价值与为此付出的成本相比是否值得，但价值和成本常常是很难评价的。

2. 开发市场营销信息

市场营销者可以从内部资料、市场营销信息系统、市场营销情报、市场营销调研中获得所需信息。

1）内部资料

许多公司建立了大规模的内部数据库（Internal Database），即从公司内部数据来源收集的关于消费者和市场的电子信息。数据库中的信息有多种来源。市场营销部门提供关于顾客特点、交易情况以及网站浏览行为的信息；客户服务部门记录顾客满意度或服务问题；财务部门编制财务报表，详细记录销售额、成本和现金流；运作部门报告中间商的反应和竞争者的动态；市场营销渠道伙伴提供销售点交易的数据。妥善利用这些信息，可以提供有力的消费者洞察和竞争优势。

2）市场营销信息系统

实际上，每一家公司都应该花时间和资源来规划一个包括所有功能在内的市场营销信息系统，它能够满足关键的信息情报需求。这种系统可以从外部和内部信息来源提炼出公司需要的有价值的信息。如今是一个以信息为基础的社会。一个良好有效率的信息系统可以使公司更贴近消费者，及时有效地了解消费者的需求、市场环境的变化、竞争者的动态以及行业的发展趋势，不断快速地捕捉新的市场机会，更好地为客户服务，也为公司带来更高的利润。营销信息系统所需信息可以通过内部报告系统、市场信息情报反馈和市场调研等途径来收集。最基本的信息系统是内部销售报告系统。这些信息包括订单、销售额、价格、存货水平、应收账款、应付账款等。分析这些信息能够发现重要的机会和隐藏的问题。内部报告系统的核心是由订单到货款回收的循环。销售人员、中间商和客户将订单传回公司，公司依据订单要求组织货源，按时发货给客户，并将相关文件和票据复印送交相关部门。整个过程要求公司反应快速准时，因为客户希望的是能及时交货。为了提高运作效率，许多公司采用了电脑信息系统（Computer Information System，CIS）。

要建立先进快捷的销售信息系统，一方面要避免信息过多，过多的信息要经理们花长时间去阅读，易造成不必要的时间浪费；另一方面所提供的信息实时性太强，可能会使经理们对很小的销售下降做出过激的反应。公司的营销信息系统应该是经理们想要的信息、实际需要的信息和可以以合理的代价获得的信息的交集。公司在收集和过滤信息时，可以有目的地向营销人员提出以下相关问题，以便及时准确地获得真正有价值的信息。

（1）有关市场营销方面，你经常需要做出哪些决定？

（2）在做出这些决定时，你需要哪些类型的信息？

（3）哪些类型的信息是你可以经常获得的？

（4）哪些类型的专业研究是你定期所要求的？

（5）哪些类型的信息是你现在想得到而未能得到的？

（6）哪些信息是你想在每天、每周、每月或者每年得到的？

（7）哪些报纸杂志和专业出版物是你希望定期阅读的？

（8）哪些特定的问题是你希望经常了解的？

（9）哪些类型的数据分析模型是你希望得到的？

（10）对目前的营销信息系统，你认为最需要做哪些改进？

3）市场营销情报

市场反馈的信息包括在整个营销活动过程中，由销售人员、中间商和客户所产生或收集的有关公司的产品或服务、公司形象、竞争者、市场以及宏观环境变化的相关信息。这些信息对公司具有重要的价值。事实上，经营良好的公司正采取措施改进市场信息反馈和信息收集的质量与数量。公司训练和鼓励销售人员去发现和报告新发展的情况。销售人员是公司的"耳目"，他们在收集信息上处于一个有利的地位，他们能获得其他途径难以获取的信息。但是由于各种原因，常常不能及时转告重要的信息，因而需要公司建立一个沟通良好、反应快速的市场信息反馈系统，将他们所获取的最有价值的信息第一时间传递给公司；公司鼓励批发商、零售商和其他中间商把重要的市场信息或情报报告给公司，充分发挥分销渠道的作用。例如：有些中间商同时经营几种竞争产品，可以从他们那里获取有关竞争者的相关信息；零售商同消费者的接触最紧密，可以获取有关消费者购买偏好的变化或者新的需求；公司也可以直接从一些专门从事市场调查的公司购买信息。购买这些信息要比公司自己去做市场调查的成本低得多，同时可以有多种选择。

4）市场营销调研

市场调研是针对特定的问题或机会而进行的。有效的市场调研包括下列步骤：确定问题和研究目标、制订调研计划、收集信息、分析信息、提交调研结果。

调研中所需资料既包括第一手资料，也包括第二手资料。通常，调研从收集第二手资料开始，并以此判断他们的问题是否已部分或全部解决，以免再去收集昂贵的第一手资料。第二手资料为调研提供了一个起点，具有成本低、获取容易快速等优点。当调研人员所需的资料不存在，或现有资料可能过时、不正确、不完全时，就需要进行第一手资料的收集。第一手资料的收集可通过观察、深度访问、调查和实验等方法进行。最常用的调研工具是调查表，通过对所收集的资料和信息进行分析，从中提炼出恰当的调研结果。

良好的市场调研要使用科学的方法，仔细观察、建立假设、预测和实验，采用多种方法相结合，避免过分依赖一种方法，强调方法要适应问题，而不是问题适应方法。模型和数据的设计应尽可能清晰明了，要体现创新精神。

调研人员同时应该评估信息的价值与成本的比例。价值与成本的比例能帮助营销部门确定哪一个调研项目应该进行，什么样的调研设计应加以应用，以及在初期的调研结果出来之后是否应该收集更多的信息。调研的价值是由结果的可靠性和确实性以及公司对调研结果的接受程度而定的。

6.1.5 市场调研的内容及步骤

1. 市场调研的含义和主要任务

美国市场营销协会（American Marketing Association，AMA）对市场调研所下的定义为：

一种通过信息将消费者、顾客和公众与营销者连接起来的职能。这些信息用于识别和确定营销机会及问题，产生、提炼和评估营销活动，监督营销绩效，改进人们对营销过程的理解。市场调研规定解决这些问题所需的信息，设计收集信息的方法，管理并实施信息收集过程，分析结果，最后要沟通所得的结论及其意义。简单地说："市场调研是指对与营销决策相关的数据（商品交换过程中发生的信息）进行计划、收集和分析并把结果向管理者沟通的过程。"

市场调研的任务是：为预测未来市场的变化提供科学依据、为企业市场营销目标中的工作计划和营销决策提供市场依据、为解决企业市场营销活动中的各种产供需矛盾提供科学依据。

在商品经济社会的初期，商品生产规模小，产量和品种有限，市场交易范围狭小，供求变化较稳定，竞争不很激烈，商品生产经营者较易掌握市场变化。因此，市场调研仅处在原始的、自发的、低级的状态。而在现代相对发达的市场经济条件下，商品生产的规模日益扩大，生产量巨大，品种、规格、花色繁多；消费需求不但量大，而且层次多、复杂多变，供求关系变化迅速，市场规模突破了地区甚至国家的界限，竞争日益激烈。面对如此状况，企业只有通过市场调研充分掌握市场信息，才能做出正确的经营决策，立于不败之地。

2. 市场调研的主要内容

市场调研解决的主要问题是：现有顾客由哪些人或组织构成？潜在顾客由哪些人或组织构成？这些顾客需要购买哪些产品或服务？为什么购买？何时何地以及如何购买？

1）市场环境调研

市场环境调研包括政治环境、经济环境、文化环境、自然环境和科技环境的调查。

2）市场需求调研

市场需求调研包括市场商品和劳务需求总量的调查、市场需求结构的调整、需求转移的调整。

3）市场商品资源调研

市场商品资源调研包括国内市场社会商品供应总额、国内市场供应的构成、商品来源的调查。

4）市场营销活动调查

现代市场营销活动是包括产品、定价、分销渠道和促销在内的营销活动，市场营销活动调研就是围绕企业营销活动进行的调查，包括：产品调查、竞争对手状况调查、品牌或企业形象的调查、广告调查、价格调查、客户调查。

市场调查研究就是围绕着4大营销活动开展包括消费者在内的市场总体环境的调研，可分为两部分：

（1）宏观市场调研的内容。

从现代市场基本要素构成分析来看，宏观市场调研是从整个经济社会的角度，对社会总需求与供给的现状及其平衡关系的调研。宏观市场调研的具体内容包括：

①社会购买总量及其影响因素调查。社会购买力是指在一定时期内，全社会在市场上用于购买商品或服务的货币支付能力。社会购买力包括3个部分：居民购买力、社会集团

购买力和生产资料购买力。其中，居民购买力尤其是居民用于购买生活消费品的货币支付能力（即居民消费购买力）是调查的重点。居民购买力的计算公式如下：

$$居民购买力 = 居民货币收入总额 - 居民非商品性支出 ±$$
$$居民储蓄存款增减额 ± 居民手存现金增减额$$

②社会购买力投向及其影响因素调查。该调查的主要内容是调查社会商品零售额情况，并分析其构成。这类调查还可以采用统计调查的方式，从买方角度分析购买力投向的变动。调查影响购买力投向变化因素的主要内容包括：消费品购买力水平及变动速度、消费构成变化、商品价格变动、消费心理变化和社会集团购买力控制程度变动等。

③消费者人口状况调查。该调查的主要内容有：人口总量、人口地理分布状况、家庭总数和家庭平均人数、民族构成、年龄构成、性别构成、职业构成、教育程度等。这种调查有着长期的历史传统，是在20世纪50年代中期形成的"市场细分"概念，是目前仍很流行的消费者调查参考框架之一。

以上3项可以看作是对构成市场要素之一的消费系统总体状况及变动因素的调查。

④市场商品供给来源及影响因素调查。对于商品供给来源的调查内容包括：国内工农业生产部门的总供给量、进口商品量、国家储备拨付量、物资回收量和期初结余量等。

⑤市场商品供应能力调查。商品供应能力调查是对工商企业的商品生产能力和商品流转能力的调查，主要内容包括：企业现有商品生产能力和结构，企业经营设施、设备的状况，科技成果转化速度，企业资金总量，企业营利和效益情况，企业技术水平和职工素质，交通运输能力，生产力布局等。

（2）微观（企业）市场调研的内容。

微观市场调研则是从微观经济实体（企业）的角度对市场要素进行调查分析，是现代市场调研的主体内容。由于影响市场变化的因素很多，企业市场调研的内容也十分广泛。一般来说，涉及企业市场营销活动的方方面面都应调研，主要内容如下：

①市场需求的调研。从市场营销的理念来说，顾客的需求和欲望是企业营销活动的中心和出发点，因此，对市场需求的调研，应成为市场调研的主要内容之一。市场需求情况的调研包括：

现有顾客需求情况的调研（包括需求什么、需求多少、需求时间等）；现有顾客对本企业产品（包括服务）满意程度的调研；现有顾客对本企业产品信赖程度的调研；对影响需求的各种因素变化情况的调研；对顾客的购买动机和购买行为的调研；对潜在顾客需求情况的调研（包括需求什么、需求多少和需求时间等）。

②产品的调研。产品是企业赖以生存的物质基础。一个企业要想在竞争中求得生存和发展，就必须始终如一地生产出顾客需要的产品。产品调研的内容包括：产品设计的调研（包括功能设计、用途设计、使用方便和操作安全的设计、产品的品牌和商标设计以及产品的外观和包装设计等）；产品系列和产品组合的调研；产品生命周期的调研；对老产品改进的调研；对新产品开发的调研；对于如何做好销售技术服务的调研等。

③价格的调研。价格对产品的销售和企业的获利情况有着重要的影响，积极开展产品价格的调研，对于企业制定正确的价格策略有着重要的作用。价格调研的内容包括：市场供求情况及其变化趋势的调研；影响价格变化各种因素的调研；产品需求价格弹性的调

研；替代产品价格的调研；新产品定价策略的调研；目标市场对本企业品牌价格水平的反应等。

④促销的调研。促销调研的主要内容是企业的各种促销手段、促销政策的可行性，其中一般企业较为重视的有广告和人员推销的调研。比如：广告的调研（广告媒体、广告效果、广告时间、广告预算等的调研）；人员推销的调研（销售力量大小、销售人员素质、销售人员分派是否合理、销售人员报酬、有效的人员促销策略的调研）；各种营业推广的调研；公共关系与企业形象的调研。

⑤销售渠道的调研。销售渠道的选择是否合理，产品的储存和运输安排是否恰当，对于提高销售效率、缩短交货期和降低销售费用有着重要的作用。因此，销售渠道的调研也是市场调研的一项重要内容。销售渠道调研的内容包括：各类中间商（包括批发商、零售商、代理商、经销商）应如何选择的调研；仓库地址应如何选择的调研；各种运输工具应如何安排的调研；如何既满足交货期的需要，又降低销售费用的调研等。

⑥竞争的调研。竞争的存在，对于企业的市场营销有着重要的影响。因此，企业在制定各种市场营销策略之前，必须认真调研市场竞争的动向。竞争的调研包括：竞争对手的数量（包括国内外）及其分布、市场营销能力；竞争产品的特性、市场占有率、覆盖率；竞争对手的优势与劣势、长处与短处；竞争对手的市场营销组合策略；竞争对手的实力、市场营销战略及其实际效果；竞争发展的趋势等。

以上各项内容，是从市场调研的一般情况来讲的，各个企业市场环境不同，所遇到的问题不同，因而所要调研的问题也就不同。因此，企业应根据自己的具体情况来确定调研内容。

3．市场调研的特点

以服务于企业预测和决策的需要为目的、系统收集和分析信息的现代市场调研是一项专业性很强的工作，从本质上看是一种市场行为的科学研究工作。市场调研的基本特点如下：

1）目的性

市场调研是有关部门和企业针对市场的科研活动，它有明确的目的性。这一目的性不仅是设计市场调研方案的前提，也是衡量市场调研是否有价值的基础。现代市场调研以提供有关部门、企业进行市场预测和决策的信息为目的。这种明确的目的性表现在收集、整理、分析市场信息和各个阶段都具有严密计划的特征。

2）系统性

市场调研过程是一项系统工程，它有规范的运作程序。市场调研人员应全面系统地收集有关市场信息的活动，要求做到对影响市场运行的各种经济、社会、政治、文化等因素进行理论与实践分析相结合、分门别类研究与综合分析相结合、定性分析与定量分析相结合、现状分析与趋势分析相结合的系统性综合研究。如果单纯就事论事，不考虑周围环境等相关因素的影响，就难以有效把握市场发展及变化的本质，得到准确的调研结果。

3）真实性

现代市场调研的真实性，具体表现为两方面的要求：第一，调查资料数据必须真实地来源于客观实际，而非主观臆造。任何有意提供虚假信息的行为，从性质上说不属于市场调查行为。第二，调查结果应该具有时效性，即调研所得结论能够反映市场运行的现实状况，否则，不仅会增加费用开支，而且会使有关部门和企业的决策滞后，导致决策失败。市场调研的时效性应表现为及时捕捉和抓住市场上任何有用的信息资料，及时分析，及时反馈，为有关部门和企业的活动提供决策建议或依据。总之，现代市场调研的真实性要求从业人员提高职业道德和专业素质，充分利用现代科技手段和方法收集、分析市场信息，做到准确、高效地反映现代市场运行的状况。

4. 市场调研的计划和步骤

市场调研可以分为 3 个阶段：

（1）制订市场调查计划阶段：明确调查的目的和目标，确定所需资料和收集方式，制定市场调查计划。

（2）实际调查阶段：做好市场调查人员的配备工作和实施调查的组织管理工作。

（3）提出市场调查报告阶段：整理分析资料，提出调查报告。

5. 市场调研的表格设计

市场调研即调查问卷的设计。设计的好坏关系到以后调查资料的加工整理，也关系到调查内容能否得到正确答案，关系到调查目的能否实现。调查表格的设计，不仅需要懂得市场营销学的基本原理和方法，而且必须具备社会学、心理学方面的知识素养和丰富的经验。设计调查表格必须注意：强调必要性，保证重点性，力戒面面俱到；强调准确性，避免统一性、笼统性、倾向性和暗示性的问题，强调可行性，避免提出使被调查者窘困性的问题。

调查表格设计的类型主要包括：自由回答题（开放回答题）、是非题（二项选择题）、多项选择题、顺应题（序列题）、评判题、对比题，比较优缺点，具体情况具体选择。

6. 市场调研的方法

市场调研分为总体的调查方法和具体的调查方法。

总体的市场调查方法：在市场调查总体规划时使用的方法，分为全面调查与抽样调查，比较优缺点灵活使用。

具体的市场调查方法：询问法、观察法和实验法。

7. 营销调研程序包括 5 个步骤

确定调查项目、制订调查方案、实施调查方案、分析调查数据、撰写调查报告。

1）确定调查项目

市场调查的第一步是确定调查项目，也就是要明确问题的范围和内容。营销经理必须对调查有足够的了解，必须明白通过市场调查要解决什么问题，并把要解决的问题准确地传达给市场调查的承担者。然而，这并不是一件容易的事，营销经理可能知道出了问题，但不知道确切的原因在哪里。

调查项目必须符合以下要求：

调查项目切实可行，能够运用具体的调查方法进行调查；

可以在短期内完成调查，调查的时间过长，调查结果就会失去意义；

能够获得客观的资料，并能根据这些资料解决提出的问题。

2）制订调查方案

不同的调查在调查方案设计上会有所差别，但一般情况下，调查方案中需要明确以下内容：

（1）调查目的和内容。每次调查应有特定的目的与相应的内容。市场调研的主要内容包括：市场容量、需求特点、产品、价格、促销、分销、购买地点、主要竞争对手及潜在竞争者、目标顾客、市场环境等。

（2）调查方法。从调查目的和内容出发，确定调查方法，即采取哪种方式进行调查。这也是确定如何获得资料的方法。资料搜集包括二手资料的收集和一手资料的收集。二手资料一般通过方案调查，即走访政府、行业协会、有关部门甚至竞争对手来获得，较为省力。而一手资料的获得通常是直接访问客户，进行实地问卷调查，其情况复杂，是市场调查工作的重点。一般来说，市场调查是两者兼而有之，但不同的调查侧重点有所不同。

（3）调查对象的选择。调查对象是根据产品的种类及其分销渠道来确定的。

（4）调查地点的选择。选择与产品和消费者有关的有代表性的地区作为调查地点。

（5）调查程序及日程安排。调查程序在市场调查中一般是既定的，调查范围的大小不同，时间也有长有短，但一般为一个月左右。制定调查程序的基本原则：保证调查的准确性、真实性，不走马观花，尽早完成调查活动，保证时效性，同时也节省费用。一般情况下，调查日程的安排为：第一周准备（确认计划建议书，进行二手资料的收集，了解行情，设计问卷）；第二周试调查（修改、确定问卷）；第三周具体实施调查；第四周进行数据处理；第五周撰写报告，结束调查。通常，在安排各个阶段的工作时，还具体安排需做哪些事，由何人负责，并提出注意事项。

（6）质量控制措施。质量控制采取的措施一般有：抽查某一调查区域的抽样和调查情况，询问受访者，了解调查员的调查情况；检验调查完毕的问卷是否完整，有无遗漏，对于遗漏可否补救；定期定时开碰头会，了解调查过程中遇到的问题，讨论解决办法，并由负责人了解调查进度和进行情况，予以指导。

（7）经费预算。经费预算包括资料收集、复印费，问卷设计、印刷费，实地调查劳务费，数据输入、统计劳务费，计算机数据处理费，报告撰稿费，打印装订费，组织管理费等。

8. 实施调查方案

实施调查方案这一步可以由企业的营销调研人员进行，也可以交给其他企业来做。使用企业自己的人员收集数据可使企业更好地控制收集程序和信息质量。而外部的专业信息公司可以更快速度和更低的价格完成这项工作。

调查人员一般从大学生中挑选或由市场部、销售部人员兼任，很少有专职的，对于其中优秀的业余调查员，企业一般连续聘用。调查员一般按件计算工资。一名优秀的调查员，应具备以下素质：

（1）使被访问者对问题产生兴趣，并且有使其自由发言的交谈技术。

（2）具有创造力和想象力。

（3）对问题症结具有充分的认识，并能促使（但非诱导）被访问者说出心中想说的话。

（4）具有发现被访问者的习惯与隐藏在态度背后的动机的能力。

（5）依照试调查所得的资料，能正确地说明调查的重点及问题。

（6）对该项调查具有充分的经验和知识。

在与受访者交谈的过程中，为保证调查结果的准确性，调查员应做到如下要求：

（1）语气和蔼，态度诚恳。

（2）问话的语气、用词、方式与受访者的身份协调一致。

（3）做好遭到对方拒绝或反感反应的心理准备，事先要对受访者的心理及社会环境做出仔细的研究，并找到遭到推辞或拒绝的解决办法。

（4）准确判断不同文化背景下受访者的回答的真正含义。不同职业、文化背景的人，回答中含有不同的价值观念。

（5）对没有特别需求的问题，一般不予提示、诱导，尤其是"回想法"运用时，诱导和提示都会影响效果。

（6）为了让受访者更好地回答问题，在经费允许或厂家给予帮助的情况下，可赠送小礼物给受访者。

营销调研过程的数据收集阶段是花费最多和最容易出错的阶段。调查者应密切关注现场工作以保证计划的准确执行。

9. 分析调查数据

市场调研的资料包括两类。通过实际市场调研，对企业及顾客的询问调查得到的信息资料，为一手资料；另一类为文献资料，又称二手资料。二手资料着重用来分析宏观形势，收集较省力，整理较方便。调查者应当重视二手资料的收集和整理。对这些资料进行整理分析，有助于了解整个市场的宏观信息，对企业了解市场的整体情况有很大帮助。

10. 撰写调查报告

调查报告是对整个调查工作，包括计划、实施、收集、整理等一系列过程的总结，是调查研究人员劳动与智慧的结晶。它是一种沟通、交流形式，目的是将调查结果、战略性的建议以及其他结果传递给管理人员或其他担任专门职务的人员。因此，认真撰写调查报告，准确分析调查结果，明确给出调查结论，是报告拟定者的责任。一个完整的调查报告主要包括如下内容：

（1）题页。题页点明报告的主题，包括委托客户的单位名称、市场调查的单位名称和报告日期。调查报告的题目应尽可能贴切，且又能概括地表明调查项目的性质。

（2）目录表。目录尽量详细一些，能够提纲挈领。

（3）调查结果和有关建议的概要。这是整个报告的核心，应简短，切中要害，使决策者既可以从中大致了解调查的结果，又可从后面的内容中获取更多的信息。有关建议的概要则包括必要的背景、信息、重要发现和结论，有时会根据阅读者的需要，提出一些合理化建议。

（4）主体部分。主体部分包括整个市场调查的详细内容，含调查使用方法、调查程序、调查结果。对调查方法的描述要尽量讲清是使用何种方法，并提供选择此种方法的原因。在主体部分，相当一部分内容应是数字、表格以及对这些的解释、分析，要用准确、恰当的语句对分析做出描述，结构要严谨，推理要有一定的逻辑性。在本部分，一般应对自己调查中出现的不足之处做出说明，不能含糊其词。必要的情况下，还需将不足之处对调查报告的准确性有多大程度的影响分析清楚，以提高整个市场调查活动的可信度。

（5）结论和建议。应根据调查结果做出总结，并结合企业或客户情况提出其所面临的优势与困难，提出解决方法，即建议。对建议要做出简要说明，使决策者可以参考本报告中的信息，对建议进行判断和评价。

（6）附件。附件包括一些比较复杂、专业性比较强的内容，通常将调查问卷、抽样名单、地址表、地图、统计检验计算结果、表格、制图等作为附件内容，每一项内容均需编号，以便查询。

6.1.6 分析和运用市场营销信息

市场营销分析是指对市场环境、竞争对手、顾客需求、产品定位等信息进行收集、整理、分析和评估，旨在为企业提供市场战略决策依据。市场营销分析可以评估市场的规模和增长趋势，了解竞争对手的优势和劣势，发现顾客的需求和偏好，为企业提供指导意见，帮助企业制定合理的市场策略，提高销售业绩。

如何进行市场营销分析呢？我们可以通过以下步骤获取市场信息：

1. 收集市场数据

（1）使用市场调查问卷：可以通过面对面、电话、网络等多种方式向目标市场的潜在客户获取数据。问卷可以包括产品偏好、购买意愿、消费习惯等内容，帮助企业了解顾客的需求和行为。

（2）分析竞争对手：了解竞争对手的产品定位、价格策略、市场份额、销售渠道等信息，分析竞争对手的优势和劣势，为企业制定竞争策略提供依据。

（3）资料收集：收集行业报告、市场调查、统计数据等资料，了解市场规模、增长趋势、消费者结构、生命周期等，为企业制定战略提供依据。

2. 整理市场数据

（1）数据整理：对收集到的大量数据进行整理和清洗，筛选出对企业决策有影响的关键数据，如产品需求量、市场份额、竞争对手动态等。

（2）数据分类：将数据按照产品、市场、竞争对手等不同的分类进行整理，为后续的分析提供便利。

3. 市场分析

（1）市场规模和增长趋势分析：根据收集到的市场数据，分析市场的规模、增长趋势，预测未来的市场发展趋势。

（2）竞争分析：对竞争对手的产品、价格、宣传、销售渠道等进行比较与分析，揭示竞争对手的优势和劣势，为企业制定竞争策略提供依据。

（3）顾客分析：通过收集到的顾客数据，分析顾客的需求、偏好、购买行为等，了解顾客的心理和行为特征，为产品定位和宣传策略提供依据。

4. 市场评估和预测

（1）市场定位评估：根据市场分析的结果，评估当前市场的定位和地位，分析企业在市场中的优势和劣势，为市场定位提供依据。

（2）市场需求预测：根据市场规模和增长趋势的分析结果，预测市场的需求量和趋势，为企业的生产和销售计划提供依据。

（3）销售预测：根据市场分析的结果，对产品的销售量和市场份额进行预测，为企业的销售目标和计划提供依据。

通过以上步骤，我们可以获取全面的市场信息，对市场环境、竞争对手、顾客需求等进行深入分析和评估，为企业制定市场战略提供科学依据。市场营销分析的结果还可以为企业提供战略指导，帮助企业提高竞争力，实现长期的市场发展目标。

6.1.7　其他市场营销信息

就像大企业一样，小型组织也需要市场信息和顾客洞察。小企业和非营利组织的管理者仅通过观察他们周围的顾客或小样本的非正式调查，也可以获得优质的市场营销洞察。而且，许多行业协会、当地媒体、商务部门、政府机构都为小企业提供特殊的帮助。小企业能以非常低的成本在网上收集数量可观的信息。它们可以查找竞争者和顾客的网站，运用互联网搜索引擎研究特定的公司和问题。

总之，只有少量预算的小型组织同样可以有效地运用二手资料收集、观察、调查和实验等方法。尽管这些非正式的调研方法不是很复杂，花费也不大，但是执行起来仍然应当认真。管理者必须仔细考虑调研的目的和问题，认识到样本规模较小和调研人员技术不熟练可能产生的问题，并系统地展开调研活动。

大多数市场营销调研对企业和消费者都是有利的。通过市场营销调研，公司更加了解消费者的需求，从而提供更加令人满意的产品和服务，建立更强有力的顾客关系。但是，滥用市场营销调研也可能伤害或惹恼消费者。

6.2　应用与实践

6.2.1　经典案例——美国航空公司获取顾客洞察案例

美国航空公司注意探索为航空旅行者提供他们需要的新服务。一位经理提出在高空为乘客提供电话通信的想法。其他经理认为这是合理、可行的，并同意应对此做进一步的研究。于是，提出这一建议的营销经理自愿为此做出初步调查。他同电信公司接触，以研究波音747飞机从东海岸到西海岸的飞行途中，电话服务在技术上是否可行。据电信公司讲，这种系统每次的航行成本大约是1 000美元。因此，如果每次电话收费为25美元，则在每航次中至少有40人通话才能保本。于是这位经理与本公司的营销调研经理联系，请他研究旅客对这种新服务将做出何种反应。

1. 确定问题与调研目标

（1）航空公司的乘客在航行期间通电话的主要原因是什么？

（2）哪些类型的乘客最喜欢在航行中打电话？

（3）有多少乘客可能会打电话？各种层次的价格对他们有何影响？

（4）这一新服务会使美国航空公司增加多少乘客？

（5）这一服务对美国航空公司的形象将会产生多少有长期意义的影响？

（6）电话服务与其他因素诸如航班计划、食物和行李处理等相比，其重要性如何？

2. 拟订调研计划

假定该公司预计不做任何市场调研而在飞机上提供电话服务，并获得长期利润5万美元，而营销经理认为调研会帮助公司改进促销计划而可获得长期利润9万美元。在这种情况下，在市场调研上所花的费用最高为4万美元。

调研计划包括：资料来源、调研方法、调研工具、抽样计划、接触方法。

3. 收集信息

（1）一手数据：

问卷调查：在航班上或通过电子邮件向乘客发放问卷，了解他们对机上电话服务的需求、使用意愿、价格敏感度等。

小组访谈：邀请不同的乘客参与讨论，深入了解他们的态度和偏好。

实验法：在部分航班试点推出电话服务，观察乘客的实际使用行为和反馈。

（2）二手数据：

分析行业报告：如航空旅客行为研究、通信服务市场趋势。

参考竞争对手的数据：如其他已提供机上电话服务的航空公司的运营数据。

4. 分析信息

（1）定量分析：统计愿意使用机上电话的乘客比例，并细分人群；通过回归分析确定价格弹性；预测潜在收入。

（2）定性分析：归纳乘客的主要使用场景；评估电话服务对品牌形象的影响。

（3）成本-收益分析：比较研发、安装和维护成本与预期收入，计算投资回报率。

5. 提出结论

（1）建议推出服务：若数据显示有足够多的乘客（如每次航班超过40人）愿意支付25美元以上，且服务能提升品牌忠诚度或吸引新客户；需制定针对性的营销策略。

（2）暂缓或调整方案：若需求不足，可考虑降低定价（如15美元/次）或改为免费增值服务（如头等舱专属）；若技术成本过高，建议等待技术降价后再议。

（3）长期建议：将电话服务与其他服务（如Wi-Fi）捆绑，提升整体体验；持续监测乘客反馈和技术发展，动态调整策略。

结论示例：调研显示，12%的乘客愿以25美元使用机上电话，商务旅客占比80%。预计每航班有45人使用，年利润可达7万美元。建议在跨海岸航班优先推出，并通过会员计划促销。同时，需监测技术成本下降趋势，以优化利润。

6.2.2 案例分析与方法应用

（1）以上案例应该采用哪种市场调研方法来回答航空公司的乘客在航行期间通电话的主要原因？

市场调研是获取顾客洞察的重要途径，通过定量和定性方法收集、分析市场数据，如问卷调查、重点访谈、焦点小组讨论等，从而了解顾客的需求、喜好和行为习惯。然后运用这些信息来指导营销决策，如产品定位、定价策略等。同时利用好现代技术和工具，如大数据分析、数据挖掘等，来分析顾客行为数据，发现潜在的消费者趋势和模式，从而进行精准营销和个性化营销。这也是很多互联网公司和电商平台常用的方法。

通过上述方法及调研实践过程，结合上述案例，可以得出使用飞机上电话服务的主要原因是：有紧急情况，紧迫的商业交易，飞行时间上的混乱，等等。用电话来消磨时间的现象是不大会发生的。绝大多数的电话是商人打的，并且他们需要报销单。

（2）通过上述市场调研得出哪些洞察结论来回答有多少乘客可能会打电话？各种层次的价格对他们有何影响？

将客户洞察力和竞争对手的营销策略进行有机结合，可以为销售人员提供更全面的信息和灵活的销售策略，从而更好地满足客户需求并抢占市场份额。以下是结合应用的关键点：

①定制化销售策略：根据客户需求和竞争对手的营销策略，量身定制销售方案，使产品或服务能够更好地满足客户需求，并在竞争中脱颖而出。

②产品创新：结合洞察到的客户需求和竞争对手的产品差异化策略，不断创新产品，提升产品的竞争力和市场占有率。

③市场定位调整：根据对竞争对手营销策略的洞悉，灵活调整市场定位，寻找差异化竞争优势，从而在市场中获得更好的竞争地位。

④销售团队培训：为销售团队提供必要的培训和知识技能，使其具备洞察客户需求和竞争对手策略的能力，并能够将其转化为实际销售行动。

结合上述案例，通过市场调研得知，每 200 人中大约有 20 位乘客愿意花费 25 美元打一次电话，而约 40 人期望每次的通话费为 15 美元。因此，每次收 15 美元（40×15 = 600）比收 25 美元（20×25 = 500）有更多的收入。然而，这些收入都大大低于飞行通话的保本点成本 1 000 美元。但是通过市场调研有额外的惊喜，通过推行飞行中的电话服务可以使美航每次航班能增加 2 个额外的乘客，从这 2 人身上能收到 400 美元的纯收入，这可以抵付一部分保本成本点。

（3）通过上述市场调研的评估与预测来回答这一服务对美国航空公司的形象将会产生多少有长期意义的影响？

分析和运用市场营销信息的最后一个步骤也是最重要的一个步骤是对市场的评估与预测，具体包括市场定位评估、市场需求预测、市场销售预测 3 部分。其中，市场定位评估是根据市场分析的结果评估当前市场的定位和地位，分析企业在市场中的优势和劣势为市场定位提供依据；市场需求预测是根据市场规模和增长趋势的分析结果，预测市场的需求量和趋势，为企业的生产和销售计划提供依据；市场销售预测是根据市场分析的结果，对产品的销售量和市场份额进行预测，为企业的销售目标和计划提供依据。

结合上述案例，提供飞行服务增强了美国航空公司作为创新和进步的航空公司的公众形象。美国航空公司为乘客提供了差异化的服务内容和稀缺的服务体验，进一步加深并加强了其服务的内涵和外延，牢固树立了品牌创新形象，从而取得了更好的营销效果。

本章知识结构图：

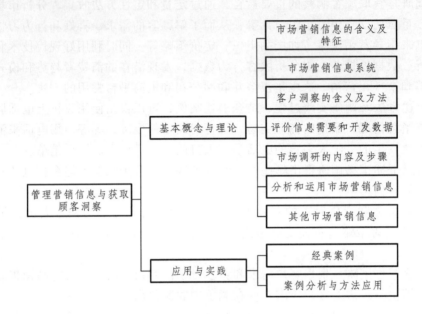

课后思考题

一、名词解释

1. 市场营销信息：

2. 市场营销信息系统：

3. 客户洞察：

4. 消费者分层：

5. 市场调查：

二、单选题

1. "订单—发货—账单"的循环是（ ）的重要内容。

    A. 营销情报系统　　　　　　　　B. 营销分析系统

    C. 内部报告系统　　　　　　　　D. 营销调研系统

2. 企业在情况不明时，为找出问题的症结，明确进一步调研的内容和重点，通常要进行（ ）。

    A. 探索性调研　　　　　　　　　B. 描述性调研

    C. 因果性调研　　　　　　　　　D. 临时性调研

3. 已明确所要研究的问题，为收集第一手资料进行的实地调查属于（ ）。

    A. 探索性调研　　　　　　　　　B. 描述性调研

    C. 因果性调研　　　　　　　　　D. 临时性调研

4. 运用科学的方法，有目的有计划地收集、整理和分析研究有关市场营销方面的信息，提出解决问题的建议，供营销管理人员了解营销环境，发现机会与问题，作为市场预测和营销决策的依据，被称为（   ）。

    A. 营销信息系统   B. 市场调研

    C. 市场预测   D. 决策支持系统

5. 在以下工具中，收集第一手资料的主要工具是（   ）。

    A. 计算机   B. 乱数表

    C. 调查表   D. 统计年鉴

三、多选题

1. 在实地调查过程中，收集资料通常采用的方法有（   ）。

    A. 观察调查   B. 询问调查

    C. 抽样调查   D. 实验法

2. 一个完整的营销信息系统包括内部报告系统和（   ）等几部分。

    A. 营销情报系统   B. 营销分析系统

    C. 决策与沟通系统   D. 营销调研系统

3. 一般来说，市场调研的内容主要包括（   ）。

    A. 市场基本环境调研   B. 市场需求调研

    C. 市场供给调研   D. 行业竞争力调研

4. 市场调研的准备阶段的工作内容包括（   ）等。

    A. 设置调查项目   B. 选择调查方法

    C. 确定调查目标   D. 实地调研资料

    E. 估算调研费用

5. 以下属于文案调研优点的有（   ）。

    A. 收集快捷   B. 时效性强

    C. 数据量大、覆盖面广   D. 成本较低

    E. 资料比较准确

四、判断题

1. 信息在通过人际渠道传递过程中，可能会使接收者接收的信息与信息源发出的信息有很大的差异，即信息传递发生了失真现象。（   ）

2. 收集第一手资料通常花费较大、周期长，但能掌握市场的即时信息。（   ）

3. 抽样调查依照同等可能性原则在所调研对象的全部单位中抽取一部分作为样本，因此抽样调查的目的是掌握样本的情况。（   ）

4. 抽样调查通常比普查在人力、物力、财力方面的开支大，所需要的时间长。（   ）

5. 回答市场"是什么"的调研属于结论性市场调研。（   ）

五、简答题

1. 简述微观市场调研的内容。

2. 简述如何写好一份完整的、规范的、有参考价值的市场调研报告。

3. 请用现实生活中的案例阐述滥用市场营销调研信息带来的后果。

第7章 市场细分与定位

◆学习目标

思政目标： 引导学生在了解目标市场时要具有系统思维和国际视野，提高学生的政治参与意识；引导学生树立正确的市场意识，初步形成现代营销思维，并引导学生的品德向正确、健康方向发展，培养德才兼备的人才。

知识目标： 了解市场细分的产生与发展；掌握目标市场的选择策略；掌握市场定位的内涵及策略。

能力目标： 培养对市场进行细分的能力；培养对细分市场进行选择的能力；培养对目标进行市场定位的能力。

素质目标： 提升学生的行业背景知识和专业技能，包括市场营销策略、市场分析、销售技巧等，使其在实际工作中能够胜任各种营销岗位。

案例导入

唐恩都乐与星巴克的市场定位分析

几年前，唐恩都乐向凤凰城、芝加哥和北卡罗来纳州夏洛特市的数十位忠实顾客每周支付 100 美元，请他们去星巴克喝咖啡。与此同时，这家朴素的咖啡连锁店付钱给星巴克的顾客让他们到唐恩都乐尝尝咖啡。仔细询问两组顾客的感受之后，唐恩都乐发现这两组顾客是截然不同的，因而公司的研究人员形象地将他们称为两个"部落"，相互厌恶对方偏爱的咖啡店的所有特点。唐恩都乐的粉丝认为星巴克新潮而自命不凡；星巴克的忠实粉丝则认为唐恩都乐太平淡、毫无创意可言。"我无法接受那样的咖啡店"，一位唐恩都乐的常客在惠顾星巴克之后告诉调查者："如果想一个人坐在沙发里，我不如待在家里好了！"

在与全美最大的咖啡连锁企业星巴克的竞争中，唐恩都乐正快速成长为全美咖啡巨头。这次调查证明了一个简单的事实：唐恩都乐不是星巴克。事实上，唐恩都乐也并不想成为星巴克。想要取得成功，唐恩都乐必须对自己打算为哪些顾客服务以及怎样为他们提供服务有清晰的认识。唐恩都乐和星巴克瞄准不同的顾客，他们希望从自己钟爱的咖啡店里获得的体验是不一样的。星巴克明确地定位为一个高格调的第三场所——除了家和办公室之外，以设计独特的舒适沙发、不拘一格的音乐、无线网络连接和洋溢艺术气息的墙面设计为特色；而唐恩都乐的定位显然更加大众化，对普通人更有吸引力。

唐恩都乐一直以实惠的价格向顾客提供简单的食物。长期以来，作为每天为顾客提供甜甜圈和咖啡的清晨早餐供应站，唐恩都乐为自己赢得了较好的名声。最近，为了扩大吸引力和规模，开始升级改造——改变了一点，但是与原来的定位没有偏离太多。它翻修了店面，增加了新的菜品，如拿铁咖啡和配有烧烤酱的炸鸡三明治等非早餐产品项目。唐恩都乐对数十家店的格局和氛围进行了重新设计，包括从增加免费 Wi-Fi、增设电子菜单板及为笔记本电脑和智能手机充电的插座，到播放轻松的背景音乐等诸多改变。唐恩都乐的加盟商可以从"深度烘焙""滤泡""爵士酿造"等主题颜色中挑选一种进行重新装修。其中，"爵士酿造"以暗橘色和棕色的舒适座椅及悬垂式照明设施为特色，悬垂的灯具发出柔和暗淡的光，投射到印有诸如"休息""新鲜""优质"等词语的墙纸上。

不过，在渐渐变身高档的时候，唐恩都乐小心翼翼地避免自己疏远原有的顾客群。在重新装修过的门店里未设沙发座。甚至在顾客抱怨把一种新三明治叫作帕尼尼（Panini）太花哨之后，唐恩都乐将其重新命名为"夹心酥"。后来，忠实消费者又认为它太没条理，唐恩都乐干脆放弃了这种产品。"我们必须特别小心"，唐恩都乐的顾客洞察副总裁说道，"关于唐恩都乐部落的一切，顾客说了算"。

唐恩都乐的调查显示，尽管忠诚的顾客希望有设施更好的店面，但是他们对星巴克的气氛感到困惑，并不喜欢。他们抱怨一大群人抱着笔记本电脑在星巴克里，要找个空位都很难；他们不喜欢星巴克用"Tall""Grande""Venti"3个标志表示中杯、大杯、超大杯咖啡；他们也无法理解为什么有些人愿意花这么多钱买一杯咖啡。一位唐恩都乐的广告代理商说："这简直就像是一群火星人在谈论一群地球人。"那些唐恩都乐支付100美元来唐恩都乐店里喝咖啡的消费者也感觉不自在。广告经理说："星巴克的顾客不能忍受他们不再显得特殊了。"

鉴于两家咖啡店的顾客差异如此明显，他们关于咖啡体验有彼此相反的观点就不足为奇了。唐恩都乐的顾客主要是中等收入水平的蓝领和白领工作者。相比之下，星巴克更专注于收入较高、更加专业化的人群。但是，唐恩都乐的研究者总结道：导致两个群体如此不同的首要原因是理念，而不是收入。唐恩都乐部落的成员想要成为大众中的一部分，而星巴克部落的成员想要成为独一无二的个体。一位零售业专家说："你可以紧挨着星巴克开一家唐恩都乐，结果发现两群完全不同类型的消费者互不打扰，各进各的门。"

在过去几年中，唐恩都乐和星巴克都在迅速发展，它们各自瞄准自己的目标市场，努力适应和推动着美国人对咖啡的消费需求。现在，它们都在竭力寻求新的增长机会。例如，说服喜欢外卖早餐的顾客更频繁地光临自己的咖啡店，并且停留更长的时间。尽管唐恩都乐的规模目前仍然小于星巴克——星巴克占据美国市场33%的份额，唐恩都乐仅有16%的市场份额，但唐恩都乐是美国国内业绩增长最快的零食和咖啡连锁店。

在翻新店面和重新定位时，唐恩都乐始终忠于顾客的需要和偏好。一位分析师说："唐恩都乐绝不追随星巴克的脚步，而是紧跟普通人的需求。"到目前为止一切顺利。经过7年的努力经营，在一项关于顾客忠诚和参与的领先企业的调查中，唐恩都乐超过位列第二的星巴克，拔得咖啡行业的头筹。根据这项调查，唐恩都乐是在口味、质量和顾客服务等方面一直符合甚至超越顾客期望的顶尖品牌。

唐恩都乐那句广为流传的广告语"美国人的一天从唐恩都乐开始"，很好地总结了它的目标市场和定位。它如今早已不再只是个早餐供应点，更是美国人偏爱的、可以全天随时停留喝咖啡和吃点心的地方。"我们致力于在亲切友好的环境中，用优质咖啡、烘焙食品和小食，为美国人提供高价值的体验。"唐恩都乐的全球营销官说。无须多么华丽，只要切切实实地满足顾客每天的日常需求就可以了。

资料来源：加里·阿姆斯特朗，菲利普·科特勒. 市场营销学[M]. 赵占波，孙鲁平，赵江波，等，译. 13版. 北京：机械工业出版社，2019：410-411.

现在，企业纷纷意识到，它们不可能对市场中所有的消费者产生吸引力，或者至少意识到用同一种方式不可能吸引到所有的消费者。消费者的数量太庞大、分布太分散，他们的需求和购买行为有太多的不同。此外，企业本身为市场中不同的细分顾客提供服务的能力也各有不同，就像唐恩都乐一样，企业必须识别出它们可以服务得最好，也最有利可图的部分市场。它们必须设计顾客驱动型营销战略，与正确的顾客建立正确的关系。因此，大多数企业已经从大众市场营销转移到了目标市场营销——识别出细分市场，选择其中的一个或多个，针对不同细分市场的需求开发不同的产品和营销项目。

7.1 基本概念与理论

7.1.1 市场细分

1. 市场细分的含义

在市场内，细分市场是具有一个或多个相同特征并由此产生类似产品需求的人或组织的亚群体。可以把世界上的每个人和每个组织定义为一个细分市场，因为每个人或每个组织都是不同的。同时也可以把整个消费者市场定义为一个大的细分市场，把产业市场定义为另一个大的细分市场，所有人都有一些类似的特征和需求，所有的组织也是如此。

从营销的角度来看，通常将市场分成有意义的、相似的、可识别的部分或群体的过程就称为市场细分。市场细分的目的是使营销人员能够调整营销组合来满足一个或多个细分市场的需求。例如，根据消费者的不同口味，饮料市场可以细分为碳酸饮料市场、果汁饮料市场、茶饮料市场等。每个子市场即每个细分市场，都有相似的欲望。

2. 市场细分的客观基础

首先，顾客需求的异质性是市场细分的内在依据。由于顾客需求是千差万别和不断变化的，即顾客需要、欲望及购买行为呈现异质性，所以顾客需求的满足呈现差异性。假如顾客询问所关注的某一产品属性，就可能出现3种不同的偏好模式，即同质型偏好、分散型偏好和群组型偏好（见图7-1）。在同质型偏好情况下，企业只需推出一种产品，同时注重奶油含量和甜度两方面的特征，就可以满足消费者需求。在分散型偏好情况下，企业只推出一种产品难以满足所有顾客的需求。同质型偏好并不多见。过去的一些同质产品、同质市场，现在也逐渐演变成为异质产品、异质市场。只要存在两个以上的顾客，市场需求就会有所不同。

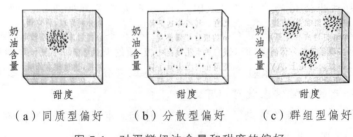

（a）同质型偏好　　（b）分散型偏好　　（c）群组型偏好

图7-1　对蛋糕奶油含量和甜度的偏好

其次，企业的资源限制和有效的市场竞争是市场细分的外在强制条件。现代企业即使规模很大，也不可能占有人力、财力、物力、信息等一切资源，不可能向市场提供所有的产品，满足市场上所有的消费需求。同时，任何一个企业不论如何强大，由于资源限制和其他约束，都不可能在市场营销全过程中占有绝对优势。在激烈的市场竞争中，为了求生存、谋发展，企业必须进行市场需求分析，进行市场细分，集中资源有效地服务市场，从而争取最大的竞争优势。

3. 市场细分的作用

市场细分可以反映出不同消费者需求的差异性，为企业在市场营销活动过程中认识市场、选择目标提供依据，从而更好地满足消费者的需要，并获得企业的经营利润。具体来说，市场细分对企业的作用主要表现在以下几个方面。

1）有利于企业发现市场机会

通过市场细分和进一步的市场研究，企业可以了解不同消费者群体的需求情况和满足程度，从而发现哪些消费者群体没有得到满足或没有得到充分满足。这样的市场不仅具有较大的潜力，而且竞争者也较少，很有可能是企业最好的市场机会。

2）有利于企业掌握目标市场的特点

目标市场是指企业选定作为经营目标的细分市场。在确定目标市场后，通过对目标市场的细分，企业可以更深入地了解目标市场中哪些消费需求被忽略、被错误理解或者认识比较笼统，从而"对症下药"，提供更符合消费者需求的产品和实施更恰当的营销策略。

3）有利于企业制定最佳营销目标策略

营销组合策略是指企业综合运用诸如包装、服务、定价、渠道、广告等各种市场营销策略和手段，以达到企业经营目标的整体策略。一个特定市场只有一种最佳营销组合策略。只有适合特定市场需求特点的营销组合才能称为最佳营销组合。而市场细分正是了解消费者需求特点最理想的工具，因此最佳营销组合策略的制定只能是市场细分的结果。

4）有利于增强企业市场竞争力

企业市场竞争力的强弱是相对而言的，其判断标准就是看企业能否准确抓住市场机会，并从中获利。实力较弱的企业完全可以通过市场细分，敏锐地发现市场机会，洞察竞争对手的弱点，并针对弱点，抓住时机，通过快速的市场反应能力和人力、物力、财力等资源的集中投放，形成局部的竞争优势，从而在市场竞争中胜出。

4. 消费者市场细分的标准

市场细分要依据一定的标准进行。消费者市场细分的标准主要有地理标准、人口标准、心理标准和行为标准4类。根据这4种细分标准，消费者市场细分主要有以下4种方法。

1）地理细分

地理细分（Geographic Segmentation）就是根据消费者所在的地理位置以及其他地理变量（包括城市农村、地形气候、交通运输、人口密度等）来细分消费者市场。地理细分的主要理论依据是：处在不同地理位置的消费者对企业的产品有不同的需求和偏好，他们对企业所采取的市场营销战略、产品价格、分销渠道、广告宣传等市场营销措施也各有不同的反应。

（1）地理区域：不同地区的消费者的消费习惯和购买行为，由于长期受不同的自然条件和社会经济条件等因素的影响，往往有着较为明显的差异。例如，我国的饮食习惯，素有南甜北咸之说，南方人喜欢吃大米，北方人喜欢吃面食等。

（2）气候：气候的差异也会引起人们需求的差异，如气候的高低、干湿都对消费者需求产生影响。

（3）人口密度：城市、郊区及乡村的情况也是不一样的。例如，由于生活空间条件的差异，我国城市消费者喜欢小巧玲珑、较为轻便的自行车，农村消费者则喜欢结实耐用的载重型自行车。

（4）城镇规模：如特大型城市、大城市、中型城市及小城市、县城与乡镇，城市规模不同，经济发展水平、文化水平、收入水平都不同，因此对产品需求也不同。

2）人口细分

人口细分（Demographic Segmentation）是将市场按照年龄、性别、家庭规模、生命周期阶段、收入、职业、教育、宗教、种族等人口统计因素划分为多个群体。人口统计因素是最常用的市场细分基础。一个原因是，消费者的需要、欲望和使用频率往往与人口统计变量密切相关；另一个原因是，人口统计变量比其他类型的变量更容易测量。即便市场营销者最终采用诸如所追求的利益或行为等其他细分基础定义细分市场，也必须先了解细分市场的人口统计特征，以便评价目标市场的规模和策划有效的营销计划。

（1）年龄和生命周期阶段：消费者的需要和欲望随着年龄的增长而变化。一些公司利用年龄和生命周期阶段细分市场，针对不同的年龄和生命周期阶段细分的消费者提供不同的产品或运用不同的市场营销方法。

（2）性别细分：一直被用于服装、化妆品、洗漱用品和杂志的市场细分。例如，宝洁是最早采用性别细分市场的公司，其领先品牌"秘密"是专门为展现女性魅力而提供的产品，其包装和广告都强化了女性形象。

最近，男性护肤品行业迅猛增长，许多以前主要生产女性化妆品的品牌，现在纷纷开始成功地营销男性产品系列，只是不叫"化妆品"而已。多芬的男士护肤系列（Man+Care）通过为男士个人护理问题提供实用的解决之道，尽力表现更具男性气质的定位。多芬的男士护肤系列将自己定位为"男士护理的权威"，提供沐浴露（自然护肤）、止汗剂（强力对付汗液，温柔对待皮肤）、面部护理（更好地照顾你的面容），以及护发产品（"3X 更强韧发质"）等完整的产品线。也有些原先以男士为目标市场的品牌，选择了另一个方向，开始瞄准女性消费者。而为了迎合越来越多女性将健身服作为日常时尚的"运动休闲"趋势，运动服装生产商和零售商，众多用品商店，都针对女性买者倾注更多营销努力。女性如今占到所有运动用品购买者的一半。DK 运动用品商店最近开展了一场声势浩大的营销活动——"你想成为谁？"，推出了公司有史以来首个直接针对注重健身的女性诉求的广告。广告表现了为实现健身目标必须费心安排繁忙生活的女性。系列广告的第一则展示了一位母亲小跑而不是开车去学校接孩子，另一位母亲一边留意婴儿监护器一边在跑步机上慢跑。广告问道："你想成为谁？""每一次奔跑。每一次健身。每一天。每一次选择。每一个从DK 运动用品开始的季节。"DK 运动用品商店希望女性购买者知道"我们理解她们每一天为健身而不得不做出的选择……"，该零售商的营销总监说。

（3）收入：汽车、服装、化妆品、理财和旅游等产品及服务的市场营销者一直运用收入细分市场。许多公司为富有的消费者提供奢侈的商品和便利的服务。另一些营销者则采用高接触的营销手段来赢得富裕的消费者。高档零售商萨克斯第五大道精品百货店（Saks Fifth Avenue）为其第五大道俱乐部成员中一年在萨克斯用于服装和饰品的花费高达15万~20万美元的精英客户提供专属服务。例如，第五大道俱乐部成员拥有萨克斯个人造型师服务。这些深谙时尚且交际广泛的个人形象顾问会主动了解客户，帮助他们形成自己的风格，进而指导他选择"纷繁复杂的时尚必备品"。个人造型师将客户放在第一位。例如，如果萨克斯没有该客户渴求的时尚必备品，个人造型师会从其他地方为他们找到，而不会额外收费。

当然，不是所有运用收入细分的公司都为富有的消费者服务。例如，许多零售商店，都成功地瞄准中低收入人群。这些商店的核心市场是收入低于3万美元的家庭。当 Family Dollar 的房地产专家为新店物色地址时，往往寻找以中低阶层消费者为主的街区，那里的人们穿着便宜的鞋子，开着旧车。凭借低价战略，现在廉价商店已经成为快速增长的零售业态。

3）心理细分

心理细分（Psychographic Segmentation）是指根据社会阶层、生活方式或个性特征将购买者划分为不同的群体。具有相同人口特征的人，在心理特征上可能大相径庭。因此，市场营销者常常根据消费者的生活方式进行市场细分，并将市场营销战略建立在生活方式诉求上。

（1）生活方式细分：来自相同的亚文化群、社会阶层、职业的人们可能有不同的生活方式。生活方式不同的消费者对商品有着不同的需求。消费者的生活方式一旦发生变化，就会产生新的需求。生活方式是影响消费者的欲望和需要的一个重要因素。在现代市场营销实践中，越来越多的企业按照消费者的生活方式来细分消费者市场，并且按照生活方式不同的消费者群来设计产品和安排市场营销组合。

（2）个性细分：个性反映一个人的特点、态度和习惯。营销人员可以通过个性变量来细分市场，使他们的产品具有与消费者相一致的个性。

4）行为细分

行为细分（Behavioral Segmentation）是指根据人们对产品的了解、态度、使用情况或反应，将购买者划分为不同的群体。许多市场营销者认为，行为变量是进行市场细分的最佳起点。

（1）时机：市场营销者可以根据购买者产生购买意图、实际购买行动或使用所购买产品的时机来细分市场。时机细分有助于公司确定产品的用途。金宝汤在寒冷的冬季加大汤品的广告投放；家得宝为其除草和园艺产品开展春季特别促销活动。10多年来，星巴克一直用南瓜拿铁迎接秋季的到来。这款只在秋天出售的产品每年为星巴克带来约1亿美元的收入。

还有一些公司利用非传统的时机开展促销来刺激消费。例如，大多数消费者早晨饮用橙汁，但橙子种植户把橙汁宣传为一种很酷的健康饮品，适合全天饮用。类似地，消费者倾向在白天晚些时候喝软饮料。激浪推出"早晨的激浪"：一种激浪和橙汁的混合饮料，以增加早晨的消费量。

（2）使用者情况：市场营销者可以根据使用者情况，将消费者分成不同的群体：尚未使用者、曾经使用者、潜在使用者、首次使用者和经常使用者。市场营销者希望巩固和留住经常使用者，吸引目标市场的尚未使用者，以及重建与曾经使用者的关系。潜在使用者群体中的消费者遇到生活阶段的变化，诸如新婚和新晋父母可以转化为大量使用者。例如，为了从一开始就抓住初为父母的消费者，宝洁公司确保帮宝适是大多数医院为新生儿提供的尿片，进而把它们宣传成"医院的第一选择"。

（3）使用频率：市场还可以划分为少量使用者、一般使用者和大量使用者。大量使用者在市场上只占很小的份额，但在总消费量中却占有很大的比重。

（4）忠诚度：市场还可以根据消费者的忠诚度来细分。营销者可以根据消费者的忠诚度将他们划分为不同的群体。一些消费者绝对忠诚，他们始终购买一个品牌，而且迫不及待地要告诉别人。

无论是拥有一部 Mac 电脑，还是一部 iPhone 或 iPad，苹果迷执着地信仰这个品牌。对 Mac 电脑非常满意的顾客，用它收发电子邮件、上网浏览和参与社交网络。但是，也有极端的狂热分子，迫不及待地要与能够联系到的所有人谈论最新的苹果配件。如此狂热的忠诚者帮助苹果在经济不景气的日子里依然得以维持，现在他们又站到了苹果公司新兴的 iPod、iTunes 和 iPad 的最前沿。

有些消费者忠诚于某类产品的两三个品牌，或在偏爱一个品牌的同时也偶尔购买其他品牌，他们只是一般忠诚者。还有一些消费者不忠诚于任何品牌。他们每次购买不同的品牌，或者只购买特价促销的产品。

公司应该从理解自己的忠诚顾客开始，通过分析市场中的忠诚模式了解更多情况。高度忠诚的顾客是企业宝贵的资产。他们常常通过个人口碑和社交媒体宣传品牌。公司应该不仅向其忠诚顾客营销，更应该充分吸引他们参与，使他们成为建设品牌和讲好品牌故事的一部分。例如，激浪将其忠诚顾客转化为"激浪国度"成员，正是这些激情的超级粉丝使其成为仅次于可口可乐和百事，成为位居全美第三的软饮料品牌。一些公司实际上鼓励忠诚者为品牌工作。

5）组织市场细分的变量

许多消费者市场细分变量在细分组织市场时仍然可以使用，如组织市场也可以根据地理变量（重点为哪些区域市场服务）、行为变量（所追求的利益、使用者情况、使用率、忠诚度等）来划分。但组织市场又有自己独特的细分变量，包括用户类别、产品用途、用户规模和采购标准等。

（1）用户类别。

在组织市场中，不同类别的用户对同一种组织用品的市场营销组合往往有不同的要求。例如，计算机制造商采购产品时最重视的是产品质量、性能和服务，价格并不是要考虑的最主要因素；飞机制造商所需的轮胎必须达到的安全标准比农用拖拉机制造商所需轮胎必须达到的安全标准高得多；豪华汽车制造商比一般汽车制造商需要更优质的轮胎。

（2）产品用途。

对组织市场细分时还应注意产品用途。很多产品尤其像钢铁、木材、石油这样的原材料，具有多种用途。用户如何使用产品可影响他们购买的数量、购买标准以及对卖主的选择。例如，购买弹簧的顾客可能将弹簧用于生产机床、自行车、手术仪器、办公设备、电话、导弹系统。因此，企业对不同类别的用户要相应地运用不同的市场营销组合，采取不同的市场营销措施，以投其所好，促进销售。

（3）用户规模。

用户规模通常用来作为组织市场细分的依据。用户规模可以影响购买过程、所需要的产品类型和数量以及对不同营销组织的反应。在现代市场营销实践中，许多公司建立适当的制度来分别与大规模用户和小规模用户打交道。例如，一家办公室用具制造商按照用户规模将其细分为两类用户群；一类是大客户，这类用户群由该公司的全国客户经理负责联系；另一类是小客户，由外勤推销人员负责联系。

（4）采购标准。

企业可以根据用户的采购标准来细分组织市场。例如，工业实验室所需设备要求高度的可靠性和精确性，政府部门实验室所购设备要求较多的售后技术服务，大学实验室的设备则要求较低的价格。

一般来说，组织市场的细分可以运用多个细分变量通过一系列的细分过程来实现。以一家铝制品生产企业为例。首先，企业考察了最终市场用户类别——住宅业、汽车业和饮料容器业，从中选择了住宅业市场，并确定了最有吸引力的产品用途——半成品原料、建筑构和铝制活动房屋；然后，企业选择了建筑构件作为目标市场，并继续考虑用户规模，经细分选择了大规模用户；最后，企业又把大规模用户分为注重质量的、注重价格的和注重服务的 3 类，并选择了注重服务这一细分市场。

5．细分国际市场

很少有公司有资源或者意愿在全球所有国家或大多数国家经营。尽管一些大型公司，如可口可乐或索尼，在 200 多个国家和地区出售产品，但大多数公司只集中于世界市场的一小部分。跨国经营意味着新的挑战：不同的国家，即使是那些相互比邻的国家，在经济、文化和政治上也存在很大的差异。于是，与国内市场一样，跨国公司需要根据不同的需求和购买行为细分国际市场。

公司可以运用一个或一组变量来进行国际市场细分。首先，它们可以通过地理位置细分，把国际市场划分为不同的区域，如西欧、环太平洋、中东或者非洲。地理细分的前提是相邻的国家有许多共同的特征和行为。

世界市场也可以根据经济因素细分。根据收入水平或总体经济发展水平，世界市场可以划分为不同的国家群。一个国家的经济结构形成其独特的产品和服务需求，进而产生不同的市场营销机会。例如，许多国家的市场营销者现在比较关注金砖国家，它们是增长迅速的发展中经济体，购买力不断提高。

还可以根据政治和法律因素细分国家，如政府的类型和稳定性、对国外公司的接受程度、金融监管以及官僚程度等；运用文化因素，如语言、宗教、价值观和态度、风俗以及行为方式来细分国际市场也很重要。

基于地理、经济、政治、文化和其他因素细分国际市场的前提是，认为世界市场是由一个个国家组成的。但是，随着卫星电视和互联网等新通信技术的发展，全球消费者越来越便捷和紧密地联系在一起，市场营销者可以识别和影响具有相似想法的消费者细分市场，无论他们在世界上哪一个国家。运用跨市场细分，即使位于不同国家的消费者也可以形成具有相似需求和购买行为的消费者细分市场。

6. 市场细分的原则

市场细分是现代市场营销战略的起点，但并非所有的市场细分都是有效的。要使市场细分充分发挥作用，必须坚持以下原则：

1) 可衡量性

可衡量性是指细分市场的规模、购买力和特征是可以被测量和预测的。某些细分变量很难衡量。例如，美国有大量的左撇子，但是绝少有产品是针对左撇子的。主要原因在于，很难找到和衡量这个市场。没有有关左撇子人口的统计数据，而且人口普查局也没有相关的调查记录，私人数据公司有大量的人口统计资料，但与左撇子无关。

2) 可进入性

可进入性是指企业有能力进入所选定的子市场。日本本田公司在向美国消费者推销其生产的汽车时，就遵循了这一原则，从而成功地进行了有效的市场细分，选择了自己的目标市场。同一些高级轿车相比，本田公司生产的汽车价格较低，技术性能也较高，足以同竞争对手争夺市场份额。然而，本田公司没有这样做。随着两人家庭的增多，年轻消费者可随意支配的收入越来越多，涉足高级轿车市场的年轻人也越来越多。与其同数家公司争夺一个已被瓜分的市场，即一部分早就富裕起来并拥有高级轿车的中老年消费者市场，不如开辟一个尚未被竞争对手重视的，因而可以完全属于自己的市场，即刚刚和将要富裕起来的中青年消费者市场。

3) 可营利性

可营利性是指企业进行市场细分后所选定的子市场的规模足以使企业有利可图。这是因为消费者的数量是企业营利的保障因素之一。一个细分市场的规模应该大到值得为其设计一套相应的营销组合策略。

4) 可区隔性

细分出的市场在需求特点、购买要求等方面应该是有差异的，并且对不同的营销组合方案有明显的反应。例如，如果已婚与未婚女性对香水的需求是趋同的，那么就不应该用"是否结婚"这个变量来细分女性香水市场。

7. 市场细分的方法

由于各企业的经营特点不同，对市场进行细分时选用的细分因素的内容、数量和复杂程度也存在差异。据此，市场细分方法主要分为4种。

1) 单一标准法

单一标准法是指只选用一个细分因素对市场进行细分的方法。例如，服装企业，按季节把服装分为春装、夏装、秋装和冬装。对大多数企业来说，单一标准难以全面、深入地了解细分市场的需求特征，不利于产品的开发和营销策略的制定。但这种方法操作简单，对少数通用性比较大、挑战性比较大、挑选性不太强的产品进行市场细分比较有效。例如，根据年龄可以将感冒药市场分为成人与儿童两个细分市场。

2) 主导因素排列法

主导因素排列法是指当存在多个影响市场细分的因素时，可以确定一个主导因素，然后与其他因素相结合，对市场进行细分的方法。例如，在男士西装市场，我们以收入作为主导因素，并结合职业、年龄、婚姻、气候等从属因素，将该市场细分为高、中、低三档市场。

3）综合因素法

综合因素法是指采用多个细分因素，同时从多个角度对市场进行细分的方法。各因素之间无先后顺序和主次之分。某些产品市场上的消费者需求差别极为复杂，只有采取综合因素法从多方面去分析，才能更准确地对市场进行细分。例如，女性服装市场的细分主要受收入水平（高、中、低）、年龄（老年、中年、青年）与穿衣风格（简朴、时髦、气质）等因素的影响，企业要综合考虑各种细分因素的组合，选择合适的目标市场。

4）系列因素法

系列因素法是指根据企业的经营特点并按照影响消费者需求的诸多要素，由粗到细，由浅入深，由简到繁，逐步对市场进行细分的方法。系列因素法涉及的细分因素也有多项，但各个因素之间有先后和主次之分。这种方法可使细分市场更加明确具体，有利于企业选择自己的目标市场并制定相应的市场营销策略。例如，皮鞋市场就可以用系列因素法进行细分，只要改变一个因素，就会形成另外一个新的市场，如表 7-1 所示。企业可以不断地调整组合方式，以确定自己的细分市场。

表 7-1　用系列因素法细分皮鞋市场

细分标准	性别	文化	职业	收入	城市	兴趣	年龄	追求利益
具体变量	男	小学	工人	低	大	运动	老年	求美观
	女	中学	农民	中	中	艺术	中年	求廉价
		大学	知识分子	高	小	文学	青年	求实用
			公务员		农村	旅游	儿童	求新潮
			学生					

7.1.2　目标市场选择与营销

市场细分有助于公司识别不同市场的机会。随后，公司必须评价各个细分市场并决定自己能够最好地服务于哪些细分市场。以下我们讨论公司如何评价细分市场和选择目标市场。

1. 评价细分市场

评价细分市场时，公司必须考虑 3 类因素：细分市场的规模和增长潜力，细分市场的结构和吸引力，以及公司的目标和资源。首先，公司应当收集和分析各个细分市场的资料，包括细分市场当前的销售量、增长速度和预期的营利性等。公司往往更加青睐那些具有恰当规模和增长速度的细分市场。但是"恰当的规模和增长"是相对而言的。规模最大、增长速度最快的细分市场并非对所有公司都有吸引力。小公司可能由于缺乏为规模较大的细分市场提供服务所需的技能和资源，或者这些细分市场的竞争过于激烈，而选择绝对规模较小的细分市场。这些市场在大公司看来也许并没有多大的吸引力，但是对小公司而言却有营利潜力。

公司还需要考察影响细分市场长期吸引力的结构性因素。例如，一个细分市场如果已经有很多强大且激进的竞争者，吸引力就不大。如果细分市场存在许多现有或潜在的替代产品，价格和营利则会受到影响。购买者能力也会影响细分市场的吸引力。如果消费者的议价能力很强的话，就会试图压低价格，提出更苛刻的服务和质量要求，甚至引起卖方之间的相互竞争。这些都会降低卖方的营利性。另外，有能够左右价格、质量和供应量的强大供应商的细分市场，吸引力也不大。

即使一个细分市场有恰当的规模和增长潜力，并且具有结构优势，公司也必须考虑自身的目标和资源。一些有吸引力的细分市场可能由于与公司的长期目标不相符，或者公司缺乏取得成功所需要的技能和资源而被舍弃。例如，汽车市场的经济型细分市场规模较大，而且持续增长。但是，根据自己的目标和资源，对以豪华和性能著称的汽车制造商而言，进入这一市场的意义不大。公司应该只进入那些自己能够创造卓越顾客价值并获得超越竞争对手的优势的细分市场。

2. 选择目标市场

对各个细分市场做出评价之后，公司必须决定以哪几个细分市场为目标。目标市场是指公司决定为之服务的、具有共同需要或特点的购买者群体。目标市场的选择可以有不同的层次。公司选择目标市场时可以非常广泛（无差异营销），或者非常狭窄（微观营销），或者介于两者之间（差异化营销或者集中营销）。

1）无差异营销

运用无差异营销（大众营销）战略的公司决定忽略细分市场的差异，用一种产品和服务满足整个市场。这种大众营销战略注重的是消费者需求的共性而非个性。公司为吸引绝大多数购买者而设计产品和市场营销战略。

正如本章前面所指出的，许多现代市场营销者对这一战略心存疑虑。如今，要开发一个满足所有消费者的产品或品牌实在太难。而且，不少公司已经通过满足特殊细分市场和缝隙市场的需要获得了成功，大众市场营销者常常发现自己很难与这些更加聚焦的公司竞争。

2）差异化营销

运用差异化营销（细分市场营销）战略的公司决定瞄准几个细分市场，并分别为它们设计不同的产品和服务。宝洁公司在美国营销 6 种不同的洗衣剂品牌（Bold、Cheer、Dash、Dreft、Gain 和汰渍），这些品牌在超市的货架上相互竞争。宝洁甚至进一步细分每个品牌以服务更狭窄的缝隙市场。例如，消费者可以买到数十种版本的汰渍，从原创汰渍、冷水汰渍、汰渍洗衣球，到针对敏感皮肤的清爽柔和汰渍、汰渍亮白、汰渍固色，以及加了清新剂的汰渍，或者添加了柔顺剂的汰渍。

公司为了在每一个细分市场中获得更高的销售收益和更强大的市场地位，会针对不同的细分市场提供产品和采取恰当的营销措施。与在所有市场中开展无差异营销相比，在数个细分市场中建立优势地位能够创造更高的总销售量。正是因为差异化的营销措施，宝洁在美国 150 亿美元的洗涤剂市场中占有绝对的优势。令人难以置信的是，仅汰渍家族品牌就在公司北美销售额中占 38%的份额；Gain 品牌为公司赢得了另外 15%的销售收入。甚至更加让人咋舌的是，所有宝洁洗涤剂品牌共同占据美国 60%的市场份额。

但是，差异化营销显然增加了经营成本。与开发和生产 100 个同种产品相比，生产 10 种不同产品、每种 10 个的成本要高得多。针对不同的细分市场分别开发不同的市场营销计划，要求额外的市场营销调研、预测、销售分析、促销计划以及渠道管理等工作。利用不同的广告运动影响不同的细分市场的营销努力无疑增加了促销成本。因此，公司决定采用差异化市场营销战略时，必须仔细地衡量销售额增量与成本增量之间的关系。

3）集中营销

运用集中营销（或者补缺营销）战略的公司，不是追求大市场中的小份额，而是力求在一个或几个较小的补缺市场中占据大份额。例如，补缺者斯坦丝袜子（Stance Socks）的例子：

"斯坦丝袜子将'袜子'变成了世界上最令人兴奋的配饰之一。从蕾哈娜到 Jay Z，无数明星、艺术家、运动员的双脚都被它征服。但世界上还有很多人不太了解它。"一位观察者说道。斯坦丝甚至成为 NBA 的官方赛场用袜，是比赛中许多职业球员的最爱。补缺者斯坦丝出售袜子，且只有袜子。然而它在那些将袜子作为副产品的强大得多的竞争者的阴影下迅速发展。斯坦丝的创立者发现袜子市场需求量巨大，但被严重忽视和低估。斯坦丝的 CEO 和共同创始人杰夫·科尔（Jeff Kear）从当地塔吉特商店的袜子销售区走过时说道："它们大多是黑色、白色、棕色和灰色，有着菱形图案，装在塑料袋里。我想，我们可以彻底改变袜子，因为人们忽略了它们。"

斯坦丝开始创造技术先进且提供乐趣、彰显时尚和地位的袜子，为该品类注入全新的活力。现在能够在 40 多个国家的商店里看到斯坦丝舒适而古怪的袜子色彩缤纷地陈列着，从当地的冲浪商店到富乐客，再到诺德斯特龙、布鲁明戴尔和梅西百货。每双售价 10～40 美元不等，每年大约售出 1 200 万双袜子。这一规模对诸如恒适（Hanes）或耐克等竞争巨头而言不值得一提，但对补缺者斯坦丝而言利润可观。下一步，公司瞄准了另一个经常被忽略的缝隙市场——男性内衣。

通过集中营销，斯坦丝因为在其服务的缝隙市场中更了解顾客的需要而赢得赞誉，获得了强有力的市场地位。该公司谨慎确定细分市场中的顾客需要，精心地调整其产品、价格和促销计划，使营销活动更有效。只有针对自己能够最好地服务并获得最大营利的消费者市场设计产品或服务、渠道和沟通方案，营销才更有效。

拾遗补阙的战略使小公司能够将自己有限的资源集中为那些在大公司看来不重要或被忽略的缝隙市场提供服务。许多公司先从补缺者开始，建立起借以与资源雄厚的大公司竞争的根据地，然后逐步成长为强大的竞争者。例如，美国西南航空公司最初只在得克萨斯州为州内不需要附加服务的通勤者提供服务，但是现在已经跻身美国最大的航空公司之列。Enterprise 租车公司起步于建立街区网络，而不是与赫兹、安飞士等大公司竞争机场网点。现在，它已经成为美国最大的汽车租赁公司。

如今，在网上开办商店的成本很低，这使为小型缝隙市场服务更加有利可图。对小企业而言尤为如此，它们正因借助网络为小型缝隙市场服务而获得丰厚的收益。

集中营销在带来更多营利的同时，也蕴含着高于一般水平的风险。依赖一个或几个细分市场的公司可能会在细分市场萎缩，或资源雄厚的大公司侵入同一细分市场时遭受重大损失。实际上，许多大公司通过开发或收购的方式建立了自己的缝隙品牌。

4）微观营销

差异化市场营销者和集中市场营销者根据不同的细分市场和补缺市场的需要，来调整自己的产品、服务和市场营销方案。但是，他们并没有针对单个顾客的需要提供定制的产品或服务。微观营销是指为适合特定个人和特定地区的偏好而调整产品和营销策略。微观营销不是在人群中寻找顾客，而是在每位顾客身上探寻个性。微观营销包括当地营销和个人营销。

（1）当地营销。

当地营销是指根据当地顾客群——城市、街区甚至特定商店的需要和欲望，调整品牌和促销策略。例如，万豪万丽酒店实施其导航项目，使其全球155家生活方式酒店的顾客具有高度的当地化体验。

通信技术的进步促进了高技术版当地营销的发展。多亏了具有定位技术的智能手机和平板电脑的爆炸性增长，无论消费者身处何地，企业现在都可以追踪他们的位置，发送附近的促销信息与之互动。

当地营销也存在一些弊端。它会降低规模经济，从而造成制造成本和营销成本的上升。当公司试图满足不同地区和当地市场的不同要求时，还会引发一系列的物流问题。但由于公司面对的市场越来越细碎，又有不断发展的新技术支持，当地营销常常利大于弊。

（2）个人营销。

极端的微观营销就是个人营销：根据单个顾客的需要和偏好调整产品及营销策略。个人营销又称一对一营销、大规模定制营销或者单人市场的营销。

大众营销的广泛使用模糊了数百年来消费者一直被单独服务的事实：裁缝为顾客量身定做服装，鞋匠为顾客设计鞋子，木匠根据顾客要求定制家具。不过现在，新技术使许多公司可以回归定制营销。高效的计算机、详尽的数据库、机械化生产和精益制造，以及诸如手机和互联网等互动媒体的发展——所有这一切都共同孕育了"大规模定制"。大规模定制是这样一个过程：公司与大量的顾客进行一对一的相互交流，根据个人需要量身定制地设计产品、服务和营销方案。

如今，企业正对从食品、艺术品、耳机和运动鞋到高端奢侈品的各种商品高度定制化。一方面，糖果爱好者可以在网站购买嵌有个人信息和图片的巧克力；线上访问耐克或彪马工厂设计和订购自己的个性化运动鞋。位于奥兰多的JH音响公司（JHAudio）根据顾客的耳形制作音乐耳机，提供最合适、音质更好也更安全的声音。公司甚至在小耳机上激光打印特别的设计，有些人要求打印孩子的照片，或者动物的图片。

奢侈品的提前订购（对"度身定制"或"定制"的另一种说法）是另一个极端。只要价格合适，富有的顾客可以购买为其独家设计的产品，从爱马仕和古驰的时装与配饰，到阿斯顿·马丁或劳斯莱斯汽车。

95%的劳斯莱斯买家都在某种程度上定制自己的汽车。顾客可以与劳斯莱斯定制团队——色彩专家、皮革匠、木工匠人，在装备了大量图片、材料和其他激发灵感的元素的会客室坐下来，共同设计自己独特的劳斯莱斯。想让外部油漆和内部皮饰搭配顾客最爱的淡粉色皮手套？没问题。想定制门把手，或者将顾客独创和有意义的标志缝进头枕之中，或者安装贝壳镶嵌、鳄鱼皮座椅、兔毛皮内衬、红木边框，都可以方便地得到满足。一位顾客甚至希望用最近倒在自家院中的一棵树制作车的内饰。经过取样分析之后，劳斯莱斯的工匠认为其木质可以接受，这棵顾客最喜爱的树如今在其定制的劳斯莱斯的仪表板和车门镶板上得到了永生。"除非在车的安全性上妥协，或者有损劳斯莱斯天使商标，否则，我们不会对顾客说不"，一位劳斯莱斯的经理说道。

除了定制产品，市场营销者还定制市场营销信息以吸引顾客一对一的互动。例如，耐克收集使用 FeulBands 和诸如"耐克加跑步"（Nike+Running）等移动应用程序进行训练的顾客的信息。然后利用这些信息，针对每一位的实际健身活动制作 10 万定制的动画视频。例如：一则视频中展示了一个动画人物在洛杉矶跑过好莱坞地标；另一则视频显示纽约人沿着东河在雨中跑步。耐克将这些独特的定制化视频用电子邮件发送给 10 万"耐克+"移动应用程序用户，激励他们在来年更上一层楼。这些视频不仅吸引了大量的粉丝互动，而且在更广阔的耐克品牌社区中扩散。

"这些是世界上最热爱社交的人。"一位运动经理说道，"他们热衷于分享。所以共同成就了耐克一场非常精彩的代表性营销活动"。

3．选择目标市场战略

选择目标市场战略时，公司需要考虑许多因素。究竟哪一种战略最理想，取决于公司的资源。当资源有限时，集中营销是最佳选择。最理想的战略还取决于产品的差异性。无差异营销对诸如柚子或钢铁等同质产品更加适合；而相机、汽车等在设计上存在很大差异的产品，则更适合差异化营销或集中营销。产品的生命周期阶段也必须予以考虑。当公司导入一个新产品时，只推出一种型号也许更切合实际，此时无差异营销或集中营销最为适用。在产品生命周期的成熟阶段，差异化营销将更有意义。

市场差异程度是另一个需要考虑的因素。如果大部分购买者都具有相同的偏好，购买相同的数量，对市场营销努力具有相似的反应，无差异营销就是合适的选择。此外，竞争者的市场营销战略也很重要。当竞争者运用差异化营销或集中营销时，企业采用无差异营销无异于自杀。相反，如果竞争对手运用无差异营销，企业就可以借助差异化营销或集中营销获得竞争优势。

具有社会责任的目标市场选择使公司聚焦于自己能够最好地服务、最有利可图的细分市场，从而获得更高的效率。目标市场选择对于消费者而言也是有益的，因为公司向特定的消费者群体提供为满足其需要而量身定做的产品。但是，目标市场营销有时也会引发争议和担心。最大的问题通常涉及向那些容易受到影响、处于不利地位的消费者提供具有争议或者潜在危害的产品。

例如，多年来，快餐连锁店针对城市里少数消费者营销的行为引发诸多争议。它们因向低收入的城市居民兜售高脂肪、高盐的食物而受到指责，这些人比住在郊区的富裕人群更可能大量消费垃圾食品。类似地，大型银行和信托公司因以贫困市区的消费者为目标市场，用很有诱惑力的可调整利率吸引他们接受根本不可能承担的抵押贷款而遭到批评。

儿童被视为特别脆弱的人群。数年来，从燕麦、玩具到快餐食品、时装等众多行业的市场营销者，因为直接向儿童进行营销活动而受到指责。批评者担心，赠品和借可爱的卡通人物之口说出来的强效广告词会轻易地突破儿童的防线。例如，近年来 MDL 一直受到担心其流行的开心乐园餐——往往搭配吸引孩子们的小玩意，有时是与儿童电影或电视节目相关的玩偶，吸引孩子们消费过多高脂肪、高热量食品的各种健康团体和父母的批评。MDL 对这些批评做出回应，它将儿童开心乐园餐改为健康套餐，总体热量削减了 20%，增加了水果，配饮只提供牛奶、水、果汁。每年有两周时间，MDL 用儿童读物替换掉开心套餐中的玩具。

数字时代甚至使孩子在针对他们的营销信息面前更加脆弱。通常，传统以孩子为目标受众的电视广告的推销痕迹很明显，家长比较容易识别和控制。但数字媒体中的营销很可能非常巧妙地嵌入内容，孩子们通过自己的小屏幕设备观看，即使最警觉的父母也很难监控。在数字平台上，教育、娱乐和商业内容之间的界限往往非常模糊。因此，当孩子们消费越来越多的网络和数字内容时，一位专家建议，"不应该完全放任孩子使用自己的电子设备"。

目标市场选择错误的危害。互联网和移动营销允许更加精准的目标市场选择，让存疑产品的制造商或欺骗性广告者瞄准最脆弱的受众。不择手段的市场营销者现在可以将经过量身定制的欺骗性信息通过电子邮件直接发送给数百万毫不知情的消费者。

如今的市场营销者还应利用成熟的分析技巧追踪消费者的网上行为，建立包含个人私密信息的详细的顾客档案。市场营销者利用这些档案，用量身定制的品牌信息和产品（服务）精准地针对每个消费者进行营销。高度精准的营销能够使市场营销者和消费者双方受益，向恰当的顾客传递恰当的品牌信息。但是，运用这种目标市场选择，市场营销者常常需要在更好地服务顾客和惹怒他们之间拿捏好分寸：

你的智能手机有多了解你？你的个人电脑诉说什么故事？实际上，你的数字设备也许比你自己还要了解你。智能手机和其他数字设备已经成为我们生活的重要延伸。无论你干什么——上班、游戏、社交还是购物，你的手机、平板电脑、个人电脑或台式电脑几乎都是行动的一部分。这些设备伴随着你休闲娱乐、与朋友联系、浏览和购物，给你提供新闻和信息，并且偷听你最私密的声音、短信和邮件聊天。更有甚者，这些设备与市场营销者分享所有个人信息。有些企业现在已经开发出成熟的新途径来获得关于消费者的密切洞察。对品牌和市场营销者而言，这些信息简直是熠熠生辉的金矿。

市场营销者认为，运用所有这些紧密、个性的信息可以更好地为顾客和公司服务。顾客收到量身定制的重要信息和来自真正理解、关心他们的品牌的提供物。但是，许多消费者和隐私的倡议者担心这些私密信息被不择手段的市场营销者掌握，可能对消费者而言弊大于利。他们认为与其说大数据和超级瞄准有助于"逐渐更好地了解消费者以更好地服务他们"，不如说更善于"跟踪"消费者和"描述"他们。尽管大多数消费者愿意分享一些个人信息，换取更多的服务或优惠，仍有一些消费者担心市场营销者可能太过分。

因此，在目标市场营销中，真正的问题不在于以谁为目标，而在于如何选择目标市场和为什么选择。当市场营销者试图以牺牲目标市场的利益为代价换取营利：不公正地以易受影响的细分市场为目标，或者向他们推出有问题的产品或营销战略时，就会引发争议。具有社会责任的市场营销要求细分市场和目标市场选择不能只考虑公司自身的利益，还要考虑目标顾客的利益。

7.1.3　差异化与定位

除了决定将要进入哪一个细分市场，公司还必须确定一种价值主张——如何为目标市场创造差异化的价值，以及希望在目标市场中占据什么位置。产品定位是消费者根据产品的重要属性定义产品的方式，相对于竞争性产品而言，公司的产品在消费者心目中占据的位置。产品在工厂中生产，但品牌在消费者心目中创造。

消费者关于产品和服务的信息太多而不堪重负。他们不可能在每一次做出购买决策时都重新评价产品。为简化购买过程，消费者将对产品、服务和公司的认识组合起来进行分类，并在自己的心目中确定位置。因此，产品定位是消费者对产品的认知、印象和情感的复杂组合，是将其与竞争者的产品相比较而形成的。

无论是否有市场营销者的帮助，消费者都会给产品定位。市场营销者可不希望自己的产品听天由命，为此，他们必须策划能够使自己的产品在目标市场中获得最大优势的定位，并且设计恰当的营销组合来实现所策划的定位。

在规划差异化和定位战略时，市场营销者常常采用概念定位地图来描绘消费者在重要的购买维度上对公司及其竞争者的品牌认知。

由此可见，顾客将市场领先者凯迪拉克凯雷德（Escalade）视为一种在豪华和性能两方面比较平衡的、价格适中的大型豪华 SUV。凯雷德被定位为城市中的豪华 SUV，因此，其高性能就意味着动力和安全表现。但凯雷德的广告从未提及越野、探险。

相反，路虎揽胜和陆地巡洋舰被定位为具有越野性能的豪华 SUV。例如，丰田于 1951 年推出的陆地巡洋舰，是专为征服世界上最苛刻的地带和气候而设计的四轮驱动日式汽车。陆地巡洋舰一直保持"冒险和性能"的定位，不过最近几年，在此基础上增加了豪华性。丰田公司的网站夸耀其"传奇式的越野能力"，凭借诸如声控感应系统（Acoustic Control Induction System）等越野技术可以有效地操控最高转速，"这使你翻山越岭如履平地"。公司还提醒说，尽管其个性粗犷，但"卓越的蓝牙技术、尖端的 DVD 娱乐设备以及奢华的内部装饰展示了它舒适的柔性优势"。

1. 选择差异化和定位战略

一些公司发现选择差异化和定位战略很容易。例如，在某一细分市场因质量而闻名的公司，可以在另一个细分市场中沿用该定位，只要这一新细分市场中注重质量的消费者足够多。但是，在许多情况下，两个或者更多的公司会在同一细分市场中追求相同的定位，为此它们不得不另辟蹊径使自己区别于他人。每个公司都需要建立一套独特的利益组合，使自己的产品或服务差异化，从而吸引细分市场中的重要群体。

最重要的是，品牌定位必须满足精心确定的目标市场的需求和偏好。例如，正像前面曾经讨论过的，尽管唐恩都乐和星巴克都经营咖啡店，但各自面对需求和偏好截然不同的目标顾客。星巴克瞄准更高级的专业人士，定位也更高。而唐恩都乐面对普通的美国人，采用截然不同的亲民定位。尽管它们各自提供的产品种类和商店气氛截然不同，但都因针对目标顾客的需求创造了恰到好处的价值主张而获得成功。

差异化和定位包括 3 个步骤：确定赖以建立定位的可能的价值差异和竞争优势；选择恰当的竞争优势；制定整体的定位战略。然后公司必须向目标市场有效地沟通和传达所选择的定位。确定可能的价值差异和竞争优势为与目标市场建立营利性的关系，市场营销者必须比竞争者更好地理解顾客需要和递送更多的顾客价值。只有能够有效地差异化并定位为向目标市场提供卓越顾客价值的公司，才可能获得竞争优势。

但是，稳固的定位不能只建立在口头承诺上。如果公司将其产品定位为提供最佳的质量和服务，就必须真正使其产品差异化，以递送所承诺的质量和服务。公司要做的不仅是在广告口号和宣传语中喊出定位，而必须首先切实做到口号中所承诺的价值。

为了找到恰当的差异点，市场营销者必须仔细分析顾客对公司产品或服务的全面体验。明智的公司能够在每一个顾客接触点找到差异化的方法。那么，公司可以运用什么特殊的方式，使自己的产品和服务与竞争对手相区别呢？公司可以从产品、服务、渠道、人员或形象等多方面进行差异化。

通过产品差异化，品牌可以根据特征、效能或风格和设计使自己与众不同。顶级音响品牌博世（Bose）将其产品定位于创新的优质聆听体验，承诺"通过研究开发更好的声音"。宝马将自己定位为"专为驾驶乐趣"而设计的"终极座驾"。

除了在实体产品方面实现差异化，公司还可以在伴随产品的服务方面进行差异化。一些公司通过速度、方便或仔细递送来实现服务差异化。吉米·约翰（Jimmy John）不仅提供快餐食品，其美味三明治也出奇地快。另一些公司承诺优质的顾客服务。例如，在航空业顾客服务满意度下降的时期，新加坡航空公司通过卓越的顾客服务和优雅的空乘人员而独树一帜。

进行渠道差异化的公司通过渠道的覆盖面、专业性和效率来获取竞争优势。亚马逊运用顺畅的直接渠道使自己与众不同。公司还可以通过人员差异化来获得竞争优势——比竞争对手更好地雇用和培训员工。例如，迪士尼的员工被认为是友善和热情的。人员差异化要求公司仔细选择与顾客接触的员工，并很好地培训他们。例如，东海岸的连锁超市威格曼斯一直被视为顾客服务的楷模，拥有众多狂热而忠诚的粉丝。其杰出顾客服务的秘密在于精心选择和充分培训的欢乐员工。他们是威格曼斯致力于顾客服务的人格体现。他们"每一天竭尽全力地"服务顾客。该连锁店的收银员也要接受至少 40 小时的培训后才能上岗。"员工是我们最重要的资产。"连锁店的人力资源副总裁说道。

即使市场中的竞争性产品看上去差不多，购买者也会根据公司或品牌形象的不同而感受到差异。因此，公司或品牌应该传达产品的独特利益和定位，建立鲜明、独特的形象需要创造性和大量的营销努力。公司不能指望仅仅通过几个广告，就在公众的心目中一蹴而就地树立形象。

2．选择恰当的竞争优势

假如公司很幸运地发现了几个可以提供竞争优势的潜在差异点，就必须从中选择其赖以建立定位战略的差异点。它必须决定宣传多少差异点和宣传哪些差异点。

1）宣传多少差异点

许多市场营销者认为，公司应该只向目标市场重点推广一项利益。例如，广告人罗瑟·瑞夫斯（Rosser Reeves）曾经指出，公司应该为每个品牌开发一个独特的卖点（Unique Selling Proposition，USP）并始终坚持。每个品牌应该挑选一种属性，并一再宣称自己在该属性上是"最好的"。购买者往往容易记住"第一"，尤其是在如今这个过度沟通的时代。因此，沃尔玛宣传其天天低价，汉堡王则宣传个性化的选择——"按你自己的方式吃"。

也有一些市场营销者认为，公司应该根据一个以上的因素进行定位。尤其当两家或者更多的公司在同样的产品属性上宣称自己是最好的，就很有必要这样做。例如，凭借其"期望更多，花费更少"的定位，塔吉特通过在低价格之上增加更多利益，将自己与沃尔玛成功地区别开来。

如今，在这个大众市场碎片化为众多小细分市场的时代，企业和品牌为吸引更多的细分市场，纷纷努力扩展自己的定位。

2）宣传哪些差异点

并非所有的差异点都有意义或值得宣传的，也不是每一个差异点都能够有效地进行差异化。一种差异在增加顾客利益的同时，也有可能增加公司的成本。公司可以根据以下标准，选择差异点：

重要性：对目标顾客而言，该差异点非常有价值。

独特性：竞争者不能够提供，或者公司与竞争对手相比具有明显的优势。

优越性：与向消费者提供相同利益的其他方法相比更加优越。

可沟通性：该差异点适于沟通，购买者可以看到。

专有性：竞争者不能轻易模仿。

经济性：购买者能够买得起。

营利性：推广该差异点可以为公司带来利润。

许多公司选择的差异点并不符合上述一个或几个标准。威斯汀·史丹佛酒店（Westin Stamford Hotel）在新加坡做广告时声称自己是世界上最高的酒店，这一特点确实很突出，但游客并不太在意这一点。实际上，许多人因此反而不去了。类似地，可口可乐曾有一次重大的产品失误，新可乐在其核心顾客群中未能通过优越性和重要性测试：

大量的口味盲试显示，软饮料消费者中有60%的人认为口感偏甜的新可乐配方要优于原始配方，52%的人认为它优于百事可乐。因此，可口可乐公司将其原始配方可乐撤出市场，大张旗鼓地用口味更甜、口感更柔顺的新可乐取而代之。但是，可口可乐在其调查中疏漏了那些真正使可口可乐流行 100 多年而长盛不衰的无形因素。对忠实的可口可乐饮用者而言，原始配方可乐已经成为美国文化的标志。这意味着，使可口可乐品牌差异化的不仅仅是口味，更是传统。可口可乐公司撤回原始配方可乐，践踏了其广大核心顾客的情感，他们热爱可口可乐，不仅仅因为口味。结果，仅仅 3 个月之后，公司不得不恢复原始配方的经典可乐的生产和销售。

因此，选择竞争优势作为一种产品或服务的定位基础并不容易，但是成功的关键。选择恰当的差异点可以帮助品牌在众多竞争者中独树一帜。

3. 制定整体的定位战略

品牌的整体定位成为该品牌的价值主张——该品牌赖以差异化和定位的所有利益的组合。价值主张直接回答顾客的问题——"我为什么要购买你的品牌？"沃尔沃的价值主张以安全为核心，包括可靠性、宽敞和时尚，售价高于平均水平，但对其提供的利益组合来说，算得上公平合理。

图 7-2 显示了公司赖以定位的可能的价值主张。图中白色的方格代表成功的价值主张，也就是能够使公司获得竞争优势的差异化和定位。深色的方格代表失败的价值主张。中间浅色的方格代表边缘性的价值主张。下面讨论公司可以用来成功定位的 5 种价值主张：优质优价、优质同价、同质低价、低质更低价、优质低价。

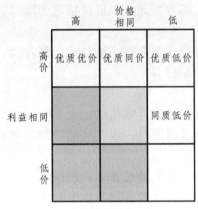

图 7-2 可能的价值主张

1）优质优价

优质优价的定位是指提供最高档次的产品和服务，同时收取更高的价格来补偿较高的成本。采用优质优价定位的市场营销者不仅提供上等品质的产品或服务，还为购买者带来了声望，标志着地位和高档的生活方式。四季酒店、劳力士手表都具有品质优异、精心打造、经久、性能卓越或风格独特等特点，并收取与之相匹配的高昂价格。

类似地，Hearts on Fire 钻石的市场营销者以"世界上切割最完美的钻石"创造了一个优质优价的缝隙市场。该钻石有独特的"心和箭"设计。从底部透过放大镜，你会看到 8 颗完美的心型钻石环绕；光线进入钻石会直达底部后完全反射，呈现最完美的亮光与火花。该公司宣称，Hearts on Fire 钻石并不针对大众市场，而是为那些"期望更多，也愿意支付更多"的顾客准备的。与同类竞争品牌相比，该牌的价格要贵 15% ~ 20%。

总之，公司应该密切关注在任何有待开发的产品或服务类别中推出优质优价品牌的机会。但是，优质优价品牌极易受到攻击。它们常常会吸引大批模仿者，号称自己可以用较低的价格提供同样质量的产品。在经济繁荣时期销售良好的奢侈品，在经济低迷时期就有风险，因为此时购买者花钱会更加谨慎。

2）优质同价

优质同价是指公司可以通过以较低的价格引入提供相同质量的品牌来攻击竞争者的优质优价定位。

3）同质低价

同质低价可能是一种强大的价值主张——每个人都喜欢价廉物美。例如，许多折扣店，通常采用这一定位。它们从不标榜自己能够提供不同或更好的产品。实际上，它们提供的产品和其他商店或专卖店差不多，但是基于卓越的采购能力和低成本的运营，它们可以提供很大的价格优惠。还有些公司开发价格较低的模仿品牌，力图将顾客从市场领导者那里吸引过来。

4）低质更低价

低质更低价的定位是指以更低的价格满足消费者较低的性能或质量要求。很少有人对所有需要的产品和服务都买得起"最好的"。在很多情况下，消费者乐意为更实惠的价格，放弃最佳效能或一些非必需的特点。例如，KKS 仓储式商店的商品在可选择性和一致性方面都比较差，服务水平也不太高，但它只收取最低的价格。

众所周知，所有的品牌都必须采用服务于其目标市场需求的定位战略。优质优价吸引一个目标市场，低质更低价吸引另一个，依此类推。因此，在任何市场中，各种公司通常都能够找到属于自己的发展空间，成功地占据不同的定位。重要的是，每个公司都必须为自己制定成功的定位战略，专门服务于特定的目标市场。

4. 制定定位陈述

公司和品牌定位应该总结为定位陈述。定位陈述将采取下列形式：对于（目标细分市场及其需要）而言，我们的（品牌）是一种（如何与众不同的概念）。以当下流行的数字信息管理应用程序 Evernote 为例："对需要帮助记住事情的多任务执行者而言，Evernote 是一个数字内容管理应用程序，帮助你借助计算机、电话、平板电脑、网站轻松捕捉和记录日常生活中的瞬间及创意。"

注意，定位首先要明确产品的类别（数字内容管理应用程序），然后指出其与该类别的其他产品相比有什么不同之处（便捷地抓住创意，随后记住）。Evernote 让你用任何设备随时随地——居家、上班抑或在旅途中，记笔记，照照片，制订行动计划和记录声音备忘录，并让它们易于找到和管理，帮助你"记住所有的事情"。

将品牌置于某个具体的产品类别之中，表明它与该类别的其他产品具有共性。而产品的优越性恰恰突出了其差异性所在。

7.1.4 传播和实现所选择的定位

一旦确定定位，公司必须采取有力的措施向目标顾客传达和沟通既定的定位。公司所有的市场营销组合策略必须给予该定位战略有力的支持。

定位需要切实的行动，而不仅仅是高谈阔论。如果公司选择定位于更好的质量和服务，就必须首先按照该定位向目标顾客递送卓越的质量和服务。市场营销组合——产品、定价、渠道和促销的设计，就是在安排定位战略的战术细节。因此，追求优质优价定位的公司知道，自己必须生产高质量的产品，收取高价，通过优质的经销商分销，在高质量的媒体上做广告。必须雇用和培训更多的服务人员，寻找服务声誉好的零售商，设计能够传播其卓越服务品质的促销和广告信息。这是建立一致的和可信的优质优价定位的不二之选。

公司常常发现，提出好的定位战略比执行该战略要容易得多。建立或者改变定位通常需要花费很长时间。相反，历经数年树立起来的定位却能在瞬间毁于一旦。一旦公司建立起理想的定位，就必须通过一致的表现和沟通来小心维持。公司必须始终密切监控和调整定位，以适应消费者需要和竞争者战略的变化。不过，公司应该竭力避免可能让消费者感到混乱和困惑的突然变化。相反，产品的定位应该根据变化的市场营销环境而循序渐进地改善。

7.2　应用与实践

7.2.1　经典案例——麦氏食品股份有限公司的市场定位

麦氏食品股份有限公司打造差异化战略的发展过程。公司从模仿麦当劳、肯德基起步，在实践中不断调整，探索出一套特有的生存法则。其秘诀是以低价作为产品卖点，占领中低端人群消费市场，避开麦当劳、肯德基的锋芒，成功实施独特的竞争战略。同时，该公司围绕该定位，选择二线、三线城市发展，通过口碑效应和加盟方式不断扩大，形成一定的规模效应。但是在实践过程中，加盟模式出现了新的问题，最终麦氏摒弃了纯加盟的方式，进行变革，提出了"门店众筹，直营管理"的新模式。

随着社会经济的快速发展，尤其是改革开放以来，中国经济增长迅速，城镇和农村人均可支配收入增加，人均餐饮消费水平呈上升趋势。中国的城市化发展推动着餐饮业的长期、高效、稳定发展，餐饮行业规模不断扩大，营业网点和从业人员数量迅速增长。

"十二五"期间，中国餐饮业的发展实现了质的飞跃。2014年，我国餐饮企业营业额达到3 809.05亿元，同比增长19.21%，占2014年社会消费品零售总额的2.07%；到2019年，我国餐饮企业营业额达到6 244.00亿元，同比增长11.05%，占2019年社会消费品零售总额的1.52%。2023年全国餐饮收入35 799亿元，同比增长10.8%，餐饮收入占社会消费品零售总额的比重为10.8%。我国餐饮企业营业额逐年递增，虽然增长的速度变慢，但是从整体来看，我国餐饮行业具有较强的发展能力。

在中国，餐饮业已经形成传统中式正餐、西餐、快餐、休闲餐饮、主题餐饮等格局，经营业态不断丰富，管理理念不断提升。尤其是中国小餐饮企业的迅速发展为中国餐饮业注入了一股强大的能量，其中的佼佼者之一就是中国本土西式快餐企业——麦氏。

西式快餐起源于美国。20世纪50年代起，现代快餐业快速发展，并在全球流行。肯德基、麦当劳、必胜客等西式快餐传入中国以后，深受年轻人的青睐。目前，我国快餐行业在整个餐饮领域所占的市场份额在25%左右，其中西式快餐的份额为15%。我国西式快餐领域已经形成肯德基、麦当劳、德克士三足鼎立的局面。截至2023年，肯德基在我国有近6 700家店面，麦当劳有近4 000家店面，德克士有近2 600家店面。而与肯德基、麦当劳相似的西式快餐企业——麦氏，从2001年成立之始，就以准确的市场定位、规范优质的服务成功在闽、浙、粤、赣等地的上百个城市拥有6 000多家连锁餐厅，员工达到50 000多人。

肯德基和麦当劳分别于1987年和1990年进入中国市场，首先在一线城市布点和进行市场培育，当时二线、三线城市的消费者还只能"望梅止渴"。到了1994年，两大快餐巨头开进南方市场，顾客争先恐后，甚至出现过顾客把新店玻璃门挤破的新闻。

敏锐的温州商人能够从较少的信息中迅速捕捉到其中的巨大商机。麦氏企业的创始人便是其中一员。麦氏第一家大学餐厅开业。当时不单是麦氏的店面设计、装修风格与麦当劳相似，其产品乃至于定价都几乎一模一样。

2001年1月8日，现实远比想象残酷。一个月下来，营业额不足700元钱，还不够成本的支出，着实令人大跌眼镜。"屋漏偏逢连夜雨。"在麦氏开业一个月左右，离餐厅500米左右的地方开了一家德克士，这更是致命的打击。面对冷清的生意和强大的竞争对手，麦氏随时都有可能面临倒闭的风险。

纯粹的模仿走向了失败，闯出自己的一条路才是硬道理。跳出模仿思维，麦氏开始转变目标，开始打出低价牌。

低价策略遭到了周围朋友的质疑，许多人认为这无疑是在告诉消费者，麦氏的产品比麦当劳低端。但麦氏的创始人毅然下定决心按成本价出售，在他心里，中低端消费人群市场的潜力是巨大的。

可乐1元、鸡腿2元、汉堡3元，"特价123"横空出世，许多顾客看到门口贴着的宣传单都露出了不可置信的神情。以前他们想都不敢想的事在麦氏成了真，就是这么便宜，就是这么大众。一传十，十传百，学生间都传开了。

不出所料，策略取得成功，麦氏通过其低价营销的策略迅速吸引了第一批消费者。而后愈演愈烈，从开始一个月营业额不到700元，到后来每天的营业额达到7 000~8 000元，麦氏开始积累了一定名声。定位成功后，门店的生意如火如荼地开展着。许多人看到了麦氏的发展前景，愿意加盟麦氏一起发展。最开始加入麦氏的都是亲戚朋友。于是，几十家门店如雨后春笋般蓬勃发展起来。此时，麦氏开始尝试通过建立更有序的加盟方式对市场进行"野蛮占位"。

但是不久，又发现一个严重的问题：众多加盟店中，有的加盟合作者善于管理，门店生意好，环境整洁干净，产品质量有保障；有些加盟店经营管理不善导致门店门可罗雀，店铺环境卫生达不到公司标准，最终关门歇业，即使投资者亏损，也不利于麦氏公司品牌的发展和宣传。加盟引发的问题必须及时处理，不能眼睁睁地看着好不容易打造的品牌昙花一现。

"除了直营和加盟，难道没有更好的第三条路可走吗？"一方面，要筹措资金开门店，扩大规模，达到规模效益；另一方面，门店不能脱离公司管制，要打造品牌效益。如何两者兼得？无论如何，品牌不能砸，这是前提。于是，麦氏停止了加盟的做法，选择将门店股份划分为小份额分配给老员工们。这样做，一是企业可以筹集资金；二是可以借此激发员工的积极性，使每个员工从严格意义上来说都成为老板；三是门店也能受到总管控。一箭三雕！这便是朴素的第三条道路——门店众筹，直营管理。

新的模式下，麦氏队伍开始重新有序地壮大。到2016年年底，麦氏在全国拥有超过6 000家门店，在中国西式快餐企业中高居榜首。

2016年，通过麦氏全体员工的不断努力，福建麦氏食品有限公司在全国中小企业股份转让系统（新三板）挂牌上市。

麦氏瞄准中低消费人群市场，采用低价模式（见表7-2），旨在让消费者走得进、吃得起、留得住。其中让人印象深刻的就是"3个汉堡只要10元钱""1个套餐15元"。这一低价战略给麦氏带来了顾客，并且逐渐地在顾客中建立起了良好的口碑。

表7-2 麦氏餐厅套餐一览

时间	套餐	价格/元
周一/周二	半价套餐：香辣鸡腿堡＋孜香鸡条十华香脆骨串＋中杯可乐	14
周三/周四	半价套餐：香辣鸡腿堡＋紫薯豌豆派＋香酥鸡腿＋中杯可乐	14
周五	超级特惠餐：3个香辣鸡腿堡	10
周六/周日	半价套餐：香辣鸡腿堡＋辣味鸡肉卷＋小薯＋紫薯豌豆派＋华香脆骨串＋2杯中杯可乐	22

价格低廉意味着企业要压缩成本，产品就不能像麦当劳、肯德基那样种类繁多。所以，一方面，麦氏努力以单品立店，一店一品，致力于将产品做好、做精；另一方面，麦氏的产品制作流程不复杂，方便管理，方便成本控制，有利于快速复制，同时也方便消费者识别、记忆与选择。

麦氏的选址也同样考究。与麦当劳、肯德基或德克士选址于大型购物商场或广场不同，麦氏对每一家门店选址走的是农村包围城市的道路，以街道、社区、乡镇为主，不进商场和超市，不针对特定人群。这样做既避免了与强势品牌的短兵相接，也避免了超高的房租，降低了成本。这一接地气的战略让非高端人士较容易地接触到西式快餐，同时也为麦氏积攒了庞大的消费群体。麦氏旗下的众多门店分布于市区每一个大街小巷。毫不夸张地说，客户不是在麦氏，就是在去麦氏的路上。每一家的门店规模都不大，以100平方米以内为主打。较少有规模达到几百平方米的门店。但麦氏门店店址的可见度高，可接近度高，在节约装修成本的同时提升了自己的优势。

麦氏坚信，简单能够成就未来。"简单＆分享"与其说是麦氏的企业理念，不如说是一种生活的哲学。麦氏倡导有效工作、轻松生活、简单为人。麦氏追求的不是随意的流行，欣赏的不是单一的创意，赞同的不是高贵的身价，而是提供美味、优质、超值的产品。美味是麦氏追求卓越、臻于至善的根本动力，更是麦氏想要带给顾客的超值体验。

要想降低成本，除了节流外，还可以想办法形成规模效应。加盟的方式给麦氏造成了许多问题，但传统直营模式也不现实，若单凭公司的力量一家家店开下去，很难在短时间内扩大经营范围、成功占位。而且随着直营门店数量的增加，管理成本会越来越高，公司承担的风险也逐渐增大。

基于此，麦氏探索出一条有别于直营和加盟的第三种扩张模式（见表7-3），即发挥员工的智慧，扶持员工采用门店众筹、直营管理的方式来开拓和管理门店。麦氏希望每一位员工都是创业者，都是股东，不管是市场开发的、餐厅经营的还是后勤管理的，都能共同享受这块蛋糕。麦氏的员工可以组成一个个团队，分派到各省市独立开发市场，团队自主选址开店、自主经营、自负盈亏，公司在门店装修、品牌运作、物流配送、员工培训、产品研发等方面给予全套支持。另外，在最为关键的店面股份问题上，开发团队根据每个人对门店经营的贡献度来分配比例，也即"谁做事，谁拿钱"。

每个人的股份不能超过单店股份的40%，根据个人的情况实行机动投资，少则入股2.5%，多则40%。首家店合作，原则上投资者的个人股份不超过30%，剩下的股份则分散到麦氏其他员工手中（工龄一年以上），不允许个人100%占有某一家店的股份。

公司提倡个人的股份占比不要太多，是因为如果你投资多了，其他员工的投资机会就少了。公司建议，如果投资金额比较大，可以采取分散投资的形式进行投资，准备投资50万元的，可以分别投到3~5个店。公司跟投资者的合作是长期的，不限制店的数量。分散投资的好处是可以降低风险。特别是初次合作时，在对麦氏还不够了解的情况下，投资者应该占有较少的股份，等到第二个店合作的时候再适当提高股份。

加盟时期，麦氏的管理不强，各个门店各自为政，导致口碑下降。随着麦氏队伍的壮大，如何管理好每个门店就成为重点。直营管理成为麦氏又一制胜法宝。麦氏在全国有6个分部，每个地区都有相应的管理公司，将管理权下放到门店，就变为化整为零的管理，而不是集约化的管理。麦氏对门店的直营管理涉及物流配送、日常运营和人员培训等方面。

麦氏参股上游的供应链企业。为了保证终端的竞争力，麦氏在供应商方面变换着自己的角色，从客户转变成战略合作伙伴，最后成为供应商的股东。目前参股供应商有 8~10 家，涉足不同行业和地区，有饮料类、环保纸袋类、肉类等，在全国拥有配送中心 45 个。2009 年，麦氏引进了先进的 ERP 系统，并与新大陆科技集团一起合作研发针对餐饮行业的创新软件，实现收银、门店、配送、后勤等一体化服务。麦氏在配送时通过 ERP 进行最优路程的选取，实现最快、最有效率的运送，以降低成本。

从第一天开始，麦氏就让店长采用数字化管理。每一个门店每一个季度都会有营业额目标，并以 QSCV（质量、服务、清洁、价值）为管理标准实行连锁经营的统一管理；对每个菜品的销售量、销售时间、质量标准、配料标准等信息进行准确化、数字化的科学管理，每日、每周、每月都可以系统地得到各个门店的经营情况报表；对门店的原材料入库量和出库量进行实时记录。通过这些信息，门店可以进一步分析消费者需求，更有效地对日常经营做出快速、正确的反应和调整，迎合消费者，提高销售额。

随着移动支付时代的来临，麦氏在运营中发现，如何提高门店管理效率、如何连接起线上与线下资源已经成为今后业绩提高的重大突破口。在这样的情形下，麦氏选择接入掌贝。麦氏可以通过掌贝智能 POS 软件与支付宝、微信支付、银联刷卡等多种支付端形成完美对接，减少了收银员在不同支付设备上的来回操作。麦氏整合了众多门店的支付方式，精准掌握消费数据，从而最大限度地方便了统计对账，有效地监控经营，同时提升了店内服务效率，方便顾客用餐，并且通过不断整合线上与线下资源，增添了总体的客流量。

在麦氏，公司会根据需要对员工进行升级管理。一位麦氏员工表示："一般员工通过学习培训可升级到训练员、值班经理、店长、督导，最后成为营运经理。"此外，公司还会根据门店的季度销售营业额，以及督导管辖区域的巡视情况、打分情况，以评估最好门店和最优秀员工。同时，公司还制定了必须要完成的季度营业额指标、独特的末位淘汰制以及激励制度，以促进每个员工效率的提高。

虽然麦氏获得了成功，但挑战依然存在。

（1）门店众筹范围狭小。麦氏目前针对门店众筹这块，仅限于开店团队以及具有一年以上资历的内部员工。与其他新创公司向四面八方筹资的方式不同，麦氏更信赖那些忠心为门店服务的员工，以致众筹范围较为狭小。同时，麦氏股份激励的方式也有一定的局限性，员工可以选择入股，也可选择不入股，有些员工可能存在因资金欠缺而无法入股的情况。此外，投多投少没有一个确切的估量值，员工不知道所投的股份究竟能换来多少实际利益，股份与单店实际销售额以及其他数据的关联没有确切指标。

（2）直营管理的规范落地。直营管理的最大难处便是如何规划，使其标准化。它需要一个系统的实时更新的考核标准和量表。麦氏 6 000 家门店中，对于麦氏的员工培训是否真正落到实地、培训考核是否严格、品控是否检查有力等，并没有完善的直接反馈机制。实际操作中，是否给员工打造一条完善的上升机制，是否及时地对员工进行培训和监督，这些都不确定，这无疑给直营管理带来了些许问题。

（3）服务的保障。在实际的运营过程中，麦氏的服务存在着一定问题。一旦到午间或晚间用餐时间，人流量较大的时候，往往出现店面拥挤的现象。收银员也兼任服务员，当员工在前台负责点餐和收银的时候，没有额外的服务员及时清理之前的顾客消费后留在桌上的垃圾等，不能及时地为新顾客提供一个干净、愉悦的环境。

由于麦氏瞄准的是中低端消费人群，无暇关注高端人群的消费。这类人群追求时尚，消费能力强。而依靠中低端人群的消费要以量取胜。另外，麦氏不断推出平价汉堡、平价套餐的轰炸，一方面吸引了顾客的目光，另一方面也意味着价格很难在今后有所提升。顾客已经习惯了低消费体验，一旦提高价格，便会十分反感。所以麦氏在产品品牌这块比较受限，不能很好地升级。麦氏既不能提高价格，又要保证质量出众，赚取利润只能依靠强大的"直营管理"标准化的采购和物流，而压低采购和物流的成本是很难的。所以当一家门店拥有了较固定的客流，当每月的销售额趋于稳定时，要想使销售额得到较大飞跃就变得十分困难。

资料来源：许安心，林楹荷.市场营销教学案例与分析[M].北京：中国农业出版社，2021：49-69.

7.2.2 案例分析与方法应用

本案例按照循序渐进、由浅入深的原则设计启发思考题，从基本的案例信息过渡到 STP 战略、"门店众筹，直营管理"商业模式等知识点的掌握与运用，分析麦氏如何从特点中筛选出独有的优势点，从独有的优势点形成目标市场的选择，旨在帮助学员掌握正确的案例分析思路，同时加深对"门店众筹，直营管理"商业模式的理解。教师可以根据自己的教学目标（目的）灵活使用本案例。这里提出本案例的分析思路，如图 7-3 所示。

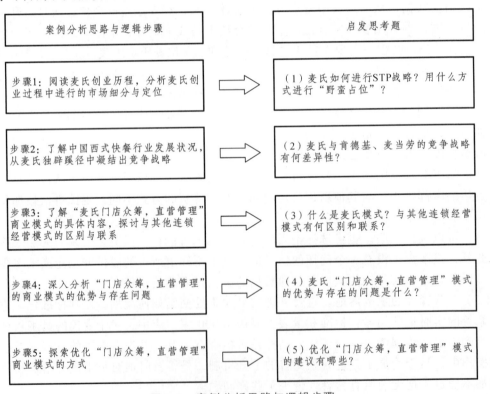

图 7-3　案例分析思路与逻辑步骤

（1）麦氏如何进行 STP 战略？用什么方式进行"野蛮占位"？

什么是 STP 战略？所谓 STP 战略，是指面对已经细分的市场，企业选择两个或者两个以上的子市场作为市场目标，分别对每个子市场提供针对性的产品和服务以及相应的销售措施。企业根据子市场的特点，分别制定产品策略、价格策略、渠道策略以及促销策略并予以实施。STP战略的核心思想是"细分市场，针对目标消费群进行定位，导入品牌，树立形象"。

麦氏将目标市场定位于以低端消费水平为主的平民化市场。与麦当劳、肯德基或德克士选址于大型购物商场或广场不同，麦氏选址以街道、社区、乡镇为主，不进商场和超市，从而避免了与强势品牌的短兵相接，也避免了超高的房租。这一接地气的战略让非高端人士接触到了西式快餐，同时也为麦氏积攒了庞大的消费群体。

餐饮业发展至今，参与者互相追赶、模仿，商品无论在价格上还是品质上都越来越接近，同质化现象严重，价格战烽烟四起。因此，STP战略尤为重要，是企业冲出"价格战"重围的有效武器。企业根据自身资源优势，采用不同销售业态，通过价格定位进行市场细分，并在其细分的目标市场中争取并保持领先地位。

麦氏之所以能够快速发展，就体现在其差异化的市场定位当中。与西式快餐不同，麦氏实行低价策略，使消费者走得进、吃得起、留得住。面对第一家门店的最近竞争者——德克士，麦氏破釜沉舟，推出了"特价123"促销。结果，推出特价的第一天，营业额就由平时的2 000元增加至4 000元，第二天达到6 000元，第三天突破8 000元。

（2）比较麦氏与肯德基、麦当劳的竞争战略的差异性？

根据迈克尔·波特的五力竞争模型，有3种提供成功机会的基本战略，即成本领先战略、差异化战略以及目标集中战略。成本领先战略的主旨在于采取一系列措施使本企业的成本低于竞争对手。成本领先战略要求积极建立起达到有效规模的生产设施，在此基础上全力以赴降低成本。

抓紧成本与管理费用的控制，以及最大限度地降低研究开发、服务、推销、广告等方面的成本费用；差异化战略的方法是将公司提供的产品或服务标新立异，形成本产业范围内具有独特性的优势，以获得溢价；目标集中战略是主攻某个特定的目标群体来获得利润。一个企业所确定的竞争战略需要创造3种竞争优势，即成本领先优势、产品差别化优势、集中于细分市场的优势。麦当劳、肯德基与麦氏竞争战略的差异性对比，如表7-3所示。

成本领先优势：要做到成本领先，就必须在管理方面对成本进行严格控制，尽可能将降低费用的指标落实在人头上。在降低成本方面，麦氏采取原材料集约采购、统一配送、门店装修精简和不打广告等方式来降低成本，将产品的销售价格降到最低。

表7-3　麦当劳、肯德基与麦氏竞争战略的差异性对比

项目	麦当劳	肯德基	麦氏
市场分布	一线城市	一线及中小城市	中小城市
市场定位	以年轻、活泼为诉求，提供轻快的用餐环境	家庭成员的消费	以学生、年轻人为主，平民化的消费
定价策略	偏高	中等	低价
发展策略	逐步向中南部发展	全面性发展	农村包围城市发展
环境战略	以地区人口分布决定开店地点与规模，集中于商圈	以商业区和学校附近等人潮集中地区为主	以街道、社区、乡镇为主，要求便民化、平民化
主要产品	牛肉汉堡，菜谱固定	炸鸡，融合本土文化	炸鸡、汉堡，本土文化快餐
推广策略	大量的TV广告	较保守的TV广告	无广告，以产品口碑做推广

产品差异化优势：麦氏的产品简单明了，以单品立店，一店一品，致力于将产品做好做精；流程不复杂，方便管理，方便成本控制，利于快速复制同时也方便消费者识别、记忆与选择。单品立店的产品模式清晰地体现了麦氏的理念；简单有滋味。

细分市场优势：麦氏主攻某个特定的客户群、某产品系列的一个细分区段或某一个地区市场。以更高的效率、更好的效果为某一狭窄的细分市场服务，从而超过更广阔范围内的竞争对手。麦氏不局限于特定消费水平的顾客，具有了庞大的中低端消费市场基础。

（3）优化"门店众筹，直营管理"模式的建议有哪些？

扩大众筹范围，优化众筹渠道。员工众筹限制条件可从员工服务一年以上缩减为半年以上。餐饮业员工流动性大，门店众筹不仅吸引眼球，还能用"利益共同体"来捆绑员工，所以应大力引导员工入股，半年的时间可以使员工充分考察门店实际收益，当员工觉得入股可以作为投资的途径时，应积极倡导。同时，麦氏应该制定出详细的方案，以员工众筹后分红和获利的事实为依据，用数据、图像的形式将其直观地展现在员工面前，做到完善信息披露，以此来激励员工，发挥出众筹助推创新创业的作用。

加大培训力度，内部信息公开化。麦氏公司作为一个上市公司，不仅要对外做到信息公开透明化，还应该加强员工的培训力度，让各个门店的信息内部公开化。这样不仅能让门店员工产生自己是经营管理者的自豪感，激发工作的热情，而且也可聚员工之力让门店的销售额提升得更快、更多。每个门店之间应做到一些财务上的透明，以此互相激励对方。同时，加强同一个门店内员工的培训以及不同门店员工的培训与交流，增进麦氏人的感情。每个人都可以将信息反馈到高层，可以通过直接邮件或者电话形式联系到高层进行投诉或反馈，加强门店之间及员工之间的互相监督。

规范服务流程，提升服务体验。因为有严控的时间衡量以及配比，快餐做到标准化并不是难事，但涉及对人的服务，标准化是一个强有力的挑战与考验。餐饮业的服务质量对一个门店至关重要，麦氏在服务方面有待提高：各家门店的服务质量参差不齐；麦氏员工虽然有着统一服装，但服务仍显得较为随意，特别是顾客拥挤时，常常慌乱无章。因而要加强各个门店的服务系统，公司总部应制定翔实的服务规范，如面对顾客投诉食物问题、顾客刁难以及各种实际生活中出现的小问题的解决方案和危机处理。

本章知识结构图：

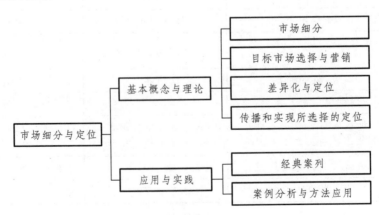

课后思考题

一、名词解释

1. 市场细分：

2. 差异性营销策略：

3. 市场定位：

4. 产品专业化：

5. 集中性营销：

二、单选题

1. 企业决定生产各种产品，但只向某一顾客群供应，这是（　　）。

    A. 产品—市场集中化　　　　　　B. 产品专业化

    C. 市场专业化　　　　　　　　　D. 选择性专业化

2. 按照人口的具体变量细分市场的方法就是（　　）细分。

    A. 人口　　　　　　　　　　　　B. 地理

    C. 心理　　　　　　　　　　　　D. 行为

3. 采用无差异性营销策略的最大优点是（　　）。

    A. 市场占有率高　　　　　　　　B. 成本的经济性

    C. 市场适应性强　　　　　　　　D. 需求满足程度高

4. 同一细分市场的顾客需求具有（　　）。

    A. 绝对的共同性　　　　　　　　B. 较多的共同性

    C. 较少的共同性　　　　　　　　D. 较多的差异性

5. （　　）是实现市场定位目标的一种手段。

    A. 产品差异化　　　　　　　　　B. 市场集中化

    C. 市场细分化　　　　　　　　　D. 无差异营销

三、多选题

1. 差异性营销策略的好处有（　　）。

    A. 有助于降低经营风险　　　　　B. 有助于降低经营成本

    C. 能够更好地满足顾客需要　　　D. 有助于提高企业竞争力

2. 细分消费者市场的因素包括（　　）。

    A. 地理细分　　　　　　　　　　B. 人口细分

    C. 行为细分　　　　　　　　　　D. 心理细分

3. 市场细分变量中，属于人口统计变量的有（　　）。

    A. 性别　　　　　　　　　　　　B. 生活方式

    C. 职业　　　　　　　　　　　　D. 收入

4. 市场定位的主要策略有（　　）。

    A. 产品定位　　　　　　　　　　B. 形象定位

    C. 避强定位　　　　　　　　　　D. 对抗性定位

    E. 重新定位

5. 依据目前的资源状况，市场细分的原则有（　　　）。

    A. 可衡量性   B. 可实现性

    C. 可营利性   D. 可区分性

四、判断题

1. 差异性市场营销的优点是节省成本。（　　　）

2. 差异性市场营销适用于产品同质化程度较高时。（　　　）

3. 公司资源有限时，特别适合采用差异性市场营销。（　　　）

4. 市场定位与产品定位的含义是一样的。（　　　）

5. 对于处在介绍期和成长期的新产品，市场营销的重点是启发和巩固消费者的偏好。（　　　）

五、简答题

1. 简述有效市场细分的原则。

2. 简述市场细分的程序。

3. 简述选择目标市场的营销策略应考虑的因素。

第8章 产品与品牌战略

◆ 学习目标

思政目标： 通过品牌战略的讨论，强调企业对社会和消费者的责任，培养学生的社会责任感。在产品和服务决策中考虑全球市场的多样性，培养学生对不同市场文化的理解和尊重。强调在营销活动中遵守道德和诚信的重要性，尤其是在品牌推广和广告中保持真实性、透明度。

知识目标： 理解包括有形商品和无形服务在内的产品类型。了解品牌定位、品牌名称选择、品牌推广及新产品开发的基本策略。掌握服务营销的4大特性（无形性、不可分性、易变性、易逝性）及其对营销策略的影响。

能力目标： 培养学生品牌策略应用能力，能熟练运用品牌定位、名称选择、推广及新产品开发等策略，结合服务营销特性，针对不同类型产品（有形商品和无形服务），制定科学合理的营销策略，有效解决品牌建设与市场推广中的实际问题。

素质目标： 培养学生独立分析和解决问题的能力，提高学生在面对复杂的市场情境时坚守诚信的道德修养。

案例导入

GoPro：做一个英雄

越来越多的 GoPro 用户随身携带这款独特的小相机，或者将其安装在跑车的保险杠上，甚至是跳伞靴的鞋跟上，以捕捉他们生活中的极限时刻。紧接着，他们迫不及待地将这些由 GoPro 拍摄的精彩瞬间分享给朋友们。

最近，一段由不同视频片段组成的宣传视频，由 GoPro 的粉丝使用最新款相机拍摄，在 YouTube 上发布仅3个月，就获得了超过1 600万次浏览量。GoPro 的忠实"粉丝"们已经成为品牌的传播者，他们平均每两分钟就会上传一个新视频到 YouTube。这些视频又为 GoPro 带来了更多的用户和分享内容。因此，GoPro 已经成为全球最炙手可热的相机品牌之一。

GoPro 的小型摄像机以其卓越的性能，让最前卫的视频爱好者也能拍摄出令人惊叹的作品。它为用户提供了一种方式来与他人分享生命中充满活力的时刻和情感。

那么，GoPro 为什么如此成功？部分原因在于其相机本身：GoPro 相机堪称现代科技的奇迹，而且价格实惠，仅为200到400美元。一台 GoPro HD 视频相机看起来只是一个小巧的灰色盒子，但这种轻便、便携且可安装的 GoPro 相机，能够拍摄出令人惊艳的高清视频。

然而，GoPro 深知自己销售的不仅仅是一个小金属盒子，更是一种能够捕捉极限运动视频的体验。GoPro 的用户不仅仅是为了拍摄视频，他们更希望通过这些视频讲述故事，分享生活中的激情时刻。正如 GoPro 所宣传的那样：我们的目标是让你能够通过难以置信的照片和视频分享你的生活。我们帮助人们捕捉并分享生命中最有意义的经历，并与大家一起庆祝这些时刻。

GoPro 深刻理解其产品的真正卖点，这对企业的成功至关重要。热情的顾客是任何品牌最忠诚、最投入的支持者。例如，GoPro 的 Facebook 粉丝数量已超过 840 万，而且还在快速增长。相比之下，规模更大的佳能（美国）在 Facebook 上的粉丝仅为 120 万。除了每年上传近 50 万个视频外，GoPro 的粉丝还在各种社交媒体平台上积极互动。

顾客的专注与热情推动了 GoPro 成为全球增长最快的相机公司之一。如今，你可以在全球超过 100 个国家的 35 000 家商店中购买到 GoPro 相机。GoPro 精致的小相机不仅是业余爱好者的最爱，也已成为许多专业摄影师的标配。

这个故事的寓意在于：GoPro 明白它不仅仅是在制造摄像机，更重要的是在为顾客提供分享重要时刻和情感的工具。

资料来源：凭运动相机风靡全球，GoPro 发展历程简介[EB/OL].（2023-09-10）[2025-04-30].搜狐网，https://news.sohu.com/a/719207721_121124371.

8.1　基本概念与理论

8.1.1　产品内涵与分类

我们将"产品"定义为任何能够提供给市场以引起关注、获取、使用或消费，并能够满足需求或欲望的事物。产品不仅限于汽车、计算机或手机等有形商品，从广义上讲，产品还包括服务、事件、人物、地点、组织、创意或这些对象的组合。在这里，我们广泛使用"产品"一词，以涵盖这些对象中的任意或全部。因此，不仅手机、汽车、咖啡是一种产品，一次川藏线的旅行、股市在线投资服务、网易云音乐会员也都是产品。

考虑到服务在全球经济中的重要地位，我们将特别关注这一领域。服务是一种特殊形式的产品，它本质上是无形的，不会带来所有权的转移，但可以出售活动、利益或满足感，如银行、酒店、航班、零售、无线通信和家居维修服务等。

1. 产品、服务与体验

产品是市场整体供应的一部分，是营销组合计划的核心。营销活动的起点是设计出一个能够为目标顾客创造价值的产品或服务，这一供应是企业建立营利性顾客关系的基础。

企业的市场供应通常包含有形商品和无形服务。在一种极端情况下，供应品可能仅由有形商品组成，不包含任何与产品相关的服务，如香皂、牙膏或食盐。另一个极端情况则是完全由服务构成的供应品，如医生的治疗服务或金融服务。然而，在这两个极端之间，存在着多种商品与服务的组合。

如今，随着产品和服务的日益商品化，许多企业开始进入一个为顾客创造更高价值的新阶段。为了在简单的产品制造和服务提供之上进一步区分其供应品，他们创造并管理顾客对其品牌或企业的体验。

对某些企业来说，体验营销至关重要。迪士尼长期以来通过电影和主题公园给人们创造了难忘的印象，并希望主题公园的每一位顾客都能感受到惊叹。NK一直声称，"我们带给您的不仅仅是鞋子，还有它们带您去的地方。"如今，各类企业都在改造传统产品和服务，从而为消费者创造更佳的体验。例如，新设计的威瑞森无线智能商店不仅销售手机，而且通过创造生活方式体验，鼓励顾客更多地参观、体验和感受移动技术的神奇。

2. 产品和服务的层次

产品策划者需要在3个层次上考虑产品和服务，每个层次都为顾客增加了更多的价值。最基础的层次是消费者的核心价值，这一层次引发了一个问题：消费者真正想购买的是什么？在设计产品时，营销人员必须首先明确这一核心，即顾客希望通过购买产品来解决什么问题或满足什么需求。一位购买口红的女士并不仅是为了唇膏的色彩。露华浓的创始人查尔斯·雷夫森早就意识到了这一点："在工厂里，我们制造的是化妆品；在商店里，我们销售的是希望。"同样，iPad的消费者购买的不仅是一台平板电脑，他们还购买了休闲娱乐、自我表达、生产力，以及与朋友和家人保持联系的能力——一个通向世界的移动个性化窗口。

在第二个层次，产品策划者必须将消费者的核心价值转化为实际的产品。他们需要开发产品或服务的特性、设计风格、质量水平、品牌名称和包装。例如，iPad就是一个实际的产品，它的名称、零部件、设计、操作系统、功能、包装以及其他属性都经过精心组合，以传递消费者的核心价值——保持联系。

最后，产品策划者必须围绕消费者的核心价值和实际产品构建附加产品，提供额外的服务和利益。iPad不仅是一种通信设备，它为消费者的移动连接需求提供了一个完整的解决方案。因此，当消费者购买iPad时，苹果公司及其经销商需要对其零部件和工艺进行质量保证，并在顾客需要时提供快捷的维修服务，以确保顾客在遇到问题时能够通过网络和移动网站解决。此外，苹果公司还为顾客提供了庞大的App Store和附加产品资源库，通过iCloud云服务，顾客可以将分布在任何地方的所有苹果设备中的照片、音乐、文件、应用、日程表、通讯录等内容整合在一起。

消费者通常将产品视为一个满足他们需求的复杂利益组合。在开发产品时，营销人员首先要确定消费者希望从产品中获得的核心价值。然后需要设计出实际的产品，并找到创造顾客价值的方法，最终提供一个完整而令人满意的品牌体验。

3. 产品和服务的分类

根据消费者的类型，产品和服务通常分为两大类：消费品和工业品。从广义上看，产品还包括其他可供出售的对象，如体验、组织、人物、地点和创意。

1）消费品

消费品是最终消费者购买用于个人消费的产品和服务。营销人员通常根据消费者的购买行为将消费品进一步细分为便利品、选购品、特制品和非渴求品。这些产品在消费者购买时的方式有所不同，因此它们的营销策略也各不相同（见表8-1）。

表 8-1　消费品的营销考虑事项

营销事项	消费品类型			
	便利产品	选购产品	特制产品	非渴求产品
消费者购买行为	购买频率高，很少计划，很少做比较或为购物费精力，低消费者参与	购买频率较低，大量的计划并为购物花费较多的精力，比较不同品牌的价格、质量和款式	强烈的品牌偏好和高度忠诚为购买付出特别的努力，很少比较品牌，价格敏感度低	很低的产品知晓度和知识
价格	低价	较高的价格	高价	不确定
分销	大范围的分销，便利的地点	在较少的店里有选择地分销	每个市场区域内只在一个或几个独家经销	不确定
促销	制造商大规模促销	制造商和分销商的广告和人员销售	制造商和分销商更加谨慎地有目标的促销	制造商、分销商激进的广告和人员销售
实例	牙膏、杂志、清洁剂	大家电、电视、家具、服装	奢侈品，如劳力士手表或高档钻石饰品	人寿保险、红十字献血

（1）便利产品，是指消费者频繁且随时购买的商品，购买时通常付出的成本和购买努力很小，如洗衣粉、糖果、杂志和快餐等。便利产品的定价一般较低，营销人员会在多个销售点进行销售，以确保顾客在需要时能够方便地找到这些产品。

（2）选购产品，是指购买频率较低的消费品和服务，消费者在挑选和购买时会对实用性、质量、价格和样式进行比较、考虑。消费者在购买选购产品时会花费大量的时间和精力收集信息、进行比较，如家具、时装、大家电和宾馆服务。营销人员通常通过较少的渠道进行分销，但会提供更深多的销售支持，以帮助消费者进行产品比较。

（3）特制产品，是指具有独特特征或品牌的消费品，顾客通常会为购买这些产品付出额外的努力。例如，特定品牌和款式的汽车、高档摄影器材、设计师量身定做的服装，以及医学或法律专家的服务等。一辆豪华跑车就是一个特制产品的例子，因为购买者通常会为了得到这款车而不惜长途跋涉。顾客通常不会对特制产品进行比较，而是专注于寻找能够提供这种商品的销售商。

（4）非渴求产品，是指消费者通常不知道或不会主动考虑购买的产品。大多数新发明在消费者通过广告了解之前，都是非渴求产品。经典的非渴求产品包括人寿保险、预先规划的葬礼服务和红十字会的献血活动。这类产品的特殊性质决定了它们需要大量的广告、销售人员和其他营销手段来引起消费者的关注。

2）工业品

工业品是指用于进一步加工或商业运营的产品。消费品和工业品的主要区别在于购买目的。例如：如果消费者购买割草机主要用于家庭使用，那么这个割草机就是消费品；如果购买同样的割草机主要是为了在商业活动中美化环境，那么它就是工业品。

工业品和服务可以分为 3 种类型：材料和部件、资本品，以及消耗品和服务。

材料和部件包括原材料以及制成品和部件。原材料包括农产品（如小麦、棉花、牲畜、水果、蔬菜）和天然产品（如鱼、木材、原油、铁矿石）；制成品和部件包括构成材料（如铁、棉纱、水泥、电线）和构成部件（如小发动机、轮胎、铸件）。大多数制成品和部件直接销售给工业使用者，价格和服务是主要的营销因素，而品牌和广告则不那么重要。

资本品是在生产和运营过程中起辅助作用的工业产品，包括主要设备和附属设备。主要设备包括大宗采购物品，如建筑物（厂房、办公室）和固定设备（如发电机、钻床、大型计算机系统、电梯）；附属设备包括轻型制造设备和工具（如手动工具、起重卡车）以及办公设备（如计算机、传真机、办公桌），通常这些设备使用寿命较短，仅在生产过程中起辅助作用。

消耗品和服务包括运营消耗品（如润滑油、煤、纸、铅笔）以及维修和维护物品（如油漆、图钉、扫帚）。消耗品在工业领域中类似于便利产品，因为采购这些物品通常不需要花费大量精力或进行比较。商业服务包括维护和维修服务（如清洗窗户、计算机修理）以及业务咨询服务（如法律咨询、管理咨询、广告），这些服务通常依据协议提供。

4. 组织、人物、地点和创意

除了有形的产品和无形的服务，现代营销人员已经扩展了产品的概念，将其他市场供应品——组织、人物、地点和创意也纳入其中。

1）组织

组织经常通过举办活动来"推销"自己。组织营销包括一系列旨在引发、维持或改变目标顾客对组织态度和行为的活动。无论是营利性组织还是非营利性组织，都在进行组织营销。例如，商业企业可能会通过公共关系或企业形象营销活动来推广自身和提升形象。通用电气的"在工作中想象"活动将这家工业巨头塑造成一个富有想象力的企业，其产品和技术正在改变世界。通过获奖的电视节目《童心想象》，通用电气展示了从喷气发动机到医院诊断设备等产品如何通过一个年轻女孩的眼睛焕发光彩，强调"建设、推动、移动和治理世界"的理念。

2）人物

人物也可以被视为一种产品。人物营销包括一系列旨在引发、维持或改变对特定人物的态度和行为的活动。从总统、企业家到体育明星以及专业人员（如医生、律师、会计师和建筑师），这些人物通过营销建立良好的声誉。商业组织、慈善团体以及其他组织也利用名人效应来推广他们的产品。

3）地点

地点营销包括一系列旨在引发、维持或改变对特定地点的态度和行为的活动。城市、州、地区，甚至国家都会相互竞争，以吸引游客、新居民、会议以及企业的办公楼和工厂。例如，新奥尔良通过城市网站和活动，如狂欢节和新奥尔良爵士音乐节，推广自己。

4）创意

创意也可以被营销。从某种意义上说，所有市场营销都涉及创意的推广，无论是关于刷牙的普遍理念，还是佳洁士牙膏的"健康、美丽微笑的生活"这样的具体理念。特别地，社会营销（Social Marketing）侧重通过利用传统商业营销的概念及工具来促进个人和社会福利。这一领域包括广泛的社会议题，如卫生保健、教育、环境可持续性、人权和个人安全。社会营销不仅包括广告，还涵盖了各种营销战略和工具，旨在引起社会效益的改变。

8.1.2　产品和服务决策

营销人员在 3 个层次上做出产品和服务决策：单个产品和服务决策、产品线决策和产品组合决策。接下来我们将逐一讨论这 3 个层次的决策。单个产品决策如图 8-1 所示。

图 8-1　单个产品决策

1．单个产品和服务决策

1）产品和服务属性

开发一个产品或服务需要定义其所提供的利益，这些利益通过产品的属性得以体现，如质量、特征、风格和设计等。

（1）产品质量。

产品质量是营销人员主要的定位工具之一，影响产品和服务的表现，因此与顾客的价值和满意度密切相关。狭义上，质量被定义为"无瑕疵"，但许多以顾客为中心的企业超越了这一狭义定义，从消费者满意度的角度来定义质量。

美国质量协会将质量定义为产品和服务满足现实或潜在顾客需求的能力特征。西门子将质量定义为："质量是让顾客重复购买且产品无须返修。"

全面质量管理是企业全体员工致力于持续改进产品、服务和业务流程质量的方法。对于许多顶级企业而言，顾客驱动的质量已成为一种经营理念。今天的企业正采用这种理念来提升质量管理水平。

"质量回报"的方法，将质量视为一种投资，把质量看作影响企业基本面的决定因素。

产品质量有两个重要维度：质量水平和一致性。在产品开发过程中，营销人员必须首先选择一个合适的质量水平，以支持产品在目标市场中的定位。产品质量在这里指的是性能质量，即产品实现其功能的能力。

质量水平决定了产品在目标市场上的表现和定位。高质量不仅意味着产品无瑕疵，还意味着它能够始终如一地提供预期的性能水平。高质量产品应具备高水准的一致性，确保在所有情况下都能保持稳定的表现。例如，一辆雪佛兰尽管可能在性能上不及劳斯莱斯，但如果它能够持续提供消费者所期望的质量，那么它在质量一致性上就可以与劳斯莱斯媲美。

（2）产品特征。

产品可以通过增加不同的特征来提升其价值。每个产品的起点是一个基础原型，企业可以通过增加附加特征来创造更高水平的产品版本。产品特征是区分企业产品与竞争对手产品的重要工具，通过提供独有的特征，可以有效地提升产品的竞争力，成为引人瞩目的市场选择。

（3）产品风格和设计。

提升顾客价值的另一个方法是开发独特的产品风格和设计。设计是一个比风格更广泛的概念。风格主要描述产品的外观，它可能引人注目或平淡无奇，虽然能够带来视觉上的愉悦，但不一定能提升产品的性能。与风格不同，设计深入产品的核心，它不仅美化产品的外观，还能提升其功能性和可用性。优秀的设计能在增强美感的同时，提高产品的实用性。

2）品牌

品牌管理是专业营销人员的一项独特技能，它涉及创造和管理品牌。品牌可以是一个名称、术语、标记、符号或图像，或以上元素的组合，用于区分一个卖方的产品或服务与其他竞争者的产品或服务。品牌不仅是产品的重要组成部分，还能为消费者的购买决策增添价值。消费者赋予品牌意义，并与品牌建立关系，使品牌的意义超越了产品的物理属性。

如今，品牌管理非常普及，几乎每个商品都有其品牌。品牌对消费者有很多帮助。品牌名称能够帮助消费者识别那些可能对他们有益的产品。品牌还提供有关产品质量和一致性的信息：消费者购买同一品牌时，知道他们会在每次购买中获得相同的特性、利益和质量。同时，品牌也为销售者带来了诸多优势。品牌名称和商标为产品的独特特性提供了法律保护，防止竞争者的复制。

企业还可以围绕产品的特定属性构建一个完整的故事，而品牌正是这个故事的基础。例如，Cuties 牌柑橘通过强调其不同于普通橘子的特点，承诺"孩子们喜爱 Cuties，因为 Cuties 是专为孩子设计的"。这一产品被定位为一种"适合小手掌"的健康零食：甜、美味、无籽、大小适合孩子食用，并且容易剥皮。

3）包装

包装包括设计和生产产品的容器或包装材料。传统上，包装的主要功能是容纳和保护产品。然而，近年来，包装已发展成为一个重要的营销工具。包装在零售店货架上的竞争加剧，不仅需要执行基本的保护功能，还必须承担许多销售任务，如吸引买家、传达品牌定位并推动销售。虽然并不是每一位消费者都会看到品牌的广告、社交媒体页面或其他促销活动，但所有的消费者都会看到产品的包装。因此，包装成为一个重要的营销空间。

创新的包装设计可以使企业在竞争中脱颖而出。独特的包装设计甚至可能成为品牌识别的重要组成部分。例如，印有亚马逊网站徽标的棕色纸箱，其徽标被解释为"A to Z"，并饱含笑脸。这种独特的包装设计让人一眼就能识别出包裹的来源。

4）标签

标签的形式可以是贴在产品上的小贴纸，也可以是作为包装的一部分的复杂图形。标签有几种主要功能。最基本的功能是识别产品和品牌，如橘子上的 Sunkist 名字。标签还可以提供产品信息，包括生产日期、生产地点、生产商、成分以及安全使用说明。此外，标签还可以帮助推广品牌，支持品牌定位，并维持与顾客的联系。对于许多企业来说，标签已成为广泛营销活动的重要组成部分。

标签和品牌标志能够支持品牌定位并增强品牌个性。事实上，品牌标签和标志常常成为品牌与消费者之间重要的联系点。顾客通常会将商标视为品牌的象征，如腾讯、百度、比亚迪、华为和李宁等企业的标识所唤起的情感就是一个很好的例子。

5）产品支持服务

顾客服务是产品战略的另一个重要元素。企业提供给市场的产品通常包括一些支持性服务，这些服务或多或少构成了整体产品的一部分。

设计支持服务的第一步是定期调查顾客，以评估当前服务的价值并获得新服务的建议。一旦企业对不同支持服务的质量进行了评估，就可以采取措施解决问题，增加新服务，同时既满足顾客需求，又创造企业利润。现代企业使用电话、电子邮件、互联网、社交媒体、手机、互动语音系统以及数据技术的复杂组合来提供支持服务，这在以前是难以实现的。

2．产品线决策

除了单个产品和服务的决策，产品战略还涉及产品线的建立。产品线是一组功能相似、通过相同渠道销售给同一顾客群体，或处于特定价格范围内的产品。例如，NK 有多条运动鞋和服装生产线，WH 国际酒店集团有多个酒店产品线。

主要的产品线决策包括产品线长度，即产品线上项目的数量。如果通过增加产品项目可以提高利润，则产品线可能过短；如果通过削减某些项目可以提高利润，则产品线可能过长。管理者必须定期分析产品线，评估每个产品项目的销量和利润，并了解每个项目对产品线整体表现的贡献。

企业可以通过两种方式延长产品线：产品线填补和产品线延伸。产品线填补是指在现有产品线范围内增加更多项目。这样做的理由可能包括获取额外利润、满足经销商需求、充分利用生产能力、成为产品线的领导者，或填补市场空白以防竞争者进入。然而，如果产品线填补导致产品间的竞争或顾客混淆，则可能是过度扩展。企业应确保新增项目能与现有产品清晰区分。

如果企业超出现有范围来扩展产品线，则是进行产品线延伸。企业可以向下、向上或双向延伸产品线。向下延伸通常是因为在低端市场发现了巨大的成长机会，或是为了回应高端市场的竞争，或是发现低端市场的成长潜力。向上延伸则可能是为了提升当前产品的声誉，或是被高端市场的快速增长率或高利润吸引。

3．产品组合决策

对于拥有多个产品线的企业来说，其产品组合或产品集是指销售者提供或出售的所有产品线和产品项目的总和。

企业的产品组合有 4 个重要维度：宽度、长度、深度和一致性。产品组合的宽度是指企业拥有的不同产品线的数量。例如，Clorox 在多个产品线中有多个品牌。

产品组合的长度是指企业在每条产品线上的所有产品项目的总数。例如，Clorox 在每条生产线上有多个品牌和产品项目。

产品组合的深度是指每条产品线中每种产品的类型数量。例如，Clorox 品牌包括各种各样的产品，如消毒湿巾、地板清洁剂、去污剂和漂白剂。每种产品都有不同的形式、配方、气味和尺寸。

产品组合的一致性是指不同产品线在最终用途、生产条件、分销渠道或其他方面的相关程度。高一致性的产品组合意味着产品线之间有较强的关联性。

这些产品组合的维度为企业的产品战略提供了依据。企业可以从以下 4 个方面发展业务：

增加新产品线：拓宽产品组合。在这种情况下，新产品线可以依赖于企业其他产品线的声誉。

延伸已有的产品线：使产品线更加完整。这可以通过增加更多类型或变体来实现。

增加产品组合的深度：为每种产品引入更多类型，从而丰富产品组合的深度。

调整产品线的一致性：企业可以选择增强或减少产品线的一致性，以在单一领域或多个领域建立良好的声誉。

8.1.3 服务营销策略

近年来，服务业发展迅速。目前，服务业产值已占美国 GDP 的近 80%。此外，服务业在全球经济中的增长也特别迅速，占国际贸易总价值的 64%。

服务行业内部差异很大。政府通过法院、就业服务、医院、军队、警察和消防部门、邮政服务和学校等机构提供服务。民间非营利组织通过博物馆、慈善机构、教堂、大学、基金会和医院等机构提供服务。大量商业组织也提供各种服务，如银行、酒店、保险公司、咨询公司、医疗和法律机构、娱乐和通信公司、房地产公司、零售商等。

在设计营销方案时，企业必须考虑服务的 4 个特点：无形性、不可分性、易变性和易逝性。

有形产品通常是先生产、储存，然后再销售和消费。与之不同的是，服务通常是在销售的同时生产和消费。服务具有几个独特的特点：

不可分性：服务不能与其提供者分离，无论提供者是人还是机器。如果服务由员工提供，那么该员工也是服务的一部分。顾客在服务交付过程中扮演积极的角色，提供者和消费者的互动对服务结果有重要影响，这是服务营销的独特特征。

易变性：服务的质量受到提供者、时间、地点以及服务方式的影响。例如，虽然某些酒店（如 WH 酒店）以其优质服务著称，但即使在同一家 WH 酒店，前台服务员的服务质量也可能因个人差异而有所不同。同一服务员的服务质量也会因其精力和心情的变化而波动。

易逝性：服务不能被储存以备将来使用。比如，一些医生会对患者的失约收费，因为服务的价值只在服务提供的那一刻存在。当需求稳定时，服务的易逝性问题不大，但当需求波动时，服务企业会面临挑战。例如，在高峰时段，公交公司需要比需求平稳时更多的公交车。因此，服务企业常常设计策略来更好地匹配需求与供给，如在非旺季提供较低价格以吸引更多顾客，或者在高峰时段雇用兼职员工以应对需求高峰。

1. 服务企业的营销战略

与制造企业一样，服务企业也需要通过有效的营销战略在目标市场上进行明确定位。许多服务企业通过传统的营销活动确立了自己的定位。例如，顺丰国际的品牌理念是：每一件物品都倾注着用户的托付和期待，我们在乎每一个托付，全心送达每一个期待。这些企业通过其独特的承诺和宣传，增强了自身在市场上的定位。然而，由于服务与有形商品的不同，服务企业往往需要采用额外的营销手段来加强其市场表现。

2. 服务利润链

在服务行业，顾客与前端服务人员的互动是服务交付的核心，这种互动的效果依赖于前端人员的技能和后端人员的支持。因此，成功的服务企业不仅关注顾客，也重视员工。服务利润链将服务企业的利润与员工和顾客的满意度相连接，形成了一个包括以下5个环节的链条：

内部服务质量：包括优质的员工甄选和培训、良好的工作环境以及对服务顾客的员工的强有力支持。

满意且能干的服务人员：满意的员工通常更忠诚、更勤奋。

更高的服务价值：提供更高效、更有成效的顾客价值创造、参与和传递服务。

满意且忠诚的顾客：满意的顾客会保持忠诚，进行重复购买，并推荐给其他顾客。

良性的服务利润和增长：优秀的服务企业最终会表现出良好的业绩和持续增长。除了传统的 4P 营销组合，服务营销还需要考虑内部营销和交互式营销。内部营销是指服务企业需要有效地引导和激励与顾客接触的员工及支持性服务人员，促使他们以团队的形式工作，从而为顾客提供优质服务。营销人员必须确保组织内的每个成员都以顾客为中心。实际上，内部营销应当先行于外部营销，以确保服务质量和顾客满意度的提升。

交互式营销强调服务质量在很大程度上取决于买者和卖者之间的互动质量。在服务营销中，服务质量不仅由服务本身决定，还受到服务过程中互动质量的影响。与传统产品营销不同，服务的质量常常受到服务提供者和服务过程的影响。因此，服务营销人员需要掌握交互式营销的技巧，以确保服务质量的提升。

3. 服务差异化管理

服务差异化是应对价格竞争的一种有效策略，旨在通过提供独特的服务特征、方式和形象，使服务从竞争对手中脱颖而出。以下是实现服务差异化的一些关键策略：

（1）提供物的差异化。

创新特色：服务企业可以通过引入创新的服务特色来实现差异化。例如，PG 公司的零售店设有"天才吧"，提供技术支持和免费的研讨会，增强了顾客体验。DK 体育用品店提供了多种独特的店内体验，如试穿鞋、使用高尔夫挥杆分析仪等，这些创新使其服务与竞争对手区别开来。

（2）服务提供方式的差异化。

员工素质：拥有更有能力、可靠的服务人员可以显著提高服务的质量。例如，通过良好的员工培训和激励措施来提升服务人员的表现。

服务环境：提供更好的服务环境，如舒适的等待区域或高效的服务流程。例如，许多食品零售连锁店提供网上购物和送货上门服务，银行通过手机银行提供更便捷的转账和账户查询服务。

服务流程优化：重新设计服务流程，提高效率。例如，通过手机拍照上传支票，能简化传统的支票存款流程。

4. 服务质量管理

服务质量管理对于保持服务差异化至关重要。以下是一些管理服务质量的方法：

（1）服务质量的难度。

服务质量比产品质量更难定义和判别。服务质量常常受到服务提供者和服务过程的影响。例如，同一家理发店的理发质量可能会因服务员的不同而有所不同。

（2）顾客保留率。

顾客保留率是衡量服务质量的有效指标。服务企业需要稳定地向顾客提供价值，以保持顾客的忠诚。顶尖的服务企业会设立高标准的服务质量，并持续关注服务绩效表现。

（3）服务补救措施。

服务质量偶尔会出现问题，但巧妙的服务补救措施可以将愤怒的顾客转变为忠诚的顾客。例如，通过及时和有效的客户服务来解决问题，可以增强顾客的满意度和忠诚度。

5. 服务生产率管理

随着服务成本的迅速增加，服务企业面临着提高服务生产率的巨大压力。有多种方法可以提高生产率。

服务提供商可以为现有员工提供优质培训，聘用更有能力和勤奋的新员工，或在提高服务数量的同时接受一定的质量妥协。此外，技术也可以发挥出巨大作用。虽然技术通常被认为能为制造业节省时间和成本，但它同样具有提高服务人员生产率的潜力，尽管这一潜力常常未被充分挖掘出来。

然而，企业必须避免过度追求生产率而导致质量下降。试图将服务工业化或削减成本可能在短期内提高效率，但可能会降低企业长期的创新能力、服务质量保持能力，或对消费者需求和期望的反应能力。例如，面对成本上升，许多航空公司尝试通过精减人员和削减成本来应对，这些措施带来了惨痛的教训。乘客常常遇到为了节省时间而设立的自助登记亭，取代了个人柜台服务。许多航空公司已停止提供免费的小零食，并对各种服务（如托运行李、选择靠过道的座位）收取额外费用。这些做法最终导致了乘客的不满，引起了顾客投诉。这些航空公司虽然提高了生产率，却严重损害了顾客服务。

因此，企业在努力提高服务生产率时，必须牢记如何创造和传递顾客价值。服务企业必须谨慎操作，不要将"服务"从服务中剥离。实际上，企业可能需要故意降低服务生产率，以改善服务质量，从而维持更高的价格和利润率。

8.1.4 品牌营销策略

一些分析师认为，品牌是企业最重要的持久资产，比企业的具体产品和设备更为长久。GG 燕麦公司的前 CEO 曾说过："如果我们的企业需要分家，我宁愿把土地、厂房和设备给你，而把品牌和商标留给自己，这样我最终会比你更加成功。"MDL 的一位前 CEO 也宣称："即使在一场可怕的自然灾害中，我们拥有的所有资产、建筑和设备都被毁坏，我们依然能够凭借品牌价值筹集重建所需的全部资金——品牌的价值超过了这些资产的总和。"

因此，品牌是企业必须精心发展和管理的重要资产。在本节中，我们将探讨建立和管理产品及服务品牌的核心战略。

1. 品牌资产和品牌价值

品牌不仅是名称和符号，还是影响企业与消费者关系的关键因素。品牌代表了消费者对产品及其性能的认知和感受，即产品和服务对消费者的所有意义。最终，品牌会在消费者的脑海中留下深刻印象。一位备受尊敬的营销人员曾说："产品形成于工厂，但品牌形成于人们的心智。"

一个强有力的品牌具有高品牌资产。品牌资产是指消费者因了解品牌名称而对产品及其营销做出不同且积极的反应。衡量品牌资产的一种方法是通过消费者的偏好和忠诚度。当消费者对品牌产品的反应比对无商标或无品牌版本的反应更为积极时，该品牌就是积极的品牌资产。如果消费者对品牌产品的反应不如无品牌版本，则品牌资产是消极的。

品牌在市场上的影响力和价值有所不同。有些品牌已成为传奇之名，能够在市场上维持多年甚至数代。另一些品牌则通过新颖的消费者刺激和忠诚赢得市场。这些品牌之所以成功，不仅因为它们提供了独特的利益或可靠的服务，更因为它们与顾客建立了深厚的联系。

品牌资产评估师会从 4 个消费者感知维度来衡量品牌强度：差异度（使品牌脱颖而出的特性）、相关度（品牌符合消费者需求的程度）、认知度（消费者对品牌的了解程度）和尊重度（消费者对品牌的重视和尊重程度）。拥有强大品牌资产的品牌在这 4 个维度上的评价都很高。

因此，积极的品牌资产源于消费者对品牌的感受及与品牌的联系。消费者有时会对特定品牌产生强烈的忠诚感，有时甚至会将他们最喜爱的品牌文在身上。无论是现代品牌，还是经典品牌，强大的品牌都是基于吸引消费者这一理想建立起来的。

拥有高品牌资产的品牌对企业来说是宝贵的资产。品牌价值是评估品牌整体财务价值的过程，这一过程相当复杂。例如，根据评估，Google 的品牌价值高达 1 590 亿美元，苹果为 1 480 亿美元，IBM 为 1 080 亿美元，微软为 900 亿美元，麦当劳为 860 亿美元，可口可乐为 810 亿美元。其他全球最有价值的品牌还包括美国电话电报公司、中国移动、通用电气、沃尔玛和亚马逊等。

高品牌资产可以为企业提供多方面的竞争优势。强大的品牌拥有高的消费者知晓度和忠诚度。消费者倾向购买有品牌的商品，因此，企业在与经销商谈判时拥有更大的主动权。由于品牌名称代表高可信度，所有企业可以更容易地推出新产品和进行品牌延伸。强有力的品牌使企业能够抵御激烈的价格竞争和其他竞争者的营销行动。

总之，一个强大的品牌是建立稳固且有利可图的顾客关系的基础，而品牌资产的核心是顾客资产——品牌所创造的顾客关系的价值。虽然一个强大的品牌很重要，但它真正代表的是一群营利的忠诚顾客。适当的营销计划应将注意力集中在顾客资产的创造上，而品牌管理则是实现这一目标的主要工具。企业应将自己视为顾客的组合，而非品牌的组合。

2. 建立强大的品牌

品牌管理为营销人员带来了挑战。主要的品牌战略决策包括品牌定位、品牌名称选择、品牌归属和品牌发展（见图 8-2）。

图 8-2 主要的品牌战略决策

1）品牌定位

营销人员必须在目标顾客的心中为品牌建立清晰的定位。品牌定位可以在以下 3 个层次进行：

（1）基于产品属性的定位。

在最低层次，品牌可以根据产品的属性进行定位。例如，宝洁公司创建了"帮宝适"一次性尿布品牌。早期，帮宝适的营销人员强调其属性，如液体吸收、合身性和一次性使用。然而，属性是品牌定位的最低层次，因为这些属性很容易被竞争者复制，且顾客对这些属性的关注点在于它们带来的具体利益。

（2）基于消费者利益的定位。

品牌可以通过将自身与消费者想要的利益相联系来进行更好的定位。因此，帮宝适的营销人员不仅讨论产品的技术属性，还强调其有效保护宝宝皮肤干爽健康的能力。一些成功定位于利益的品牌包括：顺丰速运（准时送达保证）、安踏（性能）、沃尔玛（低价）。

（3）基于品牌使命和愿景的定位。

成功的品牌会在更深层次、更感性的层面吸引顾客。在进行品牌定位时，营销人员必须为品牌建立一个使命，并制定有关品牌应该是什么和做什么的愿景。品牌是企业向顾客持续传递特定特征、利益、服务和体验的承诺。这种承诺必须明确、简单且诚实。例如，Motel 6 提供干净的房间、低廉的价格和优质的服务，但不会承诺昂贵的家具或大面积的卫生间。相对地，丽思·卡尔顿酒店提供豪华的房间和难忘的经历，但不会承诺低廉的价格。

2）品牌名称选择

一个优秀的品牌名称能够显著提高产品成功的概率。然而，找到最合适的品牌名称是一项艰难的任务。品牌命名需要对产品及其利益、目标市场和营销战略进行仔细审视。可以说，品牌命名既是一门科学，也是一门艺术，还需要一定的直觉创造力。

理想的品牌名称应具备以下几个特征：

（1）体现产品利益和质量。

品牌名称应该能够在一定程度上联想到产品的利益和质量，使消费者能够理解品牌的核心价值。

（2）易读、易认和易记。

品牌名称应简洁明了，易于发音和记忆，避免复杂或难以理解的词汇。

（3）独特性。

品牌名称应具有独特性，能够区别于竞争对手，避免与现有品牌名称混淆。

（4）易于扩展。

品牌名称应具有灵活性，能够适应未来的产品线扩展或市场扩展。

（5）翻译友好。

品牌名称应易于翻译成其他语言，避免产生负面或不合适的含义。例如，微软在中国将其 Bing 搜索引擎命名为"必应"，中文字面意思是"非常肯定的回应"。

（6）法律保护。

品牌名称应能够注册并获得法律保护，确保不侵犯现有的品牌名称，否则无法顺利注册。

选择一个新的品牌名称是一项挑战。一旦确定了品牌名称，就必须进行严格保护。许多企业希望通过建立一个品牌名称，使其能够最终代表某一产品类别。

3）品牌归属

制造商在品牌归属上有 3 种选择。新推出的产品可以使用全国性品牌（或制造商品牌），比如，三星和凯洛格就用自己的制造商的品牌销售产品（三星 Galaxy 平板电脑或凯洛格 Frosted 薄饼）。或者制造商将产品出售给分销商，作为分销商的自有品牌出售（又称商店品牌或分销商品牌）。尽管大多数制造商会创造自己的品牌名称，但是也有一些制造商会使用许可品牌经销产品。最后，两家企业可以集合资源使用共同品牌。我们会依次讨论每一种选择。

（1）全国性品牌与商店品牌。

全国性品牌（或制造商品牌）长久以来统治着零售领域。不过，近年来越来越多的零售商和批发商创立了自己的商店品牌，或称自有品牌。尽管自有品牌的发展已经超过 20 年，但最近更为严峻的经济时期带来了商店品牌的繁荣。研究表明，消费者正在购买更多的自有品牌，这会让消费者平均节省 38% 的花费。"困难时期是自有品牌的好年景，随着消费者价格敏感度的增加，他们的品牌意识会随之降低。"

事实上，在过去几年中，自有品牌的发展速度远远快于全国性品牌。自有品牌的药品占药店总销售额的 17%，自有品牌为超市贡献了 20% 的年收入，每销售 4 件超市产品就有 1 件是自有品牌。类似的，在服装销售中，百货企业的自有品牌也有所增加。例如，在过去 5 年中，对于科尔士企业来说，其自有品牌的销售额从 42% 上升到 52%。

（2）许可品牌。

大多数制造商要花费多年时间和数百万美元来创立自己的品牌。不过，一些企业会对原先由其他制造商创造的名称或符号、名人的姓名或是流行的电影和书中的角色发放许可证。支付一定的费用后，其中的任何一个都能立即成为一个好用的品牌名称。

（3）联合品牌。

当两家不同企业的已有品牌用于同一产品时，联合品牌就产生了。联合品牌有很多优点。由于每个品牌都在一个不同领域中占据优势，结合起来的品牌能吸引更多的顾客并创造更大的品牌价值。

联合品牌可以利用两个品牌的互补优势，还允许企业把现有品牌拓展到新的产品类别中去，仅依靠企业自身的力量可能很难进入这个类别。

联合品牌也有其局限性。这种合作关系往往需要复杂的法律合同和许可证明。联合品牌的合作双方必须周密协调它们的广告、促销和其他营销活动。最后，在进行联合品牌创造时，双方必须相信对方能够很好地对待自己的品牌。如果一方品牌的形象被损害，那么联合品牌也会变得黯然失色。

4）品牌发展

当企业准备发展品牌时，有4种方法可以选择（见图8-3）。企业可以采用产品线延伸、品牌延伸、多品牌或新品牌的方法。

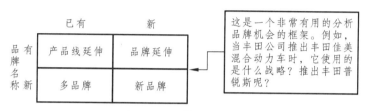

图8-3　品牌发展战略

（1）产品线延伸。当企业使用已有的品牌名称，在既定的产品类别中推出新的产品形式、颜色、尺寸、附加成分或口味时，为产品线延伸。

企业可能会把产品线延伸作为一种低成本、低风险的推出新产品的方法。或者企业可能希望满足消费者多样化的需要，利用过剩的生产能力，或是从分销商那里争取更多的货架空间。不过，产品线延伸也存在风险。品牌过度延伸，就会使其失去特定的内涵，也会让消费者产生混淆。

（2）品牌延伸。品牌延伸是指将一个现有的品牌通过新产品或改进产品延伸至一个新的产品类别。例如，Nest——时尚、贯通、学习型的恒温器制造商，其产品可以通过手机进行远程控制，如果扩展线路，还能通过手机控制具有同样智能和时尚的Nest保护家庭烟尘及一氧化碳报警器。Nest目前正在扩展其品牌，包括与Nest合作的多个合作伙伴共同开发的应用程序。这些应用程序让其智能设备与视频监控设备、智能门锁、家庭照明系统、家用电器和健身追踪带进行交互，并实施控制。所有的这些扩展在Nest的智能家居任务下合为一体。

（3）多品牌。企业常常在同样的产品类别中引入多个品牌。例如，百事公司在美国市场至少有8种软饮品牌（百事可乐、Sierra Mist、Mountain Dew、Manzanita Sol、美年达、IZZE、Tropicana Twister和Mug Root Beer），3种运动能量型饮品品牌（Gatorade、AMP Energy和Starbucks Refreshers），4种瓶装茶饮和咖啡品牌（立顿、SoBe、星巴克和Tazo），3种瓶装水品牌（Aquafina、H2OH!和SoBe）和9种水果饮料品牌（Tropicana、Dole、IZZE、立顿、Looza、Ocean Spray和其他）。每一种品牌都包含一长串的子品牌名单。

多品牌策略可以通过不同特性吸引不同的消费者细分市场，锁定更多的转销商货架空间并占取较大的市场份额。比如，尽管百事公司的许多饮料品牌会在超市货架上互相竞争，但联合品牌策略会比任何单一品牌获取更多的整体市场份额。同样，通过将多品牌定位于多重细分市场，百事公司8种软饮品牌的组合可以获取的市场份额要比任何单一品牌可以获得的市场份额更多。

多品牌的主要缺陷是每个品牌可能都只占很小的市场份额，且可能没有一个品牌能获得丰厚的利润。企业最终可能会把资源分散在众多的品牌上，而不能建立一些高营利水平的品牌。这些企业应该减少其在特定品类中销售的品牌数量，并建立更严格的新品牌筛选程序。通用汽车企业就这么做了，最近几年，它削减了自己产品组合中的众多品牌，包括土星、奥兹莫比尔、庞蒂亚克、悍马和萨博。同样，作为其最近改革的一部分，福特放弃了 Mercury 产品线，出售了沃尔沃品牌，使福特品牌的数量从 97 个减少到不到 20 个。

（4）新品牌。企业在感受到现有品牌趋于衰落的时候可能会觉得需要新品牌。或者企业进入一个新的产品类别但现有的品牌名称都不合适时，就可能创立一个新品牌。例如，丰田创立了独立的雷克萨斯品牌来锚定奢侈车的消费者，并创造了 Scion 品牌锚定千禧年消费者。

正如多品牌一样，推出较多的新品牌会导致企业资源太过分散，并且在一些行业中，如包装消费品行业，消费者和零售商已经开始担心有太多的品牌存在，但是不同品牌的差别又太小。因此，宝洁、百事、卡夫以及其他大型消费品经营者开始实施大品牌战略，即放弃弱小的品牌，将资金专门投资于可以在其产品类别中获得领先市场份额和成长性的品牌。

3. 管理品牌

企业必须小心地管理自己的品牌。首先，品牌定位必须要持续地传递给消费者。大品牌的营销人员常常在广告上花费巨额的资金来获得品牌知名度，建立品牌偏好和忠诚。例如，可口可乐在全球范围内每年花费近 30 亿美元来宣传它的各个品牌，通用汽车企业花了 34 亿美元，联合利华花费 79 亿美元，而宝洁花了 115 亿美元。

这样的广告活动可以帮助企业创造品牌识别、品牌知识，甚至品牌偏好。然而，事实上，品牌并不是通过广告维持的，而是通过顾客的品牌参与和品牌体验维持的。如今，消费者通过众多的联系点和接触点了解一个品牌，除了广告，还有个人的品牌体验、口碑、社交媒体、企业网页、移动 App 和许多其他途径。企业必须对这些接触点的管理投入与制作广告同样多的精力。就像迪士尼的一位前高管所说："品牌是一个有生命的实体，会随着时间的流逝而逐渐变得丰富或者受到破坏，这是由成千上万的小事件形成的。"

只有企业所有人员都认真领会其品牌，品牌的定位才能得到完全的贯彻。因此，企业需要对员工进行以顾客为中心的培训。更进一步，企业应该实施内部品牌建设来帮助员工理解和热衷于其品牌承诺。很多企业做得更多，它们培训和鼓励分销商与经销商为顾客提供高质量的服务。

此外，企业还需要定期审视品牌的优势和劣势。它们应该询问：我们的品牌在传递顾客真正重视的利益时是杰出的吗？品牌定位恰当吗？我们所有的消费者接触点都能支持品牌定位吗？品牌经理理解品牌对消费者意味着什么吗？品牌是否得到了恰当、持续的支持？品牌审查可能会发掘出需要更多支持的品牌、需要被舍弃的品牌以及由于顾客偏好变化或新竞争者出现而需要被重新定位的品牌。

8.1.5 新产品开发战略

企业获得新产品的途径有两种。一种途径是收购。即通过购买一家企业、一项专利或生产许可证来生产别人的产品。另一种途径是企业自己的研发部门进行新产品开发。我们所说的新产品是指企业通过自己研发投入而开发的原创产品、产品改进、产品修正和新品牌。本章我们集中讨论新产品开发。

新产品对于消费者以及为他们服务的营销人员来说都很重要。对消费者来说，新产品为他们的生活带来了新的解决方案和多样性；对企业来说，新产品是其业绩增长的主要来源。在如今快速变化的环境中，很多企业主要依靠新产品来实现收入增长。例如，近年来，新产品几乎彻底改变了苹果公司。虽然 iPhone 和 iPad 问世不到 10 年，但如今，它们已经成为苹果最热销的两类产品。

然而，产品创新的成本可能会非常高，而且具有很高的风险。新产品一直面临很高的失败率。据估计，60%的新产品在推出后两年内以失败而告终，2/3 的新产品概念从来就没有推出过。为什么会有如此多的新产品失败呢？原因是多方面的。虽然新产品的创意不错，但是企业可能对市场规模的估计过高，也可能产品设计得很差，或者产品在市场上定位错误、上市时间不合适、定价过高或没有开展有效的广告活动，也可能是高层管理人员无视市场调研结论而推行他所喜爱的产品构想。有时候，产品开发的成本高于预算，或者竞争对手反击的力度比预期的高很多。

因此，企业面临一个问题：它们不得不开发新产品，但是新产品的成功概率却很低。为了开发成功的新产品，企业必须深入了解消费者、市场以及竞争对手，在此基础上开发出能向消费者传递更高价值的新产品。

1. 新产品开发流程

企业不能仅凭运气来发现新产品，而是要制订定强有力的新产品开发计划，并建立系统的、顾客导向型的新产品开发流程来发现和培育新产品。图 8-4 阐述了新产品开发流程的 8 个主要阶段。

1）构思产生

新产品开发始于构思产生，即对新产品构想进行系统化的搜寻。一家企业通常需要生成数百甚至数千个构想才能找到一些好的构想。

新产品构想的主要资料来源包括内部资料来源和外部资料来源，如顾客、竞争对手、分销商和供应商等。

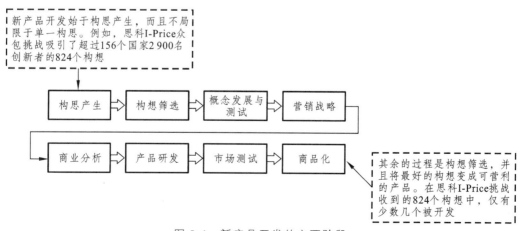

图 8-4　新产品开发的主要阶段

（1）内部资料来源。

使用内部资源，企业可以通过正规的研发活动来寻找新的产品构思。例如，福特公司在硅谷运行一个由工程师、移动应用程序开发人员和科学家组成的创新和移动中心，致力于从无人驾驶汽车到与 Nest 公司合作让消费者在车里控制家中室内取暖、照明和电器的移动应用程序的各项研发工作。福乐鸡建立了一个名为"孵化"的大型创新中心，其员工和合作伙伴在那里探寻关于食品、设计和服务的创意。该创新中心还是一个"设想、探索和想象未来、孵化新的食品和餐厅创意，并实现它们的地方"。

因此，除了内部研发过程，公司也可以撷取员工的智慧，从高层管理人员和销售人员，到科学家、工程师、生产人员。许多公司已经建立起成功的内部社交网络和内部创业机会，鼓励员工开发新产品创意。

（2）外部资料来源。

企业也可以通过一系列外部资料来源获得好的新产品构想。比如，分销商和供应商可以贡献新产品构想。分销商最接近市场，能将顾客面临的问题和可能的新产品等相关信息传递给企业。供应商可以给企业提供开发新产品的新概念、新技术和新材料。

竞争者是另一个重要的资料来源。企业可以通过研究竞争者的广告获取有关新产品的线索；也可以购买竞争对手的新产品，拆开来研究其工作原理并分析其销售情况，然后再决定是否要开发同样的新产品。其他的新产品构思资料来源包括商业杂志、展览、网站和研讨会、政府机构、广告企业、营销研究企业、大学和商业实验室以及发明家等。

最重要的新产品构想资料来源或许是顾客。企业可以通过分析顾客的问题和抱怨来开发能更好地解决顾客问题的新产品，或者企业可以邀请顾客分享他们的建议和构想。比如，因乐高塑料积木而风靡全球 60 余年的丹麦乐高集团，就通过乐高创意网站系统地向顾客征集新产品构想。

（3）众包。

目前，很多企业开始开发众包和有关新产品构想的开放式创新项目。众包敞开创新的大门，邀请尽可能广泛的群体，包括顾客、员工、独立科学家和研究人员等，参与到新产品的创新过程中来。借助这一广泛的内外资料来源，企业能够获得很多意想不到且强大的新构想。

各行各业、各种规模的公司如今都运用众包，而不是仅仅依靠自己的研发实验室产生支持增长所需的所有新产品创新。例如，运动服装生产商安德玛知道，公司内部无论有多少顶尖的开发人员，有时候产生优质、新颖创意的有效途径是求助于公司之外的力量。所以，为寻找下一个重要产品，安德玛赞助名为"未来秀创新挑战"的年度众包竞赛。

众包可以产生大量新鲜的创意。实际上，向所有人打开创意之门，那些或好或坏的点子可能将公司淹没。所得到的创意常常超出公司的预期。例如，当思科赞助一次名为 I-Prize 的开放创新活动从外部征求创意时，来自 156 个国家的 2 900 位创新者贡献了 824 个杰出创意。"评价过程花费的人力远远超出我们的预期。"公司的首席技术官说道。这需要"投入大量的时间、精力、耐心和想象力去粗取精"。最终，由 6 位思科员工组成的团队全力以赴地工作了 3 个月，才甄别出 32 个创意进入半决赛，来自世界各地的 9 支代表队进入决赛的竞争。

宝洁的故事

宝洁为其所在行业的突破性创新和新产品开发树立了身范。宝洁的汰渍洗衣粉是首款可以用于全自动洗衣机的合成洗衣粉；帮宝适是首款成功的一次性尿片；纺必适气味清新剂是首款不只掩盖气味还能消除气味的空气洁净剂。这些突破性创新是宝洁取得巨大发展的关键因素。

直到现在，宝洁的大多数创新产品仍来自企业内部的研发实验室，宝洁在全球 26 个实验室聘请了 800 多名研究员。虽然一部分研究员是全球著名的研究人才，但是，企业的实验室研发仍不能满足这个市值 240 亿美元的公司实现增长所需的创新数量。

因此，大约 12 年前，宝洁开始邀请外部伙伴一起开发新产品和创新技术。它启动了"连接+发展"众包项目，邀请企业家、科学家、工程师以及包括消费者在内的其他研究人员提交有关新技术、产品设计、产品包装、营销模式、研究方法、促销等一切能够创造更好的产品和服务的创新构想，从而帮助宝活实现"改善更多消费者的生活"的目标。

宝洁并非要替换掉多名研究员，而是想更好地利用这些资源。通过周密安排，企业可以把来自外部数以百万计的想法提供给内部人员。通过"连接+发展"众包项目，该企业表示："共同努力，我们可以比我们任何一方独自做得更好。"

如今，得益于"连接+发展"众包项目，宝洁建成了真正的全球创新网络，其 50% 以上的创意都涉及外部合作。目前，"连接+发展"项目已经成功签订了 2 000 多份协议。宝洁的"连接+发展"是宝洁创新的核心。

资料来源：宝洁的故事[EB/OL].[2024-12-30].中国商务广告协会，http://www.caacchina.org/.

所有行业中，大大小小的企业都在采用众包来获取产品创新想法，而不再仅仅依靠自己的研发实验室。例如，三星最近推出了一项开放创新计划，打破了其封闭的创新流程，打开了从外部获取新产品和新技术想法的大门。通过这个计划，三星与来自世界各地各行业和高校的顶尖研究人员建立了联盟，积极参与行业论坛，与供应商合作创新，寻找并投资有前途的创业企业。"在 21 世纪，没有一家企业能独自完成所有的研究。"三星的一位高管说，"我们认为，与世界各地的其他企业合作，建立并加强一个充满活力的研究社区是至关重要的"。

例如，从奥迪、微软和雀巢到瑞士军刀制造商 Victorinox 等企业，都在利用网络的 5 万名专业创意人士来获得想法和解决方案，并向他们提供 100 ~ 10 万美元不等的奖金。众包可以产生大量有创意的构想。事实上，这种对所有人敞开大门的方式很可能使企业被各种良莠不齐的构想所淹没。

真正的创新型企业并不依赖于某一种渠道获得新产品构想。相反，它们会发展广泛的创新网络，以从所有可能的资料来源中获得创新想法和灵感，从企业的员工和顾客到外部创新者，甚至除此之外的多种其他资料来源。

2）构想筛选

构思产生阶段的目的是形成大量的创意，其后各阶段的任务在于逐步减少创意的数量。

其中，第一个步骤就是构想筛选，即对新产品构想进行筛选以便从中发现优秀的构想，并尽快抛弃那些不好的构想。这是因为在之后的阶段中，产品开发成本会上升得很快，而企业只希望进一步开发能营利的产品。

大多数企业要求管理人员用标准格式的表格来描述新产品构想，以便新产品开发委员会进行审核。用表格描述新产品创意、顾客价值定位、目标市场以及竞争情况；同时，还要大致估计市场规模、产品价格、开发时间和成本、制造成本以及投资回报率。随后，新产品开发委员会根据一套标准对每一个新产品构想进行评估。

一位市场营销专家提出了 R—W—W（Real—Win、Worth—Doing）的新产品筛选框架。该框架需要解决 3 个问题。首先，这个产品构想是否真实？消费者是否真的存在对该产品的需求？他们是否会真正购买？该产品是否有一个清晰的产品概念？能令目标市场满意吗？其次，我们能成功吗？该产品有可持续的竞争优势吗？企业有使该产品成功的资源吗？它是否值得去做？该产品是否符合企业的总体发展战略？它有足够的利润潜力吗？企业在进一步开发新产品构想之前，应该能够对 R—W—W 的 3 个问题全部给出肯定的答案。

3）概念发展与测试

有吸引力的产品构想需要被提炼发展成为产品概念。正确区分产品构想、产品概念和产品形象非常重要。产品构想是指企业希望为市场提供的一个可能产品的构思；产品概念是指用有意义的消费者术语对新产品构想进行的详细描述；产品形象是指消费者对真实或者潜在产品的感知。

（1）概念发展。

假设某汽车制造商开发出了一种实用的全电动汽车，其原型是一款时尚的运动型敞篷跑车，售价超过 10 万美元。该制造商计划在不久的将来推出大部分消费者可以负担的大众市场版本，进而与尼桑 Leaf、雪佛兰 Volt、起亚 Soul EV 和雪佛兰 Bolt EV 等混合动力汽车或全电动汽车竞争。这辆百分百的电动汽车能在 4 秒内将时速从 0 增加至 60 英里/小时（1 英里 ≈ 1.609 3 千米），充一次电可以行驶 300 英里。它使用普通的 120 伏电源插座，45 分钟就可以完成充电，而且每英里的动力成本仅为 1 便士。

现在，营销人员的任务是要将这个新产品构想转化为几种可选择的产品概念，判断各个产品概念对消费者的吸引力，然后选择最佳的产品概念。对于这款全电动汽车而言，可能有如下几个产品概念。

概念 1：为那些想要购买第二辆车在城镇周边使用的家庭而设计的中型轿车，价格合理，适于走亲访友和外出办事。

概念 2：中等价位的小型运动汽车，适合年轻人。

概念 3：经济型"绿色"汽车，适合需要实用、无污染交通工具的环保人士。

概念 4：一种高端的中型多功能汽车，对那些喜欢更大空间和更少油耗的消费者有吸引力。

（2）概念测试。

概念测试是指在目标消费者中测试新产品概念。产品概念可以用符号或实物形式展现给消费者。

许多企业在开发新产品之前，通常会与消费者一起进行概念测试。对某些产品概念测试来说，使用文字或图画描述就足够了。但是，如果有更加具体和实实在在的实物展示，将会增强概念测试的可靠性。在概念展示之后，企业需要消费者回答一系列问题来测试他们对产品概念的反应（见表 8-2）。

表 8-2　全电动汽车的概念测试问题

1. 你了解电动汽车这个概念吗？
2. 你相信有关该汽车性能的说法吗？
3. 与传统汽车相比，该电动汽车能带来的核心利益是什么？
4. 与混合动力汽车相比，该电动汽车的优势在哪里？
5. 你认为该电动汽车在哪些方面还需要改进？
6. 与普通汽车相比，你在什么情况下会更倾向电动汽车？
7. 你认为该电动汽车的合理价格是多少？
8. 谁会影响你对该电动汽车的购买决策，谁将驾驶它？
9. 你会买这种电动汽车吗？（肯定会、可能会、可能不会、肯定不会）

顾客的反馈结果将有助于企业找出最具吸引力的产品概念。例如，最后一个问题是询问消费者是否有购买意愿。假设有 2%的消费者说他们"肯定会"购买，而 5%的消费者说他们"可能会"购买。企业就可以根据这些数据来估算整个目标市场的销量。即便如此，企业的估计也往往充满不确定性，因为人们的言行并不总是一致的。

4）营销战略制定

假设这家汽车制造商发现"概念 3"的测试效果最好，那么下一步它将要进行营销战略制定，即设计将该电动汽车引入市场的初步营销战略。营销战略计划包括 3 部分：

第一部分描述目标市场、计划的价值主张、预期的销售量、市场份额以及前几年的利润目标。

第二部分描述产品第一年的预计价格、分销策略和营销预算。

例如，这款电动汽车有 3 种颜色：红色、白色和蓝色，标准配置包括全部常用装置。零售价为 288 000 元，其中的 15%要给经销商。如果经销商能够在当月销售 10 辆以上，那么当月经销商还可以从每辆车中提取 5%的额外折扣。广告预算为 50 000 万元，按照 40：30：40 的比例分配给全国媒体宣传、网络和社交媒体营销、当地事件营销。广告、网站以及各种社交媒体将强调该汽车的驾驶乐趣和低排放。第一年，企业将用 10 万元进行市场调研，以研究什么样的消费者会购买这款汽车以及他们的满意度。

第三部分描述预计的长期销售目标、利润目标和营销组合策略。

这家汽车企业计划最终获得整个轿车市场 3%的市场份额，并实现 15%的税后投资回报率。为了达到这个目标，企业一开始就要生产高质量的产品，并不断改进。如果竞争态势和经济形势允许，价格可以在第二年和第三年提高。广告预算总额将以每年 10%的速度递增，第一年以后，每年的市场调研费用将削减为 6 万元。

5）商业分析

一旦企业管理层确定产品概念和市场营销战略，就可以评价这个提议的商业吸引力。商业分析是指对某个新产品的销量、成本和利润进行预测，以便确定能否满足企业的目标。如果符合目标，那么，新产品概念就可以进入产品研发阶段。

为了估算新产品的预期销售量，首先，企业需要调查同类产品的历史销售数据和市场对新产品的看法。其次，企业必须估算出最大和最小的销量额，以确定风险范围。完成销量预测后，企业就可以测算出产品的预期成本和利润，包括营销、研发、运营、会计和财务成本。最后，企业就可以运用销售和成本数据来分析新产品的财务吸引力。

6）产品研发

到目前为止，产品概念可能只是一段语言描述、一张图或是一个粗糙的模型。新产品概念在通过了商业测试后就将进入产品研发阶段。在这一阶段，研发部门和工程部门要将产品概念转化为实体产品。然而，产品研发阶段需要大量的投资。这一阶段将决定新产品构想能否转化为可行的产品。

研发部门将开发并测试新产品概念的一种或几种实体形式。研发部门希望能在预算成本内设计出一个能快速投产并且令顾客满意和惊喜的样品。开发一个成功的样品可能要花费数日、数周、数月甚至数年的时间，这取决于产品本身和制造样品的方法。

通常情况下，新产品要经过严格的测试以确保其能够安全而有效地实现功能，同时消费者可以在新产品中发现价值。企业可以自己进行产品测试，也可以将测试外包给其他专业企业。

营销人员通常会让消费者参与到产品研发和测试中。例如，耐用工作服和外套制造商Carhartt 已经招募了一大批创新者："努力工作的男士和女士们来帮助我们创造下一代产品。"这些志愿者与 Carhartt 的设计师实时交谈，发表了对新产品概念和现场测试产品的评价及看法。

新产品不仅要有符合要求的功能特性，同时还要传递出产品所要表达的心理特征。例如，全电动汽车要以制造精良、乘坐舒适、驾驶安全等性能打动顾客。那么，管理层必须了解什么因素会使消费者认为汽车是制造精良的。对于某些消费者来说，这意味着汽车在关上车门时能发出"厚重的响声"；而对于另外一些消费者来说，这意味着汽车能在撞击测试中经受住强烈的碰撞。有时也要进行消费者测试，通过试驾来评价汽车的性能。

7）市场测试

如果新产品通过了概念测试和产品测试，下一个阶段就要进行市场测试。在市场测试阶段，企业在更加真实的市场环境中对产品及其营销方案进行测试。市场测试为营销人员耗费巨资大举进入市场，每种新产品需要的市场测试量是不同的。当推出一种需要大量投资、风险很高或是管理层对产品或营销计划没有十足把握的新产品时，企业应该做大量的市场测试。

然而，市场测试的费用可能会很高，而耗时过长也容易流失市场机会，使竞争对手占据优势。当开发和推出新产品的成本较低，或者管理层对新产品充满信心时，企业可能只需做少量的市场测试或根本不用做测试。例如，对于简单的产品线延伸或者模仿竞争对手成功产品的仿制品，企业一般不进行市场测试。

面对快速变化的市场，企业也可能缩短或跳过测试过程。例如，为了充分利用数字化和移动化趋势，星巴克很快推出了一款不太完美的移动支付应用程序，然后在推出后的 6个月内找出了产品缺陷。如今，每周有 600 万笔交易都是通过星巴克的应用程序产生的。星巴克首席数字官说："我们认为事物不够完美并不是好事情，但我们愿意创新并且迅速地将它变得完美无缺。"

除了成本高昂的标准市场测试，企业还可以采用控制市场测试或模拟市场测试。在控制市场测试中，例如，SymphonyIRI 企业的 BehaviorScan，企业在可控制的商场和购买者之中测试新产品与策略。把测试消费者的购买行为与其人口统计特征和收看电视的情况结合起来，BehaviorScan 可以提供每个商店每周内测试产品的销售报告，以及企业在消费者家中和商店中的营销投入的影响。模拟产品测试可以衡量在实验商场里或是模拟的网上购物环境中消费者对新产品和营销策略的反应情况。控制市场测试和模拟市场测试都可以减少市场测试的费用并且加快测试进程。

8）商品化

市场测试为管理层提供了足够的信息，以便最终决定是否推出新产品。如果企业决定将该产品商品化，即将新产品引入市场，企业将面临巨大的成本。比如，企业需要购买或者租赁制造设备。如果是新的消费品，企业在第一年可能还要花费数百万美元的广告、促销和其他营销费用。比如，为了推广 Surface 平板电脑，微软在广告上花费了近 4 亿美元，包括电视、报纸、广播、户外、网络、事件、公共关系和免费样品等多个渠道。同样，汰渍也花费了 1.5 亿美元在竞争激烈的美国洗衣粉市场上推广其汰渍 Pods。

企业推出新产品时，首先要确定时机。如果推出的新产品会蚕食该企业其他产品的市场份额，推出计划就可能需要延迟一段时间；如果产品可以进一步进行改进或者当前的经济环境不景气，企业就可能要多等一年再推出该产品。但是，如果竞争者也正在准备推出相关产品，该企业就可能会加快推出新产品的步伐。接下来，企业必须决定在什么地方推出新产品——一座城市、一个地区、全国市场或是国际市场。有些企业可能会快速向全国市场推出新产品。拥有国际分销体系的企业也可以在全球范围内快速推出新产品。

2. 新产品开发管理

如图 8-7 所示的新产品开发流程强调了寻找新产品创意、开发和推出新产品所需的重要活动。但是，新产品开发不仅仅是这一系列的步骤，还需要企业采用系统的方法来管理这个过程。成功的新产品开发需要以顾客为导向、以团队为基础，并进行系统的努力。

1）以顾客为中心的新产品开发

首先，新产品开发必须以顾客为导向。当寻找新产品创意和开发新产品时，企业往往过多地依赖研发实验室的技术研究。就像其他营销活动一样，成功的新产品开发始于对顾客需求和价值的深入了解。以顾客为中心的新产品开发，专注于用新方法解决顾客问题并创造更满意的顾客体验。

一项研究发现，最成功的新产品是那些差异化、能够解决重要的顾客问题，并且提供有说服力的顾客价值主张的产品。另一项研究表明，相对于一般企业，让顾客直接参与新产品创新过程的企业的资产回报率高出一倍，营业收入增长率高出两倍。因此，消费者参与对新产品开发和产品的成功具有积极影响。

所以，如今富有创新性的企业不再局限于研发实验室，而是与顾客保持联系以找到新的方式来满足顾客的需要。以顾客为中心的新产品开发自始至终都紧紧围绕了解顾客并让他们参与到产品开发的流程中来。

2）基于团队的新产品开发

好的新产品开发还需要整个企业和跨职能部门的努力。有些企业有序地组织从构思产生到商品化的新产品开发。在这种次序化产品开发的过程中，一个部门单独完成自己的工作，然后转入下一个部门。这种有序的、逐步完成的开发流程有助于控制风险较大的复杂项目，但是缓慢的速度也会带来风险。在竞争激烈、迅速变化的市场中，这种缓慢而稳健的产品开发可能会导致产品失败、销售和利润降低或者市场份额丧失。

为了更早地推出新产品，许多企业开始采用一种更快的基于团队的新产品开发方法。在这种方法下，相关部门的人员一起工作，产品开发交替进行，以节省工作时间并提高效率。产品不像以往从一个部门传到下一个部门，而是从各个部门抽调人员组成团队，从产品开发到结束都一起工作。这些团队成员通常来自营销、财务、设计、制造和法律等部门，甚至来自供应商或顾客企业。在次序化产品开发过程中，瓶颈阶段可能会严重滞缓整个项目。而在基于团队的产品开发过程中，如果某一环节受阻，整个团队也能继续运转并同时解决这些问题。

基于团队的新产品开发方法也存在一些局限性。例如，与次序化产品开发方法相比，这种方法通常会加剧组织内的紧张和混乱。然而，在瞬息万变的行业中，面对日益缩短的产品生命周期，快速灵活的新产品开发方法所带来的好处远远超过了风险。将以顾客为中心的新产品开发方法和基于团队的新产品开发方法相结合的企业，还可以通过把合适的新产品快速引入市场而获得很大的竞争优势。

3）系统的新产品开发

新产品开发的流程应该具有整体性和系统性，而不是分散和杂乱无章的，否则将很难有新构想产生，而且很多好的构想会被搁置甚至枯竭。为了避免出现这些问题，企业需要建立一个创新管理系统来收集、审查、评估和管理新产品构想。

企业可以任命一位德高望重的资深人士为创新经理，还可以建立基于网络的构想管理软件，鼓励企业所有的利益相关方（员工、供应商、分销商、零售商）都参与到寻找新产品构想和开发新产品的过程中。企业也可以组建跨职能的创新管理委员会，评估收集到的新产品构想，并协助将好的构想投入市场。企业还可以建立奖励计划激励那些贡献优秀构想的人。

建立创新管理系统有两方面的好处。一方面，该系统有助于构建创新型的企业文化。它表明企业的高层管理人员支持、鼓励和奖励创新。另一方面，该系统可以产生大量的新产品构想，并从中找出优秀的构想。生成好的新产品构想的方法越系统，越有助于产生成功的新产品。好的构想不会再因缺乏一个传声筒或高级别的产品倡导者而被搁浅。

因此，新产品的成功需要的不只是想出一些好的构想，将其变成产品，并把这些产品销售出去。它还需要一套能够创造有价值的顾客体验的系统方法，从产生新产品构想、筛选新产品构想到为顾客制造出令其满意的产品。

不仅如此，成功的新产品开发还需要整个企业的努力。一些新产品开发能力突出的企业，整体的企业文化都鼓励、支持和奖励创新。

3. 产品生命周期战略

新产品投放市场后，管理层总是希望它们能拥有一个持久且顺利的生命周期。尽管企业不指望新产品能长盛不衰，但还是希望能够弥补推出新产品所付出的努力和承受的风险，并获得一定的利润。管理层也认识到，任何产品都有一个生命周期，尽管无法事先知道产品生命周期的准确形状和长度。

图 8-5 是一个典型的产品生命曲线，包括在整个生命周期内产品的销量和利润情况。典型的产品生命周期可以划分为 5 个不同的阶段。

（1）产品开发阶段始于企业寻找和生成新产品构想。在产品开发阶段，销量为零，企业需要投入大量资金。

（2）导入阶段是随着产品在市场上的推出，销售缓慢增长的时期。由于产品导入市场需要耗费巨额成本，所以几乎没有利润。

（3）成长阶段是产品被市场迅速接受，利润大幅度增加的时期。

（4）成熟期是由于大多数潜在购买者已经接受并购买产品,造成销售增长放缓的时期。这一时期，为了对抗竞争、维持产品的地位，企业不得不提高营销费用，最终使利润停滞或下滑。

（5）衰退期是指销售和利润不断下滑的时期。

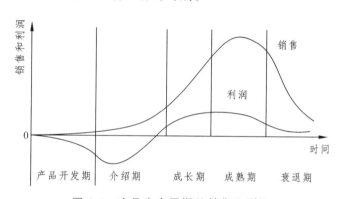

图 8-5　产品生命周期的销售和利润

并非所有的产品都依此遵循这样的生命周期。一些产品被引入市场不久便很快地消失了；一些产品在成熟期停留很久；还有一些产品在进入衰退期后，由于大规模的促销活动或重新定位，又重返成长阶段。一个经营良好的品牌看起来似乎可以活力长存。这些历史悠久的品牌包括可口可乐、吉列、百威等，历经百余年，仍保持强劲的势头。

产品生命周期的概念可以用于描述产品种类（燃油汽车）、产品形式（小型 SUV）或者品牌（福特公司的土星汽车）。在不同情况下，产品生命周期的概念运用不同。产品种类拥有最长的生命周期——许多产品种类的销售都会在成熟期停留很长一段时间。相比之下，产品形式趋向于体现标准的产品生命周期曲线。例如，拨号电话和 VHS 录像带等产品形式都经历了介绍期、成长期、成熟期和衰退期这一常规的生命周期过程。

由于不断变化的竞争形势，特定品牌的生命周期迅速变化。例如，洗衣剂（产品种类）和洗衣粉（产品形式）的生命周期很长，但某个品牌的洗衣粉的生命周期就可能比较短。如今,洗衣粉的主流品牌是汰渍和 Gain,而 100 年前的主导品牌是 Fels-Naptha 和 Octagon。

产品生命周期的概念也可以运用于所谓的风格、时尚和热潮。风格是一种基本且独特的表现方式。例如，风格存在于住宅（殖民地式、大牧场式、传统式）和艺术（现实的、超现实的、抽象的）中。一种风格一旦被创造出来，就可能维持很多年，并在此期间时而风行，时而衰落。风格曲线呈现出一种人们对其不断重新感兴趣的周而复始的周期。

时尚是在某一领域里当前被接受或流行的一种风格。例如，20 世纪八九十年代的职业装流行比较正式的款式，到了 21 世纪就演变成比较随意的休闲款式。时尚倾向缓慢地发展，通常保持一段时间的流行，然后缓慢地衰退。

热潮是由消费者的热情所驱动的大量销售或产品、品牌迅速流行的一个短暂阶段。热潮很可能是其他正常的生命周期的一部分，就如同最近扑克筹码的销量激增。或者这一热潮即为一个品牌或产品的整个生命周期。

营销人员可以将产品生命周期的概念作为一个有用的框架来分析产品和市场。如果谨慎使用产品生命周期的概念，它能帮助我们为不同的产品生命周期阶段制定好的营销策略。但是，使用产品生命周期的概念预测产品前景或者制定营销策略有时也会面临一些实际问题。例如，在实践中，预测每个产品生命周期阶段的销量、时间长短和产品生命周期曲线的形状是很困难的。使用产品生命周期的概念制定营销策略同样困难重重。因为营销策略既会影响产品生命周期，同时也受产品生命周期的影响。产品当前所处的产品生命周期阶段决定了最佳的营销策略，而这个营销策略反过来又会影响产品在之后各阶段的市场表现。

此外，营销人员不应该盲目地推动产品通过传统的产品生命周期阶段。相反，营销人员通常可以打破产品生命周期的"规律"，以意想不到的方式干预他们的产品所处的阶段。通过这种做法，他们可以拯救成熟或衰退的产品，使它们回到生命周期的成长阶段。或者，他们可以清除消费者接受新产品的障碍并将新产品快速推进到成长阶段。

产品生命周期的寓意是企业必须不断创新，否则就会有灭亡的危险。无论其现有的产品有多成功，为了未来的成功，企业必须善于管理现有产品的生命周期，必须不断开发出可以为顾客带来更多价值的新产品。玩具制造商美泰企业正在艰难地吸取这一教训，其一直以来以芭比、Hot Wheels、Fisher-Price 和美国女孩等经典品牌统领全球玩具业。然而，近年来，随着其核心品牌的成熟，美泰的销量在更灵活、更具创新性的竞争对手面前停滞不前。

4. 新产品营销策略

1）导入阶段

当新产品首次投入市场时，产品就进入了导入阶段。导入期的持续时间很长，销售增长较为缓慢。一些享有盛名的产品，如冷冻食品和高清电视，其销量在低水平徘徊了很多年后才进入高速增长的阶段。

与产品生命周期的其他阶段相比，在导入阶段，由于产品的销量很少，分销和促销的成本又很高，企业常常要亏本经营或利润很低。企业需要投入大量资金来吸引经销商，并建立库存。为了告知和吸引消费者试用新产品，促销的花费通常也比较高。在导入阶段，由于市场一般还没有为精细化的产品做好准备，因此企业和数量很少的竞争对手只生产基础版的产品，并且瞄准那些最迫切的购买者。

一家企业，尤其是市场先驱者，必须根据其设定的产品定位选择相符的导入策略。企业必须意识到，导入策略只是产品生命周期总体营销计划中需谨慎选择的第一步。如果市场先驱者选择的导入策略是"狠赚一笔"，那么，这种短期逐利行为将严重损害企业的长期营利能力。

因此，如果企业在一开始就出对了牌，那么它就有可能抓住最佳时机并保持市场领导地位。

2）成长阶段

如果新产品满足了市场需求，它就会进入成长阶段。在该阶段，销量快速攀升。早期使用者会继续购买该产品，而其他消费者也会跟着购买，尤其是当他们听到新产品的良好口碑后。由于利润的吸引，新的竞争者会涌入市场。竞争者引入新的产品特色，导致市场进一步扩大。随着市场竞争者的不断增加，分销网点的数量也将增加。在销量增加的同时，中间商的存货也将增大。产品价格保持不变或略有下降，同时，促销费用保持在原有水平或有所提高。培育市场依然是企业的目标之一，但同时，企业也要面对竞争者的挑战。

在成长期，随着促销费用被高的销售量所分摊并且单位产品制造成本下降，利润逐渐增加。企业也会制定各种各样的策略，尽可能长时间地维持市场的快速增长。企业可以改善产品质量，增加新产品的特色和式样；进入新的细分市场和新的分销渠道；将一些广告从建立产品认知转向建立产品信任，并促进顾客购买；在适当的时候降低产品价格，以吸引更多的购买者。

在成长期，企业面临高市场份额或高利润的选择问题。如果投入巨资改进产品、开展促销活动和提高分销能力，企业就可以占据市场主导地位。但是，这样做可能无法实现最大化的利润，只能期待在下一阶段得到补偿。

3）成熟阶段

产品的销售增长在达到某一峰值时就会放缓，进入成熟期。这一阶段的持续时间一般会比前面几个阶段长，并给营销管理部门带来严峻的挑战。目前，大多数产品都处于生命周期的成熟阶段，因此大部分营销管理人员需要处理的也正是这些成熟期的产品。

销售增长的减缓导致整个行业的生产能力过剩，而生产能力的过剩又会导致竞争加剧。竞争者纷纷开始降低产品价格、扩大广告和促销投入、增加研发预算，试图进一步改进该产品。所有这些都意味着利润减少。此时，一些较弱的竞争者开始退出竞争。最后，行业内只剩下一些地位稳固的竞争者。

尽管许多产品在成熟期会保持较长时间不变，但事实上，多数成功的产品会不断发展以满足消费者不断变化的需要。产品经理不应仅随遇而安地听之任之或者一味保护其成熟产品，善于进攻才是最好的防守。他们应当考虑调整市场、改进产品，以及调整市场营销组合。

在市场调整中，企业应当通过寻找新的使用者和新的细分市场，尽力增加现有产品的消费数量。公司应该想方设法增加当前顾客的使用量。例如，3M公司最近发起一场营销活动激励人们更多地使用其即时贴产品。即时贴"Post-It"品牌的"尽管去做"（Go Ahead）营销活动希望使顾客信服。小小的黏性纸片不仅可用于临时记录和提醒，还有其他多种用途。运动之初的一则广告展示了一个发生在大学校园中的场景，人们用即时贴在一座建筑物的外墙上回答问题："是什么启发了你？"画外音说道："来吧，让我们在一面真实的墙上分享。"广告中表现的其他场景包括：一个年轻人用各种颜色的即时贴在一面墙上创作出一幅镶嵌艺术作品；教师运用即时贴把教室装点得生动多彩……在这则广告的结尾，一页页即时贴被撕下展示意想不到的新用途，如"尽管去做，联系""尽管去做，灵感""尽管去做，探索"。

企业也可以试图改进其产品——改变产品特点，如质量、特征、风格、包装或者技术平台，来留住当前的使用者或吸引新顾客。因此，为使自己的产品焕然一新，从而吸引如今越来越迷恋新技术的孩子，众多经典玩具和游戏的制造商纷纷推出新的数码版本或为曾经的畅销品增加新属性。

另外，企业还可以试图改进营销组合——通过调整营销组合的一个或几个要素来提高销售。企业可以向消费者提供新的或改进的服务，也可以降低价格以吸引新的使用者或竞争者的顾客，还可以推出更好的广告运动或采取激进的促销活动——折扣、代金券、抽奖或竞猜等。除了定价和促销，企业还可以进入新的营销渠道为新用户提供服务。

4）衰退阶段

大多数产品形式或品牌的销售最终都会走向衰退。衰退的过程可能是缓慢的，像邮票和麦片的例子；也可能是快速的，如盒式录像带。产品销量可能锐减为零，也可能在一个低水平持续很多年。这就是衰退阶段。

销量下降的原因很多，包括技术进步、消费者偏好的改变和竞争加剧等。随着销量和利润的下降，有些企业退出了市场；幸存下来的企业可能会削减其所提供的产品种类，也可能放弃较小的细分市场和分销渠道，或是削减促销预算和进一步降低产品价格。

经营一种疲软的产品对企业来说代价很高，这种代价不仅体现在利润方面，还包括许多隐藏的成本。衰退的产品可能会占据管理人员大量的时间，它总是需要频繁地调整价格和存货。并且，它也耗费着大量的广告投入和销售人员的精力，而如果把这些资源放在"健康"的产品上，可能对企业更加有利。另外，一种产品的失败会让消费者对该企业以及它所生产的其他产品产生不安。将来也可能会出现更大的问题，经营疲软的产品会阻碍企业开发替代产品，造成产品组合不平衡，损害企业当前的利润，也会削弱企业未来的立足能力。

基于这些原因，企业需要识别处于衰退期的产品，并对每一种衰退的产品做出维持、收获或是放弃的决策。管理层可能决定维持它的品牌，即重新定位或重新塑造品牌，使其重新回到产品生命周期的成长阶段。宝洁对其几个品牌采取了这种做法，其中包括 Mr.Clean 和 Old Spice。在过去的 10 年中，宝洁对这两个老品牌重新进行了目标市场选择、定位、复活和延伸，使每个品牌从濒临灭绝恢复到数十亿美元品牌的地位。

管理层也可能会决定收获产品，这意味着企业会降低各种投入（工厂设备投资、维护、研发、广告、销售队伍建设），并且希望销售能保持稳定。如果成功，收获策略将在短期内增加企业的利润。此外，管理层还可能会放弃该产品。企业可以将产品卖给另一家企业或者干脆清算产品的残留价值。如果企业希望找到一个买家，它不会想要通过收获来减少产品。近年来，宝洁已经出售了一些衰退的和不再适合其战略的品牌，如 Folgers 咖啡、Crisco 油、Comet 清洁剂、Sure 除臭剂、Duncan Hines 蛋糕粉、Jif 花生酱、金霸王电池，以及 Iams 宠物食品。

表 8-3 总结了产品生命周期各阶段的重要特征，同时列举了每一阶段的营销目标和营销策略。

表 8-3　产品生命周期各阶段的特征、目标和营销战略

	介绍期	成长期	成熟期	衰退期
项目				
销售	低销售额	销售剧增	销售高峰	销售衰退
成本	单位顾客成本高	单位顾客成本一般	单位顾客成本低	单位顾客成本低
利润	亏本	利润增长	利润高	利润下降
顾客	创新者	早期使用者	中期大众	落伍者
竞争者	很少	增多	稳中有降	减少
营销目标				
	建立产品知名度提高产品使用率	市场份额最大化	保护市场份额，争取最大利润	压缩开支，榨取品牌价值
营销战略				
产品	提供基本产品	产品延伸、提供服务和维修保证	品牌和型号多样化	逐步撤出衰退产品
定价	成本加成法	渗透市场定价法	与竞争对手抗衡或领先它们	降价
分销	选择性分销	密集分销	更密集的分销	有选择地淘汰无利润的分销渠道
广告	在早期使用者和分销商中建立知名度	在大众市场建立知名度并引起兴趣	强调品牌差异和利益	降低，维持绝对忠诚者的水平
促销	加强促销，吸引试用	减少促销，利用使用者需求	加强促销，鼓励转换品牌	降至最低标准

5. 产品和服务的其他问题

这里，我们将用另外两个问题来结束对产品和服务的讨论：产品决策中的社会责任以及产品和服务的国际营销。

1）产品决策中的社会责任

产品决策已经吸引了公众越来越多的关注。市场营销者制定产品决策时，应当周详地考虑有关产品开发和淘汰、专利保护、产品质量和安全性，以及产品担保等方面的公共政策和法规。

如果企业并购的结果可能会削弱竞争，那么政府就会阻止企业通过并购的方式来增加新产品。

那些打算淘汰某些产品的企业必须意识到，它们对于供应商、经销商和顾客，这些因产品而存在利益关系的各方，都负有明示或暗示的法律责任。企业开发新产品时，也必须遵守专利法。企业不能非法仿制其他企业的现有产品。

制造商必须遵守关于产品质量和安全性的专门法规。如果消费者因使用设计有缺陷的产品而受到伤害，那么他们有权起诉该产品的制造商或经销商。虽然在所有关于产品可靠性的案件中，真正由制造商过失引起的仅占很小的比重，但是一经发现有罪，企业不得不承担数额惊人的赔偿，赔偿金额可达数百万美元甚至上亿美元。

这种现象导致产品可靠性保险的费用骤增，给某些行业带来很大的影响。一些企业通过提高价格把增加的保费转嫁给消费者。一些企业则被迫放弃高风险的产品线。现在，有些企业任命"产品管家"来主动清查潜在的产品问题，从而保护消费者免受伤害，减少企业可能承担的风险。

2）产品和服务的国际营销

产品和服务的国际市场营销者面临特殊的挑战。首先，他们必须确定应当在哪些国家推出什么产品和服务。然后，他们必须决定在多大程度上保持产品的标准化，在多大程度上对产品和服务做出调整以适应世界市场。一方面，企业希望使其市场提供物标准化。标准化有助于企业在世界范围内树立一致的形象，还可以降低设计成本、制造成本和营销成本。另一方面，世界各地的市场和消费者差别很大。企业通常必须通过调整自己的产品来对这些差别做出响应。

零售是最晚走向全球化经营的行业之一。随着本国市场日渐饱和，诸如沃尔玛、办公用品经销商欧迪办公，以及萨克斯第五大道精品百货店等美国零售商开始加速向海外市场扩张。例如，沃尔玛在28个国家每周为2.6亿顾客提供服务，其国际事业部的销售额占公司销售总额的29%。其他国家的零售商也在采取相似的策略。

服务企业的全球化发展趋势仍将继续，尤其是在银行业、航空运输业、电信业以及专业服务领域。如今，服务企业不再简单地跟随其制造商客户的脚步。相反，它们正在国际化扩张的浪潮中引领潮流。

8.2 应用与实践

8.2.1 经典案例——令狐冲餐饮集团的品牌战略

福建令狐冲餐饮企业集团集餐饮、娱乐和投资于一体，其旗下品牌呈现多品牌发展的态势。本案例描述了令狐冲如何在烤鱼这一细分市场上创建领导品牌，以令狐冲品牌发展战略为主线，回顾令狐冲品牌的起源与发展历程，围绕令狐冲的品牌命名、品牌定位、品牌传播，以及如何突破品类销售瓶颈、如何打造餐饮业区域品牌的领导者等众多品牌问题展开。在竞争激烈的餐饮行业市场，令狐冲为维持企业持续发展，下一步该如何做？品牌该如何升级？这将是关系到令狐冲品牌发展的重要抉择。

"令狐冲的江湖就要无拘无束，快意恩仇。想喝酒就喝，够豪爽就干杯。管他什么门派分别，管他什么白天黑夜。"令狐冲品牌创始人说。正是基于这种态度，短短四五年的时间内，令狐冲迅速扩张，目前营业的门店已近两百家，成为一家集餐饮、娱乐、投资于一体的连锁公司，并获得"中国餐饮百强企业""中国餐饮业十大休闲简餐品牌""2016中国优秀连锁餐饮品牌""福建省餐饮业龙头企业""2018中国特色餐饮十大领军品牌"等荣誉称号。这一切变化似乎超过预想，然而又真实存在。而在令狐冲总部，一手打造令狐冲品牌的董事长还在思索着：随着餐饮品牌的不断涌现，在资源有限的条件下，仅仅成立4年的令狐冲应该如何做年轻人喜欢的餐饮潮牌？如何扩大品牌知名度？如何增加年轻人对令狐冲品牌的黏性？这些问题在他的脑海中一遍又一遍地闪现，有待破解。

1. 闯荡江湖，背水一战

2005 年，令狐冲第一家餐饮店"郑记青草大补汤"在宁德开业，这为后面的令狐冲连锁经营提供了宝贵经验，打下了坚实的基础。2006 年年底，公司以敏锐的市场眼光选择了宝龙这一大型城市广场作为在福州开创事业的第一站，良好的经营给企业带来了第一桶金。继宝龙美食档口后，相继在泉州、漳州、厦门等地开了 8 个档口，生意相当火爆。

随后，在万象城开了家"水月洞天"火锅店，但因经营不善而倒闭。后来又在学生街开了重庆鸡公煲＆万州烤鱼。庞大的学生市场让店越开越多，又拉上亲戚朋友开了 7 家连锁店，但亲戚资源总是有限的，遇到了扩张的瓶颈。发展遇到瓶颈后，就打算从店铺升级下手。在策划公司的帮助下，鸡公煲有了一个响当当的名字——正中基。但改头换面的鸡公煲并没有一飞冲天，而是在禽流感来临之后默默歇业了。

一次两次的失败并没有打倒令狐冲。重整旗鼓之后，令狐冲的第一家门店于 2013 年 8 月 18 日在福州温泉支路开业了。令人耳目一新的巴洛克主题、窑烤活鱼的概念、轻松愉快的氛围让令狐冲一夜之间有了超高的人气和良好的口碑，成为福州吃货们的不二选择。由于第一家门店过于火爆，又在晋江尚未成熟的商场内开了第二家店。虽然第二家店的开头很好，但在模式还没有摸透、定位还不清晰的情况下，9 点就要求打烊的商场店很快就夭折了。随之而来的一系列难题便出现了。正值年关，却有 100 多万元的亏损，到处借钱才把员工的工资给补上。不仅如此，创始人还咬牙扛下了其他股东的大部分债务。创始人的魄力和担当赢得了团队高管的坚守、生意合伙人的支持、员工们的追随。重整旗鼓的经营团队与创始人一起撑起了令狐冲的一片天。终于，第三家令狐冲店面顺利开业了。从选址装修到开业经营，团队里的所有人一心朝着一个方向努力，就像一家人一样相亲相爱、同甘共苦。令狐冲的第三家店在福州一炮打响。

2. 得道多助，重整旗鼓

第二家店晋江店的亏本对令狐冲的打击可谓巨大，是否要开第三家店成了摆在全体令狐冲人面前的选择题。也就是在这种青黄不接的时候，在大家的齐心协力之下，第三家门店的生意空前火爆，令狐冲的门前再一次排起了长龙。借着达明路店的良好势头，令狐冲越走越好。

在第三家店——达明路店装修的时候，令狐冲又迎来了山东《餐饮时报》组织的 300 多人的考察团。团队和装修公司一起通宵了 5 天，达明路店及时开业并接待了考察团。借着《餐饮时报》的影响力，山东、江苏等地的令狐冲如雨后春笋般冒了出来。目前，拥有 50 多家门店的山东也成了令狐冲的第二故乡。

借助高校这一平台，创始人认识了福建农林大学管理学院的许老师。在他的引荐下，创始人接触到了福建大型超市的高层管理者，令狐冲也从原本单纯的街边店模式发展到与商超合作的新模式。

3. 不忘初心，成人达己

"如果后退一步，阳光可以折射更远，那么我愿意离我的目标更远一点。"创始人说。他曾看上一辆保时捷，当他想下手买这辆车的时候，却发现还有公司的高管在骑电动车上班，并且投资门店的员工越来越少，最终他放弃了一直想买的车，把钱投入公司创业基金池，让钱活起来。"如果我有一天能带着公司高管们都开上车、买上房，那才是最让我有成就感的事情！"他认为独乐乐不如众乐乐。团队成员有钱了，他才会有钱；团队成员素质提高了，企业的素质才会跟着提高；团队成员开心了，他才能跟着开心。

"贴地飞行才是最好的前进方式。"在逐步实现 3 年 500 家门店这一发展目标的同时，公司更加注重发展的质量，不盲目追求高速度。出于对烤鱼口味的追求与顾客感受的考虑，公司砍掉了 60 万元的杀鱼生产线及 20 万元的鱼缸；面对因加盟门店数量迅猛增加而带来的大量加盟费的诱惑，公司通过提高门槛、考察门店选址、评估店长与公司企业文化契合度等限制加盟门店的数量。

资料来源：许安心，林樬荷. 市场营销教学案例与分析[M]. 北京：中国农业出版社，2021：70-90.

8.2.2 案例分析与方法应用

1. 令狐冲烤鱼如何做清晰品牌定位

一夜之间烤鱼遍地开花。在许多城市的街头巷尾，在清冷月色下，远远地闻见烟熏里带着辛辣的烤鱼味，感受朋友间的真情，既和谐又温情。令狐冲把这简简单单的烤鱼做成了有情怀的烤鱼、有个性的烤鱼、有品质的烤鱼。

如今，酒吧式主题令狐冲窑烤活鱼、洞穴主题令狐冲窑烤活鱼、咖啡主题令狐冲窑烤活鱼，让顾客一直在刷新对令狐冲窑烤活鱼的认识。把舞台搬进了餐厅，把"餐秀"的概念放进了现实，让令狐冲一直走在时尚的风口浪尖上。正所谓慢工出细活，令狐冲希望能通过现杀现卖和精心细烤为顾客献上新鲜、美味的令狐冲窑烤活鱼。

（1）品牌定位。

消费群体定位："80 后""90 后"。80 后、90 后的特点就是另类、有个性、不走寻常路，而令狐冲恰恰就迎合了这一特点。仅从装修风格看，酒吧、洞穴、咖啡等各种主题的令狐冲就是另类、有个性、不走寻常路。

产品的定位：窑烤活鱼。通过夸张的窑炉造型，将传统的木炭置于鱼的两端进行烤制，能够最大限度地保持鱼的口感，最重要的是这种方式烤出来的鱼肉不会像传统烤鱼的鱼肉那样一夹即烂，而是 Q 滑、有弹性的。

营销模式的定位：集娱乐与餐饮于一体。融合美食城元素的小档口在扩充产品种类的同时还兼容外卖这种商业形式，为餐饮的多种经营树立了一个相当新颖且成功的范例。

（2）"扯淡"定律。

郑锦清用多年的餐饮行业经验总结了 6 大"扯淡"定律：正规的服务是"扯淡"，热情的服务才重要；当下最流行的模式是"扯淡"，产品的本质才重要；严厉的规章制度是"扯淡"，员工快乐才重要；低价成功的道理是"扯淡"，顾客的需求才重要；老板的面子是"扯淡"，团队的发展才重要；个人英雄主义是"扯淡"，健康的品牌才重要。

这 6 大定律虽然被称作"扯淡"定律，但其实在以年轻人为主要消费群体的餐饮行业一点也不"扯淡"，是实实在在的大道理。热情的服务、过硬的菜品品质、让员工快乐的理念、注重顾客的需求、构筑健康发展的团队和平台，这些令狐冲窑烤活鱼的成功之道都深植在短短的 6 句话中，是值得以年轻群体作为服务对象的餐饮公司借鉴的。

（3）最有创意的是"标准化"的江湖味：令狐冲的"标准化"。

吃过令狐冲窑烤活鱼的人都会有一种感觉："我好像从来没吃过这样口味众多的烤鱼。"爱上令狐冲的人都会发现，即使每家门店的装修不同、价格有所波动，但那份亲切的烤鱼味却没有分毫差别。难道这就是所谓的江湖味吗？其实是郑锦清把他引以为豪的窑烤活鱼做出了标准化：标准的酱料比例、标准的调味方法，甚至连配菜的分量、改刀的方法都实现了标准化。在中餐行业，标准化意味着口味的僵硬和实践的重重难关，往往如同丢失了灵魂，形聚神散。而令狐冲窑烤活鱼却克服了这个中餐行业最可怕的拦路虎，通过烤架到窑烤的改变，借助独家配置的酱料、分量和烤制时间造就了烤鱼的标准化蜕变。

为了保证菜品的品质和口味的纯正，令狐冲建立了"餐库"仓储品牌，把凉菜、配菜等除烤鱼之外的菜品统一配送，这是保证菜品外观标准化的最好方法。同时，组建"椒岩"调味酱料生产品牌，通过酱料包实现菜品口味的标准化。随着"餐库"和"椒岩"两大仓储类子品牌的诞生，从酱料到烤串甚至凉菜都保证了令狐冲不变的优良品质和独特风味；专业的冷链保鲜机制更有效地保障了口味的标准化；通过与食材原产地的生产基地互相协作而获得最佳品质的食材以供享用。

（4）生而鱼乐的快乐源泉：把娱乐和餐饮有机结合。

色彩夺目的门面设计，华丽复古的店内设计，独具匠心的摆件，每个细节都彰显着令狐冲窑烤活鱼从骨子里迸发出的时尚元素。这些都是为了让令狐冲窑烤活鱼成为"80后""90后"江湖侠客的驿站，为了让天下的"侠客"能在此举杯欢宴。

"生而鱼乐"的谐音是生而娱乐。在令狐冲窑烤活鱼的用餐体验中还有一样具有独特江湖味的体验项目，那就是他们独特的表演。从令狐冲主题曲"我的江湖，你是霸主"到门店员工不专业的业余乐队表演，各式各样的表演层出不穷，让食客们眼前一亮。即便唱歌的技巧不是那么娴熟，敲击键盘和拨动琴弦的手没那么专业，可用心去传递快乐的认真和对娱乐的向往都给了食客们独一无二的享受。这样标准的用心与不那么专业的表演的组合一不小心成了绝配，这一份贴心的服务也牢牢地抓住了"80后""90"后的顾客群体。同时，令狐冲餐饮还在为娱乐事业默默地做着一些实事，如承办福建赛区的中国好声音、承办百威啤酒节、拍摄公益微电影等，一切皆是源于企业内心对快乐的执念和对传递快乐的渴望。

2. 令狐冲烤鱼的品牌是如何成长起来的

（1）打造快乐、有凝聚力的团队，做品类领导者。令狐冲关于商业模式的定位有3个关键要素：灵魂灌输式快乐导入、金钱激励式快乐导入、成长式快乐导入。

灵魂灌输式导入。"我先快乐，我先开心；然后我会把我的快乐传递给高管，那高管也开心啊。高管笑了，是不是就会对店长笑？门店的店长笑了，服务员是不是就开心了？服务员开心了，就能给顾客更好的服务，顾客也开心了。这就是一整个链条式快乐传递，是灵魂灌输式的快乐导入。"

金钱激励式快乐导入。"说得通俗一点，我不仅能让老板、店长对你笑，还能让钱对你笑。新店开业了，你看好了，就可以投资了。如果没钱又想投怎么办，员工可以向公司创业基金申请，虽然明面上有一分利息，但实际上公司从没有收过利息。"虽然股权投资放开给员工带来了很大的福利，但带来的问题也不小。2015年，公司从员工那边回收了160万元的"烂股"。何为"烂股"？由于经营不赚钱、暂时不赚钱或者由于门店拆迁等不可抗力因素而暂停营业的门店的股份统称为"烂股"。回收的"烂股"在门店恢复营利能力、重新恢复营业后还会再返还给员工。赚钱的时候大家一起赚，亏钱的时候公司买单，这样稳赚不赔的投资让所有员工心动不已。据不完全统计，截至目前，公司有200多名员工投资了各门店，部分门店股东数量多达几十个。

成长式快乐导入。令狐冲的晋升机制为服务员—领班—主管—店长—督导—经理，而令狐冲的员工从服务员到部门经理可能只需要半年时间，这就意味着半年时间就要升6级，这在其他餐饮公司基本是不可能的。公司的所有高管也都是从服务员晋升上来的。一路坦途的晋升机制让令狐冲的员工凝聚力非常高，公司领班以上的员工、管理层的流失率在5%以内。

与此同时，在通过一段时间的经营和拓展后，令狐冲在三线、四线城市的消费市场颇为火爆。有一家四线城市门店在开业之前通过微博、微信的宣传和极大力度的优惠政策在整个城市里做好了铺垫，开业时盛况空前，道路被堵得水泄不通。其实，这个盛况的出现有一些必然的因素。在三线、四线城市，令狐冲品牌相较于当地的餐饮企业显得更高端，同等价格下可以让顾客享受更具特色的装潢和服务，过硬的菜品质量以及特殊的风格让当地居民耳目一新，因此很快成为小聚的最佳场所，成功地把令狐冲的品牌深植于当地年轻人的心中。

令狐冲餐饮品牌发展非常迅猛，从温泉支路的第一家门店发展到现在已近两百家门店。传统意义上，一个门店加盟都能够带来一笔不小的收入，但加盟的门店可能由于门店地理位置、店长个人因素等，门店营业质量参差不齐。加盟门店和直营门店相比更不利于总部统一标准的执行，所以在谈及未来的开店方式选择时创始人说："未来令狐冲会更多地以直营为主，通过降低加盟比例、控制门店开业速度来维持令狐冲产品和服务一直以来的高品质。"在喊出"3年500家门店"目标的同时，令狐冲更注重门店整体品质的提升，通过对加盟门店的考核保持门店的运营品质，这是令狐冲为稳中求快而付出的努力。

（2）新品牌的建立。令狐冲窑烤活鱼的成功让创始人开始发掘更多的品牌，做更多的尝试。小火柴大鱼头的"KTV＋餐饮"、任盈盈小资饮品店、令狐冲简化版的烧哥烤鱼、新派卤味品牌舞爪和狼烧吧等都是新的尝试。

创始人在行业里第一次提出了"K餐"和"餐秀"的概念，创立了小火柴大鱼头品牌，这样的首创更是一种餐饮行业多元化的风向标。在经营"任盈盈"品牌的过程中出现了巨大的亏损，经调查其原因在于：消费者认为该咖啡店里散发出的不是咖啡香，而是烤鱼味。于是忍痛结束了所有任盈盈小资饮品店。经营决策或多或少都会出现失误，但是令狐冲认为：能回头的，才是英雄。

在烧哥烤鱼门店里，一切都简易而不简单，不管是从装潢还是菜单的设计都透露着简单、快捷，把繁复的烤鱼变成了简单的美食，客单价定在30～40元，选址于社区、街道等。相较于令狐冲客单价60元左右，消费群以另类、有个性、不走寻常路的年轻人为主的特色，烧哥烤鱼更多面向大众消费群体，所需投资更少，鼓励各方人士加盟。烧哥烤鱼的菜单设计和菜品种类虽然透着令狐冲窑烤活鱼的影子，却又处处增添新意，增加了鸡公煲与泡椒田鸡等选择，这与令狐冲以烤鱼为主有所不同。

舞爪是令狐冲餐饮企业旗下的新派卤味品牌。2017 年 6 月，舞爪在福州最繁华地段——东街口开设了第一家门店。"无青春，不舞爪"是舞爪的价值主张，以打造年轻人的新生活方式为己任，坚持彰显舞爪独特个性。舞爪门店装修以活力橙色为主，让人耳目一新；产品线将"卤味＋现调饮品＋现打生啤"进行大胆组合，区别于传统卤味店模式；定价方式灵活，任意组合，消费无压力；荤素搭配合理，增加消费者购买欲望；更有贴心的打包袋与个性的果壳袋，让消费者体验感十足。舞爪一经开业，凭借其抢眼的造型、独特的口味、新颖的模式，迅速获得广大消费者的抢购和认可。截至 2020 年，舞爪已拥有全国店面 50 余家。

狼烧吧是令狐冲品牌的又一大创新。橙红色的狼头，狼头下就是窑烤炉，这样一个别具一格的烧烤店迅速得到消费者的一致好评和欢迎。其装修以狼生存的森林为主题，随处摆放的笔直的橡木树干很是别致，明亮的厨房让消费者可直观地看到准备食材到制作菜品的全过程，也让人可以放心消费。

然而多元化品牌的加入和产品的重叠似乎扰乱了创始人原本对烤鱼的执着与专注。他发现个别新品牌发展得并没有他想象的那么好，出现了"叫好不叫座"的尴尬场面，令狐冲在各地的发展也出现了不平衡的现象。他的理念似乎不能遍行于全国各地，接下来的发展就需要更严谨的市场调查，在战略、战术上做更充分的准备。

（3）通过共生营销打造品牌知名度。在扩张初期，创始人把目光投向了中国本土最大的一家集产品开发、生产、销售于一体的快餐连锁店华莱士。华莱士的合作联营体系让他看到了令狐冲的明天，他也有一个在中华大地的每一个角落都能看到令狐冲窑烤活鱼的美好愿景。可是很快他就发现，在扩张的初期，没有足够的品牌效应和足够信任的合伙人，再加上没有充足的资金支撑，很难走合作直营这条路。出现瓶颈之际，他想到了加盟。很快很多加盟店出现了，这也意味着有大量加盟费的涌入，在初尝了甜头之后，他发现几家加盟店的经营状况令人担忧，他意识到了问题的严重性。几家加盟店的相继倒闭给他敲响了警钟，意识到大量资金的涌入也不见得是好事，没有经过仔细、认真的评估，不能随便让人加盟，否则，加盟门店的失败会把原本的金字招牌给砸了，得不偿失。

于是令狐冲又回到了"门店众筹、合作直营"这条道路上。经过一段时间的严格把关和精心运作，门店的生意都在稳步增长。但半年之后又出现了新的问题：许多省外直营店的股东们开始不愿意走直营这条道路了。原因是总部的支持在他们的眼里变得越来越微弱，他们不乐意支付管理费等费用。一系列难题浮出水面。

经过了一段时间的思考与沉淀，事情终于出现了转机。

令狐冲窑烤活鱼与周麻婆是两家正在成长的餐饮连锁品牌，两家化干戈为玉帛，把互相争夺市场份额变成了互相持股。而这一切不仅是出于商业合作的考量，其中更有江湖道义的担当。周麻婆在资金上对令狐冲鼎力相助，找到一个交心的合作伙伴很难，找到自己事业的方向更难，摸着石头过河的人也许有最多的感悟和经验。

在"野蛮"扩张的期间，考虑到资金问题和老员工的福利以及奖励机制，创始人开放了股权，让老员工能够持有新开店面的股份，在调动员工工作积极性的同时也能缓解店面快速扩张带来的资金压力。一个企业能从公司高管到门店服务员都有足够的凝聚力，正是源自整个团体对领导者有足够的信服感。

在令狐冲总部的办公室中，办公的人数并不多，令狐冲总部员工其实大部分都在各个门店中忙碌，为了令狐冲的发展而放弃安逸的工作环境。

生意场上很难找到现成的答案，如何找到每件事情的平衡点更是一门学问。

3. 令狐冲烤鱼的未来品牌应该怎么规划

（1）整合营销传播策略：茉莉音乐节和令狐冲创业网络剧。

令狐冲是"中国好声音"2016福建赛区的特约餐厅。作为"中国好声音"音的承办餐厅，不仅能够更好地发挥令狐冲所属传媒公司的业务优势，还能很好地树立公司时尚、年轻、有活力的企业形象。令狐冲在娱乐圈的布局可不只承办"中国好声音"，令狐冲旗下的传媒公司还在筹划举办茉莉音乐节，立志打造出媲美甚至超越厦门草莓音乐节的具有福州特色的音乐节，传媒公司也在为"让人一提到福建音乐节除了草莓音乐节之外还能想到令狐冲举办的茉莉音乐节"这一目标而努力着。

另外，令狐冲还计划投资拍摄以令狐冲创业史为题材的网络剧。公司希望，除了以公司为原型拍摄的走心微电影《陪伴》外，还能有一部专门介绍令狐冲创业史的网络剧，通过该剧让更多的人能够知道令狐冲、喜欢令狐冲，以网络剧这一形式反映公司的创业历史和公司文化，让观众更容易了解令狐冲从创业到崛起再到迅猛发展的历史，在介绍公司发展历程的同时塑造企业形象、传播企业文化。

（2）令狐冲：未来创新合作模式。

令狐冲未来计划进入商业综合体，烤鱼与KTV、电影院、桌球娱乐等共存，它们看似毫无关联，实则相辅相成，通过整个综合体将各自的影响力向外辐射。顾客唱完KTV、看完电影之后再去吃烤鱼，配上几碟小菜，岂不妙哉？不少城市综合体如中闽百汇、新华都等也有意对接草根餐饮，打造"百货＋超市＋餐饮＋体验＋文化娱乐"商城，引入特色餐饮就是这一概念商城中重要的一环。

未来餐饮在娱乐综合体的比例会提高。过去，购物中心业态的黄金比例是：购物占52%，餐饮占18%，娱乐占30%。而如今，三者基本上各占1/3，其中餐饮的占比还在提高。这意味着令狐冲这样的娱乐综合体在市场上有着巨大的发展空间。令狐冲旗下品牌"小火柴大鱼头"将KTV直接带入用餐环境。这样的创新也为日后发展这方面的服务提供了很好的蓝本。

本章知识结构图：

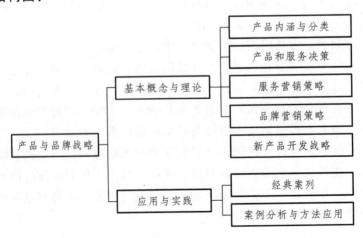

课后思考题

一、名词解释

1. 产品：

2. 服务：

3. 消费品：

4. 品牌定位：

5. 概念测试：

二、单选题

1. 产品是指（　　　　）。

    A. 仅有形商品　　　　　　　　　　B. 任何能满足客户需要或欲望的东西

    C. 仅服务　　　　　　　　　　　　D. 无形商品

2. 下列不是服务的特征的是（　　　　）。

    A. 无形性　　　　　　　　　　　　B. 易逝性

    C. 所有权转移　　　　　　　　　　D. 不可分性

3. 品牌资产的含义是（　　　　）。

    A. 品牌的财务价值　　　　　　　　B. 消费者对品牌名称的反应

    C. 品牌的市场份额　　　　　　　　D. 品牌的广告费用

4. 下列选项中，被定义为消费者不经常购买，选择时会花费较多努力比较的是（　　　　）。

    A. 便利产品　　　　　　　　　　　B. 选购产品

    C. 特制产品　　　　　　　　　　　D. 非渴求产品

5. 特制产品的定义是（　　　　）。

    A. 客户不经常购买，需要特别努力才能购得的产品

    B. 经常购买的日常用品

    C. 不知道或不常考虑购买的产品

    D. 大量生产的标准产品

三、多选题

1. 产品的定义包括（　　　　）。

    A. 有形商品　　　　　　　　　　　B. 服务

    C. 组织　　　　　　　　　　　　　D. 事件

2. 服务的特性中，使营销策略与有形商品不同的有（　　　　）。

    A. 无形性　　　　　　　　　　　　B. 易逝性

    C. 所有权　　　　　　　　　　　　D. 不可分性

3. 强大品牌的建立不包括（　　　　）。

    A. 品牌定位　　　　　　　　　　　B. 品牌名称选择

    C. 降低成本　　　　　　　　　　　D. 管理品牌资产

4. 在产品和服务决策中，需要被考虑的因素有（　　　　）。

    A. 产品生命周期　　　　　　　　　B. 新产品开发

    C. 价格策略　　　　　　　　　　　D. 现有产品的改进

5. 以下选项中，不属于产品和服务的层次的有（　　　）。

  A. 核心价值　　　　　　　　　B. 实际产品

  C. 附加产品　　　　　　　　　D. 竞争产品

四、判断题

1. 产品只包括有形的物品，如汽车和电脑。（　　　）

2. 服务由于其无形性，不能像有形产品那样进行市场推广。（　　　）

3. 品牌战略不涉及品牌的市场推广。（　　　）

4. 一个强大的品牌不需要定位策略。（　　　）

5. 根据产品的使用目的和消费者类型，产品可以分为消费品和工业品，其中选购产品属于消费品的一种。

五、简答题

1. 什么是产品？并举出除有形商品外的两个例子。

2. 论述新产品开发的程序。

3. 品牌资产是什么？请举例说明。

第9章 定价策略

◆ 学习目标

思政目标：聚焦学生核心素养培育，推进爱国主义精神厚植、家国情怀浸润涵养、工匠精神传承弘扬、社会责任意识强化、诚实守信品格塑造及爱岗敬业作风锤炼，激发学生的理想信念，提高学生的学习积极性。

知识目标：了解定价策略的基本概念和类型，掌握市场撇脂定价、市场渗透定价、附属产品定价等定价策略的特点和应用场景。

能力目标：培养学生社会责任导向的定价决策能力，多元定价策略应用能力，复杂市场环境适应与应变能力，团队协作与沟通执行能力。

素质目标：具备独立分析和解决价格制定问题的能力，能够应对复杂多变的市场环境。培养团队合作和沟通能力，能够在定价策略制定和执行过程中与团队成员有效合作。

案例导入

亚马逊 VS 沃尔玛：争夺线上零售霸主地位的价格战

沃尔玛和亚马逊在各自的领域都是领头羊企业。沃尔玛的优势是线下零售，"花更少的钱，过更好的生活"这一价格驱动的定位已经使它成为世界上最大的零售商，同时也是世界上规模最大的企业。反过来，作为网上商店，亚马逊被称为"网上沃尔玛"。尽管沃尔玛的年销售总额高达 4 870 亿美元，比亚马逊的年销售总额 890 亿美元高了不止 5.3 倍。但是亚马逊的在线销售总额是沃尔玛在线销售总额的 7.5 倍。据估计，亚马逊占据了美国 1/3 的在线零售市场。

沃尔玛为什么担心亚马逊？毕竟，沃尔玛线上销售目前大约只占美国零售总额的 5%。沃尔玛的大部分业务都是通过其 11 000 个实体店进行的，网上购物仅占其总销售额的 2.7%。但这场战争不是关于现在的，而是关于未来的。尽管以沃尔玛的标准来看，线上零售市场仍然是一个小市场，但线上销售的增长速度是线下销售的 3 倍。在未来 10 年内，在线和移动购买将占到整体零售总额的 1/3。因为亚马逊拥有自己的网上商城，所以，在过去的 3 年里，亚马逊的收入每年增长 20%。

谁将赢得这场争夺网络购物者欢心和金钱的战役？当然，低价格仍然重要。但是，实现线上零售霸主地位不仅仅是发动和赢得一场线上价格战就可以了。除了低价格外，双方还需要提供多样化的选择、便利性以及世界一流的线上购买体验。亚马逊在很久以前就已经开始完善购买体验了。对沃尔玛来说，赶上亚马逊的在线销售将需要时间、资源和远超出其标志性的日常低价的技能。正如沃尔玛全球电子商务总裁所言，赢得线上销售这项重要任务"将占据我们余生的职业生涯以及我们的投资。这不只是一个项目,而是关乎企业未来的大事"。

企业如今正面临着残酷和快速变化的定价环境。追求价值的顾客给众多企业施加了日益增长的定价压力。由于经济疲软,又受到互联网强大的定价权和价值导向型零售商(如沃尔玛)的影响,越发节俭的消费者正在采用少消费的策略。因此,几乎每一家企业都在竭尽全力降价。

通常来说,降价并不总是一种好办法。不必要的降价行为会导致利润损失甚至价格战,也会降低品牌的价值,因为降价会向顾客传递这样一种信号,即价格比品牌传递的顾客价值更重要。不论经济情况如何,企业都应该销售价值,而非价格。虽然在一些情况下,这意味着以低价格销售更少的产品,但在大多数情况下,这意味着要说服顾客:由于他们获得了更高的价值,所以为企业品牌付出更高的价格是合理的。

资料来源:福布斯. 沃尔玛 Vs. 亚马逊:谁将赢得 2023 年零售业大战? [EB/OL].(2023-07-11) [2024-12-30]. https://news.qq.com/rain/a/20230711A05LTK00.

9.1 基本概念与理论

9.1.1 定价策略考量因素

从狭义上讲,价格就是为了获得某种产品或服务所支付的金额。从广义上讲,价格是消费者为了获得拥有或使用某项产品或服务的收益而支付的价值总和。曾经,价格是影响消费者购买决策的主要因素,但在最近的几十年中,非价格因素对消费者行为的影响越来越重要。尽管如此,价格仍是决定企业的市场份额和营利能力的最重要的因素之一。

价格是营销工具组合中唯一产生营利的因素,所有其他营销工具都代表成本支出。价格同样也是营销组合中最为灵活的因素之一。与产品特性和渠道承诺不同,价格可以在短时间内进行调整。同时,定价是营销高层要面对的首要问题,很多企业都不能实现有效定价。有些管理者认为,定价是让人头疼的事情,他们更愿意关注其他营销工具。

聪明的管理者会把定价作为创造和获取顾客价值的关键战略工具。价格对企业的营利有直接影响。价格小幅度增加几个百分点,可能会引起利润的大幅增加。更重要的是,作为企业价值主张的一部分,价格在创造顾客价值和建立顾客关系中扮演了关键角色。因此,聪明的营销人员会把定价看成一项重要的竞争资产,而不是忽略它。

在市场营销中,制定有效的定价策略是企业成功的关键之一。定价策略不仅影响产品的市场表现,还直接关系到企业的利润和市场份额。以下是定价策略中需要考量的几个主要因素。

1. 成本因素

成本是定价的基础,也是企业考虑的首要因素。产品的价格必须覆盖其生产成本,包括固定成本和变动成本。固定成本是指那些在短期内不随产量变化的费用,如厂房租金、设备折旧和管理人员薪资等;变动成本是指随着产量变化的费用,如原材料和直接劳动力成本。企业需要确保价格足以弥补这些成本并获得合理的利润。如果价格设定得过低,可能导致亏损;而设定得过高,则可能影响市场竞争力。

2. 市场需求

市场需求决定了产品的价格上限。如果消费者对产品的需求较高且价格敏感度较低，企业可以设定较高的价格。相反，如果需求弹性大，价格敏感度高，则需要设定较低的价格以促进销售。理解需求弹性对于制定有效的定价策略至关重要。需求弹性是指因价格变动引起的需求量变化比例，它反映了消费者对价格变化的敏感程度。

3. 竞争状况

竞争状况也是影响定价的重要因素。企业需要了解市场中竞争对手的价格策略，以便在制定价格时保持竞争力。如果竞争对手的价格较低，企业可能需要采取相应的措施，如降低价格或通过增加附加值来维持市场份额。此外，竞争对手的价格变动也可能影响企业的定价策略，企业需要灵活应对市场变化。

4. 消费者感知价值

消费者对产品的价值感知决定了价格的上限。消费者愿意支付的价格通常与他们对产品质量、品牌和服务等方面的感知密切相关。如果消费者认为产品的价值高于价格，他们将更愿意购买。因此，企业在制定价格时需要充分考虑消费者的价值认知，并通过市场调研了解目标市场的需求和偏好。

5. 企业营销战略和目标

企业的总体营销战略和目标也会影响定价决策。例如，企业的定价目标可能包括维持市场份额、最大化利润、打入新市场或提升品牌形象等。这些目标需要与企业的定价策略相协调，确保价格能够支持企业的长期战略。例如，高质量高价位策略可能适用于提升品牌形象，而低价位策略则有助于快速获取市场份额。

6. 其他外部因素

其他外部因素如经济环境、法律法规和分销渠道等也会影响定价策略。经济环境的变化，如通货膨胀或经济衰退，会影响消费者的购买力和价格敏感度。法律法规可能对价格设定有一定的限制，企业需要确保定价符合相关规定。此外，分销渠道的不同也会导致价格的差异，企业需要考虑各渠道的成本和市场特性，制定相应的价格策略。

9.1.2 主要的定价策略

企业在定价时，既不能使价格低至不足以产生利润，也不能使价格高至无人购买，而应使价格介于两者之间。图 9-1 总结了定价时的主要考虑因素。消费者对某类产品的价值感知决定了价格上限：如果消费者认为产品的价格高于产品的价值，他们就不会购买产品。同样，产品成本决定了价格下限：如果企业制定的价格低于成本，企业将无法营利。因此，企业应在这两个价格区间内制定价格。与此同时，企业定价必须综合考虑其他一系列的内部和外部因素，包括竞争者的战略和价格、企业总体的营销战略、目标和组合，以及市场和需求的性质。

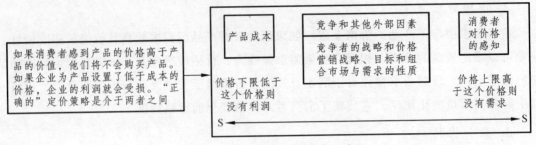

图 9-1　定价时的主要考虑因素

由图 9-1 总结出 3 种主要的定价策略：基于顾客价值的定价法、基于成本的定价法和基于竞争的定价法。

1. 基于顾客价值的定价法

基于顾客价值的定价法将消费者的价值感知作为定价的关键因素。基于价值的定价意味着营销人员不能先设计产品和营销方案，然后再定价。在制订市场营销计划之前，企业进行定价时应综合考虑其他营销工具组合。

图 9-2 比较了基于顾客价值的定价法和基于成本的定价法。虽然成本是定价的重要考虑因素之一，但基于成本的定价法通常是产品导向型的。企业设计自己认为不错的产品，加总所有生产成本，然后制定一个能补偿该成本并获得目标利润的价格。营销任务是说服消费者相信他们的购买是值得的。如果定价过高，企业要么降价，要么就达不到预定的销售量，这两种情况都会降低目标利润。

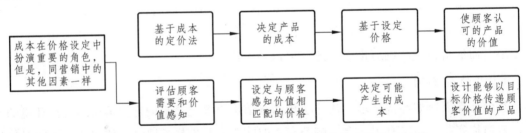

图 9-2　基于顾客价值的定价法与基于成本的定价法的比较

基于顾客价值的定价法则逆转了这一过程。企业首先要评估顾客的需求和感知价值，并在顾客的产品感知价值的基础上确定目标价格。目标价值和价格决定产品成本和产品设计决策。因此，定价始于分析顾客的需求和感知价值，制定的价格要与顾客的感知价值相匹配。

记住这一点很重要："好价值"并不等同于"低价格"。例如，一些购买奢华手表的人觉得物有所值，尽管其标价为 2 万～50 万元。

企业会发现，衡量顾客的产品感知价值比较困难。例如，计算某高档餐厅的食材成本相对容易，但衡量其他因素的价值就比较困难，如口味、环境、舒适程度、交谈和地位等。这些感知价值是主观性的，根据顾客和情况的不同而有所变化。

消费者通过感知价值来评价产品的价格，因此，企业必须有效地衡量消费者的感知价值。比如，企业可能会询问消费者愿意为基础产品支付的费用，以及愿意为在此基础上增加的每项增值额外支付的费用。或者，企业可能通过实验来衡量不同产品的感知价值。一则古老的谚语说："每个市场都有两种傻瓜：一种是要价太高的，一种是要价太低的。"如果企业的定价高于消费者的感知价值，则该企业的销售额就不甚理想；如果企业定价过低，虽然其产品销售令人满意，但是与以感知价值定价的情况相比，所获得的利润会比较少。

我们现在考察两种类型的价值导向定价：超值定价和增值定价。

1）超值定价

2008 至 2009 年的经济大萧条使消费者对价格和质量的态度发生了根本性的转变。为适应这一变化，许多企业调整了定价策略，迎合新的经济形势和消费者的价值认知。越来越多的营销人员开始采用"超值定价"策略，即以合理的价格提供适当的质量和服务。

在许多情况下，这意味着在现有品牌上推出低价版本的产品或推出新的低价产品线。例如，沃尔玛推出了一个极致低价的自有品牌名为"Price First"。该品牌以低于现有低价品牌"Great Value"的价格，为节俭的顾客提供最便宜的食品杂货。值得注意的是，超值定价是相对的，即使是高端品牌也可以推出价格更实惠的产品版本。

在其他情况下，超值定价策略还包括重新设计现有品牌，在不增加价格的情况下提供更高质量的产品，或者在降低价格的同时保持相同的质量。某些企业甚至通过提供较低价值但极具价格优势的产品而获得成功。

2）增值定价

基于顾客价值的定价并不仅仅是制定消费者愿意支付的价格，或为了应对竞争而降低价格。相反，许多企业采取"增值定价"。它们通过增加产品或服务的附加值来实现差异化，从而支持相对较高的价格，而不是单纯通过降价来应对竞争。例如，尽管顾客的消费习惯趋向节俭，一些连锁影院依然通过提升舒适度并提高票价，而不是为了维持低价而削减服务。

2. 基于成本的定价法

顾客的价值感知决定了企业的价格上限，而成本则决定了价格的下限。基于成本的定价法是指根据产品生产、配送和销售的成本，结合合理的回报率和风险，制定价格的一种方法。在企业的定价策略中，成本往往是一个至关重要的因素。

一些企业致力于成为行业中的"低成本制造商"，如沃尔玛和美国的 Spinit 航空。这类企业可以制定较低的价格，尽管利润率较低，但通过提高销售额和总利润，仍然能够实现较好的营利。而其他一些企业则选择保持较高的成本，以增加产品的附加值，从而制定更高的价格，获取更高的利润率，如苹果公司。

最简单的定价方法是成本加成定价法，又称加成定价法，即在产品成本的基础上加上目标毛利来确定售价。

那么，成本加成定价法是否合理呢？一般来说，这种定价方法并不合理，因为它忽略了消费者需求和竞争对手的定价，难以得出最优价格。但由于多种原因，成本加成定价法仍然非常流行。首先，与需求相比，企业对成本更加确定，因此将价格与成本挂钩，简化了定价流程。此外，如果行业内的所有企业都采用这种定价方法，价格将趋于一致，价格竞争也会因此减弱。

另一种基于成本的定价方法是盈亏平衡定价法，又称目标利润定价法，即企业制定一个能够达到盈亏平衡或实现目标利润的价格。目标利润定价法利用的是盈亏平衡表的概念，它反映了企业在不同销量下的总成本和总收入。

3. 基于竞争的定价法

基于竞争的定价法是指根据竞争者的战略、成本、价格和市场供应情况来确定价格的定价方法。消费者通常会将对产品价值的判断建立在竞争对手相似产品的价格基础之上。

在评估基于竞争的定价法时，企业应该考虑以下几个问题。首先，企业的产品在顾客价值方面与竞争对手的产品相比，表现如何？如果消费者认为企业的产品或服务比竞争对手的更有价值，企业可以设定更高的价格；反之，如果消费者对企业产品的感知价值低于竞争对手，企业就需要降低价格，或者通过提升顾客的感知价值来支撑较高的定价。

其次，当前的竞争对手规模如何？他们采用了什么定价策略？如果企业面对的是一家产品价值相对较低的小型竞争对手，那么可以通过降价将其逐出市场。如果市场被实施低价策略且规模较大的竞争对手占据，企业则可以通过提供高价的增值产品和服务来占领尚未开发的目标市场。

重要的是，企业的目标并不是单纯匹配或击败竞争对手的价格。相反，企业的目标是根据竞争对手所创造的相对价值来设定价格。如果企业能够为顾客创造更大的价值，那么更高的价格就是合理的。

9.1.3 新产品定价策略

1. 市场撇脂定价

许多企业在开发新产品时，通常会设定较高的价格，以便从市场中逐层获取收入。这种策略被称为市场撇脂定价或价格撇脂。例如，苹果公司经常采用这种策略。当苹果首次推出 iPhone 时，其初始定价高达 599 美元，只有那些真正渴望新技术并愿意支付高价的消费者才会购买。6 个月后，苹果将 8G 内存版的价格降至 399 美元，16G 内存版的售价降至 499 美元，以吸引新的消费者。一年后，苹果将这两个版本的价格调整至 199 美元和 299 美元，并且现在签订无线电话合约时，基础版的 8G iPhone 几乎可以免费获得。通过这种方式，新上市的每一款 iPhone 都以高价进入市场，然后随着新机型的推出而逐渐降价，从而使苹果能够从不同的细分市场中获得最多的收入。

市场撇脂定价仅在特定条件下才有意义。首先，产品的质量和形象必须能够支持其高价位，并且必须有足够多的顾客愿意以此价格购买；其次，生产小批量产品的单位成本不应过高，以免抵消高价格所带来的利润；最后，市场竞争者不能轻易进入市场，对高价格构成威胁。

2. 市场渗透定价

一些企业采用市场渗透定价。这种策略下，企业首先为新产品设定较低的价格，以迅速和深入地渗透市场，快速吸引大量消费者，赢得较大的市场份额。较高的销量能够降低单位成本，使企业有可能进一步降价。例如，小米在快速增长的新兴市场中使用了渗透定价策略，迅速提升了对其移动设备的需求。

这种低价策略的有效实施需要满足几个条件：①市场对价格必须高度敏感，低价格能迅速带来市场份额的增长；②生产和分销成本能够随着销售量的增加而降低；③低价格必须能够阻止竞争，采取渗透定价策略的企业必须始终保持其低价定位。否则，渗透定价可能仅能带来暂时的优势。

9.1.4 产品组合定价策略

当某一产品是产品组合中的一部分时，其定价策略通常需要进行调整。在这种情况下，企业会寻求一个价格组合，以获取最大化利润。各个产品的需求、成本以及面对的竞争程度各不相同，因此定价难度较大。表 9-1 总结了 5 种常见的产品组合定价策略：产品线定价、备选产品定价、附属产品定价、副产品定价和产品捆绑定价。

表 9-1　产品组合定价

定价策略	描述
产品线定价	为一整条产品线定价
备选产品定价	制定与主产品配套的备选产品或附件的价格
附属产品定价	为需要和主要产品一起使用的产品定价
副产品定价	为低价值的副产品定价，以处理这些副产品或从中营利
产品捆绑定价	为捆绑销售的产品定价

1. 产品线定价

企业通常会开发产品线，而不是仅仅推出单一产品。在产品线定价中，管理者需要确定产品线内不同产品之间的价格差异。这些价格差别应考虑产品线内不同产品的成本差异，更重要的是，还需考虑顾客对不同产品的感知价值差异。

2. 备选产品定价

许多企业在销售与主体产品相配套的备选产品或附件时，会采用备选产品定价。例如，汽车购买者可能会选择订购导航系统或娱乐系统；冰箱可以配备可选的制冰机；购买新电脑时，可以从处理器、硬盘驱动、操作系统、软件、服务计划等一系列选项中进行选择。为这些备选产品定价是一项复杂的任务，企业必须决定哪些产品包含在基本价格内，哪些产品作为可选择的选项。

3. 附属产品定价

当企业生产的附属产品必须与主体产品一起使用时，会采用附属产品定价。例如，剃须刀的刀片、视频游戏、打印机墨盒、单杯咖啡胶囊和电子书等。主体产品的生产商通常会为主体产品（如剃须刀、视频游戏机、打印机、胶囊咖啡机、平板电脑）设定较低的价格，而为附属产品设定较高的价格。附属产品的销售和利润可能占据品牌整体销售和利润的很大一部分。

在服务行业中，附属产品定价法也被称为二分定价法。服务的价格由固定费用和可变的使用费用组成。例如，在 Six Flags 等游乐园中，购买日票或季票后，还需要为食品或其他园内设施支付额外费用。

4. 副产品定价

在生产产品和服务的过程中，常常会产生副产品。如果副产品无价值且处理成本较高，可能会影响主体产品的价格。通过副产品定价，企业可以为副产品寻找市场，以尽可能补偿处理成本，从而使主体产品的价格更具竞争力。副产品本身甚至可能变成有利可图的资源，实现变废为宝的效果。

5. 产品捆绑定价

在使用产品捆绑定价时，企业通常将多个产品组合在一起销售，售价低于这些产品单独销售时的总价。例如，快餐店经常推出包括汉堡、炸薯条和软饮料的"超值套餐"；Bath & Body Works 会在肥皂和乳液产品中提供"三件套"（如三块除菌皂一起卖 10 美元）；康卡斯特、美国电话电报公司、时代华纳及其他电信企业将有线电视、电话服务和高速互联网服务打包以低价出售。产品捆绑定价可以激励顾客购买本来可能不会单独购买的产品，但捆绑的产品组合的价格必须足够低，才能吸引顾客购买整个组合。

9.1.5 价格调整策略

企业通常会根据顾客的不同需求和情境的变化调整产品的基础价格。表 9-2 总结了 7 种常见的价格调整策略：折扣和补贴定价、细分市场定价、心理定价、促销定价、地理定价、动态定价和国际定价。

表 9-2　价格调整策略

策略	描述
折扣和补贴定价	为回报消费者的某些行为（如批量采购或提前付款）调整产品的基础价格
细分市场定价	根据消费者、产品、地点的不同而调整价格
心理定价	根据心理效应调整价格
促销定价	暂时降价以促进短期销量
地理定价	根据消费者地理区域的不同调整价格
动态定价	依据个体消费者的特征和需求及购买情境对价格进行持续调整
国际定价	为国际市场调整价格

1. 折扣和补贴定价

许多企业会根据顾客的特定行为调整基础价格，如提前付款、批量采购和淡季采购等。这些价格调整被称为折扣和补贴定价，具体形式包括：一种折扣形式是现金折扣，即针对及时付款顾客的优惠政策。一个典型的例子是"2/10，n/30"，意思是顾客应在 30 天内付清账款，但如果在 10 天内付清账款，就可以在原价基础上享受 2%的折扣。数量折扣是对批量采购的购买者提供的价格优惠。功能折扣，又称贸易折扣，是由生产商向承担某些职能（如销售、储存和记录）的渠道成员提供的价格优惠。季节折扣是卖方向在淡季购买商品或服务的顾客提供的价格优惠。补贴是另一种基于标价的降价形式。例如，旧货补贴是对购买新产品时以旧换新的顾客提供的优惠方式。这种补贴方式在汽车行业最为流行，其他耐用品行业也常使用。促销补贴是卖方为了回报参与广告宣传或销售活动的经销商所支付的款项或提供的价格优惠。

2. 细分市场定价

企业通常会调整基础价格以适应不同的顾客、产品和销售地点。通过细分市场定价，企业以两种或多种价格销售产品或服务，并且这些价格差异并非来源于成本差异。

细分市场定价有几种不同形式。在顾客细分市场定价中，不同顾客会为同一种产品或服务支付不同的价格。例如，博物馆可能向学生和年长的顾客收取较低的价格。产品细分市场定价是指为不同版本的产品制定不同的价格，但这种价格差异并不是基于成本差异。

地点细分市场定价是指企业针对不同地点制定不同的价格，即使其针对不同地点的成本是相同的。

细分市场定价战略要有效发挥作用必须满足一定条件：市场必须是可细分的，而且不同的细分市场需求应有差别。细分市场和接触市场的成本不应超过价格差异所带来的额外收入。此外，细分市场定价必须是合法的。

最重要的是，细分市场定价必须反映不同消费者感知价值的真实差异。支付高价的消费者必须感受到他们获得了额外的价值。同样，企业也必须谨慎，避免将支付低价的顾客视为二等顾客。否则，从长远来看，这种定价方法可能会引发消费者的不满和反感。例如，近年来，航空公司经常受到座位在飞机前后两端的旅客的投诉。支付全额费用的商务舱乘客和头等舱乘客常常感到被欺骗，而低价舱的乘客则感到他们受到了忽视或不公正的对待。

3. 心理定价

价格在一定程度上反映了产品的情况。例如，很多消费者用价格来判断质量。一瓶 100 元的香水可能只装有价值 3 元的香料，但仍然有人愿意花 100 元去购买，这表明价格体现了一些特殊的东西。

使用心理定价时，企业不仅要考虑经济学方面的问题，还要考虑与价格相关的心理学方面的问题。例如，消费者通常认为高价格的产品具有较高的质量。当消费者能够检查产品质量或通过经验判断产品质量时，他们较少依赖价格衡量质量；但当他们缺乏必要的信息和技能来判断产品质量时，价格就成为重要的质量标志。例如，每小时 50 元和每小时 500 元的律师，哪个更优秀？这需要深入研究律师资质来客观回答这个问题，但即使如此，可能仍无法做出准确的判断，大多数人会简单假设收费高的律师会更好。

心理定价的另一个方面是参考价格，即购买者头脑中关于特定产品的记忆价格，作为选购产品时的参照依据。参考价格的形成可能是因为消费者注意到了当前的价格、记住了过去的价格，或是衡量了当时的购买情境。企业在定价时可以影响或利用消费者的参考价格。例如，一家食品杂货零售商可能会将售价 24.9 元的自有品牌麦片放在货架中标价 37.9 元的品牌麦片旁边。或者，一家企业可能会销售一种销量并不高但价格高昂的车型，这种车型使该企业那些售价稍低的车型看起来更实惠，尽管它们本身的价格也很高。

在大多数购买情境中，消费者没有足够的能力或信息来确定他们是否支付了合理的价格。他们没有时间、能力或兴趣来研究不同的品牌或商店，比较价格，然后进行最优交易。相反，他们可能会依赖某些暗示价格高低的信号。有趣的是，这些暗示信息通常是企业提供的，如商品特卖标志、最低价格保证、所谓的亏本价格以及其他有用的线索。

即使很小的价格差异也能显示出产品的差别。以 9 或 0.99 结尾的价格通常被认为是打折商品，到处都可以看到这样的价格。尽管实际价格差异很小，但这样的心理策略效果显著。一项研究发现，当人们在价格分别为 7 999 元和 8 000 元的激光视力矫正手术医院中做出选择时，更多的人选择了要价相对较高的 8 000 元的医院。实际上，两家医院的价格差别仅有 1 元，但心理上的差异可能非常大。7 999 元似乎相对便宜了一些，但低价格会引起人们对质量和风险的考虑。一些心理学家甚至认为每一个数字都有质量象征意义，应该在定价时认真考虑。例如，"8"是圆形且对称的，能产生一种让人宽心的效果；而"7"有棱角，给人一种不和谐的感觉。

4. 促销定价

在使用促销定价时，企业会暂时制定低于正常价格甚至低于成本的价格，以激发购买的热情和紧迫感。促销定价通常有几种形式。卖家可以简单地对正常价格进行打折来增加销售和减少库存。在某些季节，卖家还会使用特殊事件定价来吸引更多顾客。例如，电视和其他消费电子产品的促销往往集中在 11 月和 12 月，以吸引假日购物者进入商店。限时优惠，如网上快闪销售，可以创造购买的紧迫性，让购买者感到获得价格促销是一种幸运。

制造商有时会对那些在特定时间内购买产品的消费者提供现金返还，将现金直接送到消费者手中。汽车制造商、手机和小型器具制造商经常采用现金返还的方式。如今，消费品生产商也在采用这种方法。一些生产商还会通过低息贷款、延长保修期或免费维修等方式降低消费者的"价格"，这种方法在汽车行业尤其受到青睐。

促销定价可以在购买决策过程中改变顾客的需求。例如，为了鼓励苹果用户将苹果笔记本电脑换成 Surface 平板电脑，微软向将 MacBook Air 以旧换新成 Surface Pro3 的用户提供了高达 650 美元的返利。这种激进的价格促销可以强有力地促进消费者购买和品牌转换。

然而，促销定价也可能带来负面影响。比如，在大多数节假日，市场上充斥着各种促销活动。营销人员运用各种促销手段轰炸消费者，使其感到疲惫并对价格产生疑虑。如果促销定价使用过于频繁，可能会催生"折扣倾向型"顾客，他们只会在品牌降价时才会购买。此外，经常性的降价会损害品牌在消费者心中的价值。

营销人员有时会沉迷于促销，尤其是在经济困难时期，他们没有努力使用长期有效的战略来建设品牌，而是将价格促销作为一种捷径。

5. 地理定价

企业还必须决定销往国内不同地区或国际上的产品定价。由于远距离的运费较高，企业是否应该冒着失去远距离地区顾客的风险，为那些地区的产品制定更高的定价？或者不考虑顾客的地域性制定一个统一价格？

如果企业非常希望与某个特定顾客或者某个特定地区的顾客开展业务，它可能使用无运费定价。使用这种定价策略时，企业承担部分或全部的运输费用，以获得所期望的业务。

企业可能会认为，如果能够获得更多的业务，平均成本的降低可以弥补额外的运输成本。无运费定价法可以用于市场渗透，或者在竞争日益激烈的市场中维持市场份额。

6. 动态定价

价格一般由卖方和买方协商决定。固定价格政策，为所有的购买者制定统一价格的策略是一种创新想法，该策略随着 19 世纪末大规模零售商的发展而出现。如今，大多数价格都是通过这种方法确定的。然而，一些企业颠覆了统一价格的趋势，它们使用动态定价方法，持续调整价格以迎合个体顾客的特点和需求以及环境特性。

动态定价在互联网上尤其盛行。互联网似乎将我们带回到过去的动态定价时期，这种定价为营销人员提供了很多好处。例如，互联网企业可以通过数据挖掘来发现特定消费者的需求并了解其收入，检查竞争对手的竞价，实时制定自己的产品价格来迎合消费者的情况和行为。

零售商、航空公司、酒店甚至体育行业等企业每天每时都会根据需求、成本或竞争者的价格来随时调整其产品的价格。如果做得好，动态定价可以帮助卖家优化销售，更好地为顾客服务；但如果做得不好，则可能引发价格战，损害顾客关系和信任。企业必须小心谨慎，不要越过精明的动态定价策略和破坏性定价策略之间的界限。

在极端情况下，一些企业从在线浏览和购买历史中挖掘顾客个人的特征与行为，并据此个性化他们的产品和价格。最近，网上的产品和价格很可能就是基于以下因素：特定顾客的搜索和购买记录，他们购买其他商品时支付的价格，以及他们是否愿意和能够花更多的钱。

尽管这种动态定价方法在法律上存在异议，但事实上它并没有问题。只要企业不根据年龄、性别、地点或者其他类似的特征歧视顾客，动态定价就是完全合法的。动态定价在许多情况下都有意义，它可以根据市场情况和顾客偏好来调整价格。但是，营销人员需要格外注意不要利用特定的消费者群体，这将会损害顾客关系。

7. 国际定价

在国际上经销产品的企业必须确定其产品在不同国家的价格水平。在某些情况下，企业可以在全球范围内制定统一价格。例如，波音公司在各地出售飞机的价格基本相同，无论是在美国、欧洲，还是发展中国家。然而，大部分企业会根据当地的市场环境和成本而调整价格。

企业在特定国家定价时要考虑许多具体因素，包括经济环境、竞争状况、法律法规及其批发和零售体系的发展状况等。不同国家消费者的认知和偏好也有差异，因此会要求不同的价格。或者企业在世界不同地区市场中追求的目标不同，这也要求企业进行价格策略的调整。例如，苹果在高度发达的成熟市场中引入了成熟的、功能丰富的高端智能手机，使用市场撇脂定价策略。相比之下，它现在面临的压力是对旧型号产品打折，开发更便宜、更基础的手机型号，以满足规模大但不太富裕的发展中国家市场。在这些发展中国家，打折的苹果手机旧机型的售价仍是低价竞争机型的 3~5 倍。

成本在制定国际价格中起着重要的作用。在国外旅行的人经常会发现，在国内相对便宜的商品在其他国家可能会贵得离谱。这种价格上涨有时是销售策略或者市场条件不同造成的。然而在大多数情况下，仅仅是因为外国市场的销售成本较高，包括额外的运营成本、产品改良成本、运输和保险费用、汇率波动、实体分销成本和进口关税及其他税费。

对于试图进入不够富裕的新兴市场的企业，价格已成为其国际化营销战略的一个关键因素。通常，进入新兴市场意味着要把快速增长的发展中国家的中产阶层群体列为目标消费群体。然而最近，由于全球经济疲软，国内市场和新兴市场发展缓慢，许多企业开始转向新的目标，即所谓的"金字塔底层"群体，包含世界最贫穷的消费者在内的巨大的未开发市场。

不久之前，许多西方企业的策略是在印度或者印度尼西亚这类发展中国家市场中，为自己的产品贴上新标签，以高昂的定价来寻找可以付得起高价的少数特权买家。然而，这种定价方式使许多产品的价格超出了新兴市场数千万贫困消费者的消费能力。因此，许多企业为这些市场开发了更小、更基础、更实惠的产品版本。

尽管这种策略对于联合利华来说是成功的，但大多数企业也意识到，向金字塔底层的顾客销售商品以赚取利润，不能仅仅依靠将原有产品改变和缩小包装以及降价。就像更富裕的顾客一样，低收入的顾客也希望得到既实用又满意的产品。因此，众多企业正在开发新的产品，这些产品不仅价格低廉而且能让金字塔底层的顾客感到物超所值。

9.1.6　价格变动策略

企业在制定好价格结构和策略后，还经常面临需要改变价格或根据竞争者的价格变化做出相应调整的情况。

1. 发起价格变动

在一些情况下，企业可能会决定发起价格的上涨或下降。然而，无论价格如何变动，企业都必须考虑购买者和竞争者可能的反应。

1）主动降价

有些情况可能导致企业考虑降价。首先，生产能力过剩可能促使企业降价。其次，激烈的价格竞争或经济衰退可能导致市场需求下降。在这种情况下，企业可能会积极降价以增加销售量和市场份额。然而，航空业、快餐业、汽车业、零售业和其他一些行业的经验表明，在生产力过剩的行业中降价可能会引发价格战，因为竞争对手也会努力保持自己的市场份额。

企业降价的原因还可能是要以更低的成本占领市场。例如，企业最初的生产成本比竞争者低，或者企业希望通过降价来获得更大的市场份额，增加销量从而降低成本。例如，某计算机和电子产品制造商采用了积极的低成本、低价格战略来增加其个人计算机产品在发展中国家的市场占有率。同样，中国低价手机制造商小米现在已经成为中国智能手机市场的领导者，并且正在快速进入印度和其他新兴市场。

2）主动提价

成功的提价能够显著增加利润。例如，如果一家企业的利润率为销售额的3%，价格提高1%时，利润将增加33%。诱发提价的主要因素之一是成本上升，增加的成本导致利润率下降，企业不得不将成本上升的压力转嫁给消费者。另一个因素是需求过剩，当企业不能满足所有顾客的需求时，可能会提高价格，或对顾客进行定量配给，或者同时采取这两种措施。例如，石油和天然气行业的情况就可以体现这一点。

然而，在提价时，企业必须避免形成"价格掠夺"的形象。例如，当汽油价格迅速上升时，消费者可能会谴责石油公司通过涨价增加自身利润。顾客的记忆是长期性的，他们最终会离开那些他们认为价格过高的企业，甚至可能离开整个行业。在极端情况下，价格掠夺的指控可能导致政府增加监管。

企业可以采取一些措施来避免这一问题。其中一种措施是使价格上涨显得公平。企业应向顾客解释提价的原因。企业还可以考虑在不提高价格的情况下应对成本或需求的增加。例如，企业可以采用更经济的生产或分销方法，或者将原本捆绑在一起的市场供应品拆开，单独定价。另一措施是减少产品的分量或使用更便宜的原料替代，而不是直接提高价格。

3）购买者对价格变化的反应

顾客对价格变化的反应可能并非总是直接的。例如，价格升高通常会降低销售量，但也可能对购买者产生一些正面影响。如果劳力士提高了最新款手表的价格，顾客可能会认为这款手表更独特或更精致。另外，顾客也可能认为劳力士试图通过高价格赚取最大利润。

类似地，消费者可能对价格下降有多种解读。例如，如果劳力士突然大幅降低手表价格，顾客可能会认为自己捡到了便宜货；但也可能认为产品的质量降低了，品牌的豪华形象受损。品牌的价格和形象通常紧密相关，价格的变化，尤其是降价，可能对消费者的品牌印象产生负面影响。

4）竞争者对价格变化的反应

企业在考虑价格变动时不仅需要考虑消费者的反应，还必须考虑竞争对手的反应。在那些企业数量少、产品同质化且消费者信息灵通的行业中，竞争者最可能对价格变动做出反应。

预测竞争者的反应是一项复杂的任务，因为竞争者对价格变动的理解可能多种多样。竞争者可能认为企业正在争取更大的市场份额，或是经营业绩不佳，通过降价促进销售，或者企业试图通过降价来增加整个行业的总需求。

企业必须预测每个竞争者可能的反应。如果所有竞争者的行动方式相同，这相当于分析一个典型的竞争者；但如果竞争者的行动方式不同（如由于规模、市场份额或政策的不同），则需要对每个竞争者分别进行分析。如果某些竞争者会效仿企业的价格变动，那么企业就有理由预测其余的竞争者也可能会跟随。

2. 对价格变化的回应

现在我们把问题反过来，如果竞争者改变价格，企业应当如何应对？企业必须思考以下几个问题：竞争者为什么要改变价格？价格变动是暂时性的，还是永久性的？如果企业不做任何回应，对自己的市场份额和利润可能会产生什么影响？其他企业可能会做出反应吗？除了这些，企业还必须考虑自身的情况和战略，以及消费者对价格变动可能做出的反应。

图 9-3 说明了一家企业评估和应对竞争者降价的几种方法。如果企业确定竞争者已经降低了价格，且企业认为其价格的降低很可能影响自身的销售和利润。那么针对这种情况，企业也许会简单地决定保持现有的价格和利润率。该企业可能会认为，它不会失去太

多的市场份额，或者如果它降低了自己的价格，就会失去太多的利润；或者它可能会认为应该等到有更多关于竞争对手价格变化的信息时再做出回应。然而，等待的时间过长可能会让竞争对手随着销售的增长而变得更强大、更自信。

如果企业认为应该采取有效的对策，它可能有4种做法。

首先，企业可以降低价格来与竞争者的价格相匹配。它可能认为市场是价格敏感型的，不这样做会被低价格的竞争者抢占太多的市场份额。但是，降价在短期内会降低企业的利润。一些企业可能会决定降低产品的质量、服务、营销费用以保持原来的利润率，但这最终会损害企业长期的市场份额，企业在降价时也应该努力保持原来的质量水平。

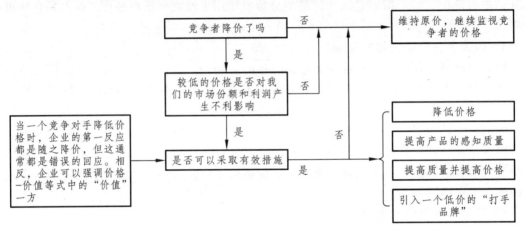

图9-3　对竞争对手的价格进行评估并做出反应

其次，企业可能维持原来的价格但提高它所供应产品的感知价值。它可以加强市场宣传，强调产品在相对价值上优于价格较低的竞争产品。企业可能会发现，相比降价后以较低的利润率运营，维持原价并提高产品的感知价值是一个更为有效的方法。

再次，企业可以提高质量和价格，将其品牌转移到一个更高的价值-价格的定位。更高的质量创造了更好的顾客价值，这能够支持较高的价格。反过来，较高的价格又可以使企业保持较高的利润率。

最后，企业可以引入一个低价的"打手品牌"，即在现有的产品线上增加一个低价产品或者创造一个独立的低价品牌。如果企业正在失去的细分市场对价格敏感，但对高质量诉求不敏感，这个措施就是很有必要的。

9.2　应用与实践

9.2.1　经典案例——S视频"VIP付费超前点播"的定价策略

在视频平台购片成本、获客成本日益上升，各大视频平台激烈争夺用户、短视频平台不断蚕食市场份额的当下，为了获得利润最大化，S视频网站推出了"VIP付费超前点播"业务，引发了用户的强烈讨论。本案例通过描述S视频推出"VIP付费超前点播"业务的背景以及由此带来的消费者争议，揭示顾客感知价值、定价策略、价格歧视等理论在视频平台定价中的应用。

2019 年某网剧热播，但挤牙膏式的更新频率在开播之初就遭到观众吐槽，观众的"加更"呼声日益高涨。于是原本互为竞争对手的两家视频平台为满足观众的意愿而推出了加更，但并非免费，而是采取"VIP 付费超前点播"的方式。观众对此议论纷纷，认为视频平台俨然把 VIP 用户当作"韭菜"。用户交会员费成为 VIP，本来已是付费看视频，如今平台来了个"费上加费"，想提前看剧，就得再掏一笔钱，还美其名曰"VIP 付费超前点播"。这个收钱套路不禁令人想起此前引起争议的"VIP 专属广告"，两者有异曲同工之妙，都是消费者花了钱还不能省心，平台还想方设法继续"挖坑"，让消费者再多花点钱享受"高端服务"。为何视频平台要冒天下之大不韪，继续实施超前点播呢？如何合理地设置相关机制，以减轻消费者的不满呢？

1. 视频平台面临亏损与发展同步增长的境地

S 视频成立于 2011 年，在竞争对手开始大力布局收费网时，S 视频仍处于观望状态。2012 年 12 月，S 视频以高价买下了当时热播的英剧及美剧的播放权，首次开通了会员服务，用户支付 20 元/月或 198 元/年的会员费用，即可免费观看会员专区的所有节目、享受点播专区视频的 5 折服务以及享受免广告特权。优质的版权视频使 S 视频占据了独特的市场定位，会员增长趋势较为平稳。

但自 2018 年起，S 视频的会员数以及会员缴费收入的增幅都有所下降。自 2018 第二季度起，S 视频的会员数量增长率持续跌落，从 2018 年最高 18%的增长率一路下跌，2019 年第一季度的增长率和 2018 第四季度基本持平。这代表着虽然 2019 年 S 视频公布付费用户人数破亿，但仍然暴露了用户方面营业收入增长疲弱的问题，此前通过烧钱来进行扩张的用户数量已进入了存量阶段。且根据第三方调研机构 Quest Mobile 的统计，在线视频平台的月活跃用户截至 2019 年 6 月在规模上几乎没有增长，用户人数规模仅为 9.64 亿，而 2018 年同期用户人数规模为 9.42 亿。目前，国内各大视频平台依旧通过"广告+会员付费"的方式进行创收，但是在线广告的营业收入正一路走低。2019 年，S 视频在媒体上的广告收入同比下跌 15%，为 154.80 亿元；2020 年的第一季度，S 视频在媒体广告上的收入下降 10%，只有 31.21 亿元，会员缴费收入渐渐开始超过广告收入。因此，视频平台亏损额仍居高不下。

反观美国流媒体巨头 Netflix 却是一片欣欣向荣的景象。在收益上，Netflix 2019 年营业收入 201.56 亿美元，同比增加 28%，净利润为 18.67 亿美元，同比增加 54%。这个业绩离不开"精品内容 + 付费用户"方式的运作。Netflix 每年光是内容制作与版权购买就花费了近 80 亿美元，但也正是由此带来的优质内容令 Netflix 积累了近 1.2 亿人数的"忠实用户"，他们每月为 Netflix 贡献了 13 亿美元的会费收入。但制作成本的增长致使 Netflix 会员的支付价格也一直上涨。因此，Netflix 对会员进行分级，将付费套餐分成 3 个不同的档次，不同档次的消费者都能够观看影片库内全部的剧集及影片，只是分辨率和音效略有差别。在这种良好的营业收入、优质的平台内容、正向的用户体验相互促进、良性循环的运营模式下，2018 年 Netflix 斩获了美国电视界最高奖项艾美奖的 112 项提名。

以 Netflix 为榜样，S 视频也增加自制内容的支出，但收效甚微，引发热度的精品内容仍屈指可数。数据表明，2019 年 S 视频平台共推出 40 档综艺节目，生产成本节节攀升，但市场的热度却不如预期火爆。同样都是视频媒体进行会员分级，为何收效甚微？这不得不引起 S 视频的高度重视，进一步挖掘增收来源。

2. "会员再付费"试水成功

S 视频的商业模式是将采购来的视频产品（电视剧、电影等）和内容产品再包装、宣发，把视频产品和内容产品销售给观众，再把观众销售给广告主。在这个商业模式中，成本风险最大的正是视频平台方。视频平台必须以尽可能低的价格采购到观众所感兴趣的视频产品和内容产品，但在影视行业正处于历史高位，时常爆出"演员天价片酬"的当下，电视剧的制作成本普遍偏高，S 视频的购片成本也随之增加。而且视频平台在营销推广、日常维护、技术更新以及人力投入等方面也需要耗费大量的资金。为了弥补这些高昂的支出，S 视频不得不重新制定付费标准。

与此同时，2019 年 S 视频年报显示，S 视频会员人数已达到 1.06 亿，拥有可观的会员数量，会员缴费收入成为视频平台的支柱收入。但当前国内视频网站面临着亏损与发展同步增长的境地，会员市场的逐渐饱和以及人口红利的消失使视频平台的获客难度进一步上升，获客成本也日益增加。

在购片成本和获客成本日益增加、国内视频平台纷纷争夺用户、短视频平台又在逐步侵占市场份额的当下，为了达到营利的目标，S 视频一直在试探会员用户的容忍度，推出了一系列策略。例如，VIP 付费购买影片、片头加入剧内广告以及海外视频更新比国内快等，但直接涨价无疑是一着险棋。为了降低风险，采用超前点播付费的变相提价成为 S 视频的选择。2019 年夏天，S 视频推出的某网剧播放量独领风骚，甚至频频登上微博热搜榜，平台也顺势而为，开启了每集 6 元的单集付费点播模式。在该网剧播至尾声时，S 视频更是推出了 30 元超前点播大结局的首秀。至播出 19 小时，已有超过 260 万人次购买了大结局。30 元虽然不多，却足够在二线、三线城市看一场普通电影，这次超前点播大结局让 S 视频获利不菲。据相关数据统计，S 视频一夜之间的收入就约 8 000 万元。在尝到甜头后，S 视频 2019 年下半年的几部热剧都采用了超前点播模式，且部分剧还与其他视频平台一起联合点播。

3. 超前点播收费惹争议

经过一番尝试后，2019 年 12 月 11 日，S 视频对某网剧推出了"VIP 付费超前点播"业务。原本，用户只要购买了 VIP 会员（10～20 元/月），就能够享受一直比普通会员提前多看 6 集的服务，而推出"超前点播"之后，VIP 会员还可以在购买 VIP 的前提下，购买更多剧集。视频平台也公开标价：VIP 会员可以选择两种购买方式，一种是直接 50 元打包购买，始终能比未购买 VIP 用户多看 6 集、比普通用户多看 12 集；另一种是按每集 3 元的价格，逐集按播放顺序购买。

这下子引起了轩然大波。广大网友认为："购买 VIP 会员服务原本就是为了获得提前观看 6 集的特权，现在又推出了点播付费，还要再付费，真是莫名其妙！""曾经开通 VIP 就是为了要畅快看剧，现在 50 元 6 集的前提是你还得是 VIP，那 VIP 的功能好像只剩下免广告这一作用，剧里强制插播的广告依然无法跳过！"某网剧的"VIP 付费超前点播"服务，让一开始购买的会员失去实际效益，"超前点播"让S视频会员倍感气愤。

事实上，近几年国内用户正逐渐接受视频网站付费观看视频的模式。艾媒草莓派数据调查与计算统计显示，74.67%的网民可以接受免广告VIP收费，仅有25.33%的网民不能接受免广告VIP收费，这说明网民普遍理解免广告VIP收费，但是对于通过超前点播制造VIP会员再收费，97.63%的网民表示无法接受。视频平台需要资金的投入才可以进行影视剧制作，因此VIP购买、广告播放等获利方式本理所当然，但是超前点播，让VIP的功能再次变得模糊。用户购买视频网站的VIP服务，一方面是为了不需要观看广告，另一方面是为了可以观看VIP档次的内容，提前看剧。但是，很多普通用户发现，视频平台延长了广告时间，从原来的几十秒延长至几分钟，逼着普通用户购买VIP。此外，在剧集播放的中间时段插入广告，更是让VIP用户们大跌眼镜。对于超前点播，《人民日报》的评论就指出，VIP之外再次设置"VVIP"，通过额外掏钱才可以享受超前点播，视频网站的这种做法是在制造焦虑，从而诱发用户消费。在此前会员购买的协议中是否有提出这个约定？如果没有，那么额外的收费实际就是对消费者权益的侵害。央视网也做出了"真正优质的平台，不应该如此贪得无厌、吃相难看"的评论。

4. 风波过后

在2019年12月17日召开的"新文娱·新消费"年度峰会上，S视频对由某网剧超前点播引发争议这一事件进行道歉，也承诺今后将会对会员服务进行优化，同时表示平台在会员告知上做得不够到位，将来会更加重视用户心理的把握，通过排播的设计和告知等工作优化会员服务，给用户带来更多的优质内容和贴心体验。S视频也一直试图对付费模式进行创新，希望能够更加贴近用户的深层需求。

资料来源：许安心，林榅荷.市场营销教学案例与分析[M].北京：中国农业出版社，2021：171-180.

9.2.2 案例分析与方法应用

（1）为什么视频平台会推出超前点播业务，其背后的商业逻辑是什么？

消费者在做出是否开通VIP超前点播业务的决策时，其心里有一个最高的价位，超过最高价位，消费者就会选择不开通超前点播业务。而视频平台在定价时，考虑到购片成本等因素，会计算出一个最低价位，低于最低价位，视频平台就无法实现营利的目标。但是消费者不知道视频平台的最低价位，视频平台也不知道消费者心中的最高价位，因此，他们会进行博弈。成交价格越接近消费者心中的最高价位，生产者剩余就越多，视频平台获利就越多，消费者剩余就越少，消费者越吃亏；成交价格越接近视频平台制定的最低价格，消费者剩余就越多，消费者获利越多，生产者剩余就越少，视频平台就越吃亏。

因此，VIP超前点播业务的价格最终值多少钱，其实是在一个区间内，需要买卖双方通过讨价还价来博弈。对于视频平台来说，其目标就是尽可能多地吃掉买家的消费者剩余。消费者在做出是否开通超前点播业务决策时，卖家可以通过讨价还价来吃掉对方的消费者剩余。那如果是多个消费者呢？每个消费者的心理价位各不相同，有人愿意出高价，有人只愿意出低价，但视频平台没办法跟每个人讨价还价，就只能定一个价。在这种情况下，视频平台就需要实行定价策略。

（2）这次某网剧超前点播事件之所以引发众怒，并持续引起大规模高热度的讨论，主要原因是什么？

首先，视频平台早期用"免费"获取用户，随后才逐步培养用户的付费习惯，这使当下消费者对付费模式的认知只有简单的"免费看"和"购买 VIP 看"两种非此即彼的方式。因此，其他付费项目即使是一种可选择项，也会被用户视为付费后又要付费的"增加项"。因为超前点播模式在消费者感知中，其感知利益小于感知付出，感知收益与感知成本之间不是均衡的，因此大多数消费者不能接受超前点播模式。

其次，超前点播这一模式虽然已经在多部剧集上进行试水，但其出现也只有短短一年时间，未形成基本认知的用户自然难以在短时间内接受。这次某网剧的播放之所以引发众怒，并持续引起大规模高热度的讨论，主要原因还在于点播时间过早、付费价格过高，导致消费者的感知效用与感知成本不均衡。此前的剧集都是在临近结局前 6 集左右采取超前点播，而某网剧共 46 集，还没播到一半就开启了点播，用户想要走在追该网剧的最前列至少要花 50 元。消费者认为他们提前观看该网剧后几集获得的效用不值得付出 50 元，因此无法接受超前点播。由此我们也可以看出，用户需要时间来形成认知，平台同样也需要时间来完善和升级付费模式。

（3）S 视频平台 VIP 付费超前点播实施的是什么定价策略？

S 视频其实就是在使用"按类定价"的三级价格歧视。他们想把那些特别想看该网剧的人群筛选出来，收取费用让他们提前观看，其初衷是合理的，人们一开始也是接受的，很多用户为了比普通用户多看 6 集，开通了 S 视频的 VIP。这就相当于用三级价格歧视，把想看该网剧的用户筛选了出来。可这个时候，S 视频又推出了"超前点播"，想从 VIP 中再筛选一波"VVIP"，这相当于在进行三级价格歧视的基础上又进行了一次三级价格歧视。这就让用户难以接受了，觉得既不合情也不合理。S 视频推出"超前点播"，本质上是实行"按类定价"三级价格歧视，是想吃掉更多消费者剩余，所以才会引起用户的口诛笔伐。

（4）如何合法、合理地设计 VIP 服务体系及内容付费体系，是采用提高会员费、会员分级方式，还是采用单集单剧付费方式？

就视频平台来看，要将超前点播做成规范化、常态化服务，应该进一步改进用户接受速度和提升用户接受程度。首先，视频平台后续推出超前点播的剧集应该要明确标识。同时，在推行阶段，对于具体项目的排播计划以及超前点播的权益细节等，视频平台也要在项目播出上线前提前对用户进行站内外的告知与说明。这一做法可以给予用户充分的认知时间，尊重用户的自主选择权，从而进一步优化超前点播服务体系，降低用户突然被告知可付费点播的不适感。

其次，为进一步提升会员用户的接受速度和程度，视频平台也要站在用户角度上，为用户带来更多增值权益。例如，可以启动站内促销等一系列活动，包括以抽取福利的形式免费获得本周内更新的超前点播剧集观看资格，以及剧集相关的实物周边等，让 VIP 用户享有更多的福利与权益。

最后，视频平台应根据市场反馈调整价格策略。视频平台可将内容分区收费。例如，一般内容，可以就去广告这项内容对会员收费；影视内容，可以就加长版、清晰度更高等增值内容这项内容对会员收费;热播追剧内容可以再设一个区,对提前追剧进行具体定价。但价格策略一旦确定后,不应轻易更改。视频平台无底线地追加收费,就是在率先破坏自己制定的游戏规则。虽然在视频观看过程中,视频平台属于强势一方,但其给会员造成的伤害会严重影响企业形象以及今后的市场发展,得不偿失。

本章知识结构图:

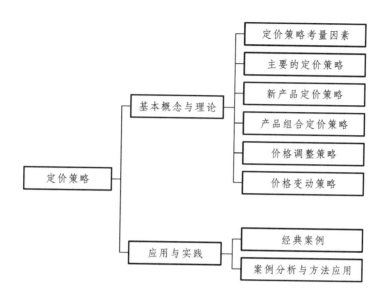

课后思考题

一、名词解释

1. 市场撇脂定价:

2. 市场渗透定价:

3. 附属产品定价:

4. 细分市场定价:

5. 动态定价:

二、单选题

1. 下列定价策略中,通常用于新产品的推出,以从市场中获取最大收入的是(　　　)。

　　A. 成本加成定价　　　　　　　　B. 市场撇脂定价

　　C. 附属产品定价　　　　　　　　D. 统一运输定价

2. 下列策略中,通过设定较低的初始价格迅速扩大市场份额的是(　　　)。

　　A. 市场撇脂定价　　　　　　　　B. 产品线定价

　　C. 市场渗透定价　　　　　　　　D. 心理定价

3. 下列定价策略中,定价的基础是(　　　)。

　　A. 市场需求　　　　　　　　　　B. 消费者感知价值

　　C. 成本因素　　　　　　　　　　D. 企业营销战略

4. 下列定价策略中，以顾客价值作为定价的关键因素的是（　　　　）。
   A. 基于成本的定价法　　　　　　　B. 基于竞争的定价法
   C. 基于顾客价值的定价法　　　　　D. 超值定价
5. 企业在定价时，会导致利润损失的是（　　　　）。
   A. 价格高于消费者感知价值　　　　B. 价格低于成本
   C. 价格与竞争对手一致　　　　　　D. 价格高于市场需求

三、多选题

1. 下列因素中，会影响企业的定价决策的有（　　　　）。
   A. 产品成本　　　　　　　　　　　B. 竞争对手的价格
   C. 消费者的感知价值　　　　　　　D. 市场需求
2. 下列选项中，属于产品组合定价策略的有（　　　　）。
   A. 产品线定价　　　　　　　　　　B. 备选产品定价
   C. 附属产品定价　　　　　　　　　D. 心理定价
3. 下列选项中，属于定价策略中需要考量的因素的有（　　　　）。
   A. 成本因素　　　　　　　　　　　B. 市场需求
   C. 竞争状况　　　　　　　　　　　D. 消费者感知价值
4. 基于顾客价值的定价法包括（　　　　）。
   A. 超值定价　　　　　　　　　　　B. 增值定价
   C. 成本加成定价　　　　　　　　　D. 盈亏平衡定价
5. 成本的类型包括（　　　　）。
   A. 固定成本　　　　　　　　　　　B. 变动成本
   C. 总成本　　　　　　　　　　　　C. 直接成本

四、判断题

1. 市场撇脂定价策略通常适用于质量和形象能够支持高价位的产品。（　　　　）
2. 动态定价只能在电子商务平台上使用，不能应用于实体店销售。（　　　　）
3. 成本因素是企业在定价时考虑的首要因素。（　　　　）
4. 基于竞争的定价法是根据竞争对手的战略、成本和价格来确定的。（　　　　）
5. 超值定价是通过附加增值特征和服务以实现差异化的定价策略。（　　　　）

五、简答题

1. 什么是基于顾客价值的定价法？
2. 简述附属产品定价的优缺点。
3. 请举例说明促销定价的应用场景。

第10章　渠道策略

◆学习目标

思政目标：强调企业诚信经营的重要性，引导学生树立正确的商业道德观念，培养良好的职业道德素养；培养学生的团队协作创新精神，引导学生树立企业社会责任感。

知识目标：了解渠道分类与功能；理解供应链与价值传递；掌握渠道设计与渠道管理策略。

能力目标：培养分销渠道决策的能力和渠道设计与管理的能力；培养渠道方案评估和渠道冲突处理的能力。

素质目标：培养学生具备良好的团队合作精神、领导能力以及渠道拓展能力，能够在团队中协调合作、有效领导，共同完成渠道营销任务。

案例导入

1992年，顶新集团的"康师傅"方便面一上市便供不应求，但销售周期较长。1996年，市场竞争加剧，原有分销渠道难以满足需求。集团提出"通路精耕"理念，将流通环节从七八个减少到两三个，部分城市直接供货至超市，大幅缩短了流通周期。

集团将国内市场划分为1500个区域，每个区域指定一个专属经销商，通过供销合同规范市场，避免恶性竞争。自1997年实施"通路精耕"以来，方便面销售大幅提升，新产品推广周期从一个半月缩短至2~3周。集团派出3000余名业务代表协助经销商开发客户，进一步延伸销售网络。

目前，顶新集团在全国设立了200个自营销售和配送网点，166个仓库，覆盖全国的销售网络包括14000家经销商，12个生产基地，88条生产线，年产方便面约40亿包。康师傅方便面在全国知名度达到95%，市场占有率约35%，成为中国方便面行业的领导者。

资料来源：叶敏，赵伯庄. 市场营销原理与实践[M]. 北京：国防工业出版社，2008：224.

从上述案例可以看出，顶新集团对渠道进行了有效改革和管理，缩短了流通周期，确保了经销商的利益，使其方便面销售取得了较好的成效。在现代市场经济条件下，生产者与消费者之间在时间、地点、数量、品种、信息、产品估价和所有权等方面存在着差异和矛盾。企业生产出来的产品，只有通过一定的市场营销渠道，才能在适当的时间、地点，以适当的价格供应给广大消费者或用户，从而克服生产者与消费者之间的差异和矛盾，满足市场需要，实现企业的市场营销目标。

10.1 基本概念与理论

10.1.1 渠道的分类和功能

1. 营销渠道的含义

美国市场营销学家菲利普·科特勒（Philip Kotler）认为："营销渠道是指某种货物或劳务从生产者向消费者移动时，取得这种货物或劳务所有权或帮助转移其所有权的所有企业或个人。简单说，营销渠道就是商品和服务从生产者向消费者转移过程的具体通道或路径。"

传统营销渠道按照有无中间环节可以分为直接分销渠道和间接分销渠道两种。由生产者直接把产品销售给最终用户的营销渠道为直接分销渠道，即直销；至少包括一个中间商的营销渠道则为间接分销渠道，即分销。还可以根据中间商的数量对传统营销渠道进行分类，直接分销渠道两端为生产者和消费者，没有中间商，称为零级渠道；间接分销渠道则根据中间环节的环节数量，分为一级、二级、三级甚至多级渠道。

2. 营销渠道的特征

起点是生产者，终点是消费者（生活消费）和用户（生产消费）。

参与者是商品流通过程中各种类型的中间商。

前提是商品所有权的转移。

系统性功能是从经济系统的观点来看的，市场营销渠道的基本功能在于把自然界提供的不同原料根据人类的需要转换为有意义的货物搭配。市场营销渠道对产品从生产者转移到消费者所必须完成的工作加以组织，其目的在于消除产品（或服务）与使用者之间的差距。

3. 市场营销渠道的主要职能

研究：收集制订计划和进行交换时所必需的信息。

促销：进行关于所供应的货物的说服性沟通。

接洽：寻找可能的购买者并与其进行沟通。

配合：使所供应的货物符合购买者需要，包括制造、评分、装配、包装等活动。

谈判：为了转移所供货物的所有权，而就其价格及有关条件达成最后协议。

实体分销：从事商品的运输、储存。

融资：为补偿渠道工作的成本费用而对资金的取得与支用。

风险承担：承担与从事渠道工作有关的全部风险。

4. 营销渠道的本质和重要性

很少有制造商直接向最终用户销售产品，大多数通过营销中介建立分销渠道，将产品推向市场。企业的渠道决策直接影响所有其他营销决策。定价策略、销售队伍、沟通决策和新产品开发都与所选渠道相关。忽视分销渠道可能导致损失，但创造性的分销系统能带来竞争优势。比如，Rent-A-Car 设立机场租车办公室，苹果通过 iTunes 销售音乐，联邦快递创新分销系统，以及亚马逊通过网络销售商品，这些企业都因创新分销而成功。

分销渠道决策通常涉及长期承诺。相比广告、定价或促销计划，改变分销渠道更困难。福特、麦当劳或耐克等企业一旦与加盟商、独立经销商或大型零售商签订合同，若情况变化，则难以轻易替换。因此，管理层设计渠道时必须谨慎，须考虑当前和未来的销售环境。

1）渠道成员如何增值

制造商为什么要将一部分销售工作交给渠道成员？毕竟这样做意味着制造商在如何销售、销售给谁等方面失去了部分控制权。制造商使用中介主要是由于这些渠道成员能够以更高的效率为目标市场提供产品。通过他们的人脉、经验、专业知识和经营规模，中介通常能比生产商自己做得更好。

图10-1表明了中介如何产生经济效益。图10-1左侧中有3个制造商，各自通过直销的方式销售产品给3位顾客，这一系统需要9次不同的交易。而在图10-1右侧中，3个制造商通过一个中介机构与3位顾客联系。这个系统只需要6次交易。因此，中介的存在减少了制造商和消费者必须完成的大量工作。

从经济系统的角度来看，营销中介的作用是把生产者产出的各种产品转换成消费者需要的各种商品。制造商产出的产品品种不多，但数量很大；消费者需要各种产品，但数量不多。营销渠道成员从很多制造商处采购大量产品，然后把它们拆分成消费者需要的数量小、品种多的产品组合。

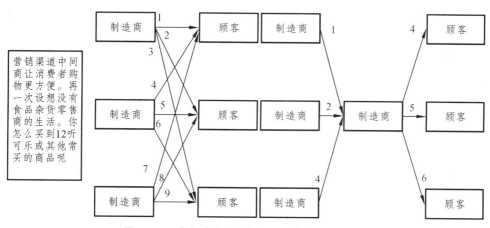

图 10-1　中间商如何减少渠道中的交易数量

在将产品和服务提供给消费者的过程中，渠道成员将本来在时间、地点和所有权上分离的双方——产品或服务与消费者联系起来，从而增加了价值。营销渠道成员承担了许多关键职能，有些能帮助完成交易。

信息：收集和发布营销环境中关于顾客、生产商和其他人员或组织的信息，用于制订计划和促成交易。

促销：开发和传播有说服力的商品信息。

联系：寻找并吸引顾客和潜在购买者。

匹配：为匹配或满足购买者的需求而调整供应品，包括生产、评级、组装与包装等行为。

谈判：在价格及其他条件上达成一致，使商品所有权得以转移。其他成员帮助执行已达成的交易。

实物分销：运输和储存货物。

融资：获得和使用资金，以补偿分销渠道的成本。

风险承担：承担渠道工作中的风险。

上述这些工作必须要开展，问题在于由谁来执行。如果让制造商执行这些职能，其成本会增加，从而使价格上涨。如果这些职能中的一部分转移到中间商那里，制造商的成本和价格就会降下来，但中介也会把价格提高，以补偿它们的成本。在分配渠道工作的时候，不同的职能应由最擅长的渠道成员执行，从而创造最大的价值。

2）渠道层级的数量

企业可以对其分销渠道进行设计，使产品和服务通过不同的方式到达消费者手中。在将产品及其所有权提供给最终消费者的过程中，每一层的营销中介都代表一个渠道层级。由于生产者和最终消费者都在这个过程中发挥了一些作用，所以他们也是分销渠道的一部分。

渠道层级的数量表示渠道的长度。图 10-2 展示了消费者市场和商业市场中几种不同长度的分销渠道。图 10-2a 展示了消费者市场中几种常见的分销渠道。渠道 1 为直接分销渠道，其中不存在营销中介层，企业直接向消费者销售产品。

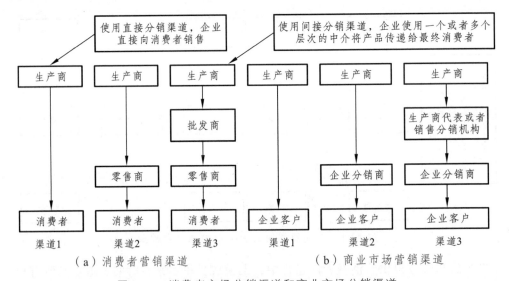

图 10-2　消费者市场分销渠道和商业市场分销渠道

图 10-2b 展示了常见的商业市场分销渠道。商业市场的营销人员可以使用自己的销售队伍直接向商业顾客进行销售，也可以销售给不同类型的企业分销商，让它们再卖给企业客户。尽管有时我们还可以在消费者市场和商业市场中看到更多层级的分销渠道，不过这种情况不太常见。从制造商的角度来看，多渠道层级意味着更少的控制权和更高的渠道复杂度。而且，分销渠道的所有成员都由几种流动过程联系在一起，包括产品的实物流、所有权、资金流、信息流和推广促销流。即使对于只有一个或几个层级的渠道来说，这些流动过程也会使其变得十分复杂。

5. 渠道类型

1）直接渠道

直接渠道也叫零级渠道，指生产企业不通过中间商环节，自己销售给消费者，即企业自产自销，自己雇用销售人员直接与用户接触。直接渠道是工业品分销的主要类型。例如，大型设备、专用工具及技术复杂需要提供专门服务的产品都采用直接分销，部分消费品如鲜活商品等也采用直接分销。

直接渠道具有如下优点：

信息沟通：有利于产需双方沟通信息，可以按需生产，更好地满足目标顾客的需求。面对面销售让用户更好地掌握商品的性能、特点和使用方法，生产者能直接了解用户需求、购买特点及其变化趋势，从而了解竞争对手的优势和劣势及其营销环境的变化，为按需生产创造条件。

降低损耗：去掉商品流转的中间环节，减少销售损失，有时还能加快商品的流转。

稳定营销：直销渠道进行商品交换时，通常签订合同，明确数量、时间、价格、质量、服务等，购销双方关系以法律形式固定下来，使双方能够将精力用于其他战略性谋划。

直接促销：企业直接分销往往也是直接促销的活动。例如，企业派员直销，不仅能促进用户订货，还能扩大企业和产品在市场中的影响，进一步促进新用户订货。图 10-3 为直接渠道结构。

图 10-3　直接渠道结构

2）间接渠道

间接渠道是生产企业通过中间商将产品传送到消费者手中的分销模式。间接渠道具有以下优点：

广泛分销：中间商连接生产者和消费者，帮助产品在不同时间和空间进行广泛的流通，扩展市场覆盖范围。

缓解资源压力：中间商购买产品并支付款项，使生产者可以提前实现产品价值，开始新的资金循环和生产过程。同时，中间商承担了销售过程中的仓储、运输等费用，弥补了生产者在营销方面的能力不足。

间接促销：中间商通常经销多家厂商的产品，通过介绍和宣传影响消费者购买决策。强大的中间商还可能承担一定的广告宣传和售后服务，对产品销售有重要影响。

促进专业化协作：现代生产的社会化和技术进步要求企业进行更专业化的分工及协作。中间商作为专业化协作的结果，帮助生产者集中精力于生产和技术创新，提高生产效率和市场竞争力。

3）全渠道

全渠道是指将线上和线下营销渠道完全融合，实现实时响应消费者需求的销售模式。全渠道的特点包括：

无缝购物体验：消费者可以随时通过实体店、电子商务平台或移动端购买产品，享受无差别的购物服务体验。

技术驱动：全渠道供应链利用共享平台、云架构等最新技术趋势，支持前端多变的销售表现形式，如在线导购活动在实体店内进行的情况。全渠道就是企业为了满足消费者在任何时候、任何地点、任何方式购买的需求，采取实体渠道、电子商务渠道和移动电子商务渠道整合的方式进行销售，提供给顾客无差别的购买体验，如图10-4所示。

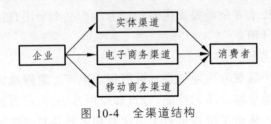

图 10-4　全渠道结构

10.1.2　供应链和价值传递网络

生产产品或服务并将其提供给消费者，在这个过程中企业不仅需要与顾客建立关系，还需要与企业供应链中的关键供应商和分销商建立关系。供应链由"上游"和"下游"的合作伙伴组成。企业的上游是指那些供应制造产品或服务所需的原材料、零部件、信息、资金、经验的一系列企业。但营销人员一般比较关注供应链的下游——面向顾客的营销渠道（或分销渠道）。下游的营销渠道伙伴，如批发商和零售商，在企业和其顾客之间形成了至关重要的联系纽带。

1. 供应链和价值传递网络相关概念

1）供应链

供应链围绕核心企业，通过控制信息流、物流和资金流，将供应商、制造商、分销商、零售商和用户连成一个整体，从采购原材料到销售最终产品，形成增值链。供应链不仅是物流、信息和资金链，还通过加工、包装、运输增加物料价值。供应链概念源于扩大的生产，将企业生产活动前伸至供应商，后延至产品销售和服务阶段。供应链通过计划、获得、存储、分销和服务等活动，衔接顾客与供应商，确保需求满足。

2）价值链

价值链的概念是由哈佛商学院的迈克尔·波特提出的，是指企业从供应商原材料获取到最终产品消费时的各个环节。波特提出通过分解企业活动来确定竞争优势，价值链存在于供应商、企业、渠道和买方组成的系统中。信息技术、互联网和电子商务的发展影响了价值链，提出了虚拟价值链和价值网的概念。价值链本质上是由满足顾客需求的价值创造活动组成的，通过信息流、物流或资金流联系在一起。

3）产业链

产业链是指从原料到消费者手中的整个产业链条，是基于技术经济关联和特定时空布局形成的链条式关系。产业链的安全稳定是国家产业高质量发展、保障实体经济稳定的重要内容。产业链可以从价值链、企业链、供需链和空间链4个维度来考察，涵盖产品生产或服务提供的全过程。产业链的增值效应源自乘数效应和协作效应，保障产业链的安全稳定有助于实现产业的价值增值和高质量经济发展。

4）价值传递网络

"供应链"的术语过于局限，更准确的是"需求链"，强调对市场需求的感知和反应。如今，许多大企业建立和管理复杂的、可持续发展的价值传递网络，由企业、供应商、分销商和顾客构成，各方紧密合作以提高网络绩效。例如，百事可乐通过管理庞大的网络，共同创造顾客价值并建立品牌定位。价值传递网络比供应链和需求链更全面，反映了企业通过合作和资源整合来提升网络绩效并传递顾客价值。

总之，供应链、价值链、产业链和价值传递网络都是通过一系列活动满足客户需求并创造价值的系统，它们涉及如何有效协调和优化资源以提升企业效益和竞争力。

2. 供应链和价值传递网络的联系与区别

供应链和价值链统一于企业运动中，研究对象相同，都涉及具体企业和业务，如物流、资金流、信息流等。两者都是增值链，由市场需求拉动，并随市场变化而发展。企业间的竞争是价值链和供应链的竞争。价值链决定供应链，供应链服务和服从于价值链。价值链研究可指导供应链研究，供应链研究又可丰富和促进价值链研究。

两者的区别：①价值链管理是一种战略管理方法，涉及具体业务和无形要素；供应链只涉及具体业务，尽管提升到战略高度，但仍是完成价值链管理的一种手段。②价值链管理的核心是创造价值和提高效益；供应链思想的核心是提高企业运行效率，以更好地提高效益。③价值链反映企业更深层内容，如经营战略、竞争优势；供应链反映表层具体业务运作，如物流、库存、信息流。④价值链是企业存在和发展的最终目标，永远是企业管理研究的主题；供应链是一定时期内价值链的反映，随着价值链的发展，可能出现新形式。⑤供应链只是价值链的一种表现形式，价值链还有其他多种形式，如服务链、知识链、产业链、区域链等。

10.1.3 渠道成员的行为与渠道组织

营销渠道由因共同利益结合在一起的企业组成，每个成员相互依赖。例如，福特的经销商依赖福特设计符合消费者需求的汽车，而福特依赖经销商吸引和服务消费者。福特经销商的成功也依赖其他经销商的良好表现以保持品牌声誉。整体来说，单个经销商的成功与否取决于整个福特渠道系统是否优于丰田、通用等竞争对手。

每个渠道成员都有特定角色。例如，三星生产电子产品并通过广告刺激需求，百思买展示和销售三星产品，并解答顾客疑问。如果每个成员专注于自己最擅长的任务，渠道系统会更高效。理想情况下，所有渠道成员应保持良好合作，理解并承担各自的任务，协同努力以达成整体目标。然而，实际中很少有渠道成员具有全局观念。合作完成总目标有时需要某些成员放弃自己的目标。尽管相互依赖，但渠道成员常为各自的短期利益最大化而努力，争论职责和回报。

1. 渠道成员的行为

1）渠道成员的内涵

渠道成员是指渠道中相互依存的所有企业和个人，包括生产商、代理商、批发商和零售商。渠道成员的行为表现为渠道成员间的冲突。渠道冲突是指渠道成员发现其他渠道成员从事的活动阻碍或者不利于本组织实现自身的目标，从而发生种种矛盾和纠纷。厂家与厂家、厂家与中间商、中间商与中间商之间的冲突是不可避免的，这既缘于强烈的逐利动机，又迫于残酷的市场竞争。

2）渠道冲突类型

（1）横向渠道冲突。

横向渠道冲突是指同一层次的渠道成员之间发生的冲突。经销商为了吸引消费者，常常采取不同的促销措施，如特价促销和独家优惠策略，这会引发经销商之间的冲突，扰乱制造商的市场秩序。例如：一些福特经销商可能抱怨其他经销商定价过低或在非负责区域做广告，抢走了生意；假日酒店的加盟商也可能因其他加盟店收费过高或服务不佳，损害整体形象而产生不满。

（2）纵向渠道冲突。

纵向渠道冲突是指经销商与渠道上游的厂家或与下游的客户（二批商和终端零售商等）之间的冲突。具体表现为与厂家在代理区域划分、经销权限和销售政策等重大问题上的冲突；在日常市场运作中，由于问题处理不当引起的冲突，如市场秩序维护和市场推广执行中，双方责任与利益失衡；与下游客户在应收账款、配送服务和库存处理上的冲突。

（3）多渠道冲突。

多渠道冲突即厂家建立了两条或两条以上的渠道，向同一市场销售产品而发生的不同渠道之间的冲突。现实中，这种冲突主要表现为新兴渠道对传统分销渠道的冲击。例如：在一些核心市场中，厂家跨过原有区域独家代理商，与大型连锁卖场直接进行交易，结果引发原有经销商渠道成员的强烈不满；或者由于大卖场渠道擅自降价，冲击经销商的分销体系等。

3）有效避免渠道冲突的对策

（1）明确主导渠道。

例如，K企业办事处在市场开发战略上需明确N市渠道的发展方向，是以直销方式为主还是经销方式为主。若以直销为主，办事处应完全控制关键环节，不让经销商掌控区域市场。若采用经销模式，办事处的直销队伍应辅助开发空白市场，一旦成熟移交给经销商，确保双方利益一致。

（2）保障各渠道的利益。

传统渠道通过良好的人脉，形成完善的网络。为保障经销渠道正常运转，需实行严格的级差价格体系，确保各环节获利。防范办事处直接向二级经销商供货，防止经销渠道分销体系崩溃。

（3）渠道改造要抓住时机。

时机不成熟时不要改变其他渠道的经营方式。渠道改造应在成熟市场进行，首先完善渠道，使其成为优势渠道，在提高掌控力的前提下进行渠道扁平化，避免市场波动。

（4）向渠道提供良好的服务。

办事处应将经销商视为第一顾客，提供优质服务，进行系统指导和培训，建立共存共荣的伙伴关系。完善管理，使经销商向专业化、公司化发展，对销售通路进行细致服务与管理，全面管控市场状况，灵活掌控市场。

2．渠道组织

20 世纪 80 年代以来，分销渠道系统突破了由生产者、批发商、零售商、消费者组成的传统模式和类型，有了新的发展，如垂直渠道系统、水平渠道系统、多渠道营销系统等。

1）垂直渠道系统

垂直分销渠道是由生产企业、批发商和零售商组成的统一系统，特点是专业化管理、集中计划，各成员为共同利益目标，采用不同程度的一体化经营或联合经营。主要以下有3 种形式：

公司式垂直系统：一家公司统一管理若干工厂、批发机构和零售机构，控制多个层次或整个分销渠道，分为工商一体化和商工一体化。工商一体化如美国火石轮胎橡胶公司，商工一体化如大零售公司管理生产单位。

管理式垂直系统：制造商和零售商协商销售管理业务，如宝洁公司与零售商共同决定商品陈列和促销。

契约式垂直系统：独立制造商和经销商通过契约组成联合体，分为特许经营组织、批发商倡办的连锁店和零售商合作社，如丰田公司、可口可乐和肯德基快餐。

为了良好发展，每个渠道成员需专注自身职能，管理冲突。一个有效领导的系统会更加完善。传统分销渠道缺乏领导，导致冲突和不良绩效。垂直营销系统解决了这一问题。图 10-5 对比了传统分销渠道和垂直分销渠道的管理形式。

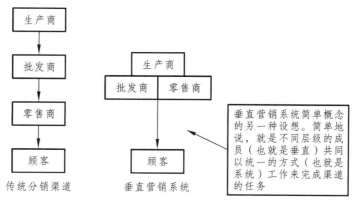

图 10-5　传统分销渠道和垂直营销系统

2）水平式渠道系统

水平式渠道系统是指由两家以上的公司联合起来的渠道系统。它们可实行暂时或永久的合作。这种系统可发挥群体作用，共担风险，获取最佳效益。例如，通用汽车公司和甘布尔公司联合举办了汽车赠送活动，消费者如果在甘布尔公司的牙膏、汰渍清洁剂和其他产品内找到一支特别的塑料钥匙，就可获得一辆新的小货车。

3）多渠道营销系统

多渠道营销系统是指对同一或不同分市场采用多条渠道销售产品。这种系统主要有两种形式：一种是通过多种渠道销售同一商标产品，易引起渠道间竞争；另一种是通过多渠道销售不同商标产品。采用多渠道营销系统的好处主要有以下 3 个：①企业通过增加渠道覆盖更多细分市场，扩大市场覆盖面。②企业通过更有效的通路服务现有顾客，降低渠道成本。③企业通过增加适合顾客需求的渠道，更好地服务目标顾客。当然，多渠道营销系统也会产生一些新问题，主要是各渠道间的规范和控制问题。

因此，企业在采用多渠道营销系统时必须注意以下3方面的问题：①营销渠道选择问题，即企业应选择哪些渠道。每个渠道有特定优缺点、人群特征和运营成本，因此选择渠道时应结合产品特点和资源水平，考虑渠道资源重合水平。例如，高档中餐馆渠道适合中高收入人群的消费品，但维护成本高且与目标消费者结合时间固定。②营销渠道结构问题，即各渠道的数量结构、价格结构和区域结构。维持渠道间及各渠道内的结构平衡是决定多渠道系统运作质量的关键因素之一。③营销渠道控制问题，即企业对营销渠道的实际控制能力。企业对渠道的控制能力受资源、生命周期、管理者意愿、系统积累和产品特性等因素的影响，只有结合自身当期状态，才能建立合理的多渠道营销系统。图10-6为多渠道分销系统。

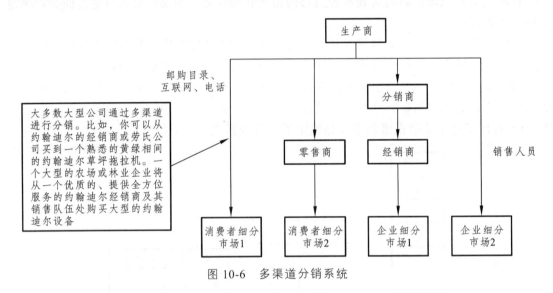

图 10-6 多渠道分销系统

10.1.4 分销渠道决策

1. 分销渠道的概念、特点及类型

1）分销渠道的概念

分销渠道是指产品在所有权转移过程中，从生产领域进入消费领域的途径。在现代市场经济中，产品生产完成只是营销的一部分，产品必须卖给消费者才能实现其价值。大多数生产商不直接向最终消费者或用户销售产品，而是通过一系列中间商进行转卖。因此，参与产品或服务从生产者到最终消费者或用户这一过程的任何一组相关联的市场分销机构（相互依存的所有企业和个人）即为分销渠道。根据菲利普·科特勒的定义，分销渠道是指某种货物和劳务从生产者向消费者转移时，取得这种货物和劳务的所有权或帮助转移其所有权的所有企业及个人。

2）分销渠道的特点

尽管分销渠道复杂多样，但它们都具有以下共同特点：

分销渠道是由参与商品分销活动过程的各种类型的分销中介机构组成的。这些机构包括生产商、代理商、批发商和零售商，他们被称为"渠道成员"。由这些分销中介机构组成的分销网络系统包含着无数条商品分销渠道，它们构成了四通八达的商品分销网。每一条分销渠道的起点都是生产者，终点都是消费者或用户。产品在分销渠道内至少要发生一次所有权的转移，才能最终实现从生产者到消费者的转移。渠道成员相互联系、相互制约，各自承担着不同的分销职能。

3）分销渠道的类型

分销渠道可以按层次和宽度划分为不同的类型。

（1）按分销渠道的层次划分。

有代表性的分销渠道层次如图 10-7 所示。

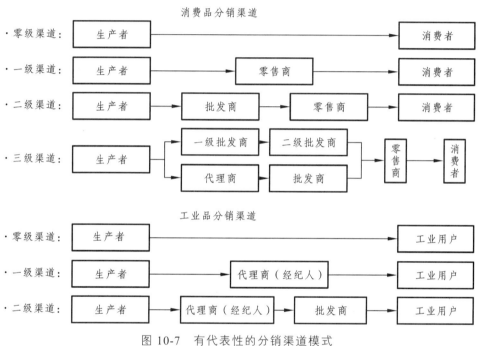

图 10-7　有代表性的分销渠道模式

按流通环节的多少，分销渠道分为直接渠道和间接渠道。

①直接渠道。

直接渠道是指生产企业不通过中间商，直接将产品销售给消费者，是工业品分销的主要类型。例如，大型设备、专用工具及技术复杂需专门服务的产品，通常采用直接分销。部分消费品如鲜活商品也采用直接分销。

优点：促进信息沟通，按需生产，满足顾客需求，了解市场变化；降低损耗，减少中间环节，加快商品流转；稳定购销关系，通过合同固定数量、时间、价格、质量、服务等；直接促销，派员直销扩大市场影响，吸引新用户。

②间接渠道。

间接渠道是指生产企业通过中间商将产品传送到消费者手中，是消费品分销的主要类型，部分工业品如化妆品也采用间接分销。

优点：广泛分销，满足生产厂家目标顾客的需求，实现产品价值，巩固市场；缓解资源不足，中间商购买产品并支付款项，使生产者提前实现产品价值；间接促销，中间商通过介绍和宣传影响销售，支付广告费用，提供售后服务，促进产品销售；专业化协作，中间商帮助生产者专注生产和技术革新，提高效率。

间接渠道又分为短渠道和长渠道。

一级渠道：制造商—零售商（代理商或批发商）—消费者（用户）。

特点：制造商与最终消费者之间只通过一层中间环节，广泛用于汽车、家具、家用电器、服装、食品等流通。

二级渠道：制造商—批发商—零售商—消费者，或制造商—代理商—零售商—消费者。

特点：制造商与最终消费者之间通过两层中间环节，广泛用于食物、药品、五金等日用消费品流通。

三级渠道：制造商—代理商—批发商—零售商—消费者。

特点：制造商与最终消费者之间通过三层环节，常用于消费品市场的复杂分销结构。

此外，还有层次更多的渠道，但较少见。中间层次越多，分销渠道越难控制。

（2）按分销渠道的宽度划分。

渠道宽窄取决于每个环节中使用的同类型中间商数目。企业使用同类中间商多，称为宽渠道，分销面广，适用于日用消费品。使用同类中间商少，称为窄渠道，适用于专业性强或贵重耐用消费品。渠道宽度主要有3种类型：密集性分销、选择性分销和独家分销。

密集性分销：生产商通过尽可能多的批发商和零售商推销产品，适用于销售量大的生活日用品和工业品中的通用机具。密集性分销分为零售密集性分销和批发密集性分销。

选择性分销：生产商在某一地区通过几个精心挑选的中间商推销产品，既能取得足够的市场覆盖面，又易于控制和节省成本。

独家分销：生产商在某一地区仅通过一家中间商推销产品，双方签订独家分销合同，规定中间商不得经销其他竞争者的同类产品。适用于高档名牌商品，如高档妇女服装、名牌饮料、汽车、电脑等，能提高生产商、中间商和产品的声誉、服务质量。例如，"青岛啤酒"在美国市场通过独家进口商销售，销量甚好，售价比本地啤酒高一倍。

2. 分销渠道的功能

分销渠道的基本功能是实现产品从生产者向消费者或用户的转移，弥合产品、服务与使用者之间的时间、地点和持有权缺口。分销渠道成员执行以下重要功能：

（1）搜集与传播信息：收集和传播营销环境中的潜在与现实顾客、竞争对手及其他参与者的营销调研信息。

（2）促进销售：制作和传播吸引顾客的沟通材料，促进商品销售。

（3）谈判：达成有关产品价格和其他条件的最终协议，实现所有权或持有权的转移。

（4）订货：渠道成员向生产商进行有购买意图的反向沟通行为。

（5）融资：为补偿渠道工作的成本费用获取资金，如娃哈哈品牌通过销售保证金获取低成本融资。

（6）承担风险：承担与从事渠道工作有关的全部风险。

（7）储运：产品从原料到最终消费者的连续储运工作，建立高效的商品配送管理体系。

（8）付款：买方通过银行和其他金融机构向销售者支付账款。

（9）所有权转移：物权从一个组织或个人转移到其他组织或个人。

在不同的分销渠道中，这些功能由不同的渠道成员承担。渠道结构改变时，功能的组合方式也会变化。生产商执行这些功能时，成本增加，产品价格上升；中间商执行时，生产商的费用和价格下降，但中间商的开支增加。分销渠道的变化在很大程度上取决于发现更有效的集中或分散经济功能的途径，这些功能在向目标市场提供有用的商品组合过程中不可或缺。

10.1.5 渠道设计决策

制造商在设计营销渠道时，需要在理想和实际可行的分销渠道中做出选择。资金有限的新企业通常先在有限的市场区域内销售，关键问题是如何说服优秀中间商参与。如果成功，新企业可通过现有中间商向新市场扩展。较小市场中，企业可以直接销售给零售商；较大市场中，通过分销商进行销售。在国内某些地区，可以授权专营店销售；在其他地区，通过各种店铺销售。此外，还可以设立网上商店，直接向难以触及的顾客销售。通过这种方式，渠道系统可根据市场机会和环境变化逐渐发展。

为了达到最佳效果，企业应进行有目的性的渠道分析和决策。营销渠道设计需要通过分析消费者需求，确定营销渠道目标，并识别和评估各种主要备选渠道。

1. 分析消费者需求

如前所述，营销渠道是顾客价值传递系统的一部分，每个渠道成员都为顾客增添价值。因此，设计营销渠道必须了解目标消费者的期望。消费者希望在附近购买还是愿意到较远的商业中心购买？他们愿意亲自购买还是通过电话或网络购买？他们看重产品多样化还是专业化？他们需要大量附加服务（运送、安装、维修），还是愿意从别处获得这些服务？运输速度越快、产品种类越多、附加服务越多，渠道的服务水平就越高。

然而，提供最快的运输速度、最多的产品种类和最佳的服务可能不现实。企业及其渠道成员可能没有资源和能力提供所有期望的服务。而且，提供更高水平的服务会增加渠道成本，对消费者来说也意味着更高的价格。折扣零售的成功表明，消费者通常愿意为了更低的价格而接受较低水平的服务。

但仍有许多企业将自己定位为更高服务的水平，顾客愿意支付更高的价格。因此，企业必须根据满足顾客需求的可行性和成本以及顾客的价格偏好来平衡他们的需求。

2. 明确渠道目标和限制因素

设计有效的渠道系统需要明确目标和限制因素，识别主要的渠道选择方案并进行评价。

1）渠道目标

渠道目标应根据目标顾客的期望服务水平来确定，具体步骤包括：细分市场、决定进入哪些细分市场、提供何种服务（如顺畅、便利、经济性、品牌知名度等），并在满足顾客需求的前提下使总渠道成本最低。渠道目标还受企业性质、产品、营销中介、竞争对手和环境的影响。例如，企业规模和财务状况决定哪些营销职能由企业完成，哪些由中间商完成。销售易腐产品的企业可能需要更多直销渠道，以避免延误。

企业可能在竞争对手的零售商处销售其产品以促进比较购物，或避免使用竞争者的渠道。

2）限制因素

顾客特性：顾客购买行为影响渠道设计，如呈现少量多次的特点，渠道应较长以满足需求。

产品特性：易腐产品要求直接营销，体积大的产品要求搬运次数少，单位价值高的产品通常由销售人员推销。

中间商特性：中间商在促销、谈判、仓储、交际和信用方面的能力各异，企业应选择合适的中间商。

竞争特性：渠道设计受竞争对手使用渠道的影响，企业有时会在竞争者附近开店，如麦当劳和肯德基。某些行业生产者希望避开竞争对手渠道，如上门推销。

公司特性：公司规模、财务资源和产品组合影响渠道模式，产品组合越广，直接销售能力越大；产品组合越深，独家经销或选择少量中间商越有利。

环境特性：经济和法律因素也影响渠道决策。经济不景气时，生产者会选择最经济的方法分销。法律禁止垄断性渠道安排。

3. 选择渠道方案

假设企业已经确定了它的目标市场，明确了市场定位，下一步就要识别它的主要渠道选择方案。一个渠道方案由以下 3 个方面的因素确定：中间商的类型、中间商的数量及各渠道成员的条件和义务。

1）中间商的类型

选择间接渠道的企业需要决定中间商的类型，即选择独立批发商、代理商或经纪人。企业对用户和市场分销渠道结构不甚了解或没有能力了解时，适宜选择代理商或经纪人；开发新市场的企业也可以选择代理商或经纪人；希望加快资金周转的企业不宜选择代理商或经纪人。工业用品较宜选择独立批发商中的经销商，消费品可视情况而定。

2）中间商的数量

企业需要决定每个渠道层次使用多少中间商，即分销渠道宽度问题。有 3 种战略可供选择：密集性分销、独家分销及选择性分销。

市场因素：市场规模越大，渠道越宽；市场规模越小，渠道越窄。市场聚集度越弱，渠道越宽；市场聚集度越强，渠道越窄。

购买行为因素：购买量、购买季节性、购买频度和购买探索度影响渠道选择。购买量大，单位分销成本低，可直接出售给顾客。季节性强的产品适合宽渠道，利用更多批发商和零售商。购买频度高、一次购买量小、产品价值低的产品需要更多中间商分销。日常生活用品适合宽渠道，时装、电器、家具等产品适合窄渠道。

产品因素：产品越重，渠道越窄；产品越轻，渠道越宽。产品价值越大，渠道越窄；产品价值越小，渠道越宽。非规格化产品渠道窄，规格化产品渠道宽。技术性强的产品渠道窄，技术性差的产品渠道宽。生命周期短的产品渠道窄，生命周期长的产品渠道宽。耐用品适合窄渠道，非耐用品适合宽渠道。

企业因素：选择长渠道的产品市场需求广泛，适合宽渠道。选择短渠道的产品生产技术性强，需求专业化，适合窄渠道。生产商若想对分销渠道进行高强度控制，一般采取窄渠道；若不想或无法进行高强度控制，可选择宽渠道。

3）渠道成员的条件和义务

生产者必须确定渠道成员的条件和义务，包括价格政策、销售条件、双方的权利和义务。

价格政策要求生产者制定价目表和折扣细单。生产者必须确保这些是公平的和足够数量的。

销售条件是指付款条件和生产者的担保。大多数生产者对于付款较早的分销商给予现金折扣。生产者也可以向分销商提供有关商品质量不好或价格下跌等方面的担保。

分销商的地区权利。分销商需要知道生产者打算在哪些地区给予其他分销商以特许权。

双方的义务，必须慎重，尤其是在采取特许经营和独家代理等渠道形式时。例如，麦当劳公司向加盟的特许经营者提供房屋、促销支持、记账制度、人员培训和一般行政管理与技术支持。而反过来，该经营者必须在物资设备方面符合公司的标准，对公司新的促销方案予以协作，提供公司所需情报，并采购特定食品。

4. 评估渠道方案

假设一家企业已经识别出几种渠道选择，希望从中选出最能满足其长期经营目标的渠道。每种渠道都应该用经济性标准、控制性标准和适应性标准来进行评估。在经济性标准之下，首先，企业比较不同渠道选择的预期销售额、成本和营利能力。每种渠道需要多少投资，会带来多少回报？其次，企业也要考虑控制的问题。使用中间商通常意味着要给它们一些产品营销方面的控制权，而有的中间商要求的控制权比其他中间商更多。在其他条件相同的情况下，企业希望尽可能多地保留控制权。最后，企业还必须运用适应性标准。渠道选择通常需要签订长期合同，而企业希望尽可能保持渠道的灵活性以适应环境的变化。因此，如果要采用一个涉及长期合同的渠道，那它应该在经济性和控制性方面非常有优势。

1）经济性标准

经济性标准主要考虑每一个渠道的销售额与成本的关系。

案例分享

MFS 家具制造商对渠道方案的评估

MFS 家具制造商计划在西海岸零售其商品，目前在两种渠道方案间进行选择。一种方案是聘用 10 名新的销售代表，在旧金山设立推销办事处，销售代表除了基本工资外还将根据销售量获得佣金。另一种方案是利用一家在旧金山与零售商有广泛联系的制造厂商销售代理行，该代理行有 30 名销售代表，他们将按销售量获得佣金。

每种渠道方案都会产生不同的销售量和成本。第一个问题是使用公司销售队伍还是代理商的销售量更大？大多数营销经理认为使用公司的推销队伍销售量更大。因为公司推销代表完全致力于本公司的产品，受过较好的推销训练，更有进取心，未来与公司密切相关，顾客也喜欢直接与公司打交道。然而，推销代理商的销售量也可能更大。首先，代理商有 30 个推销代表，而不是 10 个。其次，代理商的推销员可能同样积极，取决于佣金多少。再次，有些顾客喜欢和代表几家厂商的代理商打交道，而不喜欢与某一公司的推销员来往。最后，代理商与市场有广泛联系，而公司的推销队伍则必须从头做起。下一步是估计每个渠道不同销售量的成本。利用推销代理商的固定成本比公司组建推销办公室的成本低，但代理商的费用增长很快，因为代理商的佣金比公司推销员高。最后一步是比较销售量与成本。一般来讲，代理商适用于小型公司，或者大公司在某一个很小的区域采用。因为这个区域的销售量很低，没有必要使用公司自己的推销员。

2）控制性标准

评价必须进一步扩大到要考虑渠道的控制问题。销售代理商是一个独立的公司，他关心的是本公司利润的最大化，而不是制造厂商的利益。此外，代理商的推销人员可能没有掌握有关公司产品的技术细节，或者不能有效地运用他的促销材料。

3）适应性标准

为了发展，渠道成员相互之间都允诺在某特定时间段的特定义务，但由于制造商对变换市场响应能力在不断提高，其允诺的持续时间在缩短。在迅速变化、非持久和不确定的产品市场上，生产商需要寻求能适应不断变化的渠道结构和政策。

10.1.6　渠道管理决策

1．选择渠道成员

渠道管理决策包括 3 方面的内容：选择渠道成员、激励渠道成员、评估渠道成员。

选择渠道成员，即在渠道设计完成后，具体选择渠道伙伴。企业选择渠道成员的难易程度取决于企业本身的声誉及其产品的畅销程度。

1）选择分销商应考虑的因素

市场覆盖范围：选择分销商时需考虑其经营范围是否包括企业产品的预期销售地区，以及销售对象是否是企业希望的潜在顾客。

信誉：分销商的信誉直接影响回款和市场支持。信誉差的分销商变动可能导致企业重新开发市场，成本增加。

分销商的历史经验：考察分销商的历史表现和营利记录，长期经营某种商品的分销商通常拥有丰富经验和市场影响力。

合作意愿：分销商愿意与企业合作并积极推销产品，增加双方的利益。生产商应根据销售需要选择合作方式和态度良好的分销商。

产品组合情况：分销商经销的产品如果与生产商的产品竞争，应避免选用；但如果产品组合有空档或生产商产品竞争优势明显，则可选择。

分销商的财务状况：选择资金雄厚、财务状况良好的分销商，保证及时付款并可能在财务上提供帮助。财务状况差的分销商可能会拖欠货款。

分销商的区位优势：理想的分销商应位于顾客流量大的地点。批发分销商的位置应利于批量储存与运输，通常选在交通枢纽地。

分销商的促销能力：分销商的促销方式和能力直接影响销售规模。选择分销商前需全面评价其促销费用、物质技术基础及人才的实际情况。

2）选择分销商的方法

选择分销商的方法很多，这里重点介绍企业经常采用的一种方法：评分法。评分法就是对拟选择作为合作伙伴的每个分销商，就其从事商品分销的能力和条件进行打分评价。根据不同因素对分销渠道功能建设的重要程度的差异，分别赋予一定的权数。然后计算每个分销商的总得分，选择得分较高者。评分法主要适用于在一个较小范围地区的市场上，为了建立精选的渠道网络而选择理想的分销商。

2. 激励渠道成员

美国哈佛大学心理学教授威廉·詹姆士（William James）在《行为管理学》中指出，合同关系仅能使人的潜力发挥到 20%～30%，而充分激励可将潜能发挥至 80%～90%。这是因为激励活动能调动人的积极性。

营销渠道成员激励是渠道管理的重要组成部分，也是公司实现渠道管理目标的重要手段。渠道成员激励是指厂商为促进渠道成员完成公司制定的分销目标而采取的各种激励措施。激励的必要性在于，营销渠道系统中的各渠道成员与厂商属于独立的经济实体，双方对利益的一致追求是维系这种关系的纽带。尽管"胡萝卜加大棒"的政策仍存在，但现代管理更强调通过激励营造和谐气氛，调动渠道成员的积极性。

根据激励措施的对象不同，可以分为针对总代理、总经销的激励以及针对二级代理甚至零售终端的激励。根据激励实施的时间不同，可以分为年度激励、季度激励和月度激励等。根据激励手段不同，可以分为直接激励和间接激励等。

1）直接激励

直接激励是指通过给予渠道成员物质或金钱奖励来激发其积极性，实现公司销售目标。常见形式是返利，主要有过程返利和销量返利。

过程返利：管理销售过程的激励方式，确保市场健康发展。内容包括铺货率、商品陈列、生动化、安全库存、指定区域销售、规范价格、专销和守约付款等。

销量返利：直接刺激进货力度，提高销售量和利润。销量返利的形式包括：①销售竞赛：奖励规定区域和时段内销量第一的渠道成员；②等级进货奖励：对进货达到不同等级数量的渠道成员给予奖励；③定额返利：对达到一定进货金额的渠道成员给予奖励。销量返利实质上是一种变相降价，能提高渠道成员的利润，促进销售热情，但可能导致渠道成员越区销售，扰乱市场。

2）间接激励

间接激励是指通过帮助渠道成员进行销售管理，提高销售效率和效果，从而激发其积极性和销售热情。具体方法包括帮助建立进销存报表、客户管理、确定合理的安全库存数，以及客户开发和攻单等。

3. 评估渠道成员

定期对渠道成员的工作成果做出评估，并进行调整，如销售定额完成情况、平均库存、为顾客服务情况、与本公司合作情况等。一方面能保证销售计划得以完成，另一方面也据此确定是否应对现有渠道成员进行适当调整或奖励。特别是在购买者行为发生变化、市场扩大、产品进入生命周期不同阶段或新的强有力竞争对手兴起、新的分销策略出现时，对渠道进行调整就更有必要。

10.1.7 营销物流与供应链管理

在如今的全球市场中，有时卖出一件产品比把这件产品送到顾客手中要容易。企业必须决定储存、装卸和运送产品或服务的最佳方法，使消费者能在适当的时间、适当的地点获得适当的产品。物流的有效性对顾客满意度和企业成本都有着重要的影响。这里，我们将考察供应链中物流管理的性质和重要性、物流系统的目标、物流系统的主要职能以及整合供应链管理的必要性。

1. 营销渠道管理与供应链管理

1）营销渠道管理

营销渠道就是商品和服务从生产者向消费者转移过程的具体通道或路径。抛开供应链管理所衔接的物流链、信息链和资金链不提，它涉及企业的每一步，从 MRP 开始，直至到消费者手中终止，即原材料供应商、制造商、仓库、配送中心和渠道商等构成了整个供应链管理环节，涉及内容颇多，如物流管理、信息系统管理、ERP 管理等。营销渠道管理，相对而言简单得多，就是企业—消费者的环节管理，如直销零渠道。但大部分涉及批发商、零售商、代理商等渠道成员，涉及的信息流、资金流、物流等方面也局限于产品的流通环节中，操作性较强。

2）供应链管理

供应链管理是指使供应链运作达到最优化，以最小的成本，让供应链从采购开始，到满足最终客户的所有过程，MBA、EMBA 等管理教育均将企业供应链管理包含在内。供应链管理就是协调企业内外资源来共同满足消费者需求，当我们把供应链上各环节的企业看作一个虚拟企业同盟，而把任一个企业看作这个虚拟企业同盟中的一个部门，同盟的内部管理就是供应链管理。只不过同盟的组成是动态的，根据市场需要随时在发生变化。有效的供应链管理可以帮助实现 4 项目标：缩短现金周转时间；降低企业面临的风险；实现营利增长；提供可预测收入。

供应链管理的 7 项原则：根据客户所需的服务特性来划分客户群；根据客户需求和企业可获利情况，设计企业的后勤网络；倾听市场的需求信息，设计更贴近客户的产品；时间延迟；策略性地确定货源和采购与供应商建立双赢的合作策略；在整个供应链领域建立信息系统；建立整个供应链的绩效考核准则等。

3）PDCA 循环理论

在供应链管理中，生产环节的质量管理至关重要。戴明（W.E.Deming）认为，质量问题源于生产和流程，应在生产过程中进行质量管理，以生产出零缺点的产品，而不是对成品进行质量管理。他主张用统计方法进行质量管理，提出计划（Plan）、执行（Do）、检查（Check）、处理（Action）4 个阶段的循环，即 PDCA 循环（又称戴明循环），如图 10-8 所示。

PDCA 循环理论认为，质量管理必须遵循以下 4 个阶段：

P 阶段（计划阶段）：发现适应用户需求，并以最经济的方法实现目标。通过调查、设计、试验，制定技术经济指标、质量目标、管理目标，制订具体的计划和措施。

D 阶段（执行阶段）：按照所制订的计划和措施实施。

图 10-8　PDCA 循环

C 阶段（检查阶段）：对照计划，检查执行情况和效果，及时发现和总结实施过程中出现的经验与问题。

A 阶段（处理阶段）：根据检查结果采取措施，巩固成绩、解决问题，以利再战。

通过不断地 PDCA 循环，企业可以持续改进质量管理，确保生产环节中的每一个步骤都达到高质量标准，最终提高整体供应链管理的效率和效果。

2. 营销物流的本质和意义

对某些管理人员来说，营销物流仅仅意味着卡车和仓库，但现代物流远不止这些。营销物流，又称实物分销，是指计划、实施和控制商品、服务和相关信息从来源地到消费点的流动，在一定的利润水平上满足顾客的要求。简单地说，它是指有效地将适当的产品在适当的时间和地点送达适当的消费者。

过去，实物分销一般从工厂的产品开始，寻求低成本的方法将产品送到消费者手中。但现代物流以消费者为中心，从市场需求开始考虑，然后反作用于工厂或供应源头。营销物流不仅涉及出货物流，即把产品从工厂运到经销商处，最终送到消费者手中，还涉及进货物流，即把产品和原材料从供应商处运到工厂，以及逆向物流，即重复利用、回收、翻新或处置来自消费者或经销商的破损、不想要或过量的商品。这意味着它涉及整个供应链管理，即管理供应商、企业、经销商和最终顾客上下游之间原料、最终产品和相关信息的增值过程，如图 10-9 所示。

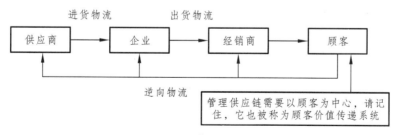

图 10-9　供应链管理

因此，物流管理者的任务是协调供应商、采购代理商、市场营销人员、渠道成员和顾客的活动，包括预测、信息系统、采购、生产计划、订货处理、存货控制、仓储安排和运输计划等多方面的工作。

如今企业特别强调物流工作，主要有以下几个原因：

239

竞争优势：如果企业能在物流中为顾客提供更好的服务或更低的价格，就能获得强有力的竞争优势。

成本节约：提高物流效率能为企业及其顾客节约大量成本。如今，产品平均价格的20%用于货物运输，远超广告和其他营销成本。

产品种类激增：产品种类激增需要更加完善的物流管理。信息技术的发展使大幅提高分销效率成为可能。如今企业大量使用复杂的供应链管理软件、基于互联网的物流系统、销售点扫描系统、RFID标签、卫星追踪技术、订单和支付数据的电子传输技术。这些技术使企业能够快速、高效地管理供应链中的商品、信息和资金流动。

另外，与其他营销功能相比，物流还影响环境以及企业在环境可持续性方面的投入。运输、仓储、包装及其他物流功能是供应链系统对环境产生影响的主要来源。因此，许多企业都在发展绿色供应链。

3. 可持续供应链

多方面的原因决定了企业必须降低其供应链对环境的影响。一方面，如果企业不主动保护环境，世界各地制定的一系列可持续发展的法规也会要求它们这样做。另一方面，许多大顾客都要求企业保护环境。环境的可持续发展已经成为供应商选择和绩效评估的重要影响因素。但更重要的是，企业也意识到设计可持续的供应链是正确的选择。这是企业为下一代拯救生存环境做出贡献的一种方式。

另外，企业还有一个更加直接和实际的原因去绿化其供应链，因为它有利于企业最终效益的实现。对环境产生最多影响的物流活动（如运输、仓储、包装）也恰恰占据了物流成本的最大部分。企业通过提高效率来绿化供应链，而提高效率意味着更低的成本和更高的利润。换句话说，发展可持续的供应链不仅对环境负责，并且还有利可图。

4. 物流系统的目标和职能

1）物流系统的目标

一些企业认为，它们的物流目标是用最低的成本提供最大化的顾客服务。不幸的是，尽管这听起来很好，但没有一个物流系统既能最大化消费者服务又能最小化分销成本。最大化消费者服务意味着快速交付、大量库存、灵活的商品组合、自由退货政策等，这些都会提高配送成本。相比之下，最小化分销成本意味着更慢的交货速度、更少的库存、更大批量的运输，从而降低顾客服务水平。

营销物流系统的目标应是以最低成本提供目标水平的顾客服务。企业必须首先研究各种分销服务对顾客的重要程度，然后为每个细分市场设定适当的服务水平。企业的目标是利润最大化，而不是销售额最大化。因此，企业必须权衡提供较高水平服务的收益与成本。一些企业提供较少服务，收取较低价格；另一些企业则提供较多服务，并收取较高价格以弥补成本。

2）主要的物流职能

确定了一系列物流目标后，企业要设计一个物流系统，以最低的成本实现目标。主要的物流职能包括仓储管理、存货管理、运输管理和物流信息管理。

（1）仓储管理。

企业需储存待售商品以克服生产和消费周期不一致的问题。例如，Snapper 和 Toro 全年生产，为购买高峰期储备货物。企业需决定仓库数量、类型和位置。存货仓库用于中长期储存，配送中心则用于商品转移和订单处理，确保商品能快速送达顾客手中。

（2）存货管理。

存货管理需平衡过多和过少库存之间的矛盾。库存过少会导致缺货风险和高成本，过多则会增加库存成本和过时风险。企业通过准时制物流系统降低存货水平和成本，要求精确预测和灵活送货。RFID 技术使供应链管理更加智能化和自动化，实时追踪产品位置并自动补货。

（3）运输管理。

运输方式影响产品定价、运货效率和交货时的商品状况，从而影响消费者满意度。企业有 5 种主要的运输方式选择：卡车、铁路、水路、管道和航空。另外，还有互联网用于传输数字产品。卡车适合短程高价值货物运输；铁路适合长距离运输大宗货物；水路适合低价大宗非易腐货物；管道主要用于石油、天然气和化学品运输；航空适用于高价值小体积货物。多式联运结合了多种运输方式的优点，提供灵活的解决方案。

（4）物流信息管理。

通过信息管理供应链，渠道合作伙伴共享信息有助于制定更好的物流决策。信息流动包括顾客交易、账单、配送和存货水平，主要通过电子数据交换（EDI）实现。例如，沃尔玛通过 RetailLink 系统与供应商建立 EDI 联系，帮助供应商提升 EDI 能力。大型零售商与供应商合作建立供应商管理库存（VMI）系统，实现实时销售数据和存货水平共享，供应商负责管理存货和运输。

5. 整合物流管理

如今，越来越多的企业采用整合物流管理概念，通过企业内部和营销渠道组织之间的合作，为顾客提供更好的服务并降低分销成本。

1）企业内部的跨职能协作

企业内部，各职能部门需密切合作，提高物流绩效。运输、库存、仓储和信息管理相互作用，不同部门决策必须协调。一些企业通过建立物流委员会、设立供应链经理或副总经理来实现协调。复杂的系统级供应链管理软件（如 SAP、甲骨文）帮助企业优化供应链管理，从价值链协作到库存优化和运输管理。

2）建立物流合作关系

企业需与渠道成员协同努力，优化整个分销渠道系统。营销渠道成员紧密联系，共同创造顾客价值。明智的企业与供应商和顾客协调物流策略，建立牢固的合作关系，以改进服务并降低成本。雀巢的 Purina 与沃尔玛合作降低分销成本；家得宝允许主要供应商在店内试验新销售计划。这种合作关系使供应商和顾客都受益。

3）第三方物流

许多企业将物流外包给第三方物流提供商（3PL），如 UPS 等。UPS 不仅负责货物运输，还帮助企业简化物流系统，降低成本和提升服务。第三方物流服务能改善供应链、削减库存，并更快、更可靠地为顾客运输产品。86%的《财富》500 强企业使用第三方物流服务，如通用汽车、宝洁和沃尔玛。企业选择第三方物流的原因包括：高效且成本更低，通常能节省 10% ~ 25% 的成本；专注核心业务；综合物流企业更了解复杂的物流环境。

通过整合物流管理和第三方物流服务，企业能显著提高物流效率和客户满意度。

10.2 应用与实践

10.2.1 经典案例——"地瓜皇后"的渠道选择

我国农产品产销对接不紧密的问题突出，影响了农民增收和农村发展，因此商务部将推动农商互联作为落实乡村振兴战略的重要工作。福州莲心源食品有限公司旗下的"地瓜皇后"品牌，通过标准化栽种、规模化加工、品牌销售一体化服务，拓宽了区域农产品销售渠道，带领农民脱贫增收。本案例描述了"地瓜皇后"创始人如何保质保量供应地瓜，打造"地瓜皇后"网红品牌与农产品供应链，从直接渠道向全渠道发展，实现"地瓜王国"之梦。学习本案例，引发学生对供应链建设、质量管理等相关问题的思考与讨论，同时也为农业企业如何打造农产品供应链提供发展思路。

漳浦六鳌的 7 月，整片红蜜薯种植基地绿意盎然，长势喜人。2019 年六鳌地瓜即将大丰收，漳浦首届"六鳌地瓜丰收节"即将召开。六鳌地瓜最大的供应商"地瓜皇后"忙得不可开交。2017 年"双十一"，两周销售量达 1 000 多吨；2018 年销售额过亿元。2016—2018 年，"地瓜皇后"品牌形象已开拓市场。通过"地瓜皇后"网红品牌，逐步打造多种农产品供应链，实现从直接渠道向全渠道发展。

1. 从源头保证地瓜的供应质量

（1）确定基地地瓜种植标准。

六鳌地瓜种植无标准，创始人决定制定标准。她选定距离海岸线 3 千米以内的种植基地，确保地瓜品质。向甘薯研究所购买优良种苗，雇用农民种植，统一购买肥料，严格控制用量，使用地下水灌溉，收获时用手挖地瓜。

（2）接踵而至的"烦恼"。

公司自有生产基地产量有限，市场需求增加，产品供不应求。公司与农户合作，为公司独家供货，确保供应。但农户送来的地瓜质量参差不齐，目标不一致。

（3）迎难而上解决烦恼。

公司与农户深入合作，签订协议，提供优质种苗、低价农具、农药及化肥，要求农户严格按照标准种植。收获时，聘请农户采挖地瓜，进行初步筛选，保证地瓜质量。若农户违背协议，立即停止合作。

（4）层层筛选保证质量。

从田里收购的地瓜在仓库内分选加工。公司建起仓储和分拣中心，投资专业分选设备，提高效率，扩充分选和包装团队，培训员工。地瓜经过生产流水线分选，淘汰劣质地瓜，按大小分级，再细分为不同食用人群，装箱时用网套包裹，防止运输损害。不同规格的地瓜分别装入特定包装箱。在她的严格把控下，"地瓜皇后"出厂的地瓜质量得到了保障，每箱地瓜里都有一张质量检验合格单，明确标明地瓜的质量等级、加工生产线和加工员工的工号。"地瓜皇后"的供应链结构如图 10-10 所示。

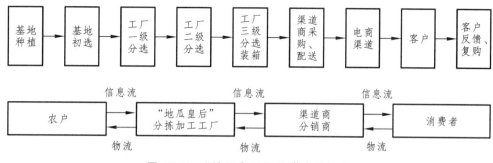

图 10-10 "地瓜皇后"的供应链结构

2. 开拓渠道商，发展地瓜供应链

（1）"小目标"与"大订单"。

产品上市后，创始人给团队定下了每天发货 2 000 件的目标。尽管公司刚成立，产品刚上市，对目标客户群体也不太了解，很多人认为这个目标难以实现。创始人凭借多年的商贸经验，努力寻找渠道商，加上六鳌地瓜的优良品质，很快打进了京东商城，实现了每天 2 000 件的"小目标"。2017 年"双十一"，"地瓜皇后"成为京东商城主推商品之一，日销售量达 5 万件，连续两周在京东蔬菜类排行第一，总销量达 50 多万件，总重量超过 1 000 吨。这一战役使"地瓜皇后"建立了良好的口碑，打响了互联网品牌。

（2）线上和线下渠道火力全开。

在京东取得开门红后，团队信心倍增，整合线上、线下资源，重新制定销售战略，针对不同消费群体制定不同的销售渠道和策略，将销售渠道从网络拓展到传统商超和社区连锁店。传统渠道要求缴纳进场费等多项费用，但"地瓜皇后"先通过线上打造成网红爆款，吸引传统渠道商关注，主动寻求合作，省去了一大笔营销费用。

目前，"地瓜皇后"已与京东、天天果园、有好东西、每日优鲜等线上渠道商达成合作协议，成为他们的地瓜供应商。公司还在淘宝上线了"快乐厨娘"企业店铺，开发运营"快乐厨娘优选"公众号和小程序，方便顾客购买。线下渠道包括 500 家商超、便利店和批发店，也是盒马鲜生、沃尔玛、大润发、新华都、永辉等大型商超的稳定供应商。在社群营销方面，"地瓜皇后"建立了千余个社群营销团队。"地瓜皇后"的渠道结构如图 10-11 所示。

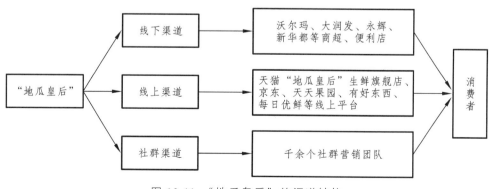

图 10-11 "地瓜皇后"的渠道结构

（3）地瓜王国梦正在实现。

如今，"地瓜皇后"与六鳌镇60%以上的农户签订合作协议，产品覆盖全国30多个城市，年营业收入超过1亿元，创始人的地瓜王国梦正在一步步实现。未来，她计划继续延伸地瓜供应链，对鲜食地瓜进行深加工，制作老少皆宜的地瓜零食。为此，她特意到日本考察知名地瓜零售行业，学习生产设备和加工工艺。她认为中国的地瓜产业刚刚起步，与日本还有很大差距，但这些差距正是发展机会，她对地瓜产业发展未来充满信心。

（4）打造多种农产品供应链。

在成功打造"地瓜皇后"品牌后，公司不断总结经验，计划利用平台优势打造多种农产品供应链，解决农产品"销售难"问题，将优质农产品销售给城市居民。目前，除了有六鳌地瓜基地，还有黄金百香果基地。另外，还借鉴"地瓜皇后"的模式，打造黄金百香果品牌。在线上，消费者可以在"快乐厨娘严选"公众号和小程序中购买平和琯溪蜜柚、漳州的黄金百香果、安岳黄柠檬等优质农产品。公司的目标不仅限于福建，还在海南、江西、山东等地设立种植基地，种植桥头地瓜等特色地瓜，引进世界知名地瓜品种，营销山东烟薯和越南紫薯，争取全年供应鲜挖地瓜，让消费者每天都能吃到不同品种、不同颜色的"地瓜皇后"。

资料来源：许安心，林楯荷.市场营销教学案例与分析[M].北京：中国农业出版社，2021：117-122.

10.2.2　案例分析与方法应用

（1）为什么选择地瓜作为销售单品？如何打造网红品牌"地瓜皇后"？

在供应链管理中，生产环节的质量管理至关重要，而全面质量管理的核心就是顾客。戴明（W.E.Deming）认为，质量问题源于生产和流程，应在生产过程中进行质量管理，以生产出零缺点的产品，而不是对成品进行质量管理。他主张用统计方法进行质量管理，提出计划（Plan）、执行（Do）、检查（Check）、处理（Action）4个阶段的循环，即PDCA循环（又称戴明循环）。

创始人选择地瓜作为销售单品的原因主要是：首先，她是漳浦六鳌人，当地气候条件和富硒沙质旱地适宜种植优质地瓜。其次，地瓜营养丰富，适合各年龄层消费，市场广阔，并且生长周期短，能常年供应。最后，地瓜易储存、搬运和保鲜，适合网络销售，运输方便。

公司始终重视产品质量，把PDCA循环理论运用到地瓜质量保障的过程中，确保所有供应的地瓜经过严格筛选，避免不合格品进入市场，损害品牌形象。计划（Plan）：通过市场调查，发现消费者对六鳌地瓜需求量大，但市场上销售的六鳌地瓜并非都产自漳浦六鳌，质量良莠不齐。她决定打造"六鳌地瓜"标杆，创立"地瓜皇后"品牌。实施（Do）："地瓜皇后"定下"通过高品质地瓜打造品牌"的目标，建立了自己的生产和加工标准。在种植上，规定了种植基地、土壤、水源、地瓜品种、施肥、浇水、采摘的标准，农户必须严格遵循。在加工方面，确立了三级分选标准：第一级挑出烂果、不合格品；第二级确定地瓜等级；第三级确认质量并套袋装箱，确保产品质量。检查（Check）：地瓜经过三级分选后，每箱都有一张质量检验合格单，标明地瓜的质量等级、生产线和加工员工号。如有质量问题，可根据工单追溯到相应流水线和员工。处理（Action）：公司直接联系送货农户处理问题地瓜，屡次违约者停止合作，认为质量问题没有任何宽容余地。

（2）"地瓜皇后"如何满足消费者的不同需求，如何实施供应链管理？

供应链管理是指围绕核心企业，通过控制信息流、物流和资金流，从采购原材料开始，制成中间产品和最终产品，最后通过销售网络将产品送到消费者手中的供应商、制造商、分销商、零售商和最终用户连成一个整体的功能网链结构。它不仅是连接供应商到用户的物流链、信息链和资金链，而且是一条增值链。物料在供应链上因加工、包装、运输等过程而增加价值，给相关企业带来收益。

在创业初期，"地瓜皇后"将"地瓜皇后"产品打进京东商城，并凭借其良好品质在2017年的"双十一"被选为京东商城的主推商品，由此在消费者心中树立了品牌形象，成了线上的网红农产品。为保证产品的品质，建立良好口碑，"地瓜皇后"在"基地种植—基地初选—工厂分选—电商渠道配送—客户反馈"等供应链环节严格把关，做到精益求精。"地瓜皇后"致力于打造六鳌地瓜的供应链。首先，从源头保证农产品的高质量，确定基地地瓜的种植标准，与农户签订合作协议，让农户提供符合标准的地瓜。其次，在加工环节，"地瓜皇后"建立仓储和分拣中心，从种植基地收购回来的地瓜要经过公司的生产流水线进行一级、二级和三级分选。只有符合标准的地瓜才能装箱，将每个地瓜用特别设计的黄色网套进行单独包裹，防止在物流运输的过程中受到损害，然后再将包裹好的地瓜根据每根地瓜的大致重量进行装箱销售。最后，"地瓜皇后"采用产品差异化的战略对地瓜进行分选销售，以满足不同消费群体的需求。例如，推出了针对小朋友食用的 50～150g "地瓜公主""地瓜王子"系列产品和针对成年人食用的150～500g "地瓜皇后"产品。

（3）如何从直接渠道发展到全渠道，进而打造多种农产品供应链？

直接渠道也叫零级渠道，是指生产企业不通过中间商环节，自己销售给消费者，即企业自产自销，自己雇用销售人员直接与用户接触。间接渠道是指生产企业通过中间商将产品传送到消费者手中的分销模式。全渠道是指将线上和线下营销渠道完全融合，实现实时响应消费者需求的销售模式。

与一般在传统实体经营渠道发展成熟后再开发电商渠道的企业不同，公司采用与农产品生产基地和农户合作的方式，获得质量上等的农产品，形成了较为完整的地瓜供应链。通过打造网红品牌"地瓜皇后"，首先在线上渠道打响优质的"地瓜皇后"农产品品牌，然后倒逼线下实体商超主动找公司寻求合作，为其提供农产品供应链服务。在优质网红农产品品牌和完整供应链等因素的推动下，公司从电商直接渠道发展成为全渠道，消费者可以通过各种各样的销售渠道购买到"地瓜皇后"。在实体渠道方面，"地瓜皇后"的线下渠道包括各类商超、便利店、批发店近500家，其中包括沃尔玛、大润发、新华都、永辉等大型商超。消费者在线下可以随时买到产品。在电子商务渠道方面，"地瓜皇后"已通过战略联盟与线上渠道商京东、天天果园、每日优鲜等达成合作协议，成为他们的地瓜供应商；在移动商务渠道方面，公司还在淘宝上线了"快乐厨娘"企业店铺，运营"快乐厨娘优选"公众号和小程序，专门售卖各种类别的地瓜，一件包邮，方便顾客购买。

借助"地瓜皇后"的模式与累积的渠道优势，公司从横向与纵向两个方面共同发展农产品供应链。在供应链纵向一体化上，创始人积极到日本调研地瓜零售行业，了解日本地瓜企业的生产设备以及加工工艺，将继续延伸自己的地瓜供应链，对鲜食地瓜进行深加工，制作老少皆宜的地瓜零食；在供应链横向一体化上，借鉴"地瓜皇后"的成功经验，将"地瓜皇后"的模式应用于其他果蔬产业，打造多种农产品的供应链，如平和琯溪蜜柚、漳州的黄金百香果、安岳黄柠檬等供应链，努力朝着平台商业模式的方向发展。

本章知识结构图：

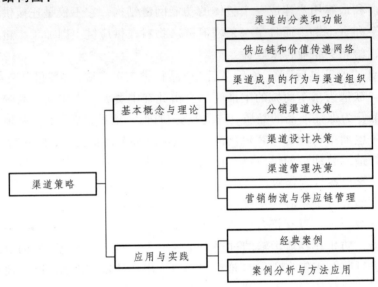

课后思考题

一、名词解释

1. 营销渠道：

2. 全渠道：

3. 供应链：

4. 价值传递网络：

5. PDCA 循环：

二、单选题

1. 生产电视机的厂商和生产电冰箱、洗衣机的厂商是竞争者关系，他们属于（　　　）。

　　A. 愿望竞争者　　　　　　　　B. 普通竞争者

　　C. 形式竞争者　　　　　　　　D. 品牌竞争者

2. 现在越来越多的消费者通过互联网订购产品，这就要求企业在制定市场营销组合战略时还应当着重考虑（　　　）。

　　A. 人口环境　　　　　　　　　B. 技术环境

　　C. 经济环境　　　　　　　　　D. 社会文化环境

3. 企业不通过流通领域的中间环节，采用产销合一的经营方式，直接将商品卖给消费者的是（　　　）。

　　A. 窄渠道　　　　　　　　　　B. 间接渠道

　　C. 直复营销渠道　　　　　　　D. 宽渠道

4. 服装制造商想越过零售商通过线上渠道直接销售给顾客，结果导致零售商不合作的现象，属于（　　　　）。

    A. 水平渠道冲突　　　　　　　　B. 水平渠道竞争

    C. 垂直渠道冲突　　　　　　　　D. 渠道竞争

5. 制造商在某一地区通过最合适的几家中间商分销其产品，这种分销策略是（　　　　）。

    A. 区域分销　　　B. 选择性分销　　　C. 独家分销　　　　D. 密集分销

三、多选题

1. 分销渠道包括（　　　　）。

    A. 生产者　　　B. 商人中间商　　　C. 代理商　　　　D. 供应商

    E. 消费者

2. 影响分销渠道设计的因素有（　　　　）。

    A. 顾客特性　　　B. 产品特性　　　C. 竞争特性　　　　D. 企业特性

    E. 环境特性

3. 渠道的交替方案主要涉及（　　　　）。

    A. 中间商类型　　　　　　　　B. 顾客的偏好

    C. 产品性质　　　　　　　　　D. 中间商数目

    E. 渠道成员的特定任务

4. 当生产者对中间商激励过度时，会导致（　　　　）。

    A. 销售量提高　　　　　　　　B. 销售量降低

    C. 销售量不变　　　　　　　　D. 利润减少

    E. 利润提高

5. 生产者可借助某些权力来赢得中间商的合作，这些力量是（　　　　）。

    A. 付酬力　　　B. 声誉力　　　C. 法定力　　　　D. 胁迫力

    E. 商品力

四、判断题

1. 确定企业所要达到的目标市场是渠道有效设计的起点。（　　　　）

2. 由于可利用的子市场、目标市场和产品专业化的机会越来越多，单一产品线商店在3类专用品商店中，发展最为迅速。（　　　　）

3. 自己进货，并取得产品所有权后再出售的商业企业是经纪人或代理商。（　　　　）

4. 判断一个渠道交替方案好坏的标准是其能否实现较高的销售额和较低的成本。（　　　　）

5. 佣金商对生产者委托代销的物品没有经营权。（　　　　）

6. 采购办事处的作用与经纪人相似，而且两者都是买方组织的一个组成部分。（　　　　）

五、简答题

1. 如何开展全渠道营销？

2. 分销渠道的类型有哪些？

3. 选择渠道分销商的考量因素有哪些？

第11章　促销战略

◆ 学习目标

思政目标：引导学生了解市场营销相关知识时要具有系统性及逻辑性，培养学生通过日常生活案例理解市场营销行为，引导学生树立正确的营销意识，培育学生"四心四力"（责任心、进取心、自信心、感恩心，学习力、胜任力、影响力、创新力）。

知识目标：掌握促销及促销组合的相关概念，理解促销的实质；掌握促销的基本程序；了解广告、公共关系、人员推销和销售促进决策的主要内容。

能力目标：理解促销的本质；理解整合营销传播的核心思想；理解促销组合的工具及方法论。

素质目标：培养学生优秀的沟通能力和人际交往技巧，使其能够有效地与客户、同事和合作伙伴进行沟通与协作，建立良好的人际关系。

案例导入

赠送也是一种促销策略

赠送是一种促销方法，就其实质而言是一种销售促进策略，日本 WSF 公司就是利用这一方法一炮打响的。相当一段时间，WSF 香烟的销路打不开，公司面临关闭的威胁，于是公司决定以"赠送"的方式进行促销。于是，公司老板在各主要城市物色代理商，通过代理商向当地一些著名的医生、律师、作家、影星、艺人等按月寄赠两条该牌子香烟，而每过若干时日，代理商就会寄来表格，征求对香烟的意见。半年左右，WSF 香烟赢得了一些较有身份和影响的顾客，接着利用这些名人做广告，宣传该牌子的香烟都是有身份的高贵人士所用，那些有点身份的人当然会来购买，而那些没有多少财富或名气的人碍于心理或面子的驱使，也会购买这种香烟。这样，WSF 香烟很快就获得众多的顾客。

美国企业巨人 XW 电器公司也曾从这种方法中获益。XW 电器公司曾经开发了一种保护眼睛的白色灯泡，为了打开销路，采取了赠送策略，两周后再派人到使用的用户家中收集使用意见。在反馈意见中，有 86% 的家庭主妇认为，这种灯泡比别的灯泡好，眼睛的感觉舒服；78% 的主妇认为，这种灯泡光线质地优良。于是，XW 电器公司以此作为实验性广告资料，将用户的评论意见公之于众，立即引起了消费者注意，公司的白色灯泡一下子成为畅销品。

从上述案例看出，促销是现代营销的关键。在现代营销环境中，企业仅有一流的产品、合理的价格、畅通的销售渠道是远远不够的，还需要有一流的促销。市场竞争是产品的竞争、价格的竞争，更是促销的竞争，企业的营销力特别体现在企业的促销能力等方面。

11.1 基本概念与理论

11.1.1 促销的实质

促销，是指企业通过人员、非人员的方式把产品和服务的有关信息传递给顾客，以激起顾客的购买欲望，影响和促成顾客购买行为的全部活动的总称。

在市场经济中，社会化的商品生产和商品流通决定了生产者、经营者与消费者之间存在着信息上的分离，企业生产和经营的商品、服务信息常常不为消费者所了解和熟悉，或者尽管消费者知晓商品的有关信息，但缺少购买的激情和冲动。这就需要企业通过对商品信息的专门设计，再通过一定的媒体形式传递给顾客，以增进顾客对商品的注意和了解，并激发起购买欲望，为顾客最终购买提供决策依据。因此，促销从本质上讲是一种信息的传播和沟通活动。

11.1.2 促销的步骤

为了成功地把企业及产品的有关信息传递给目标受众，企业需要有步骤、分阶段地进行促销活动。

1. 确定目标受众

企业在促销开始时就要明确目标受众是谁，是潜在购买者还是正在使用者，是老人还是儿童，是男性还是女性，是高收入者还是低收入者。确定目标受众是促销的基础，它决定了企业传播信息应该说什么（信息内容），怎么说（信息结构和形式），什么时间说（信息发布时间），通过什么说（传播媒体）和由谁说（信息来源）。

2. 确定沟通目标

确定沟通目标就是确定沟通所希望得到的反应。沟通者应明确目标受众处于购买过程的哪个阶段，并将促使消费者进入下一个阶段作为沟通的目标。

消费者的购买过程一般包括6个阶段。

（1）知晓。当目标受众还不了解产品时，促销的首要任务是引起注意并使其知晓。这时沟通的简单方法是反复重复企业或产品的名称。

（2）认识。当目标受众对企业和产品已经知晓但所知不多时，企业应将建立目标受众对企业或产品的清晰认识作为沟通目标。

（3）喜欢。当目标受众对企业或产品的感觉不深刻或印象不佳时，促销的目标是着重宣传企业或产品的特色和优势，使之产生好感。

（4）偏好。当目标受众已喜欢企业或产品，但没有特殊的偏好时，促销的目标是建立受众对本企业或产品的偏好，这是形成顾客忠诚的前提。这需要特别宣传企业或产品较其他同类企业或产品的优越性。

（5）确信。如果目标受众对企业或产品已经形成偏好，但还没有发展到购买它的信念，这时促销的目标就是促使他们做出或强化购买决策，并确信这种决策是最佳决策。

（6）购买。如果目标受众已决定购买但还没有立即购买时，促销的目标是促进购买行为的实现。

3．设计促销信息

设计促销信息，需要解决4个问题：信息内容、信息结构、信息形式和信息来源。

1）信息内容

信息内容是信息所要表达的主题，又称诉求。其目的是促使受众做出有利于企业的良好反应。一般有3种诉求方式：

（1）理性诉求。针对受众的兴趣指出产品能够产生的功能效用及给消费者带来的利益。如洗衣粉宣传去污力强，空调宣传制冷效果好，冰箱突出保鲜等。一般工业品消费者对理性诉求的反应最为敏感，消费者在购买高价物品时也容易对质量、价格、性能等诉求做出反应。

（2）情感诉求。通过使受众产生正面或反面的情感，来激励其购买行为的一种诉求方式。如使用幽默、喜爱、欢乐等促进购买和消费，也可使用恐惧、羞耻等促使人们去做应该做的事（如刷牙、健康检查等）或停止做不该做的事（如吸烟、酗酒）等。

（3）道德诉求。诉求于人们心目中的道德规范，促使人们分清是非，弃恶从善，如遵守交通规则，保护环境，尊老爱幼等。这种诉求方式常用在企业的形象宣传中。

2）信息结构

信息结构也就是信息的逻辑安排，主要解决3个问题：一是能否得出结论，即提出明确结论还是由受众自己得出结论；二是单面论证还是双面论证，即只宣传商品的优点还是既说优点也说不足；三是表达顺序，即沟通信息中把重要的论点放在开头还是结尾。

3）信息形式

信息形式的选择对信息的传播效果有至关重要的作用。比如：在印刷广告中，传播者必须决定标题、文案、插图和色彩，以及信息的版面位置；通过广播媒体传达的信息，传播者要充分考虑音质、音色和语调；通过电视媒体传达的信息，传播者除要考虑广播媒体的因素，还必须考虑仪表、服装、手势、发型等体语因素；若信息经过产品及包装传达，则特别要注意包装的质地、气味、色彩和大小等因素。

4）信息来源

由谁来传播信息对信息的传播效果有重要影响。如果信息传播者本身是接受者信赖甚至崇拜的对象，受众就容易对信息产生注意和信赖。比如，玩具公司请儿童教育专家推荐玩具，日化公司请牙科医生推荐牙膏，冰箱生产厂家请院士推荐冰箱等，都是比较好的选择。

4．选择信息沟通渠道

信息沟通渠道通常分为两类：人员沟通渠道与非人员沟通渠道。

1）人员沟通渠道

人员沟通渠道是指涉及两个或更多的人相互间的直接沟通。人员沟通可以是当面交流，也可以通过电话、信件、电子邮件甚至QQ网络聊天等方式进行交流。这是一种双向沟通，能立即得到对方的反馈，并能够与沟通对象进行情感渗透，因此效率较高。在产品昂贵、风险较大或不常购买及产品具有显著的社会地位标志时，人员的影响尤为重要。

人员沟通渠道可进一步分为倡导者渠道、专家渠道和社会渠道。倡导者渠道由企业的销售人员在目标市场上寻找顾客；专家渠道通过有一定专业知识和技能的人员的意见、行为影响目标顾客；社会渠道通过邻居、同事、朋友等影响目标顾客，从而形成一种口碑。在广告竞争日益激烈、广告的促销效果呈下降趋势的情况下，口碑营销成为企业越来越重视的一种促销方式。

2）非人员沟通渠道

非人员沟通渠道是指不经人员接触和交流而进行的一种信息沟通方式，是一种单向沟通方式，包括大众传播媒体、气氛和事件等。大众传播媒体面对广大的受众，传播范围广；气氛是指设计良好的环境因素制造氛围，如商品陈列、POP 广告、营业场所的布置等，促使消费者产生购买欲望并付诸行动；事件是指为了吸引受众注意而制造或利用的具有一定新闻价值的活动，如新闻发布会、展销会等。

5. 制定促销预算

促销预算是企业面临的最难做的营销决策之一。行业之间、企业之间的促销预算差别相当大。在化妆品行业，促销费用可能达到销售额的 20%～30%，甚至 30%～50%，而在机械制造行业中仅为 10%～20%。企业制定促销预算的方法有许多，常用的主要有以下几种：

（1）量力支出法。这是一种量力而行的预算方法，即企业以本身的支付能力为基础确定促销活动的费用。这种方法简单易行，但忽略了促销与销售量的因果关系，而且企业每年财力不一，因而促销预算也经常波动。

（2）销售额百分比法。即依照销售额的一定百分比来制定促销预算。如企业今年实现销售额 100 万元，如果将今年销售额的 10%作为明年的促销费用，则明年的促销费用就为 10 万元。

（3）竞争对等法。主要根据竞争者的促销费用来确定企业自身的促销预算。

（4）目标任务法。企业首先确定促销目标，然后确定达到目标所要完成的任务，最后估算完成这些任务所需的费用。

6. 促销方式分类

各种促销方式在具体应用上都有其优势和不足，并有其适用性。所以，了解各种促销方式的特点是选择促销方式的前提和基础。

（1）广告。广告的传播面广，形象生动，比较节省资源，但广告只能对一般消费者进行促销，针对性不强，也难以立即促成交易。

（2）人员推销。人员推销能直接和目标对象沟通信息，建立感情，及时反馈，并可当面促成交易。但占用人员多，费用大，而且接触面比较窄。

（3）公共关系。公共关系的影响面广，信任度高，对提高企业的知名度和美誉度具有重要作用。但公共关系花费的人力、财力较大，难以控制效果。

（4）营业推广。营业推广的吸引力大，容易激发消费者的购买欲望，并能促成立即购买。但营业推广的接触面窄，效果短暂，特别不利于树立品牌。

7. 充分考虑影响促销组合的因素

企业的促销组合受到多方面因素的影响：

（1）产品的类型。一般来说，按照促销效果由高到低的顺序，消费品企业的促销方式为广告、营业推广、人员推销和公共关系；产业用品则为人员推销、营业推广、广告和公共关系。

（2）促销总策略。企业的促销总策略有"推动策略"和"拉引策略"之分。推动策略是企业把商品由生产者"推"到批发商，批发商再"推"到零售商，零售商再"推"到消费者。显然，企业采取推动策略，人员推销的作用最大；拉引策略是以最终消费者为主要促销对象。企业首先设法引起购买者对产品的需求和兴趣，购买者对中间商产生购买需求，中间商受利润驱动向厂商进货。可见，企业采用拉引策略，广告是最重要的促销手段。

（3）购买者所处的阶段。前面讲到，顾客的购买过程一般分为6个阶段，即知晓、认识、喜欢、偏好、确信和行动。在知晓阶段，广告和公关的作用较大；在认识和喜欢阶段，广告的作用较大，其次是人员推销和公共关系；在偏好和确信阶段，人员推销和公共关系的作用较大，广告次之；在购买阶段，人员推销和销售促进的作用最大，广告和公共关系的作用相对较小。

（4）产品所处的生命周期阶段。产品所处的生命周期阶段不同，促销的重点不同，所采用的促销方式也就不同。一般来说，当产品处于投放期，促销的主要目标是提高产品的知名度，因而广告和公共关系的效果最好，营业推广也可鼓励顾客试用；在成长期，促销的任务是增进受众对产品的认识和好感，广告和公共关系需加强，营业推广可相对减少；到成熟期，企业可适度削减广告，应增加营业推广，以巩固消费者对产品的忠诚度；到衰退期，企业的促销任务是使一些老用户继续信任本企业的产品，因此，促销应以营业推广为主，辅以公共关系和人员推销。

（5）促销费用。4种促销方式的费用各不相同。总的来说，广告宣传的费用较大，人员推销次之，营业推广花费较少，公共关系的费用最少。企业在选择促销方式时，要综合考虑促销目标、各种促销方式的适应性和企业的资金情况后合理选择，符合经济效益原则。

11.1.3　促销组合设计与效果评估

现代营销学认为，促销的具体方式包括人员推销、广告、公共关系和营业推广4种。企业把这4种促销形式有机结合起来，综合运用，形成一种组合策略或技巧，即促销组合。

企业在确定了促销总费用后，面临的重要问题就是如何将促销费用合理地分配于4种促销方式的促销活动中。4种促销方式各有优势和不足，既可以相互替代，又可以相互促进，相互补充。所以，许多企业都综合运用4种方式达到既定目标。这使企业的促销活动更具有生动性和艺术性，当然也增加了企业设计营销组合的难度。企业在4种方式的选择上各有侧重。同是消费品企业，可口可乐主要依靠广告促销，而安利则主要通过人员推销。因此，设计促销组合，必须遵循下述原则：

1. 了解各种促销方式的特点

各种促销方式在具体应用上都有其优势和不足，都有其实用性。所以，了解各种促销方式的特点是选择促销方式的前提和基础。广告的传播面广，形象生动，比较节省资源，但广告只能对一般消费者进行促销，针对性不足，也难以立即促成交易；人员推销能直接和目标对象沟通信息，建立感情，及时反馈，并可当面促成交易，但占用人员多，费用大，而且接触面比较窄；公共关系的影响面广，信任度高，对提高企业的知名度和美誉度具有重要作用，但公共关系花费力量较大，效果难以控制；营业推广的吸引力大，容易激发消费者的购买欲望，并能促成立即购买，但营业推广的接触面窄，效果短暂，特别不利于树立品牌。

2. 促销组合战略

营销人员可以在两种基本的促销组合策略中做出选择，即推式促销或者拉式促销。推式策略和拉式策略侧重的具体促销工具不同。

推式策略是指将产品通过分销渠道推广到最终顾客。生产商面向渠道成员开展营销活动（主要是人员销售和交易推广），促使其接受产品并向最终顾客推销。

采用拉式策略，生产商会将营销活动（主要是广告、消费者促销、直销和数字媒体营销）直接指向最终消费者并促使他们购买产品。

例如，联合利华的 Axe 护发产品运用了电视广告、印刷广告、网站和官方社交媒体账号等渠道，直接针对年轻男性目标市场进行促销。一些工业品企业只使用推式策略，一些直销企业则只使用拉式策略。然而，大多数大企业采用的是两种策略的组合。企业在设计其促销组合战略时，需要考虑产品和市场类型等许多因素。例如，在消费者市场和商业市场中，不同促销工具的重要性就有所不同。B2C 企业通常会采用"拉式策略"，将资金更多地投入到广告上，其次是促销、人员销售，然后才是公共关系；而 B2B 营销人员则倾向使用"推式策略"，将其资金更多地投入到人员销售上，然后才是促销、广告和公共关系。

3. 促销效果评估

企业在评估对消费者销售促进活动的效果时，可用以下 4 种方法进行测定：

1）销售绩效分析

销售绩效分析是最普遍、最常用的一种方法，即对销售促进活动前、活动期间和活动后的销售额或市场份额进行比较分析，根据数据变动来判别。在其他条件不变的情况下，增加的销售额或市场占有份额就归因于销售促进活动的影响。

2）消费者固定样本数据分析

消费者固定样本数据分析也可用来评估消费者对销售促进的反应。多德森（Joe A. Dodson）、泰伯特（Alice M. Tybout）和布莱恩·施特恩尔（Brian Sternthal）曾对消费者固定样本数据进行了专门研究，发现优待通常促进了品牌转移，其比率视具体的优待形式而定。通过媒体送出的赠券引起了大量的品牌转移，降价的效果就不是特别明显。而附在包装内的折价券则几乎对品牌转移没什么影响。尤其引人注意的是，在优待活动结束之后，消费者通常又恢复购买原来偏好的品牌。

3）消费者调查

消费者调查是在目标市场中找一组样本消费者面谈，以了解事后有多少消费者能回忆起这项销售促进活动；他们如何看待这次活动，有多少人从中受益；对他们后来的品牌选择行为有什么影响等；还可以进一步采用某些标准对消费者进行分类来研究更为具体的结果。这种方法常用来研究某种销售促进工具对消费者的影响。

4）实验研究

实验研究是指通过变更刺激程度、优待期间、优待分配媒体等属性来获得必要的经验数据，供比较分析和得出结论。优待属性的改变与地理区域的变换相搭配，可以了解不同地区的销售促进效果；同时，运用实验研究还需做一些客户追踪调查，以了解不同优待属性引起消费者的不同反应水平的原因及其规律，为改进销售促进活动、提高其效果提供依据。

11.1.4　营销队伍管理与激励

1．人员推销及其特点

人员推销是一种古老的推销方式，也是一种非常有效的推销方式。

1）人员推销及要素

根据美国市场营销协会的定义，人员推销是指企业通过派出销售人员与一个或一个以上的潜在消费者交谈，做口头陈述，以推销商品，促进和扩大销售的活动。推销主体、推销客体和推销对象构成推销活动的 3 个基本要素。商品的推销过程，就是推销员运用各种推销术，说服推销对象接受推销客体的过程。

2）人员推销的特点

相对于其他促销形式，人员推销具有以下特点：

（1）注重人际关系，与顾客进行长期的情感交流。情感的交流与培养，必然使顾客产生惠顾动机，从而与企业建立稳定的购销关系。

（2）具有较强的灵活性。推销员可以根据各类顾客的特殊需求，设计有针对性的推销策略，容易诱发顾客的购买欲望，促成购买。

（3）具有较强的选择性。推销员在对顾客调查的基础上，可以直接针对潜在顾客进行推销，从而提高推销效果。

（4）及时促成购买。人员推销在推销员推销产品和劳务时，可以及时观察潜在顾客对产品和劳务的态度，并及时予以反馈，从而迎合潜在消费者的需要，及时促成购买。

（5）营销功能的多样性。推销员在推销商品过程中，承担着寻找客户、传递信息、销售产品、提供服务、收集信息、分配货源等多种功能，这是其他促销手段所没有的。

2．企业的人员推销决策及激励

企业进行人员推销，必须做好以下决策：

（1）确定推销目标。人员推销的目标：①发现并培养新顾客；②将企业有关产品和服务的信息传递给顾客；③将产品推销给顾客；④为顾客提供服务；⑤进行市场调研，搜集市场情报；⑥分配货源。人员推销的具体目标的确定，取决于企业面临的市场环境，以及产品生命周期的不同阶段。

（2）选择推销方式。推销主要有以下方式：①推销员对单个顾客。推销员当面或通过电话等形式向某个顾客推销产品。②推销员对采购小组。一个推销员对一个采购小组介绍并推销产品。③推销小组对采购小组。一个推销小组向一个采购小组推销产品。④会议推销。通过洽谈会、研讨会、展销会或家庭聚会等方式推销产品。

（3）确定推销队伍的组织结构。一般来说，可供选择的推销组织形式有以下几种：

区域性结构：每一个（组）推销员负责一定区域的推销业务，适用于产品和市场都比较单纯的企业。主要优点是：①推销员责任明确，便于考核；②推销员活动地域稳定，便于与当地建立密切联系；③推销员活动范围小，节约旅差费用；④容易熟悉当地市场，便于制定有针对性的推销策略；⑤售后服务能做得比较到位。

产品型结构：每一个推销员（组）负责某种或某类产品的推销业务。其最大的优点是能为顾客提供相对比较专业的服务。这种结构比较适用于产品技术性比较强、工艺复杂、营销技术要求比较高的企业。

顾客型结构：主要根据不同类型的顾客配备不同的推销人员，其主要优点是能更深入地了解顾客的需求，从而为顾客提供差异化的服务。

复合式结构：将上述3种结构形式混合运用，有机结合。如按照"区域－产品""产品－顾客""区域－顾客"，甚至"区域－产品－顾客"的形式进行组合，配备推销员。其优点是能吸收上述3种形式的优点，从企业整体营销效益出发开展营销活动。这种形式比较适合那些顾客种类复杂、区域分散、产品也比较多样化的企业。

（4）建立及激励推销队伍。

①确定推销队伍的规模。企业推销队伍的规模必须适当。西方企业一般采用工作负荷量法确定推销队伍的规模。设某企业有250个客户，若每个客户每年平均需要20次登门推销，则全年就需要5 000次登门推销。若平均每个推销员每年能上门推销500次，则该企业就需要10名推销员。

②选拔、培训推销员。企业的推销员主要有两个来源，即企业内部选拔和向外部招聘。不管推销员来自何方，一个合格的推销员都要具备良好的思想政治素质、文化修养和较强的实际工作能力，以及适宜的个性素质。西方营销专家麦克墨里列出了超级推销员的5项特质："精力异常充沛，充满自信，经常渴望金钱，勤奋成性，并有把各种异议、阻力和障碍看作是挑战的心理状态。"企业必须对推销员进行专业培训。推销员培训的一般内容包括：企业历史现状、发展目标，产品知识、市场情况、推销技巧、法律常识，有关产品的生产技术和设计知识等。

③推销员的评价和激励。对推销员的合理评价决定了推销员的积极性。企业必须建立一套合理的评估指标体系，并随时注意收集有关的信息和资料。合理的报酬制度是调动推销员积极性的关键。确定推销员的报酬应以推销绩效为主要依据，一般有以下几种形式：固定工资制、提成制、固定工资加提成制。由于推销工作的复杂性，固定工资加提成制是一种比较理想的选择。

调动推销员的积极性除了对推销员的绩效的合理评价以及合理的报酬制度外，对推销员的激励也必不可少。对推销员的激励手段主要有奖金、职位的提升、培训机会、表扬及旅游度假等。

3. 人员推销的步骤及策略

人员推销一般经过以下 7 个步骤：

（1）寻找潜在顾客。即寻找有可能成为潜在购买者的顾客。潜在顾客是一个"MAN"，即具有购买力（Money）、购买决策权（Authority）和购买欲望（Need）的人。寻找潜在顾客线索的方法主要有：向现有顾客打听潜在顾客的信息；培养其他能提供潜在顾客线索的来源，如供应商、经销商等；加入潜在顾客所在的组织；从事能引起人们注意的演讲与写作活动；查找各种资料来源（工商企业名录、电话号码黄页等）；用电话或信件追踪线索；等等。

（2）访问准备。在拜访潜在顾客之前，推销员必须做好必要的准备。具体包括：了解顾客、了解和熟悉推销品、了解竞争者及其产品、确定推销目标、制定推销的具体方案等。不打无准备之仗，充分的准备是推销成功的必要前提。

（3）接近顾客。接近顾客是推销员征求顾客同意、接见洽谈的过程。接近顾客能否成功是推销成功的先决条件。推销接近要达到 3 个目标：给潜在顾客一个良好的印象；验证在准备阶段所得到的信息；为推销洽谈打下基础。

（4）洽谈沟通。这是推销过程的中心。推销员向准客户介绍产品，不能仅限于让客户了解企业的产品，最重要的是要激起客户的需求，产生购买行为。养成 JEB 的产品说明习惯，能使推销事半功倍。

JEB，简而言之，就是首先说明商品的事实状况（Justfact），然后将这些状况中具有的性质加以解释说明（Explanation），最后再阐述它的利益（Benefit）及带给客户的利益。熟练掌握商品推销的三段论法，能让推销变得非常有说服力。

营销人员在向潜在顾客展示介绍商品时可采用 5 种策略：①正统法。主要强调企业的声望和经验。②专门知识。主要表明对产品和对方情况有深刻了解。③影响力。可逐步扩大自己与对方共有的特性、利益和心得体会。④迎合。可向对方提供个人的善意表示，以加强感情。⑤树立印象。在对方心目中建立良好的形象。

（5）应对异议。推销员应随时准备应对不同意见。顾客异议表现在多方面，如价格异议、功能异议、服务异议、购买时机异议等。有效地排除顾客异议是达成交易的必要条件。一个有经验的推销员面对顾客争议，既要采取不蔑视、不回避、注意倾听的态度，又要灵活运用有利于排除顾客异议的各种技巧。

（6）达成交易。达成交易是推销过程的成果和目的。在推销过程中，推销员要注意观察潜在顾客的各种变化。当发现对方有购买的意思表示时，要及时抓住时机，促成交易。为了达成交易，推销员可提供一些优惠条件。

（7）事后跟踪。现代推销认为，成交是推销过程的开始。推销员必须做好售后的跟踪工作，如安装、退换、维修、培训及顾客访问等。对于 VIP 客户，推销员特别要注意与之建立长期的合作关系，实行关系营销。

知识链接

推销的 3H1F

推销是由 3 个 H 和 1 个 F 组成的。第一个"H"是"头"（Head）。推销员需要有学者的头脑，必须深入了解顾客的生活形态、顾客的价值观，以及购买动机等，否则不能成为推销高手。第二个"H"代表"心"（Heart）。推销员要有艺术家的心，对事物具有敏锐的洞察力，能经常地对事物感到一种惊奇和感动。第三个"H"代表"手"（Hand）。推销员要有技术员的手。推销员是业务工程师，对于自己推销产品的构造、品质、性能、制造工艺等，必须具备充分的知识。"F"代表"脚"（Foot）。推销员要有劳动者的脚。不管何时何地，只要有顾客、有购买力，推销员就要不辞劳苦，无孔不入。

因此，具有"学者的头脑""艺术家的心""技术员的手"和"劳动者的脚"是一个推销员的基本条件。

11.2　应用与实践

11.2.1　经典案例——屈臣氏的促销战略

屈臣氏的促销在 2004 年 6 月以前为第一阶段。在这段时间里，屈臣氏主要以传统节日促销活动为主。屈臣氏非常重视情人节、万圣节、圣诞节、春节等中外节日，促销主题形式多样，如"说吧说你爱我吧"的情人节促销，"圣诞全攻略""真情圣诞真低价"的圣诞节促销，"劲爆礼闹新春"的春节促销，还有以"春之缤纷""秋之野性""冬日减价""10元促销""SALE 周年庆""加 1 元多一件""全线八折""买一送一""优惠券折扣——满 100元送现金折扣优惠券""自有品牌商品免费加量 33%不加价""60 秒疯狂抢购""买就送"等为主题的促销活动。

第二阶段是在 2004 年 6 月提出"我敢发誓，保证低价"承诺后，以宣传"逾千件货品每日保证低价"为主题。在这一阶段，每期《屈臣氏商品促销快讯》的封面都会有屈臣氏代言人高举右手传达"我敢发誓"信息。到了 2004 年 11 月，屈臣氏做出了宣言调整，提出"真货真低价"，并仍然贯彻执行"买贵了差额双倍还"方针。这样一直到 2005 年 8 月，"我敢发誓"一周年，屈臣氏一共举行了 30 期促销推广。"销售比赛"也是屈臣氏一项非常成功的促销活动，每期指定一些比赛商品，分各级别店铺（屈臣氏的店铺根据面积、地点等因素分为 A、B、C 3 个级别）之间进行推销比赛，销售排名在前三名的店铺都将获得奖励。

第三阶段是 2005 年 6 月起，屈臣氏延续特有的促销方式并结合低价方针，淡化了"我敢发誓"的角色，特别是到了 2007 年，促销宣传册上几乎是不再出现"我敢发誓"字样，差价补偿策略从"两倍还"到"半倍还"最终不再出现，促销活动变得更加灵活，并逐步推出大型促销活动，如"大奖 POLO 开回家""百事新星大赛""封面领秀""健与美大赛"。健与美大赛，是由屈臣氏自创和举办的健康与美容护肤产品的大赛盛事，在数千种产品中，挑选出各个组别中的最佳产品，有"至尊金奖""银奖""铜奖""最具潜质新产品奖""最佳部门销售奖""最佳品类大奖"等，并公布《健与美群英榜》，给予顾客消费指引。这不仅是对获奖品牌及产品的肯定，同时也能帮助消费者做出明智的选择，让消费者以最优惠的价格，买到最优质的产品。

资料来源：屈臣氏的战略分析[EB/OL]. [2024-12-30]. 百度文库，https://wenku.baidu.com/view/23233006f8b069dc5022aaea998fcc22bdd14318.html.

11.2.2 案例分析与方法应用

（1）结合本章节学习的理论知识谈一谈屈臣氏如何进行有效的营销推广？

促销是企业通过人员和非人员的方式把产品、服务的有关信息传递给顾客，以激起顾客的购买欲望，影响和促成顾客购买行为的全部活动。促销的实质是信息的传播和沟通。广告、公关、人员推销和销售促进是促销的基本方式，确定目标受众、确定沟通目标、设计促销信息、选择信息沟通渠道、制定促销预算和确定促销组合是促销的基本步骤。现代营销学认为，促销的具体方式包括人员推销、广告、公共关系和营业推广4种。企业把这4种促销形式有机结合起来，综合运用，形成一种组合策略或技巧，即促销组合。

具体到上述案例，屈臣氏的营销推广如下：

推广目标分析：屈臣氏以消费者为目标，刺激其反复购买；保持现有客户，使老顾客产生惠顾动机，稳定产品销量；促使现有顾客大量购买，在现有顾客基础上扩大产品销量；吸引潜在客户，通过有效刺激使潜在顾客转变为现实顾客。

推广方式分析：屈臣氏选择的推广方式有折扣促销、竞赛与演示促销、赠品促销、节日促销以及优惠券促销。①折扣促销：屈臣氏推出"加1元多1件""全线8折""自有品牌商品免费加量33%不加价"等折扣促销方式，通过这些促销活动屈臣氏成功地达到了自己前期的推广目标。②竞赛与演示促销：屈臣氏内部开展销售竞赛，最后对销售额排名前三的店铺进行奖励。这种方式在很大程度上激励了销售人员的积极性，很好地促进了店铺产品的销售。③赠品促销：屈臣氏推出"买一送一""买就送"等促销活动，通过赠品促销的方式来吸引新老顾客的购买，主要是挖掘潜在客户使其转化成为现实客户。④优惠券促销：屈臣氏推出了"优惠券享受折扣"的促销方式，只要顾客购买额满足店铺规定的购买额就可以享受优惠券折扣，这种方式利用了顾客普遍喜欢占便宜的心理，促使顾客购买更多的产品以满足享受优惠的条件。⑤节日促销：屈臣氏主要以传统节日促销活动为主，屈臣氏非常重视情人节、万圣节、圣诞节、春节等节日，促销主题形式多样，如"说吧说你爱我吧"的情人节促销，"圣诞全攻略""真情圣诞真低价"的圣诞节促销，"劲爆礼闹新春"的春节促销。屈臣氏充分利用浓郁的节日氛围，开展节日促销，从而有效地促进了店铺销售。

（2）结合本章节学习的理论知识谈一谈屈臣氏如何进行有效的公共关系推广？

公共关系是企业利用各种传播手段，沟通内外部关系，从而为企业的生存和发展创造良好环境的经营管理艺术。企业在公关活动中，必须明确公关目标、选择合适的公关对象和公关方式、有效地实施公关方案并重视对公关效果的评估。随着媒体细分化和信息技术的发展所出现的整合营销传播，以消费者为核心，以各种传播媒介的整合运用为手段，以"一种声音"为内在支持点，以建立消费者和品牌之间的关系为目的，体现了促销的新趋势。公共关系的影响面广，信任度高，对提高企业的知名度和美誉度具有重要作用。但公共关系花费力量较大，效果难以控制。

具体到上述案例，屈臣氏的营销推广如下：屈臣氏开展了大量的公共推广活动，如"百事新星大赛""封面领秀""健与美大赛"。屈臣氏通过大型的公关活动树立自身的品牌形象，提高自身的影响力。并且屈臣氏的公关活动形式多样，不仅有消费者喜闻乐见的选秀形式的活动，如"新星大赛""封面领袖"，而且还另辟蹊径开展了以产品为对象的"选秀"活动，即"健与美大赛"。健与美大赛开辟了新的活动形式，并且真正地站在消费者的立场上考虑问题，为消费者提供信得过的产品，同时体现了屈臣氏店铺的人性化，对外树立了良好的品牌形象。

（3）假如你是屈臣氏的现任营销总监，结合本章节学习的促销策略理论知识谈一谈你将如何为屈臣氏开展形式多样的促销活动？

促销策略是市场营销中的重要组成部分，其目的在于通过各种手段激发消费者的购买欲望，提高产品销量和市场占有率。

有效的促销策略通常包括以下几个方面：

目标市场定位：明确促销活动的目标消费群体，了解他们的需求和偏好。

促销手段选择：根据目标市场的特点，选择合适的促销手段，如价格优惠、赠品、试用、会员积分等。

促销时机选择：选择最佳的促销时机，如节假日、新产品发布、季节变换等。

促销信息传播：通过各种渠道传播促销信息，包括广告、社交媒体、公关活动等。

促销效果评估：对促销活动的效果进行评估，以便调整和优化未来的促销策。

作为屈臣氏的营销总监，我认为屈臣氏的促销策略应该是这样的：

O+O 平台策略：实行线上线下融合的 O+O 平台策略，通过线下门店提供体验，线上渠道实现效率和便利，如通过小程序和企业微信提供一对一咨询及快速配送服务。

服务体验升级：重视消费者体验，通过提供皮肤测试、SPA、化妆等服务，增强顾客的购物体验，并设立培训中心提升 BA 的专业能力。

会员制度：屈臣氏拥有庞大的会员体系，通过 App 和微信等渠道与会员保持互动，提供个性化的优惠和服务，增加用户黏性。

长期促销活动：促销活动不仅限于节日或短期活动，而是保持长期性，通过不同的促销主题吸引顾客。

多渠道传播：利用多种方式传播促销信息，如店内陈列、立体促销牌、吊旗等，以及与名人合作推出周边产品吸引粉丝群体。

促销案例分析：促销活动复杂且多样，需要多部门协作，且对促销效果进行评估和优化。

品牌孵化与合作：通过 OPTIMO 项目帮助新品牌成长，同时与成熟品牌合作，提供整合营销解决方案，实现品牌与消费者的深层次连接。

通过这些策略，屈臣氏能够在竞争激烈的市场中保持吸引力，满足不同消费者的需求，并实现销售增长和品牌价值提升。

本章知识结构图：

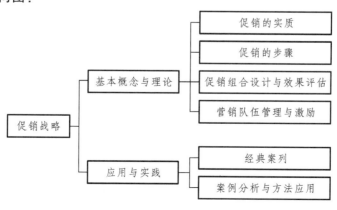

课后思考题

一、名词解释

1. 促销：

2. 人员促销：

3. 非人员促销：

4. 促销组合：

5. 公共关系：

二、单选题

1. 促销工作的核心是（　　　）。

    A. 出售商品   B. 沟通信息

    C. 建立良好关系   D. 寻找顾客

2. 下列各因素中，不属于人员推销基本要素的是（　　　）。

    A. 推销员   B. 推销品

    C. 推销条件   D. 推销对象

3. 对于单位价值高、性能复杂、需要做示范的产品，通常采用（　　　）策略。

    A. 广告   B. 公共关系

    C. 推式   D. 拉式

4. 公共关系是一项（　　　）的促销方式。

    A. 一次性   B. 偶然

    C. 短期   D. 长期

5. 人员推销的缺点主要表现为（　　　）。

    A. 成本低，顾客量大   B. 成本高，顾客量大

    C. 成本低，顾客有限   D. 成本高，顾客有限

三、多选题

1. 促销的具体方式包括（　　　）。

    A. 市场细分   B. 人员推销

    C. 广告   D. 公共关系

    E. 营业推广

2. 促销策略从总的指导思想上可分为（　　　）。

    A. 组合策略   B. 单一策略

    C. 推式策略   D. 拉式策略

    E. 综合策略

3. 促销组合和促销策略的制定的影响因素较多，主要应考虑的因素有（　　　）。

    A. 消费者状况   B. 促销目标

    C. 产品因素   D. 市场条件

    E. 促销预算

4. 人员推销活动的 3 个基本要素是（　　　　）。

    A. 需求　　　　　　　　　　　　B. 购买力

    C. 推销人员　　　　　　　　　　D. 推销对象

    E. 推销品

5. 推销人员应具备的素质包括（　　　　）。

    A. 态度热忱，勇于进取　　　　　B. 求知欲强，知识广博

    C. 文明礼貌，善于表达　　　　　D. 富于应变，技巧娴熟

    E. 了解企业、市场和产品知识

四、判断题

1. 促销组合是促销策略的前提，在促销组合的基础上，才能制定相应的促销策略。因此促销策略也称促销组合策略。（　　　　）

2. 促销的目的是与顾客建立良好的关系。（　　　　）

3. 拉式策略一般适合于单位价值较高、性能复杂、需要做示范的产品。（　　　　）

4. 因为促销是有自身统一的规律性，所以不同企业的促销组合和促销策略也应该是相同的。（　　　　）

5. 推销员除了要负责为企业推销产品外，还应该成为顾客的顾问。（　　　　）

五、简答题

1. 促销包含哪几方面的含义？

2. 人员推销与非人员推销相比，其优点表现在哪些方面？

3. 企业公共关系有哪些作用？

第12章 广告与公共关系策略

◆学习目标

思政目标： 引导学生在广告和公共关系管理过程中科学推进公共关系发展，增强学生思想政治素质；引导学生明晰国家及社会发展进程，强调理论素养和实践能力结合。

知识目标： 了解广告与公共关系的内涵以及广告的类型和主要流程；掌握广告决策的考量因素和评价广告效果的基本方法；掌握公共关系管理策略和决策过程，以及整合营销传播创新融合策略。

能力目标： 培养对广告决策的能力；培养公共关系管理和营销整合传播的能力。

素质目标： 培养学生具备诚信正直的品格，注重道德修养和职业操守，以诚实守信的态度处理人际关系以及广告活动与公共关系活动中的各种情境。

案例导入

GEICO：借助优秀的广告从小企业成长为行业巨头

GEICO 借助优秀的广告从小企业成长为行业巨头。GEICO 成立于 1936 年，其最初的目标顾客拥有出色的驾驶记录。与竞争对手不同，GEICO 没有代理商。相反，这家汽车保险企业直接面向顾客推销，这使它能够保持低成本。成本的节约又进一步降低了其向顾客收取的保费。

时至今日，在 GEICO 的活动中，数以百计的广告和其他内容还在传播这个大家已经很熟悉的话题："15 分钟就可以为你节省 15%甚至更多的汽车保险费用。"其他广告系列使 GEICO 的另一个人物成为流行文化的标志——一只广受欢迎、名为 Caleb 的骆驼。在人们通常很疲惫的周三，Caleb 在办公室里大摇大摆地走着，高兴地说"今天是星期三"，其寓意是 GEICO 的顾客"比星期三的骆驼还要快乐"。这个大摇大摆的骆驼 Caleb 还出演了其他的 GEICO 广告，甚至还与特里·布拉德肖一起出现在了超级碗的赛前系列商业广告中。一位专家评论道："不管你在过去的几年里看了多少 GEICO 的广告，它们似乎永远都不会变味。"该企业的首席营销官解释说："我们试图让消费者永远记住 GEICO，但又不想让他们感到无聊或单调。"因此，每一个广告活动无论怎样变化都会有明显的 GEICO 风格。每一个广告都强调了其广告语"15 分钟可以为你节省 15%"。

为了适应快速变化的数字时代，GEICO 除了新鲜的内容外，还调整了其提供服务的方式。GEICO 是该行业最早为顾客提供移动应用程序及相关服务的企业之一，这样可以更好地帮助顾客获得报价、购买政策以及管理账户。该企业在使用网络和社交媒体方面也是公认的领导者，它的社交媒体表现和数字顾客参与度在保险行业中排名第三，仅次于综合型保险企业 Allstate 和 StateFarm。GEICO 企业的广告和仅在网络播放的视频在网上受到了广泛的关注。

资料来源：加里·阿姆斯特朗，菲利普·科特勒. 市场营销学[M]. 赵占波，孙鲁平，赵江波，等，译. 13 版. 北京：机械工业出版社，2019：410-411.

从上述案例可以看出，建立良好的顾客关系不仅需要开发好的产品、制定有吸引力的价格，还必须使产品能接触到目标顾客。吸引顾客参与，向其传播精心设计的价值主张。所有的沟通都必须进行良好的规划，形成整合营销传播计划。好的沟通对建立和维持关系都很重要，它是企业吸引顾客和建立营利性顾客关系不可或缺的关键因素。

12.1 基本概念与理论

12.1.1 广告与公共关系概述

1. 广告的含义与影响力

1）广告的含义

广告，顾名思义，就是广而告之，向社会广大公众告知某件事物。广告可分为非经济广告和经济广告两类。广告的历史可以追溯到人类文明的早期。考古学家在地中海沿岸发现了许多古代广告标志，罗马人通过墙画宣传角斗士搏斗，腓尼基人用大石头画图宣传商品。在希腊，商贩们通过叫卖宣传他们的商品。现代广告更加复杂且高效。美国企业每年的广告支出接近 1 830 亿美元，全球广告支出预计为 5 450 亿美元。宝洁是世界上最大的广告客户之一，其全球广告支出超过 115 亿美元。广告不仅广泛应用于商业领域，很多非营利性组织、专业人士和社会机构也利用广告进行宣传。

2）广告的影响力

吸引注意力：广告通过新颖独特的方式震撼和吸引消费者的注意力。

传播信息：广告向消费者传播商品信息，形成对品牌的认知和印象。

情感诉求：广告以情感方式打动消费者，引起情感共鸣，进一步产生信赖感。

进行说服：广告逐渐影响消费者态度，促使消费者喜欢并购买商品。

指导购买：广告宣传模式化的消费行为，渲染购买后的美妙效果，指导消费行为。

创造流行：广告通过重复同样的内容和诉求，利用大众心理机制创造流行效应，激发更多消费者参与购买。

广告实践表明，要实现广告对消费者的影响力，研究广告心理学是关键。广告心理学研究广告与消费者互动过程中产生的心理现象及其规律，从心理学的角度定义广告，即广告是通过多种内部联系方式，影响消费者品牌态度和购买行为倾向的手段。

2. 广告语的含义与模式

1）广告语的含义

广告语又称广告词，顾名思义就是广而告之，有广义和狭义之分。

2）广告语的 5 大模式

广告语的 5 大模式包含功能诉求模式、情感占位模式、销售促进模式、事件捆绑模式、名人嫁接模式。

知识链接

广告语集锦

滴滴香浓，意犹未尽。（麦斯威尔咖啡）

服从你的渴望。（雪碧）

数码新时代。（索尼影碟机）

使不可能变为可能。（佳能打印机）

尽情享受吧！（雀巢冰淇淋）

不懈追求完美。（凌志轿车）

动态的诗，向我舞近。（丰田汽车）

广泽牛奶，新鲜到家。（广泽乳业）

3）广告语创作的准则

简洁：广告语要抓住重点、简明扼要。不简短就不便于重复、记忆和流传。广告语在形式上没有太多的要求，可以单句也可以对句。一般来说，广告语的字数以 6 ~ 12 个字（词）为宜，一般不超过 12 个。这样的例子我们随处可见，能够在社会上广泛流传的广告语基本都是很简短的。

明白易懂：广告文字必须清楚简单、容易阅读、用字浅显，符合潮流，内容又不太抽象，使受过普通教育的人都能接受。广告语应使用诉求对象熟悉的词汇和表达方式，使句子流畅、语义明确，要避免生词、新词、专业词汇、冷僻字词，以及容易产生歧义的字词，也不能玩文字游戏，勉强追求押韵。

朗朗上口：广告语要流畅，朗朗上口，适当讲求语音、语调、音韵搭配等，可读性才强，才能抓住受众的眼球和受众的心。

新颖独特：要选择最能为人们提供最多信息的广告语，在"新"字上下功夫。如新产品或老产品的新用途、新设计、新款式等。广告语的表现形式要独特，句势、表达方法要别出心裁，切忌抄袭硬套，可有适当的警句和双关语、歇后语等，迎合受众的好奇心和模仿性，唤起心灵上的共鸣。

主题突出：广告的标题是广告正文的高度概括，它所概括的广告主体和信息必须鲜明集中，人们看到它就能理解广告主要宣传的是什么。一条广告语可以选择不同诉求点，即强调的东西不同，但总要突出某一方面。

3. 广告误区

误区一：很多企业忽视了广告的滞后效应。他们期望广告投放后立即见效，但实际上广告的起效时间已从过去的 3 周变为现在的 9 个月。如果企业不能坚持长期投放广告，将无法达到预期的市场目标。匆忙上下广告，就会浪费大量广告费用，就像买了火车票却不能到达目的地一样。因此，广告投放就像穿上红舞鞋，必须一直跳舞直到结束。

误区二：广告和销售不同步。广告已经铺天盖地了，产品还没有铺下去，自然创造不出神奇的销售业绩。消费者心里有你，面前没有你，或消费者面前有你，心里没有你，结果都是抓瞎。

误区三：重终端轻广告，即做好终端，销售就上去了，可以不做广告。并不反对终端建设，然而，世界品牌实验室反对因为终端而轻视广告的态度。因为两股力量共同作用于市场，相互之间是不可替代的。事实上有足够的实例证明，抛开广告的支持，单纯进行终端建设是行不通的。投入结构上的不平衡将导致品牌衰退，以终端换广告的做法，得不偿失。

误区四：广告媒体无组合。广告战和发动一场真正的战争没什么两样，没有人可以单靠飞机或大炮就能赢得全部战争。比如：单纯的电视广告有时并不能将产品信息说透（如药品、保健品），以致消费者知道了品牌，并不能确切地知道这个产品到底有什么用，以及为什么有这个作用。这时候没有报纸广告的配合则难以获得理想的效果。

误区五：在30秒广告中只提一次品牌。广告片中多说几次品牌在广告圈里似乎是一件可耻的事，因为显得不国际化，当然也就难获奖。但从经验来看，30秒广告能提3次品牌，15秒广告提2次品牌会比较好。

误区六：广告要大家都喜欢。界定目标受众是创作任何一条广告都必不可少的一个步骤，而广告最重要的就是取悦这些人，而不是所有人。

误区七：一上来就打5秒广告。每年不知有多少中小企业在央视打5秒广告，扔个500万元，然后销声匿迹，连一点水花都没看见。

误区八：大创意不能坚持。可以延伸的好创意是大创意，不可以延伸的创意是小创意，虽是一"大"一"小"之分，但两者之间却有着天壤之别。

误区九：把广告目标当作销售目标。广告目标不是销售目标，而是信息传播目标。

误区十：策略诉求和表现形式说变就变。排毒养颜的诉求坚持说了多年：排除毒素，一身轻松。它成功了。经常更换策略和表现形式的品牌是很难成功的，至少更换本身说明你的策略和表现是不成熟的。

误区十一：过分强调广告的合理性。《广告奏效的奥秘》中讲了一个内衣广告的故事：内衣广告用一位身着紧身内衣裤的女性+标题"穿XX牌紧身内衣，尽显您理想身材"是再合理不过的了，但这样的广告刊登在杂志上，有几个人会注意它呢？显然，这是无法吸引眼球的广告。

误区十二：舍不得在广告创作上投钱。中国人很少愿意为居室装修设计付费的。买材料多贵都舍得，为设计付费却很难。拿2 000万元播广告，却只舍得拿10万元做一支广告片的企业不少，得不到好创意也就不足为奇。问题是这么做一点也不省钱。创意不突出，广告片也就不突出。广告片不突出就意味着不能引起消费者注意。

误区十三：不给创作留足够的时间。任何一个大创意都是逐渐形成的，不可能跟水龙头似的一拧就开。广告内容所传达的信息是否与产品定位一致，广告的表现是否能为目标受众所接受，所以在正式制作广告片前需要请消费者来做测试，广告片制作完成后还要请消费者再来做测试。

误区十四：打广告不重品牌形象。广告促进了销量的大幅提升，这是每个营销人员都愿意看到的结果。但仅仅是这个结果还不够，毕竟人无远虑必有近忧。广告有效并不代表全部，消费者还是会将品牌分为高中低档。广告的作用有两个：一是促销产品；二是提升品牌形象，积累品牌资产。如果只完成了其中一个目标，那至少也浪费了一半的广告费。

误区十五：适度夸张是广告的本能，过度则是卑劣的。尤其是一些保健品广告过度吹嘘，往往昙花一现。或者说，他们也未曾想过要长久，捞一把就走。如果要长久，就得适度。

4. 公共关系的含义

1) 公共关系的含义

公共关系是指组织或个体与公众之间的相互关系和沟通活动。在商业领域中，公共关系是一种管理和建立良好企业形象的策略，它通过与不同利益相关者的互动和沟通，传达企业的价值观、理念和信息，以达到增强公众认可度、建立良好声誉、增加市场份额的目标。

2) 公共关系营销的含义

公共关系营销即社会市场营销。在公共关系营销阶段，企业除了继续使用传统的促销手段外，越来越重视把以提高企业形象和信誉为主要内容的公共关系促销活动，作为现代企业市场营销活动的重点手段来予以采用。

3) 公共关系的重要性

一个成功的公共关系战略可以为企业带来多方面的好处。首先，公共关系可以帮助企业树立积极的形象，展示社会责任感和可信度，赢得公众支持。其次，公共关系可以帮助企业处理危机和负面事件，及时回应和化解危机，保护声誉。此外，公共关系还可以为企业提供市场竞争优势。同时，通过品牌传播、营销活动和社交媒体增加曝光度，吸引更多潜在客户。

12.1.2 广告决策与考量因素

广告的历史可以追溯到人类文明的早期。在地中海沿岸，考古学家发现了用于宣传各种事件和商品的标志。一则早期的"广告歌曲"展示了化妆品的魅力。现代广告更为有效。

1. 广告决策

在制定广告方案时，营销管理人员必须做出 4 个重要决策，如图 12-1 所示：设定广告目标、确定广告预算、制定广告策略（信息决策和媒体决策）和评估广告效果。

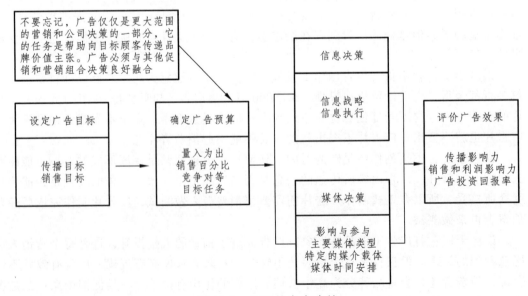

图 12-1　主要的广告决策

1）设定广告目标

第一步是设定广告目标。广告的总体目标是通过传递顾客价值来吸引顾客参与并建立顾客关系。在这里，我们将讨论具体的广告目标。

广告目标是指在特定时间内与特定目标群体完成的具体沟通任务。根据主要目的不同，广告目标可以分为告知、说服和提醒3类，如表12-1所示。

表12-1　可能的广告目标

告知性广告	
传播顾客价值	提出产品的新用途
树立企业和品牌形象	向市场传达价格的变化
向市场推出新产品	描述可提供的服务和支持
说明产品的使用方法	纠正错误的印象
说服性广告	
建立品牌偏好	说服顾客即刻购买
鼓励顾客转向自己的品牌	创造顾客参与
改变顾客的产品价值感知	建立品牌社区
提醒性广告	
维持顾客关系	提醒顾客产品的购买地点
提醒顾客不久的将来可能需要该产品	在销售淡季使顾客想起品牌

告知性广告用于新产品的引入阶段，旨在建立初级需求。提醒性广告在产品成熟阶段帮助维护顾客关系，使消费者记住产品，如可口可乐的广告旨在建立和维护品牌关系。

2）确定广告预算

确定了广告目标之后，企业就可以着手为每个产品制定广告预算。在这里，我们将介绍4种确定广告总预算的常用方法：量入为出法、销售百分比法、竞争对等法以及目标任务法。

量入为出法：企业根据财务承受能力确定促销预算。

销售百分比法：这种方法根据当前或预期销售额的一定百分比确定促销预算，简单易用，能帮助管理层考虑促销花费与销售价格及单位利润的关系。

竞争对等法：一些企业根据竞争者的费用确定促销预算，监视竞争对手的广告，或从公共出版物获取行业促销费用估算。

目标任务法：企业根据促销目标确定预算，包括确定促销目标、决定完成目标的任务、估算任务成本。

无论采用何种方法，广告预算决策都不容易。经济不景气时广告预算通常首先被缩减，短期内似乎对销售的影响不大，但长期来看可能对品牌形象和市场份额造成危害。维持或增加广告预算的企业在竞争对手缩减预算时会获得优势。

3）制定广告策略

广告策略包括两个主要部分：确定广告创意和选择广告媒体。随着媒体费用不断上升、营销策略更加聚焦以及网络、移动媒体和社交媒体不断涌现，媒体规划的重要性得到了极大的提高。

（1）确定广告创意和品牌内容。无论预算有多高，广告只有赢得关注并进行良好的传播，才会取得成功。在今天成本高、干扰多的广告环境下，好的广告创意非常重要。不管消费者是在家里、工作地点或是在路上，他们都在被广告和品牌内容轰炸。

（2）脱颖而出。在现代广告环境中，虽然预算可以很高，但只有吸引眼球并成功传播的广告才会取得成功。

（3）广告与娱乐的融合。为了在竞争激烈的广告环境中脱颖而出，广告与娱乐的融合成为一种有效的策略。广告主通过制作引人入胜的短片或节目，模糊了广告与内容之间的界限。

（4）信息和内容战略。制定有效的广告内容的第一步是确定要向消费者传递的信息。信息策略应直接服务于企业的定位和顾客价值创造战略。广告诉求应具备3个特征：有意义、可信且具有差异化。

（5）信息执行。广告人需要把创意转变为实际行动，抓住目标市场的注意力和兴趣。广告信息可以通过不同的执行风格呈现，包括以下几种：

生活片段：这种风格描绘一个或多个"典型"人物在日常生活中使用产品的情境。例如，Silk豆奶的"起床即光彩照人"系列广告，就展现了一位年轻白领在吃完健康早餐后信心满满地开始新一天的生活。

生活方式：这种风格强调产品如何适应人们的生活方式。

美妙幻想：这种风格围绕产品及其用途创造一种美妙的幻想。

心境或形象：这种风格借助产品或服务营造某种心境或形象，如美丽、爱情、好奇、宁静或自豪等。广告只会给出建议，很少直接推销产品或服务。

个性标志：这种风格会创造一个代表产品的人物。它可以是动画人物（如 Mr.Clean、GEICO 的壁虎或者米其林的橡胶人），也可以是真实人物（如前进保险的代言人弗洛、Allstate 的 Mayhem、麦当劳叔叔）。

专业技术：这种风格展示企业在制造产品方面的专业技术。例如，波士顿啤酒企业的吉姆·科克讲述了他在酿造亚当斯啤酒上多年的经验。

科学证据：这种风格陈述能够证明该品牌比其他品牌更好或更受欢迎的调查或科学证据。近年来，佳洁士牙膏一直用科学证据来说服购买者，让他们相信佳洁士在防蛀牙上比其他品牌更好。

（6）广告主还应为广告选择一种基调。广告主应在广告中使用易记忆和引人注意的词语。最后，形式如成本一样对广告有很大影响。广告设计中一个很小的改进可能会大大提高广告的吸引力。在印刷品广告中，插图是观众首先注意到的东西，所以它必须有足够强的吸引力。其次，标题必须能有效地吸引目标顾客阅读广告文字。最后，要对这3个方面进行有效的协调，以吸引顾客并有说服力地呈现顾客价值。新奇的形式可以帮助广告脱颖而出。

（7）用户生成内容。许多企业利用数字和社交媒体让消费者为其提供营销内容。用户生成内容可以将消费者的看法融入品牌信息中，提升顾客参与度。例如，多力多滋每年举办的"超级碗挑战赛"邀请消费者制作广告视频，获胜者的广告将在超级碗挑战赛期间播放。这样的活动不仅提高了消费者的参与度，还能产生新的创意视角。然而，用户生成内容并非总是成功的。如果操作得当，这种内容活动可以带来新的创意和实际用户的独特视角，促进消费者参与，提升品牌价值。

4）选择广告媒体

选择广告媒体的主要步骤：决定触及面、频率、影响力和参与度；选择主要的媒体类型；选择具体的媒介载体；决定媒体时间安排。

（1）决定触及面、频率、影响力和参与度。

在选择媒体时，广告主必须决定实现广告目标所需的触及面和频率。一般来说，广告主希望选择吸引消费者的媒体，而不是仅仅触及消费者。在任何媒介上，广告内容对目标受众的吸引力通常比广告接触到的人数更重要。被吸引的消费者更有可能对品牌信息采取行动，甚至与他人分享。因此，除了追踪消费者对媒体投放的印象——有多少人看到、听到或读过广告，可口可乐现在还在追踪消费者表达的内容，如评论、点赞、上传照片或视频以及在社交网络上分享品牌内容等。如今，强大的消费者所产生的品牌相关信息通常比企业还多。

（2）选择主要的媒体类型。

表 12-2 描述了主要的媒体类型，其中包括电视，数字、移动和社交媒体，报纸，直邮，杂志，广播和户外广告。每种媒体都有其优势和局限性。媒体规划者需要选择能将广告信息切实高效地传递给目标消费者的媒体组合。因此，他们需要考虑每种媒体的影响力、信息有效性和成本。

表 12-2　主要的媒体类型

媒体	优点	局限性
电视	很高的市场覆盖面，平均展露成本低，综合了图像、声音和动作，富有感染力	绝对成本高，干扰多，瞬间即逝，难以选择受众
数字、移动和社交媒体	受众选择性强，成本低，即时性、互动性好	影响力相对较小，受众对内容和展露的控制力强
报纸	灵活、及时，本地市场的覆盖面大，被广泛接受，可信度高	保存性差、重现性差，观众相互传阅性差
直邮	受众选择性强，灵活，在同一媒体内没有广告竞争，可个性化定制	平均展露成本相对较高，易造成"垃圾邮件"印象
杂志	在地理、人口统计特征上的选择性强，可信度和声誉高，重现质量好，保存期长且可传阅	广告购买前置时间长，成本高，版面无保证
广播	本地接受程度高，在地理和人口统计特征上的选择性强，成本低	只有声音，转瞬即逝，注意力低，听众零散
户外广告	灵活，重复展露率高，成本低，信息竞争少，位置上的选择性高	难以选择观众，创新受到局限

正如本章前面所讨论的，传统的大众媒体在今天的媒体组合中仍然占据主导地位。然而，随着大众媒体成本的上升和观众的减少，许多企业现在正在更多地使用数字媒体、移动媒体和社交媒体。这些媒体成本更低、目标更精准，更能全面吸引消费者。广告商在试

图找出成本更低、针对性更强的接触消费者的方法时，发现了很多"替代性的媒体"组合。现在，无论你去哪里、无论你做什么，都可能会看到一些新的广告形式。

（3）选择具体的媒介载体。

媒体规划人员必须计算一种媒介载体每触及 1 000 人的成本。例如，如果在美国版的《福布斯》上刊登一整页的彩色广告需要 148 220 美元，而其读者估计有 90 万人，则广告触及每千人的平均成本约为 164 美元。在美国东北地区的《彭博商业周刊》刊登同样的广告可能只需要 48 100 美元，但是它的读者只有 15.5 万人，则广告触及每千人的平均成本为 310 美元。媒体规划人员根据每千人成本的高低对各种杂志进行排序，从中选择每千人成本更低的杂志。在这个例子中，如果营销人员的目标顾客是美国东北地区的商业管理者，那么《彭博商业周刊》就可能是最合适的媒体，因为它的总成本更低一些。

在选择具体的媒介载体时，媒体规划人员必须平衡媒体成本和媒体影响力之间的关系。首先，要评估媒介载体的受众质量。其次，应该考虑受众的参与度。最后，还需评估媒介载体的编辑质量。

（4）决定媒体时间安排。

广告商必须决定如何在全年不同时间安排广告。如果某种产品在 12 月是旺季，而在 3 月是淡季（如冬季运动装备），那么企业可以根据季节来为广告排期，也可以反季节安排广告，或者在全年无差异地安排广告。当今的网络媒体和社交媒体使广告商能创造可以对事件策划出即时响应的广告。

（5）评价广告效果及广告投资回报率。

衡量广告效果和广告投资回报率成了很多企业热议的话题。广告商应该定期评估广告的两类效果：传播效果和销售营利效果。传播效果的衡量可以反映广告或媒体有没有很好地传播广告信息。在投放每个广告之前或之后都可以进行测试。一种衡量广告销售营利效果的方式是把之前的销售额和利润与之前的广告费用相比较。另一种方式是实验法。企业也可以设计更复杂的，包括其他变量的实验，如广告和媒体的差异。

但是，由于影响广告效果的因素很多，有些可控，有些不可控，广告支出的效果仍然不能被精确衡量。例如，每年都有几十个广告主投入大量资金到著名的超级碗广告中。尽管它们觉得这些投资是值得的，但很少有人能真正证明这一点。管理者在评价广告效果时还是主要依靠个人判断，同时结合定量分析。

2."植田 T"理论

1）"植田 T"理论的内涵

植田 T 理论由日本东洋企画株式会社社长植田康创立，核心思想是利用两个事物间的影响力的悬殊，提升目标事物的影响力。

2）"植田 T"理论的原理

利用两个事物间相差悬殊性，借助其中一个事物的影响力来提升另一个事物的影响力，以实现自己的目标。从图 12-2 中反映出来就是 M 借助 N 实现由 B 到 A 的提升过程。q 与 t 成反比；t、h 与 BH（广告效果）分别均成正比。按照"植田 T"理论分析，不难看出，要想以最小的广告投入量 q，求得最大的广告效果 BH，h 与 t 至关重要。

"植田 T"的"T"有两层含义：Top（制高点）；AB 与 TH 恰构成"T"形。H 指作为广告对象宣传前所处状态（如未出名前的山树内衣）；T 指能利用的用名人、名物、名事件所处态（如希拉里）；A 与 B 指用以取势的借助物在广告中出现时可能达到的偏离常态的正负两极（如希拉里的"泄春"照片就属偏离平时端庄大方常态的-t 状态）；$-t$ 与 $+t$ 指常态与偏离常之间的距离，t 指 $-t$ 与 $+t$ 的绝对值；箭头 q 指广告投入金额；h 指 TH 之间的距离（如山树内裤与希拉里之间的距离）。

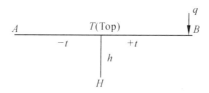

图 12-2　植田 T 理论示意图

3）植田 T 理论的注意要素

（1）品牌与事件关联。

品牌与顾客认知的关联：营销不是产品之争，而是顾客认知之争。顾客心智的认知等于产品的事实。在运用植田 T 理论时，必须将企业品牌与相关事件紧密联系。例如，山树内衣与希拉里的内衣关联，因为希拉里的高知名度在正负两极都对山树内衣有极大的帮助。从心理学角度分析，人们更关注隐私、八卦或负面消息，因此会产生极大效果。

（2）抓住机会。

时效机会：任何机会都是有时效的，正所谓过了这个村，就没有这个店，所以一定要把握瞬间的机会。奥运会作为全球最盛大的体育赛事之一，不仅吸引了全球各地的体育爱好者的关注，也成为企业进行市场营销的重要平台。在奥运会运动盛事上，通过巧妙的推广策略和创造性的广告营销，企业不仅能够提升品牌知名度，还能够增加销售额并吸引新的客户群体。麦当劳借奥运会之名进行过许多活动，如在奥运会举办期间推出奥运早餐和米奥时尚潮衣。此外，麦当劳也为奥运健儿和运动员筹集奖金，同时在奥运会期间举办趣味性活动，给顾客提供亲身与体育明星交流的机会。这种以奥运为背景和契机的推广策略成功地让麦当劳赢得了公众的关注，并在一定程度提高了其销售额和品牌知名度。

（3）匹配的措施。

关联资源的匹配：整个策划的前期、中期和后期，以事件行销、软文操作、公关为主线，广告、促销为辅；贯穿在整个推广活动中，最快速、最经济地提高产品的知名度，但是企业绝对要在渠道建设、销售团队打造、销售政策制定、产品制造、产品定价、促销手段设定等方面做好匹配，否则整个策划将变成无本之源，将陷入雷声大、雨点小的传播误区。

持续跟进的匹配：持续跟进匹配后，如果不能乘胜追击将无意义。根据前期的效应和反应，一定要配套跟进才会取得良好效果。任何策略和方法都没有对错，只有不同，最适合的才最有效。每个企业必须结合自身思维和资源进行创新，生搬硬套将难见实效。

植田 T 理论为企业的营销提供了很多参考，有利于企业更好地销售自己的品牌。一般来说，如果企业想要达到好的销售效果，就一定要利用好广告沸点，因为广告可以吸引消费者，让消费者产生购买欲。

3. 广告的其他考量因素

在制定广告策略和方案时，企业必须解决另外两个问题：第一，企业如何组织和管理其广告职能，由谁来履行哪一部分的广告任务？第二，企业将如何根据国际市场的复杂性来调整其广告策略和方案？

1）广告的组织安排

不同企业在广告组织安排上有不同方式。小企业的广告工作通常由销售部门负责，而大企业则设有专门的广告部门，负责制定广告预算、与广告代理商协调及处理广告代理商不负责的事项。多数大企业聘请外部广告代理商，因为它们更具优势。广告代理起源于19世纪中后期，最初由为媒体工作、从销售广告位中收取佣金的销售人员或经纪人组成。随着时间的推移，销售人员开始帮助客户制作广告，最终成为代理商，与广告主联系紧密。如今的代理商雇用专业人士，比企业员工更擅长广告和品牌内容工作。代理商能从不同角度解决企业问题，带来多行业经验。因此，即使企业内部有强大的广告部门，也会聘请广告代理商。大多数大型广告代理商拥有足够的人员和资源，负责管理客户广告活动的所有阶段，从创建营销计划到制作广告和相关内容，以及准备、投放及评估广告等。大品牌通常会同时雇用多个代理机构，帮助处理所有广告相关事宜，包括大众媒体广告活动、购物者营销及社交媒体内容等。

2）国际广告决策

相对于国内广告客户而言，国际广告客户面临着更加复杂的环境。最基本的问题在于国际广告应该如何调整，以适应不同国家市场的独有特征。一些广告客户使用高度标准化的广告来支持全球品牌。标准化广告的好处包括较低的广告成本、较高的全球广告协调性和一致的全球品牌形象。国际广告顾客需要"全球化思维，本地化行动"。制定全球广告策略以提高营销工作的全球有效性和协调性，然后调整广告方案以更好地满足本地市场的需求。例如，尽管 Visa 在全球范围内使用统一主题，但在特定地区的广告会使用当地语言，以吸引当地消费者。

全球性广告主还面临广告媒体成本和可获得性在不同国家的差异，以及广告管制政策上的差异。许多国家有详尽的法律体系限制企业在广告上的支出、所用媒体、广告诉求性质和广告文案等方面。这些限制要求广告主在各国之间进行不断的调整。因此，广告主既要制定全球策略来指导其整体的广告工作，还要调整具体的广告方案，以符合当地的文化、风俗、媒体特征和广告管制政策。

3）广告的3B原则

3B（Beauty——美女，Beast——动物，Baby——婴儿）原则是由广告大师大卫·奥格威（David Ogilvy）从创意入手提出来的，以此为表现手段的广告符合人类关注自身生命的天性，最容易赢得消费者的注意和喜欢。

性感魅力"爱美之心人皆有之"，美女（Beauty）容易引起人们的愉悦心情，而这种心情可以爱屋及乌般地扩展到与之关联的汽车品牌。女星代言汽车一直是汽车品牌的惯常招数。说到本质，女星只是一则广告表现的桥梁，汽车品牌是为了宣传自身，只要有好的创意，即使是无名的女性也可大放光彩。自然魅力动物（Beast）也是汽车广告中大量使用的元素，通过动物可以设计很多情节表现，"广告的戏剧性"特征能够得到最富有想象力的扩展。纯真魅力奔腾剃须刀广告创意中所涉及的 Baby，其实不仅是婴儿，而且放大到儿童这个范围。因为未成年人的种种表现，具有成人所不能企及的魅力，这种魅力是人人都经历过的，因此也都能够心领神会，从而直达内心。奔驰汽车的《小园丁的梦想》让这个略显老态的品牌，焕发出青春的活力。在这则广告中，一个小男孩手里拿着一个奔驰车模，面前是一个坑，原来小男孩在屋前的小花园里挖了一个坑，要将自己心爱的奔驰车车模丢进坑里，然后埋土、浇水。想到不久之后，这颗"种子"就能长成一辆与大人一模一样的"大奔"，小男孩不禁喜上心头……这则广告用充满童趣的剧情表现出男孩对奔驰车的渴望，其感染力非同小可。

4）广告营销增效的核心要素

知名广告大师约翰·沃纳梅克曾说：我知道我的广告费有一半浪费了，但遗憾的是，我不知道是哪一半被浪费了。实际上，连约翰·沃纳梅克如此的商业奇才都可能迷惑不解，要想保证品牌营销推广完全不浪费，几乎不太可能。接着，让我们本着不藏私的想法，结合企业本身丰富的品牌广告经验，为大家整理出了关于广告媒介投放广告的 6 个核心要素，分别是"受众群体→客户画像→核心媒体→优质内容→精准推送→优化投入产出"。

受众群体：我们知道，一个品牌不太可能精准定位给每个人用，一个产品也不太可能卖给每个人。因而，品牌营销推广做广告的首要事情，就是弄清楚"谁是我们的朋友"。受众群体可以是某一个人口群体，如年龄段、性别、婚姻情况等。

客户画像：明确了受众群体，还必须对这些群体做好严谨的表述。孙子兵法说"知己知彼，百战不殆"，我们不了解消费者，也就做不到更好地为消费者精准服务。

核心媒体：不存在谁的钱是取之不尽的，品牌营销推广也是如此，应在核心的广告媒介上压倒性地付出。

优质内容：从接收到信息，到消费完成的整个过程中，消费者都在查看和挑选信息。

精准推送：媒介购买要考量是自买或是找代理企业，买多少的量级，努力提出扶持政策。消费有 3 种方式：CPM，这要考量企业本身门店覆盖范围如何，目标客群找门店的便利性如何；CPC，这很考验品牌识别度是否充足高、品牌设计水平是否能让人过目难忘；CPD，注意媒体声量要充足；CPS，这要看一下客单价有多高。除此之外，还要求企业分配人紧盯执行、定期汇报，同时借助技术手段监测广告效果。

优化投入产出：必须定期留意当期转化率怎么样，预估转化率又是多少？现在广告媒介组成有什么问题，优化起来有怎样的组成方向。

整体来看，品牌营销推广要想突破瓶颈，必须把握好以上 6 个关键点，相信品牌广告可以事半功倍。

12.1.3　公共关系管理与决策

1. 公共关系管理的含义与内容

按照菲利浦·科特勒的定义，公共关系是指争取对企业或者产品有利的宣传报道，协助企业与有关的各界公众建立和保持良好关系，建立和保持良好的品牌形象，以及消除和处理对企业不利的谣言、传说和事件的一些活动。良好的品牌形象是企业一项巨大的无形资产，能发挥出难以估计的巨大作用。公共关系已形成一个专门的学科，在各种组织中得到广泛应用。通俗地讲，公共关系是指这样一种营销管理手段或活动，主要是评估公众的态度；识别公众感兴趣的领域；确认与公众利益相符合的政策与程序；拟定并执行各种行动方案；促进公众对企业的认识、理解及支持；达到改善企业与公众的关系，树立良好的企业形象，进而促进商品销售的最终目的。

1）公共关系管理的含义

公关关系管理是对组织与社会公众之间传播沟通的目标、资源、对象、手段、过程和效果等基本要素的管理。

2）公共关系管理的对象

政府机关：各级党政机关、行业监管部门等。

行业：金融业、投资业、行业内优势企业、业务往来企业、行业协会组织等。

媒体：各种电视广播、报刊、网络媒体等。

社会公众：具有社会知名度和社会公共利益密切相关的公众人物及参加社会活动的民众群体。

内部员工：企业中的管理人员、技术人员、业务员、员工等。

3）公共关系管理的内容

公共关系是一个组织为创造良好的生存环境、发展环境，通过一系列有目的、有计划、持续的传播沟通工作，与其特定的公众对象建立起来的一种和谐的社会关系。

森合万源认为公关关系管理的3个层次的组成部分为：一是战略角度的投资者关系管理，这里更多的是着眼于一个公司近几年的公司管理战略，最终实现各项良好发展。二是策略层面的投资者关系管理，更多地着眼于一个个里程碑式的事件，实现友善的引导，最终实现具有典型意义的事件的诞生。三是从战略到策略，再到日常管理，多元化、立体化的投资者关系管理，帮助公司与投资者、媒体和公众更好地沟通，实现公司市值最大化。

2. 公共关系的地位和影响力

公共关系能以较低的成本在公众知晓度上产生极大的影响力，这是广告所不能比拟的。使用公共关系宣传时，企业无须为媒体宣传的广告位和时间付费，只需向编辑和传播信息以及管理活动的员工发放报酬。

3. 公共关系的主要职能和目标

公共关系的对象很广，包括消费者、新闻媒体、政府、业务伙伴等，公共关系被用来促进品牌、产品人员、地点、构思、活动、各种组织机构甚至国家关系。组织机构利用公共关系去吸引公众的注意力或者抵消留在公众头脑里的坏印象。

1）公共关系管理的主要职能

公共关系作为一门经营管理的艺术，其功用、职能主要表现在信息收集、咨询建议、信息沟通、社会交往、培训教育、协调平衡等6个方面。

信息收集：产品形象信息包括公众对产品价格、质量、性能、用途等方面的反馈，以及产品的优点、缺点和改进建议。企业形象信息包括公众对企业组织机构、管理水平、员工素质和服务质量等方面的评价。

咨询建议：咨询建议的内容涉及本企业知名度和可信度的评估、咨询；公众心理的分析预测和咨询；评议本企业的方针、政策、计划等。

信息沟通：在企业建立阶段，沟通的重点是建立良好的企业形象，招揽人才和吸引投资。

社会交际：即进行各种社会协调与交际。

培训教育：即对消费者、公众、媒体、政府、业务伙伴等展开产品、技术及其他公益性培训。

协调平衡：即处理、协调、平衡各种利益与关系。

2）公共关系管理的主要目标

公共关系的工作目标为：建立广泛的人脉关系，改善经营环境，为经营活动减少阻碍；研究政策，通过对政府政策的全面了解获得各种资源；通过与行业内优势企业交流、合作等方式，实现企业互助，资源共享；与媒体关系融洽，多行善事，树立良好的社会形象，获得公众良好口碑。

4. 公共关系管理的主要方法和原则

1）公共关系管理的主要方法

公共关系管理的主要方法包括：开展事件营销；举行演讲会、报告会、纪念会等，对产品进行宣传报道；开展有意义的企业联谊活动；编写案例、经验等书面和音像宣传材料；游说立法机关与政府官员等；参与事件赞助和公益赞助；抓住信息反馈，开展公众舆论调查；开展广告合作；处理顾客抱怨等；消费者教育。

2）公共关系活动的主要原则

（1）以诚取信的原则。企业要在公众心目中树立良好的形象，关键在于诚实。只有诚实才能获得公众信任的回报。

（2）公众利益与企业利益相协调的原则。

5. 公共关系管理策略和决策过程

1）公共关系管理策略

（1）建立有效的沟通渠道。通过定期发布新闻稿、组织会议和活动、参与社交媒体等方式与公众沟通。

（2）建立良好的品牌形象。通过突出产品质量、服务态度、企业价值观等优势，并通过公益活动和社会责任提升品牌形象。

（3）危机管理与公众沟通。在危机发生时透明公开地向公众传递信息，利用媒体和社交媒体平台进行互动。

（4）建立合作伙伴关系。与其他组织、媒体、机构合作，共同举办活动、交换资源、互相推广等。

（5）监测和分析舆情。通过监测和分析舆情了解公众对组织的看法，制定相应的公共关系策略应对和引导舆论。

综上所述，公共关系在现代社会和市场营销中的重要性不可忽视。通过建立有效的沟通渠道、建立良好的品牌形象、危机管理和公众沟通、建立合作伙伴关系以及监测和分析舆情等策略，组织能够更好地与公众沟通，增强公众对组织的认同和支持，实现共赢的局面。

2）公共关系管理决策过程

（1）开展公关调研。企业通过调研，了解公众的意见和反应，将企业决策传达给公众。

（2）确定公关目标。公共关系活动的着眼点，不是近期的、暂时的销售额的上升，而是企业长期的和未来的利益，提高知名度、建立信誉、维护关系、增强可信度、激励销售和降低成本。

（3）选择公关活动内容和方式。应该选择适当的公关内容和方式，制造轰动性新闻，利用现有人际关系资源。

（4）实施公关计划。企业公关计划付诸实施时常会遇到种种困难，因此，公关人员应该与有关单位和有关人员建立良好关系，以保证公关计划的顺利实施。

（5）评估公关效果。公关往往同其他促销方式配合使用，很难单独评估公关有多大作用，评估曝光频率、反响对销售和利润的影响。

12.1.4　整合营销传播与效果评估

1. 整合营销传播的含义和内容

1）整合营销传播的含义

1992 年，全球第一部 IMC（Integrated Marketing Communications）专著《整合营销传播》出版，作者是美国西北大学教授唐·舒尔茨（Don E. Schultz）及其合作者斯坦利·田纳本（Stanley I. Tannenbaum）、罗伯特·劳特朋（Robert F. Lauterborn）。整合营销传播一方面把广告、促销、公关、直销、CI（企业识别系统）、包装、新闻媒体等一切传播活动都涵盖到营销活动的范围之内；另一方面则使企业能够将统一的传播资讯传达给消费者。所以，整合营销传播也被称为 Speak With One Voice（用一个声音说话），即营销传播的一元化策略。

整合营销传播是将企业所有与市场营销相关的传播活动统一为一体的核心思想。这一理论在 20 世纪 90 年代兴起于美国，由曾担任麦肯首席执行官的马里恩·哈伯首创，并在全球范围内得到广泛认同和应用。随着经济全球化的发展，IMC 理论在中国也得到了广泛传播，甚至出现了"整合营销热"现象。IMC 理论不断随着市场营销实践的进展而丰富和完善，吸引了包括凯伍德（Caywood）、唐·舒尔茨、王等在内的营销人员、传播从业者和专家学者的广泛关注及研究。

2）整合营销传播的特性

（1）战术的连续性：所有通过不同营销传播工具在不同媒体传播的信息都应彼此关联呼应，即在所有营销传播中的创意要素要有一贯性。

（2）战略的导向性：强调在一个营销战术中所有包括物理和心理的要素都应保持一致性。

3）整合营销传播的战略意义

整合营销传播以利害关系（Stakeholders&Interest Groups）为核心，重组企业行为和市场行为，综合协调地使用各种形式的传播方式，以统一的目标和统一的传播形象，传递一致的产品信息，实现与利害关系者的双向沟通，迅速树立产品品牌在利害关系者心目中的地位，建立产品品牌与利害关系者长期密切的关系，更有效地达到广告传播和产品营销的目的。

其特征：①IMC是对现有和潜在顾客制定、实施各种形式的说服性沟通计划的长期过程；②顾客决定沟通方式；③所有与顾客的接触点必须具有引人瞩目的沟通影响力；④技术使企业与顾客的互动越来越成为可能；⑤需要测试营销沟通效果的新办法。

综上所述，整合营销传播战略是指企业在经营活动过程中，以由外而内战略观点为基础，为了与利害关系者进行有效的沟通，以营销传播管理者为主体所展开的传播战略。据此，为了对消费者、从业人员、投资者、竞争对手等直接利害关系者和社区、大众媒体、政府、各种社会团体等间接利害关系者进行密切、有机的传播活动；同时应决定符合企业实情的各种传播手段和方法的优先次序，通过计划、调整、控制等管理过程，有效地、阶段性地整合诸多传播活动。整合营销传播战略的核心目标是通过个性化传播，形成统一的品牌形象和情感认同，提升品牌影响力和忠诚度。

4）整合营销传播战略的特点

强调沟通和双赢：企业与消费者及其他利益相关者建立长期利益关系，通过适应消费者需求进行个性化传播。

强调内外部的整合：将广告、公共关系、促销等视为整体，最大化利用企业内外资源，要求各部门协作一致。

强调传播统一的形象：企业内外部传播一致的品牌信息，确保信息的关联性和一致性，形成无缝结合的传播效果。

注重传播投资的现金回报：通过测量消费者行为评估传播效果，追求最低成本获得最大影响力。

5）整合营销传播的内容

认知的整合：实现整合营销传播的第一个层次，这里只要求营销人员认识或明了营销传播的需要。

形象的整合：第二个层次涉及确保信息与媒体一致性的决策。信息与媒体一致性，一是指广告的文字与其他视觉要素之间要达到的一致性；二是指在不同媒体上投放广告的一致性。

功能的整合：把不同的营销传播方案编制出来，作为服务于营销目标（如销售额与市场份额）的直接功能，也就是说每个营销传播要素的优劣势都经过详尽的分析，并与特定的营销目标紧密结合起来。

协调的整合：第四个层次是人员推销功能与其他营销传播要素（广告公关促销和直销）等被直接整合在一起。

基于消费者的整合：营销策略必须在了解消费者的需求和欲望的基础上锁定目标消费者，在给产品以明确的定位以后才能进行营销策划。

基于风险共担者的整合：这使营销人员认识到目标消费者不是本机构应该传播的唯一

群体，其他共担风险的经营者也应该包含在整体的整合营销传播战术之内。

关系管理的整合：要向不同的关系单位做出有效的传播，公司必须发展有效的战略。这些战略不只是营销战略，还有制造战略、工程战略、财务战略、人力资源战略以及会计战略等。

2. 整合营销传播创新融合策略

在当今竞争激烈的市场环境中，企业要脱颖而出，就必须善于利用各种营销传播手段，将资源整合起来，形成有力的市场传播效应。在整合营销传播中，有许多创新融合的方法可以帮助企业实现营销目标，以下将介绍 6 种方法。

（1）跨渠道整合：将线上线下渠道有机结合，实现信息传播的无缝衔接。企业可以通过整合线上社交媒体、网站、电子邮件营销等渠道，与线下实体店铺、展会活动、传统广告等渠道相结合，形成多维度的传播网络。

（2）内容营销与社交媒体整合：一种通过优质内容吸引目标受众，建立品牌认知和信任的营销策略。结合社交媒体平台，可以将内容营销的效果最大化。企业可以在社交媒体平台上发布各类优质内容，如文章、视频、图片等，吸引用户关注和分享，增加品牌曝光度。

（3）数据驱动整合：整合营销传播的重要驱动力量。通过数据分析，企业可以了解用户的偏好和行为，精准定位目标受众，制定个性化的营销策略。数据驱动整合可以帮助企业更好地把握市场趋势，优化营销活动，提高营销效果。

（4）品牌一体化传播：通过统一的品牌形象和声音，实现品牌在各种传播渠道上的一致性。企业可以通过统一的视觉设计、口号标语、品牌故事等元素，建立起鲜明的品牌特征，提升品牌辨识度和认知度。

（5）事件营销与公关（PR）整合是通过举办各类活动和事件，吸引目标受众，推广品牌和产品。结合公关（PR）活动，可以帮助企业实现事件营销的最大化效果。

（6）口碑营销与影响者整合：通过消费者之间的口口相传，传播品牌正面信息，增加品牌认知度和信任度。结合影响者的力量，可以帮助企业实现口碑营销的最大化效果。

在整合营销传播的过程中，创新融合的方法可以帮助企业更好地实现营销目标，提升品牌竞争力。通过以上 6 种方法的应用，企业可以实现营销效果的最大化，赢得消费者的信任和支持，实现可持续发展的目标。

3. 整合营销传播效果评估和内容

1）传播效果评估的含义

传播效果评估是指对一个传播活动或传播策略进行客观而综合的评价，以了解传播活动的效果，对于相关的决策和改进具有重要的参考价值。传播效果评估是整合营销传播过程中的最后一环。观察营销过程，统计效果，分析客户反馈意见，从而进行反馈和调整，在整个营销传播过程中实施优化。

2）传播效果评估的意义

为营销策略制定提供反馈：通过对传播效果的评估，发现其中存在不足的环节，从而能够对营销策略进行调整和优化。

为整合营销的制定提供参考：整合营销传播的设计，需要将各个推广部门的营销活动整合在一起，而这样的整合需要依托传播效果评估。

在营销推广周期中的控制作用：由于广告等数百种营销手段的成本较高，所以对于营销活动而言，预算尤为重要。

3）传播效果评估的内容

传播效果评估的内容通常包括以下几个方面：

目标受众的反应：通过调查问卷、访谈等方式，了解目标受众对传播活动的认知、态度和行为变化。

传播媒介的覆盖率：通过统计数据和媒介调查，了解传播媒介的覆盖范围和影响力，以及传播内容在媒介上的曝光率。

传播效果的可视化：通过数据图表或可视化表达方式，将传播效果表现出来，以便于直观理解和比较。

传播效果的经济评估：通过成本效益分析等方法，计算传播活动所产生的经济效益，从而评估传播的投入产出比。

4. 传播效果评估方式

1）调查和访谈

通过问卷调查、深度访谈等方式，收集目标受众的反馈信息，包括对传播内容的理解程度、对传播活动的满意度和行为变化等。

2）数据统计和分析

通过收集传播媒介的数据，如点击量、转发量、评论量等，进行统计和分析，以评估传播活动的覆盖范围和影响力。

3）实地观察和记录

通过观察传播活动的实际效果，如观察参与人数、参与活动的积极程度等，进行综合评估。

4）成本效益分析

通过计算传播活动的投入成本和产出效益进行成本效益分析，评估传播活动的经济效果。

5. 传播效果评估中需要注意的问题

1）监测项目的界定

传播效果评估的重要性在于明显的监测效果。为了保证监测效果的准确性，企业需要明确监测指标和重点尤其是访问量、转化率、用户细分等，保证监测数据的准确性。

2）信息来源的真实性

企业需要对评估方法和监测数据进行审核，以确保数据来源的合法性和真实性。在监测数据是否满足准确性的基础上，需要检查其背后数据来源的真实性，尤其是当运用第三方供应商时，需要确保数据来源的合法可靠性。

3）经常性的反馈和调整

评估传播效果不是一个孤立的过程，企业需要不断反馈信息，并进行相应调整。如果企业需要实现整合策略的改进和推广效果的提升，就需要不断地反馈并进行系列调整。

12.2　应用与实践

12.2.1　经典案例——新型日用化工产品的广告策略

在广告策略中，被广告的商品往往处在不知名的状态，要想迅速提高被广告事物的知名度，必须抢占广告的制高点，即善于从现今社会中寻找最被关注的"热点"，把广告的商品与"热点"或流行话题联系起来，从而迅速提高知名度。这就需要策划人具备一双火眼金睛，善于寻找社会"关注点"，把握社会主流，从而创造出出色的策划。在广告策划中，"植田T"的运用非常广泛。在"植田T"理论中，最重要的是抢占广告制高点"T"。一家公司在策划日用化工产品时，就出色地运用了"植田T"理论。

1. 抢占广告制高点

该新型日用化工产品为了抢占广告传播制高点，推出冰箱除臭产品，根据品牌名，塑造了一位精明能干、受过现代教育、懂得高质生活、善于传播新的家庭文化的品牌代言人——一位大嫂的形象。这一冰箱除臭产品作为一个新产品刚上市，如何使这一产品在较短的时间内声名鹊起呢？策划人员经过对市场与竞争对手的调研分析后决定抢占一个广告制高点，借机拉升品牌。那么，什么才是当时最佳的广告制高点呢？他们又通过对社会现状的梳理、分析，最后确定了结合"下岗问题"这一社会热点。20世纪90年代，随着下岗职工越来越多，"饭碗"问题越来越沉重地摆在了社会面前。下岗职工的心理逐渐发生了极大的逆转、自尊的损失、寻工的艰难、生活质量的下降，使他们自卑、疑惑、焦急，特别是他们中的下岗女工，年龄大、文化低、就业艰难，形成了很强的社会负效应。下岗女工的状况，使更多未下岗者也对自己的生存危机产生了思考，全国范围出现了人人关注下岗的现象。这时的社会更需要企业帮助下岗职工来改变就业观念，并向下岗职工伸出援助之手。如果该公司能带头响应号召，招聘下岗女工，绝对能引起社会的关注。于是通过招聘下岗女工当产品代言人，同时请大嫂来当促销人员——健康大嫂，成为打响产品上市的第一策划。

2. 广告策划过程

首先，他们在报纸上刊登了招聘广告《诚聘健康大嫂》。文案中以下岗姐妹知心人的角度，历述了她们年轻时的拼搏与希望，如今的失落。欢迎下岗姐妹来成为事业伙伴，共同传播家庭健康文化。广告一出，当天的报纸就格外引人注目。当地各大媒体也闻风而动，记者们认为一个民营企业率先招聘下岗女工，是很好的新闻题材，符合当今社会大环境，纷纷前往探说详情，并迅速进行了报道。招聘过后，下岗大嫂的故事并未结束。媒体本着关心下岗女工命运的态度，对招聘大嫂进行了追踪报道，关于她们的培训、业余生活、上岗工作等一些细节都被披露于报端。市民们从自身角度出发，亦纷纷关心着这些报道。从报道中，市民看到了企业为她们再就业所做的安排，了解了下岗女工的心路历程，产生了强烈的感情共鸣。长达两个月的追踪报道，大大小小几十篇的文章，汇聚成了"大嫂的故事"。一时间，报上天天有这一产品的消息。同时，他们还在报纸上大做广告，以《上岗篇》《大嫂报喜篇》等主题内容详细介绍了大嫂上岗后的喜悦心情及该产品的特点功能，并在各大售点开展了终端促销活动。通过大嫂在售点的讲解，又吸引了众多人的目光，有效传播了新的家庭健康文化及企业产品。

随之，这一品牌迅速被家喻户晓，成为知名品牌。借助品牌传播的力量，该产品一上市就成为当地市场该类产品的第一品牌，销量一直稳居不下，为企业带来源源不断的利润。更重要的是，该产品引发了"关注下岗女工现象"。虽然目前媒体披露下岗女工生活工作的报道频频出现，尽管企业招聘下岗女工的事情屡见不鲜，但由于该产品招聘下岗女工在先，并且提出了下岗女工的就业模式，形成了先入为主的效果，其企业形象、社会效应与产品的形象结合点又非常准确，在人们心目中，该产品早已和下岗女工融为一体。产品就成了当地关心下岗女工的一种代称。只要人们谈起下岗女工，该产品往往就会被提起。该产品品牌凭借"下岗女工"这一载体，抢占了广告传播的制高点，从而使广告的传播力度得到了极大扩张。

参考资料：成果策划案例（4 篇）[EB/OL].（2023-01-12）[2024-12-30]. 百度文库，https://fanwen.chazidian.com/fanwen882958/.

12.2.2　案例分析与方法应用

（1）该企业在打造新型日用化工产品过程中，如何开展广告策划？

一个完整的广告策划包括市场调查结果、广告定位、创意制作、广告媒介安排和效果测定安排。通过广告策划，确保广告准确、独特、及时、有效地传播，刺激需求、诱导消费、促进销售、开拓市场。

该企业在打造新型日用化工产品的过程中，遵循了一个较完整的广告策划的主要流程。首先，开展市场调查：对日用品市场与竞争对手的调研进行分析后，决定抢占一个广告制高点；其次，确立广告的定位：他们又通过对社会现状的梳理、分析，确定了结合"下岗问题"这一社会热点为主题针对下岗女工开展广告策划；再次，创意制作：该公司带头响应号召，招聘下岗女工，引起社会的关注，通过招聘下岗女工当产品代言人，同时请大嫂来当促销人员——"健康大嫂"；随后，广告媒介安排：他们选择了下岗职工和社会公众比较关注的主流媒体，在报纸刊登了招聘广告《诚聘健康嫂》；最后，效果测定安排：通过前期刊登广告历述她们年轻时的拼搏与希望，如今的失落，中期招聘过后，下岗大嫂的故事并未结束，媒体本着关心下岗女工命运的态度，对招聘大嫂进行了追踪报道，汇聚成了"大嫂的故事"，有效地传播了新的家庭健康文化及企业产品。该企业在打造新型日用化工产品过程中总体上通过广告策划工作，使广告准确、独特、及时、有效地传播，刺激目标消费者需要、促进销售，顺利开展了市场，塑造了良好的品牌形象。

（2）该企业在抢占广告制高点过程中是如何借位提升自身品牌的？

该公司在策划日用化工产品时，就出色地运用了"植田 T"理论。首先，他们在报纸上刊登了招聘广告《诚聘健康嫂》。文案中以下岗姐妹知心人的角度，历述她们年轻时的拼搏与希望，如今的失落。欢迎下岗姐妹来成为事业伙伴，共同传播家庭健康文化。广告一出，当天的报纸就格外引人注目。当地各大媒体也闻风而动，记者们认为一个民营企业率先招聘下岗女工，是一个很好的新闻题材，符合当今社会大环境，纷纷前往探说详情，并迅速进行了报道。其次，招聘过后，下岗大嫂的故事并未结束。媒体本着关心下岗女工命运的态度，对招聘大嫂进行了追踪报道，关于她们的培训、业余生活、上岗工作等一些细节都被披露于报端。市民们从自身角度出发，亦纷纷关心这些报道。从报道中市民看到了企业为她们再就业所做的安排，了解了下岗女工的心路历程，产生了强烈的感情共鸣。最后，长达两个月的追踪报道，大大小小几十篇的文章，汇聚成了"大嫂的故事"。一时间，报上天天有这一产品的消息。同时，他们还在报纸上大做广告，以《上岗篇》《大嫂报喜篇》等主题内容详细介绍了大嫂上岗后的喜悦心情及该产品的特点功能，并在各大售点开展了终端促销活动。通过大嫂在售点的讲解，又吸引了众多人的目光，有效地传播了新的家庭健康文化及企业产品，该产品成为当地关心下岗女工的一种代称。只要人们谈起下岗女工，该产品往往就会被提起。该产品品牌凭借"下岗女工"这一载体，抢占了广告传播的制高点，最终使广告的传播力度得到了极大扩张，使这一品牌迅速成长为家喻户晓的知名品牌。

本章知识结构图：

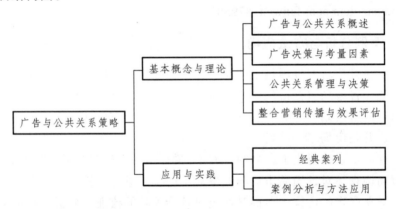

课后思考题

一、名词解释

1. 广告语：

2. 公共关系：

3. 整合营销传播：

4. 植田 T 理论：

5. 广告策划：

二、单选题

1. "海飞丝"——唯一的去头屑香波采用的是（　　　）。

    A. 功效定位策略   B. 品质定位策略

    C. 市场定位   D. 色彩定位

2. "金利来，男人的世界"的广告主题属于（　　）型。

    A. 商品特征   B. 企业特征

    C. 消费者特征   D. 心理特征

3. 拿破仑白兰地酒的广告画面极为简洁、凝练，在艺术处理上独辟蹊径。凝冷的画面中，仅一瓶酒的阴影被巧妙转换为拿破仑身穿元帅服的剪影，那正是该酒的商标。运用的是（　　）的广告表现技巧。

    A. 直接法   B. 比喻法

    C. 变形法   D. 对比法

4. 公共关系管理过程中的 4 个步骤是（　　）。

    A. 公关调查、确定目标、选择媒介、编制预算

    B. 估计形式、确定公众、选择媒介、评价结果

    C. 公关调查、公关策划、公关实施、公关评价

    D. 确定目标、选择媒介、组织实施、评价结果

5. 美国现代公关专家卡特利普和森特在其专著《有效的公共关系》一书中提出了（　　）。

    A. "双向对称"的公关模式   B. "投公众所好"的主张

    C. "公众必须被告知"的准则   D. "凡宣传皆好事"的命题

三、多选题

1. 广告的传播功能有（　　）。

    A. 促进功能   B. 劝服功能

    C. 提示功能   D. 增强功能

2. 下列广告中，应用了定位理论的是（　　）。

    A. 七喜汽水是"非可乐"型饮料定位

    B. 艾维斯（AVIS）出租汽车公司："我们屈居第二，自当全力以赴"

    C. M&M 巧克力："只溶于口，不溶于手"

    D. 1972 年的苹果牌牛仔裤广告：一匹没有鞍的马背上，是一位在业界具有影响力的女模特，一只红苹果由下而上，在他们手中——传递

3. 评估广告效果的标准有（　　）。

    A. 媒体效益   B. 社会效益

    C. 心理效益   D. 经济效益

4. 公共关系活动的行为方式有（　　）。

    A. 建设型公关   B. 宣传型公关

    C. 维系型公关   D. 进攻型公关

    E. 防御型公关   F. 矫正型公关

5. 公共关系的内外公众沟通艺术主要有（　　）。

    A. 利益吸引   B. 信息吸引

    C. 示范吸引   D. 新奇吸引

    E. 品牌吸引   F. 目标吸引

    G. 内外吸引   H. 形象吸引

四、判断题

1. 广告传播的媒介组合方式可以根据消费者的特征、媒介的特征、产品的特征、企业的战略目标等因素来确定。（　　　）

2. 某日化厂在珍珠价格暴涨的情况下，仍坚持用纯珍珠粉以保证产品质量，受到用户的好评。经报告后，宣传效果良好，这是一种有效的广告方法。（　　　）

3. 如果企业的产品与竞争对手的产品的差异性较大，则应采取无差异性营销策略。（　　　）

4. 公共关系学是经营管理学科与传播学科相结合的产物。（　　　）

5. 宣传型公关的作用是可以提高组织的美誉度。（　　　）

五、简答题

1. 论述整合营销传播创新融合策略。

2. 阐述公共关系管理决策过程。

3. 论述广告媒体的选择策略。

第13章 数字营销策略

◆ 学习目标

思政目标： 引导学生树立正确的价值观，强调诚信、公正、尊重等价值观念的重要性，培养学生的社会责任感、道德情操以及创新精神和实践能力。

知识目标： 了解各种数字营销工具、平台的功能和使用方法，了解数字营销策略的制定过程和方法，掌握数字营销的基本概念、原理和方法。

能力目标： 掌握各种数字营销策略和技巧，从各种数据中提取有用的信息，解读数据并据此调整营销策略，根据企业实际情况和市场环境制定合适的数字营销策略、规划。

素质目标： 拥有创新思维，有效地与他人沟通和协作。

案例导入

亚马逊：直复与数字营销的典范

提到网上购物，十有八九你会首先想到亚马逊。这位网上先锋于 1995 年在网络世界打开其虚拟的大门后开始营业，在其创立者杰夫·贝佐斯位于西雅图郊外家中的车库里出售书籍。如今亚马逊仍然卖书，同时还出售音乐、电器产品、工具、家居用品、服装和日用品，以及时装、裸钻和缅因州大龙虾等各种商品，琳琅满目，应有尽有。大多数分析人员都将亚马逊视为我们这个数字时代直复营销的典范。亚马逊取得如此惊人的成功，秘诀是什么？该公司始终是以顾客为中心的公司。为顾客创造真实的价值是一切决策的核心。

亚马逊对服务顾客需要的迷恋，推动公司在许多方面大胆冒险和创新，希望为每一位顾客创造独特的网上体验。

亚马逊网站的访客会获得一组特别的利益：丰富的选择、优越的价值、低廉的价格和便利性。但是使购买体验真正特殊的是"发现"因素。一旦登录亚马逊网站，你肯定会逗留一阵子——浏览、学习和发现。为让顾客享受更大的选择性和发现所喜爱的产品及信息，亚马逊甚至允许竞争性零售商——从小店铺到马狮百货这样的大公司，在亚马逊网站上通过"亚马逊市场"（Amazon Marketplace）出售各自的产品。

亚马逊还凭借"亚马逊超级会员服务"提供快速送货体验。只要缴纳 99 美元的年费，会员所有符合条件的订单都可以享受隔日送达服务，外加通过会员流媒体视频无限量观看电影和电视节目，以及从 Kindle 用户外界图书馆借阅电子书籍。

亚马逊网站早已不仅仅是一处购物之地，已经成为一个可以浏览产品、研究购买方案、与其他访客分享观点和评论、与作者和专家网上聊天的网上社群。以这种方式，亚马逊所做的远远超出网上销售产品的范畴。它吸引顾客互动，创造直接的、个性化的顾客关系和令人满意的网上体验。连续多年，亚马逊几乎在所有跨行业顾客满意度排名中名列前茅。

鉴于其强势增长，许多分析人员看好亚马逊，认为它会成为网络世界的沃尔玛。实际上，有人认为它已经是了。亚马逊的电子商务收益增长速度远超沃尔玛。尽管沃尔玛规模巨大，但要想在网上赶超亚马逊，首先要实现亚马逊那样卓越的网上顾客体验，然而这是很难的。

资料来源：加里·阿姆斯特朗，菲利普·科特勒. 市场营销学[M]. 赵占波，孙鲁平，赵江波，等，译.13 版. 北京：机械工业出版社，2019：410-411.

数字营销策略是企业为在数字化时代中取得竞争优势而制定的一系列营销策略，制定好的数字营销策略是推动企业业务成功的关键因素。因此，首先要了解数字营销的概念以及数字营销的分类与评估，掌握不同类型数字营销的内涵与特点，才能根据企业实际发展情况及市场环境制定好的数字营销策略，帮助企业实现业务增长。

13.1 基本概念与理论

13.1.1 VUCA 时代概况和未来趋势

在瞬息万变的世界中，我们正身处一个被形容为 VUCA 的时代。VUCA 这一概念起源于 20 世纪 90 年代的美国军方，用来描述冷战结束后出现的多边世界特征，比以往任何时候都更加复杂和不确定。VUCA 时代是一个充满挑战和机遇的时代，它要求我们不断适应变化，提高创新能力和领导力。

VUCA 时代，也被称为"乌卡时代"，是一个由英文单词 Volatile（易变性）、Uncertain（不确定性）、Complex（复杂性）和 Ambiguous（模糊性）的首字母缩写组成的时代概念。这 4 个词概括了当今世界的主要特点，即不断变化、充满不确定性、错综复杂和难以预测。

VUCA 时代的到来，意味着我们需要面对更多的挑战和变革，同时也为我们提供了更多的机遇和发展空间。同时，VUCA 时代的特点也非常显著。

1. 易变性

在 VUCA 时代，市场、技术、政策等方面的变化速度加快，企业和个人需要不断适应这些变化，才能在竞争中立于不败之地。例如，互联网技术的飞速发展，使传统行业面临巨大的冲击，同时也催生了许多新兴产业和商业模式。

2. 不确定性

VUCA 时代的不确定性表现在很多方面，如经济环境的不稳定、政治风险的增加、自然灾害的频发等。这些不确定性给企业和个人带来了很大的压力，需要我们具备更强的应对能力和心理素质。

3. 复杂性

在 VUCA 时代，各种因素相互交织，形成了错综复杂的局面。例如，全球化进程中的跨国合作、供应链管理、文化差异等问题，都给企业和个人带来了更大的挑战。

4. 模糊性

VUCA 时代的模糊性主要体现在信息过载和认知偏差等方面。在海量信息的冲击下，人们很难分辨真伪，容易陷入认知陷阱。这就要求我们具备更强的信息筛选和判断能力，以便在复杂的环境中做出正确的决策。

VUCA 时代的发展趋势将呈现出技术的融合与创新、数字化转型的深化、全球化与区域化的平衡、客户体验成为核心竞争力、可持续发展与绿色经济、人才战略的升级、组织结构的变革以及数据驱动的决策等特点。企业需要不断适应这些趋势的变化，以保持其竞争力和可持续发展。

13.1.2 数字营销概述与发展历程

1. 数字营销的定义

20 世纪 90 年代中期以来，随着互联网的广泛应用与大众参与度的大幅提升，数字科技在突破传统传播技术的基础上创造出庞大的数字媒体渠道，消费者的生活方式也发生了巨大的变化，进入了由美国学者尼葛洛庞帝（Nicholas Negroponte）于 1996 年提出的"数字化生存"的新阶段。在这样的背景下，传统的营销模式已跟不上时代的步伐，适用于互联网时代的数字营销应运而生，快速发展，并逐渐走向成熟。

数字营销理论的发展与互联网的商业化应用基本同步，最早可以追溯到 1994 年。Giobbe 在当年发表的《数字时代的营销计划》一文中指出，虽然彼时"信息高速公路尚未完全建好，但报纸媒体应该做好拥抱互联网的计划"，因为数字时代迟早要到来。Bishop 在 1995 年发表的《数字营销从战略规划开始》一文中第一次使用了"数字营销"的概念，并讨论了互联网时代数字营销的兴起以及数字营销成功的十大策略。从那以后，数字技术日新月异，数字营销工具层出不穷，数字营销研究也在不断向前发展。经过约 1/4 个世纪的推进，数字营销理论"大厦"已经颇具规模。那么，什么是数字营销呢？

对于数字营销的定义，专家学者莫衷一是，随着时代的变迁和技术的发展，数字营销的内涵和外延也在不断更新。本书将数字营销定义为：使用数字媒体推广产品和服务的营销传播活动。数字营销主要包括社会化媒体营销、移动营销、微电影营销、虚拟游戏营销、网络营销、直播电商等方式。

2. 数字营销的发展历程

随着数字技术的不断进步，数字营销工具和手段也在不断地更新迭代。以标志性的数字技术应用为重要节点，本书将数字营销的发展历程划分为 4 个阶段：基于 Web1.0 的单向营销、基于 Web2.0 的互动营销、基于大数据的精准营销、基于人工智能的智慧营销。

1）数字营销 1.0：基于 Web1.0 的单向营销

从技术上讲，Web1.0 的网页信息不对外部编辑，用户只是单纯地通过浏览器获取信息，只有网站管理员才能更新站点信息，以雅虎、新浪、搜狐、网易、腾讯等门户网站为典型代表。

早期的互联网广告以单向传播为特征，即用户只能被动地接受广告内容，且广告表现形式较为单一，主要为展示类的横幅广告，广告理念则是以销售产品为主要目的。这一阶段从 1994 年开始，可称为数字营销 1.0 时代。

2）数字营销 2.0：基于 Web2.0 的互动营销

与 Web1.0 单向信息发布的模式不同，以 Facebook、Twitter、博客、微博等为代表的 Web2.0 的内容通常是用户创作发布的，用户既是网站内容的浏览者，又是网站内容的制造者，这意味着 Web2.0 站点为用户提供了更多参与和互动的机会。

Web2.0 时代开启的一个重要标志是 SNS（社交网络服务）热潮的兴起。2002 年 Friendster.com 的创建开启了 SNS 的第一波热潮。接着，SNS 的概念随着 MySpace、Facebook、人人网、开心网等网站的成熟而逐渐被人熟知。作为社会化媒体的重要代表之一，SNS 的兴起和风靡可以看作社会化媒体的崛起。

由于社会化媒体具有互动性、社交性、即时性等特点，用户不只是被动地接收信息，还可以随心所欲地发表自己的观点，与其他用户或商家互动，社会化媒体营销因此得以大显身手。企业通过与消费者互动，拉近了与消费者之间的距离，企业与消费者在双向传播中更深入地了解对方，从而达到理想的营销效果。

这一时期的数字营销是依托于社会化媒体的兴起而形成的互动营销，企业和消费者在社会化媒体的"桥梁"上平等对话，在建立良好的品牌与消费者关系的基础上达到促进销售的目的。这一阶段从 2002 年开始，可称为数字营销 2.0 时代。

3）数字营销 3.0：基于大数据的精准营销

随着互联网技术的不断提高，网络内容不断丰富，消费者生活方式日益数字化，消费者在互联网上留下了大量的数据"足迹"，大数据时代就这样到来了。随着大数据在各行各业的广泛应用，数字营销进入了一个新的阶段。

这一阶段的数字营销与前两个阶段的显著区别在于：通过对大数据的挖掘，企业可以做到比消费者自己更了解他们。也就是说，基于消费者在门户网站、搜索引擎、电商平台等留下的数据，可以分析出他们的消费习惯和偏好，因而企业的营销可以有的放矢，更加精准，在减少无效营销的同时，大幅提升消费者体验和营销效果。

4）数字营销 4.0：基于人工智能的智慧营销

从 1956 年达特茅斯会议召开标志着人工智能的正式诞生，到 2016 年阿尔法狗击败围棋世界冠军李世石，历经半个多世纪，终于在 2017 年迎来了人工智能的"应用元年"，人工智能向交通、医疗、金融、教育等领域全面渗透。

人工智能这一新技术引发的"智能革命"也波及营销行业。基于人工智能的数字营销相较于前 3 个阶段的数字营销的显著特征在于，它拥有类似于人类的智慧。基于人工智能的智慧营销除了更加精准外，还更加智能化和自动化，这让消费者的体验和使用便利性都得到了巨大的提升。可以说，从 2017 年开始，数字营销进入了 4.0 的新时代。

需要指出的是，数字营销的 4 个发展阶段并非后者替代前者，而是叠加式的升级。也就是说，当数字营销迈入一个新阶段时，前一阶段的数字营销方式并未消失，而是与后者共同存在，相互补充。企业应根据具体情况恰当地选用数字营销兵器库里的兵器，互相配合，以达到营销效果的最大化。

13.1.3 数字营销分类与评估

随着信息技术的日新月异和互联网的普及，数字营销正以其独特的魅力在市场营销舞台上崭露头角。其高效精准的特点使它轻松捕捉到目标客户，通过数据分析实现了更为细致的管理与效果评估。数字营销大致分为以下几类：

1. 社交媒体营销

社交媒体营销活动的主要目标是向用户传递品牌意识并建立信任关系。企业通过对社交媒体营销的深入使用，可以获取潜在客户，甚至将其作为一个直销渠道。促销帖子和推文是社交媒体营销的两个典型方式。

2. 移动营销

移动营销是一种基于手机、平板电脑等移动通信终端的营销活动，它利用互联网技术和无线通信技术，满足企业和客户之间的产品概念、产品、服务的交换过程。通过在线活动，移动营销可以创造、宣传、传递客户价值，并对客户关系进行移动系统管理，以达到企业的营销目的。移动营销的方式多种多样，包括彩信、短信、微信、公众号群发、Wap、App、二维码、手机应用等。这些方式都具有灵活性强、精准性高、推广性、互动性强等特点。

品牌广告主可以通过移动营销在移动终端投放展示类广告，如微博首页全屏广告。同时，他们也可以利用移动广告的各种形式和消费者接触点，实现量化结果的营销，如使用移动搜索、BANNER和文字链等细小资源收集汽车销售线索。此外，通过微信、微博等社交媒体，品牌广告主还可以实现软性内容营销，如利用名人的事件借势，或微信朋友圈的疯狂猜图进行爆发性营销。

3. 微电影营销

微电影营销是一种介于商业化的影视大片和大众言论的视频短片之间的新媒体网络化营销手段。它主要通过微电影的形式，以情节制胜，将品牌信息柔和地融入故事本身的叙事风格中，使观众在潜移默化中接受企业品牌。这种营销方式不仅可以用生动的方式展示企业的品牌形象和价值观，提升品牌形象和消费者好感度，还可以通过广泛的传播途径增加企业在社交网络中的曝光率，扩大影响力。此外，微电影营销还可以增强品牌记忆度，提升员工凝聚力，并有助于开拓市场。

4. 虚拟游戏营销

虚拟游戏营销主要是指利用虚拟游戏平台进行品牌推广、用户关系建立、收益获取以及数据收集等营销活动。这种营销方式在近年来随着游戏产业的快速发展而逐渐受到重视，虚拟游戏营销具有很高的品牌推广价值，有助于建立长期的用户关系、实现多元化的收益来源、收集玩家的各种数据和行为信息。虚拟游戏营销具有多重优势和应用价值，是企业进行品牌推广和用户关系建立的重要手段之一。随着游戏产业的不断发展，虚拟游戏营销的前景也将更加广阔。

5. 网络营销

网络是所有数字营销活动的核心，它本身是一个非常强大的渠道，也是企业执行各种线上营销活动的媒介。网站应该以清晰且令人印象深刻的方式来展现一个品牌、产品和服务。此外，它还应该是快速的、移动性好且易于使用的。

6. 直播电商

直播电商是一种结合了直播技术和电子商务的新型商业模式。它通过直播平台进行实时互动，使消费者能够观看产品展示、了解产品详情、参与互动活动，并直接在线购买商品。直播电商将传统的电子商务模式与娱乐元素相结合，为消费者提供了更加直观、生动的购物体验。

直播电商对于品牌和商家来说，是一个有效的营销和推广渠道。通过直播电商，品牌可以扩大知名度，增加用户黏性，提高销售额。同时，直播电商也为消费者带来了更加便捷、有趣的购物体验。然而，直播电商也面临着一些挑战和问题，如产品质量控制、售后服务保障、虚假宣传等。因此，在直播电商的发展过程中，需要不断完善和规范市场秩序，保障消费者的权益。

7. 数字营销评估

数字营销评估是一个系统性过程，通过深入剖析和度量，精确衡量数字营销活动的效果与效率。它旨在揭示哪些策略行之有效，哪些需要调整，从而推动业务不断向前发展。

首先，明确目标是数字营销评估的基石。设定清晰、可量化的目标，如提高品牌知名度、增加网站流量或提升转化率，有助于我们更好地聚焦核心，指导整个评估过程。

其次，选择合适的评估指标至关重要。这些指标应直接关联到我们的目标，如点击率、转化率、投资回报率（ROI）和客户生命周期价值等。通过监测这些指标，我们能够洞察活动的表现，以及各项策略的实际效果。

最后，数据收集与分析成为关键。运用先进的数据分析工具，深入挖掘活动数据，揭示潜在趋势和洞察。这不仅有助于我们了解当前活动的表现，还能为未来的策略调整提供有力支持。

此外，对比与基准测试同样重要。将当前活动与过去的活动或行业基准进行对比，有助于我们评估活动在行业中的竞争力，并找出可能存在的改进空间。

在评估过程中，关注客户满意度和忠诚度同样不容忽视。这些指标是衡量数字营销活动长期效果的关键所在。通过调查、反馈或客户行为数据，我们可以深入了解客户的真实感受，从而优化策略，提升客户满意度和忠诚度。

根据评估结果制订改进计划至关重要。这可能涉及调整营销策略、优化网站体验、提升客户服务质量等多个方面。不断地优化和改进，提高数字营销的效果和效率，实现业务增长和成功。

总之，数字营销评估是一个持续的过程，需要我们综合考虑多个指标和因素。通过明确目标、收集和分析数据、评估客户满意度和忠诚度以及制订改进计划，数字营销更加精准、高效，从而推动业务不断向前发展。

13.1.4 直复与数字营销策略

1. 直复与数字营销的介绍

直复与数字营销是指直接与精心挑选的单个消费者和顾客社群互动，以期获得顾客的即时响应和建立持久的顾客关系。企业运用直复营销针对精准界定的细分市场或个人的需求和兴趣量身定制产品或促销内容。借助这种方式，企业可以建立顾客契合、品牌社群和提高销售。

早期的直复营销者——购物目录公司、直接邮寄公司和电话营销公司，主要通过邮件和电话收集顾客信息与销售产品。现在，在数据库技术飞速发展和新营销媒体，尤其是互联网的推动下，直复营销已经脱胎换骨。

本书将直复营销归结为营销沟通组合中的一个要素——一种直接与消费者沟通的方法。实际上，直复营销不仅仅是渠道和沟通手段，大多数企业仍然将直复营销作为营销其产品的补充渠道或者补充媒体。也有一些企业认为，直复营销已不仅仅是补充渠道或补充媒体。直复营销，尤其是其最新形式，即网络营销已形成一种完整的商务模式。有些企业已经将这种直复营销新模式作为自己唯一的经营方式。亚马逊、谷歌、eBay、网飞、GEICO 和Priceline.com 等企业都将直复营销作为进入市场的主要或唯一方式，并取得了巨大成功。

直复与数字营销已经成为增长最快的营销形式。随着直复营销越来越多的以互联网为基础不断发展，数字化的直复营销在营销支出和销售中所占的份额急剧增加。

对于买方来说，直复营销方便、简单且私密，可以让顾客随时随地进行网上购物和获取大量相关信息。通过直复营销，买者能够借助电话或卖者的网站、移动应用程序与卖者互动，准确地了解他们所希望得到的信息、产品或服务，然后当场订购。对于感兴趣的顾客，数字营销通过网络、移动和社交媒体提供品牌互动和社群——一个可以与其他粉丝分享品牌信息和体验的地方。

对于卖方来说，直复营销提供了低成本、高效率的方法帮助企业快速有效地影响顾客。如今的直复营销者能够锁定小群或者个别顾客。由于直复营销具有一对一的特征，企业可以通过电话或网络与顾客进行直接互动，更好地了解顾客需求，并针对顾客的偏好定制产品或服务。相应地，顾客可以提问并自愿做出反馈。

直复和数字营销还为卖方提供了更大的灵活性，让营销者可以随时调整价格和促销计划，创造立刻、及时、个人的契合和提供方案。特别值得注意的是，在今天的数字环境下，直复营销为实时营销提供了很多机会。实时营销将品牌与顾客生活中重要时刻和重大事件联系起来，是推动顾客经过购买过程，建立顾客互动、社群和个性化关系的有效工具。

2. 直复与数字营销的形式

直复与数字营销的主要形式如图 13-1 所示。传统的直复营销工具包括面对面销售、直接邮寄营销、购物目录营销、电话营销、电视直销、信息亭营销。近年来，令人眼花缭乱的新型数字化直复营销工具大量涌入营销领域，包括网络营销（网站、网络广告和促销、电子邮件、网络视频和博客等）、社交媒体营销和移动营销。我们先讨论从不久前开始广受关注的新型数字化直复营销和社交媒体营销工具，然后考察目前仍然广泛使用和非常重要的传统直复营销工具。重要的是，我们必须始终如一地记住所有这些工具。无论是新型数字化的还是更加传统的，都必须充分地融入整合营销沟通计划。

正如前面所述，数字和社交媒体营销是增长最快的直复营销形式。它通过网站、网络视频、电子邮件、博客、社交媒体、移动应用程序、移动广告等数字化营销工具和其他数字平台，直接激发顾客通过电脑、智能手机、平板电脑等数字化设备随时随地参与互动。网络和数字技术的广泛应用对顾客和营销者双方都产生了巨大影响。

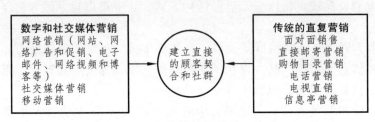

图 13-1　直复与数字营销的形式

13.1.5　直复和数字营销中的公共道德问题

直复营销者及其顾客通常能够共享彼此有益的双赢关系，但是偶尔也会出现一些阴暗面。一些直复营销者采用进攻性的，有时甚至是欺骗性的销售手段，给顾客造成困扰和伤害，令整个行业蒙羞。直复营销的滥用包括：过分打扰顾客、不公正行为甚至是直接的欺骗和欺诈行为。直复营销行业还面临对隐私问题日益增加的关注，必须处理好互联网的安全问题。

1. 冒犯、不公正、欺骗和欺诈

过度的直复营销会惹怒或冒犯顾客。例如，大多数人不喜欢那些过于嘈杂、时间很长且没完没了的电视直销广告，我们的信箱和电子邮箱经常收到不请自来的垃圾邮件，我们的电脑常常会出现令人讨厌的横幅广告和弹出广告。

除了会惹怒顾客，一些直复营销商还因恶意利用那些冲动或不精明的购买者而受到指责。瞄准电视购物爱好者的电视购物频道和商业信息节目似乎是罪魁祸首。这些节目往往充斥着能言善辩的主持人、精心策划的表演，以及对大减价、产品经久耐用和购买无比方便等利益的鼓吹，竭力煽动那些对购买宣传缺乏免疫力的消费者。

欺诈行为，比如投资骗局或伪造的慈善募集活动，近年来不断出现。网络欺诈，包括身份盗窃和金钱骗局，也成为严重的问题。互联网欺诈的常见手段是网络钓鱼，即一种身份盗窃行为，利用欺诈性的邮件和欺骗性网站骗取使用者的私人信息。

消费者还很担心网络的安全性，他们害怕那些不择手段的窥探者会窥视自己的线上交易，窃取私人信息或截获信用卡或借记卡账号。在这个大量消费者数据被从零售商、电信服务商和银行，到医疗部门和政府机构的各种组织泄露的时代，这些担心不无道理。

2. 消费者隐私

侵犯隐私可能是目前直复营销行业所面临的诸多公共政策问题中最棘手的一个。消费者通常会从数据库营销中受益，因为他们可以收到更多更符合自己兴趣的商品信息。但也有许多批评者指出，市场营销者可能对消费者的生活习性过于了解，甚至利用这一点对消

费者实施不公正的营销活动。他们认为，数据库的广泛使用会在某种程度上侵犯消费者的隐私。消费者也担心自己的隐私被泄露。尽管他们现在更愿意通过数字和社交媒体与市场营销者分享个人信息、偏好，但仍然对隐私问题心怀忐忑。

在如今的"大数据"时代，几乎每次消费者在社交媒体发布信息、发送推文、访问网站、购买彩票、使用信用卡或通过电话或网络订购产品，他们的名字就会进入某些公司的预设数据库。直复营销商通过精密的大数据分析，挖掘和利用这些数据库精准地销售其产品或服务。大部分市场营销者已对收集和分析这些细化的消费者信息轻车熟路。甚至专家有时都惊讶于市场营销者能够了解那么多。许多消费者和政策制定者担心，如果公司营销产品或与其他公司交换数据时，没有对信息的使用设置权限，那么现有信息的泄露可能会使消费者面临信息被滥用的处境。

综上所述，为约束过量的直复营销，不少政府机构正在研究"不可呼叫名单""不可邮递名单""不可追踪名单""反垃圾邮件法"。同时，对于网络隐私和安全问题，政府也在采取积极的立法行为对网络和移动运营商获得、使用用户信息进行规范。许多公司用自己的方式回应消费者所关注的隐私和安全问题。一些公司仍然采用行业内通行的做法。

直复营销整个行业也会引起公共政策问题。直复营销者深知，一旦对以上这些问题考虑不周，直复营销行为的滥用将会引起越来越多消费者的消极态度、更低的回应率，以及更严格的立法。大多数直复营销者与消费者有相同的需求：消费者需要作为目标群体接收真实的、设计精良的营销信息，而市场营销者需要消费者给予营销信息必要的重视和回应。直复营销成本很高，因而不能无的放矢。

13.1.6 个性化营销与客户体验

1. 个性化营销

个性化营销又称"定制化营销"，其基本做法是为顾客量身定制其所需的产品或服务。这是一种以满足顾客个性化需求为目的的活动，要求一切从顾客需要出发。

个性化营销是指企业在大规模生产的基础上，将不同顾客视为单独的细分市场，并利用信息技术和柔性生产来满足不同顾客的特定需求。个性化营销是人类最原始的营销模式，但在大批生产与营销方式兴起后逐渐式微。随着现代信息技术的发展，个性化营销因交易成本的降低和实时互动的可能性再次成为具有竞争力的营销方式。

1）个性化营销的特点

个性化营销是使用数据来创造与品牌独特的体验和定制互动的实践。品牌通过多种方式收集用户数据来帮助了解个别客户的习惯、偏好和特点，以提供个性化内容、营销信息和体验。这意味着品牌需要通过多种方式收集和分析消费者数据，以了解他们的兴趣、偏好、购买历史和行为，以便为他们提供个性化的体验。同时，个性化营销具有显著特点。

（1）精准的目标定位。

个性化营销的核心在于对目标市场的细分和精准定位。企业利用大数据、人工智能等技术手段收集和分析消费者数据，深入了解消费者的需求、偏好和行为模式。基于这些深入洞察，企业能够精准地识别目标消费者群体，并为之制定高度个性化的营销策略。

（2）高度定制化的产品和服务。

个性化营销强调根据消费者的个性化需求，提供定制化的产品和服务。通过深入了解消费者的偏好和习惯，企业能够生产出更符合消费者期望的产品，提供更贴心的服务。这种定制化的方式能够显著提升消费者的满意度和忠诚度。

（3）实时响应与交互。

个性化营销具有实时响应市场变化和消费者需求的能力。通过实时数据分析，企业能够迅速捕捉消费者的反馈和需求变化，并据此调整和优化营销策略。此外，企业还能够利用多种渠道与消费者进行实时互动，增强品牌与消费者之间的联系。

（4）多样化的营销手段。

个性化营销采用多样化的营销手段，如定制化邮件、短信、社交媒体推送等，以满足不同消费者的需求和偏好。这些个性化的营销手段能够更直接地触达目标消费者，提高营销信息的传递效率和效果。

（5）个性化的购物体验。

个性化营销注重为消费者提供个性化的购物体验。通过个性化推荐、定制化的购物界面和个性化的客户服务等方式，企业能够为消费者提供独特的购物体验，增强消费者对品牌的认知和忠诚度。

当前，越来越多的品牌将消费者数据与个性化工具相结合，以在正确的时间向客户发送正确的信息。这一趋势还在继续增长，预计到 2026 年，个性化软件行业的价值将达到116 亿美元。随着消费者越来越习惯接受个性化营销，如果品牌没有提供个性化体验，大多数消费者将失去对该品牌的忠诚度。虽然个性化营销可能会让企业花费更多的时间或金钱来执行，但投资回报率（ROI）能够证明这种努力是值得的。

企业使用个性化营销，也因为它能够帮助企业更好地了解和满足消费者的需求，从而提高销售转化率和品牌忠诚度。通过使用个性化数据和工具，企业可以定制营销策略和内容，向不同的消费者提供更加个性化的产品或服务。这种方式能够更好地吸引消费者的注意力，提高购买意愿，从而提高企业的收入和营利能力。

2）个性化营销策略

个性化营销策略是一种根据消费者的兴趣、需求和行为特征，通过数据分析和算法技术，为其提供定制化的产品、服务和体验的策略。以下是几种常见的个性化营销策略。

数据驱动的内容营销：通过分析消费者的在线行为、购买历史、社交媒体互动等数据，为他们提供定制化的内容，如博客文章、电子邮件、社交媒体帖子等。这种策略能够确保内容的相关性，提高消费者的参与度和转化率。

用户画像与细分：创建详细的用户画像，以了解不同消费者群体的特征、需求和偏好。然后，根据这些画像将消费者细分为不同的群体，并为每个群体制定个性化的营销策略。

个性化推荐系统：利用推荐算法，根据消费者的购买历史、浏览行为和偏好，为他们推荐相关的产品或服务。这不仅可以提高销售额，还可以增强消费者的购物体验。

定制化产品与服务：根据消费者的需求和偏好，提供定制化的产品或服务。例如，允许消费者选择产品的颜色、尺寸、功能等，或为他们提供个性化的咨询和服务。

实时营销与互动：利用实时数据分析技术，跟踪消费者的在线行为，并根据其当前的需求和兴趣提供即时的营销信息。例如，在消费者浏览特定产品时显示相关的促销信息或优惠券。

个性化定价策略：根据消费者的购买历史、支付能力和偏好，为他们提供个性化的定价策略。这可以包括折扣、优惠、会员价等，以提高消费者的购买意愿和忠诚度。

跨渠道协调：在多个渠道（如网站、社交媒体、电子邮件、实体店等）提供一致且个性化的体验。确保消费者无论在哪个渠道都能获得相同的品牌印象和个性化服务。

利用人工智能与机器学习：利用人工智能和机器学习技术，自动分析和处理大量消费者数据，以发现潜在的市场机会和消费者需求。这些技术可以帮助企业更精准地制定个性化营销策略。

在实施个性化营销策略时，企业需要注意以下几点：①确保数据安全性。收集和分析消费者数据时，必须遵守相关法律法规，确保数据的安全性和隐私性。②保持灵活性。市场环境和消费者需求会不断变化，企业需要保持灵活性，随时调整和优化个性化营销策略。③关注用户体验。个性化营销的目的是提高消费者满意度和忠诚度，因此企业需要始终关注用户体验，确保营销策略符合消费者的期望和需求。

2. 客户体验

客户体验是指客户与企业进行交互和接触时所感受到的全面印象。它涵盖了从客户接触企业的第一刻起，到购买产品或服务的过程，甚至后续的售后支持。客户体验对企业至关重要，因为它直接影响客户的满意度、忠诚度和口碑。

一个积极的客户体验可以帮助企业吸引新客户、留住现有客户，并为企业赢得竞争优势。相反，一个负面的客户体验可能导致客户流失，并对企业形象造成损害。因此，企业需要不断提高客户体验，以赢得客户的信任和忠诚。

为了提高客户体验，企业可以采取以下措施：①优化产品或服务。确保产品或服务的质量符合客户的期望，并不断改进和创新。②提供个性化服务。根据客户的需求和偏好，提供个性化的服务和解决方案。③加强客户沟通。积极与客户互动，了解他们的需求和反馈，并及时解决问题和疑虑。④简化购买流程。提供简洁、直观、易于操作的购买流程，方便客户快速完成购买。⑤提供优质的售后服务。确保客户在使用产品或服务过程中得到及时、有效的支持和帮助。

1）客户体验的特点

客户体验营销的特点在于深入洞察消费者需求、建立情感共鸣与品牌连接、提供个性化与定制化服务、强调互动性与参与性、创造独特而难忘的体验、实现跨渠道整合与一致性以及数据驱动与持续优化。这些特点共同构成了客户体验营销的核心竞争力，有助于企业提升品牌竞争力和市场份额。

（1）深入洞察消费者需求。

客户体验营销的核心在于深入理解和洞察消费者的需求、欲望和期望。这不仅局限于产品功能层面的需求，更包括情感、心理、社会等多方面的需求。企业需要通过各种方式，如市场调研、数据分析、用户反馈等，来不断挖掘和理解消费者的真实需求，从而为他们提供更加精准和个性化的体验。

（2）情感共鸣与品牌连接。

客户体验营销强调与消费者建立情感共鸣，通过创造与消费者情感相契合的体验，使消费者与品牌之间建立深厚的情感连接。情感共鸣不仅提高了消费者对品牌的认同感和归属感，还促进了消费者与品牌之间的持续互动和忠诚度的提升。

（3）个性化与定制化服务。

在客户体验营销中，个性化与定制化服务是关键。企业需要根据消费者的个人偏好、历史行为等信息，提供个性化的产品或服务，以满足他们的独特需求。定制化服务不仅可以提高消费者的满意度和忠诚度，还可以帮助企业建立独特的竞争优势。

（4）互动性与参与性。

客户体验营销强调与消费者的互动和参与。通过各种互动活动、社交媒体互动、用户生成内容等方式，企业可以鼓励消费者积极参与，提高他们的参与感和归属感。互动性和参与性不仅可以增强消费者对品牌的认知和信任，还可以帮助企业收集消费者的反馈和建议，不断优化产品和服务。

（5）创造独特而难忘的体验。

客户体验营销的核心在于创造独特而难忘的体验。企业需要打破常规，创新性地设计产品和服务，为消费者带来新鲜、有趣、独特的体验。这种独特而难忘的体验可以激发消费者的好奇心和兴趣，提高他们的购买意愿和忠诚度，同时也有助于提升品牌的知名度和美誉度。

（6）跨渠道整合与一致性。

在客户体验营销中，跨渠道整合和一致性成为重要特点。企业需要确保消费者在不同渠道（如线上、线下、社交媒体等）上都能获得一致、优质的体验。跨渠道整合不仅提高了消费者的便利性和满意度，还有助于企业建立统一的品牌形象和口碑。

（7）数据驱动与持续优化。

客户体验营销是数据驱动的营销方式。企业需要收集和分析大量的消费者数据，以了解他们的行为、偏好和需求，从而优化产品和服务，提高客户体验。通过数据分析和优化，企业可以持续改进营销策略，提高营销效果和客户满意度。

2）客户体验策略

客户体验策略的实施是一个系统性的过程，它要求企业从多个方面入手，确保客户在与企业交互的每一个环节都能获得满意的体验。企业实施客户体验策略可以从以下方面着手：

（1）定义清晰的客户体验愿景。确立一个清晰、以客户为中心的企业愿景，这个愿景应能指导企业上下形成共同的行为模式，是交付良好客户体验的基石。将这个愿景传达给所有员工，确保每个人都明白其重要性，并在日常工作中践行。

（2）深入了解客户。通过市场调研、数据分析、客户反馈等多种方式，深入了解客户的真实需求和期望。创建客户画像，将虚拟的人物角色作为某一客户群体的代表，帮助企业更好地与消费者产生共情，理解其心理活动，理清真实需求。

（3）产品或服务优化，提供个性化服务。根据客户需求和期望，优化产品或服务的设计，确保它们能够满足客户的实际需求。进行差异化设计，根据用户的使用场景和特殊情况，使产品呈现不同的功能或服务，提高用户认可度。优化指引路径，减少用户的操作路径，提高操作效率；根据客户的个性化需求，提供定制化的解决方案，以满足其特定需求。通过多样化的选择和体验，吸引更多的客户，提高客户满意度和忠诚度。

（4）建立有效的沟通渠道，清晰的信息传递。建立与客户的密切沟通关系，积极听取和解决客户提出的问题，让客户感受到被关注和尊重。利用社交媒体、移动应用等渠道，与客户进行更加紧密的互动和沟通。提供清晰、准确、及时的信息交流，包括产品的功能和性能介绍、价格和折扣标识、售后服务承诺等。通过清晰的信息传递，消除客户的疑虑，增强客户的信任感。

（5）优化渠道体验。在传统的销售模式下，优化线下渠道的销售和营销流程，提升客户体验。拓展线上渠道，如电商平台、自建网站等，为客户提供更加便捷的购物体验。确保不同渠道之间的信息一致性，避免给客户带来困扰。

（6）利用数字化技术提升效率。运用人工智能、大数据分析等先进技术手段，提高工作效率和质量。通过数据分析，更好地理解客户的需求和行为，从而提供更加精准的服务。

同时，还要激励员工参与、强调跨部门合作与协调、做好持续改进与创新工作以及监测与评估工作。通过以上步骤的实施，企业可以逐步建立起完善的客户体验策略体系，并在实践中不断优化和改进，为客户提供卓越的体验。

13.1.7　社会化媒体与移动营销

1. 社会化媒体营销

社会化媒体一词是由英文"Social Media"翻译而来的。时至今日，这一概念已经被广泛应用，但是对其内涵和外延仍旧众说纷纭、莫衷一是。有学者从网络应用的角度定义社会化媒体，并从这些应用中归纳共同特征；还有一些学者通过概念和理论的推演，概括出社会化媒体应该具有的特征。

根据国内外相关文献的分析，本书认为，社会化媒体是以互动为基础，允许个人或组织生产和交换内容，并能够建立、扩大和巩固关系网络的一种网络社会组织形态。它的思想与技术核心是互动，内容主体为 UGC，关键结构是关系网络，表现为一种组织方式。简单地说，它就是用户信息分享和社交活动的平台，或者可以定义为基于用户关系的内容生产与交换平台。

在社会化媒体快速发展之际，如何利用好社会化媒体做好营销工作呢？实际上，社会化媒体营销就是利用社会化网络、在线社区、微博或者其他互联网协作平台来传播和发布信息，从而形成营销、公关和客户关系管理的一种方式。我们已经知道，社会化媒体的发展是近年来互联网普及的产物，不管是国外的 Facebook 和 Twitter，还是国内的微博和微信，都极大地改变了人们的生活，将人们带入了社会化媒体的时代。因此，做好社会化媒体营销已成为每个企业必须面对的挑战。

1）微博营销

微博作为一种新兴的社会化媒体，以其独特性迅速吸引了众多的注册用户，成为近年来社会化媒体中使用率增长最快的形式之一，因此微博营销也成为众多企业选择的一种社会化媒体营销方式。2011 年，新浪、腾讯、网易等各大门户网站都把微博提升到了重要的战略位置，中国最大的微博营销平台"微传播"网随之诞生。

虽然微博在国内取得了快速发展，但许多企业只是单纯地通过发布企业品牌和各种活动的信息来聚拢品牌消费者，在营利模式方面的应用则较少。不可否认的是，这一快速及时且拥有众多跟随者的网络服务给企业带来了巨大的营销价值：微博上真实的声音可以帮助企业迅速掌握消费者心理，了解消费者对产品的感受，获取市场动态。微博是希望被关注的人或企业的一种新型表达方式。

（1）微博营销的定义。

微博是一个可互动的开放平台，具有独特的传播特性，凭借信息的即时性、良好的互动性等优势深受广大用户喜爱。企业越来越重视微博，如何做好微博营销是每个企业都在思考的一个重要问题。

关于微博营销，百度百科的解释是："微博营销以微博作为营销平台，每一个听众（粉丝）都是潜在的营销对象，企业利用更新自己的微型博客向网友传播企业信息、产品信息，树立良好的企业形象和产品形象。每天更新内容就可以跟大家交流互动，或者发布大家感兴趣的话题，来达到营销的目的。这样的方式就是互联网新推出的微博营销。"还有学者将微博营销定义为："博主通过更新微博内容来吸引其他用户关注，并通过双方的沟通和交流的信息传递来实现营销目标的一种网络营销方式""是一种全新的以 Web2.0 为基础的新媒体营销模式，企业可以通过利用微型博客，快速宣传企业新闻、产品、文化等，形成一个固定圈子的互动交流平台"等。

由此可见，由于认识角度的不同，人们对微博营销的内涵有不同的理解，但也有共同点：微博营销是基于微博这一新媒体平台的营销，是与微博新媒体特点紧密联系，并与其他媒体有效整合的一种营销方式。

（2）微博营销的特点。

随着微博作为一种创新的信息传播方式开始盛行，微博营销日益受到企业的重视。企业只要在网站上以实名注册一个微博，及时更新发布信息，就可以快速地在网络上建立起企业的品牌形象，准确有效地将企业的各种信息传达给潜在客户。企业在利用微博营销时需要把握好微博营销的特点，以便更好地做好微博营销，达到宣传推广产品和品牌的目的。微博营销除了用户覆盖范围广这一特点外，与其他营销方式相比，还具有以下特点：

立体化：从产品的角度来说，当今社会不仅产品同质化严重，而且新产品令消费者目不暇接，人们对商品的深入了解往往需要多种途径，在传递产品信息时，谁能做到将信息具象呈现，谁就可能激发消费者的购买欲望，进而使消费者坚定购买信心并采取购买行动；从品牌的角度来说，要提高品牌的"三度"，即知名度、美誉度、忠诚度，都离不开对品牌定位、品牌形象、品牌文化等的宣传，渠道的选择更是宣传工作的重中之重。微博营销可以借助先进的多媒体技术手段（如文字、图片、视频等）对产品进行描述，具有视觉上的直观性和冲击力，使消费者能够全面地了解有关产品和品牌的信息。这就是微博营销的立体化特征。

低成本：营销策划中资金预算是非常重要的，与传统的广告相比，微博营销不需要繁杂的行政审批程序，也省去了企业支付给广告刊播平台的费用。这样不仅帮助企业节省了推广费用，而且大大节约了人力和时间成本。在微博上，企业可以发布任何与企业相关的文稿、图片、视频或者网站链接，免费对企业进行宣传。

便捷性：微博操作简单，信息发布便捷。只需简单地构思，就可以完成一条信息的发布。这比发布博客要方便得多，毕竟构思一篇好博文要花费很多的时间与精力。

互动性强："微博营销的互动性首先体现在给消费者提供发言的机会，其次是可以直接为特定的潜在目标消费者量身定制个性化的信息，使企业的网络营销活动更富有针对性和人情味。"微博具有社交网络的开放性，用户可以对企业微博进行评论、转发等，企业则可以针对特定的潜在消费者进行互动，通过对用户的回复，让用户感受到企业的人情味和趣味性，增强营销效果。

2）微信营销

随着智能手机、平板电脑等移动终端的普及和无线网络的发展，微信成为企业营销的新宠。从 2011 年面世起，微信的用户数量就迅速增加，2012 年 3 月底突破 1 亿人次，到 2024 年 3 月 31 日，微信及 WeChat 的合并月活跃账户数已达到 13.59 亿个。作为现阶段最活跃的即时通信工具，微信凭借多样化的功能和强有力的社交关系链获得了大批企业的青睐。与微博相比，微信有更强的黏性和更精准的目标定位，这让微信成为继微博之后企业的又一营销利器。

（1）微信营销的定义。

微信营销是网络经济时代企业对传统营销模式的创新，是伴随着微信的火热而产生的一种点对点的网络营销方式。微信不存在距离的限制，用户注册微信后，可与同样注册的"朋友"形成一种联系，用户订阅自己所需的信息，商家通过提供用户需要的信息，推广品牌与产品。

微信营销主要表现为基于手机或者平板电脑中的移动客户端进行的区域定位营销，商家通过微信公众平台，结合微信会员卡展示商家微官网、微会员、微推送、微支付、微活动，已经形成一种主流的线上线下微信互动的营销方式。

（2）微信营销的特点。

微信营销是网络创新时代的新型营销方式，因其独特的优势而受到企业的关注，越来越多的企业开始利用微信对企业本身和产品或服务进行营销。微信营销的特点如下：

低廉的营销成本：传统的营销方式（如电视广告、报纸广告、宣传海报等）通常要耗费大量的人力、物力和财力，微信营销是基于微信这一平台进行的，微信的各项功能都可供用户免费使用，使用过程中仅产生少量的流量费。与传统营销方式相比，微信营销的成本极为低廉，几乎接近零。

强大的支撑后台：微信依托的是强大的"腾讯帝国"，腾讯拥有新闻、游戏、QQ 等多种产品形态，多年的发展积累了广泛的用户基础。在互联网行业中，用户的使用带来流量，流量进而带来红利，微信与腾讯固有用户的关联是微信用户数量如此庞大的一个重要原因。

精准的营销定位：在微信公众平台，通过一对一的关注和推送，企业不仅可以向粉丝推送相关产品及活动信息，而且可以建立自己的客户数据库，使微信成为有效的客户关系管理平台，通过用户分组和地域控制，针对用户特点，将信息推送至目标用户。此外，在朋友圈信息流广告中，企业可以借助微信后台掌握的标签化用户数据，使目标用户的触达更加精准。

信息交流的互动性：微信的载体是智能手机，这意味着只要拥有智能手机，无论何时何地企业都可以与客户进行互动，了解客户的需求，进而满足客户的需求。微博营销虽然也可以与粉丝互动，但及时性远远比不上微信营销，而且与微博的开放性不同，微信在进行信息交流时具有私密性，更能够体现社会化媒体的强关系。

信息传播的有效性：我们知道，企业利用微信公众平台向客户推送信息，能保证客户100%接收到企业推送的信息。另外，客户是因为对产品或企业感兴趣而自愿扫描企业二维码或输入账号添加官方微信的，因此，当接收到来自企业官方微信的信息时，他们能有效地关注所接收的信息。

多元化的营销模式：微信营销拥有位置签名、二维码、开放平台、朋友圈信息流广告、微信公众平台、微信小程序、LBS竞价广告等多种营销模式，这些模式各具特点，企业可以针对不同的营销目的选择不同的模式组合。另外，微信支持多种类型的信息，不仅支持文字、图片的传达，而且可以发送语音信息，使企业可以利用微信完成与客户的全方位交流和互动。

3）SNS（Social Networking Services）营销

随着全球互联网的飞速发展，SNS社交网络已经成为备受关注的焦点。从最早对国外社交网络的模仿起步，到现在逐渐形成自己的特色，国内社交网络在不断摸索前进。SNS的发展吸引了越来越多的人加入其中，这种将现实人际关系延伸至网络人际关系的网络媒介已成为人们进行社交活动、交流互动的新场所。SNS社交网络基于真实的人际关系网络，成为用户与朋友之间进行情感交流，获取生活服务信息和娱乐休闲消遣的重要媒介。以社交为目的构建的社交网络并不局限于为用户提供一个社交活动的平台，它也为市场提供了一个营销新平台。

（1）SNS营销的定义。

随着国内外营销理论、模式的不断创新和发展，SNS营销逐渐成为企业营销不可或缺的一部分，许多企业竞相运用SNS营销实现企业营销目标。比如，在目标用户集中的城市开展了解用户对产品和服务意见的营销调研，或者房地产项目中的礼品植入等活动，都充分体现了SNS营销中人与人之间互动的本质，这也正是一切营销的核心。网络社区为网民提供了良好的信息交流平台，这使有相同偏好和类似消费习惯的网民能相互探讨有共同兴趣的内容，企业可以利用品牌社区庞大的用户量以及黏性，制定符合企业品牌市场地位的SNS营销策略，与目标客户群平等交流，进而树立良好的品牌形象。

SNS营销就是利用SNS网站的分享和共享功能，在六度空间理论的基础上实现的一种营销。SNS营销利用的是SNS社交网络，但是这并不意味着载体的唯一性。在微博、微信等社会化媒体迅速发展的今天，企业可以对各个平台进行整合，在充分利用SNS网站优势的同时，整合其他平台的优势，从而形成全媒体无缝整合营销方案。

SNS网站具有分享和共享功能，而且SNS是建立在人际关系基础上的，六度空间理论是它的理论基础，这就为企业利用SNS进行病毒式传播提供了便利条件。六度空间理又称六度分隔理论、小世界理论。1967年，哈佛大学心理学教授斯坦利·米尔格兰姆（Stanley Milgram）做过一次连锁信件实验，结果发现了"六度分隔"现象。简单地说，就是你与任何一个陌生人之间所间隔的人不会超过5个，也就是说，最多通过5个中间人你就能够认识任何一个陌生人。

（2）SNS营销的特点。

SNS营销的载体是SNS社交网络平台，其理论依据是六度空间理论，它有广泛的用户群，用户群之间形成了强关系链。可以说，SNS平台具有自己的特点，基于SNS的营销活动也具有独特的优势。

传播速度快、范围广：SNS 是由兴趣爱好相同者组建的网络社区，用户之间联系密切，关系黏性大。这种特殊的网际、人际传播方式使社区内的信息传播更有爆发迅速的特点，能够在很短的时间内聚集大批用户的关注；同时，由于社区用户的参与度和分享度都比较高，社区热点事件往往能够借助各种渠道和方式得以大范围传播。因此，SNS 营销借助网络虚拟社区，具有信息传播速度快的特点。

影响力比较大：SNS 社区的出现为广大网民提供了发表言论的良好平台。以共同兴趣爱好为基础组建的社区具有更好的用户黏性。当企业在社区传播产品和品牌信息时，社区内很容易形成对产品或企业评论的较强声音，从而对消费者的消费选择产生较大的影响。现在，社交网络无疑已成为企业进行口碑营销的主要平台。社区意见领袖的影响力也与日俱增，对传统话语权的冲击开始出现，社区意见领袖对普通网民的影响力日益增强。

互动性、体验性强：互联网技术的迅速发展使网民上网时间不断增加，上网习惯更加成熟。主要表现为：网民用户更乐意主动获取和分享信息，用户显示出高度的参与性、分享性与互动性。如果 SNS 社区用户发布新的信息，其社区内的朋友一定会立刻收到更新的动态信息。所以，SNS 最大的特点就是能充分展示人与人之间的互动，这恰恰是一切营销的基础。

营销成本低：SNS 社区的最大特点就是社区参与者都是基于某种兴趣爱好聚集在一起的，社区用户关系有很好的黏性。在此基础上，SNS 信息传播的对象主要是社区用户，扩散方式主要是众口相传，因此与传统广告相比，无须大量的广告投入，可借助用户评价的病毒式扩散获得更大的影响力。

精准营销，真实营销：SNS 网站的精准性完全基于网站用户的真实性，作为真实关系网络延伸的 SNS 网站会员信息的真实度与其他互联网应用形式相比是较高的，同时我们也可以依据用户信息和朋友圈去判断一个用户的真实程度。在广告主看来，SNS 网站最吸引人的一点就是有大量用户真实、详细、准确的资料。SNS 网站可以通过注册信息非常详尽地知道每一个用户的基本信息，从用户的使用行为中分析出兴趣、经历、偏好、朋友圈、购物记录，这为精准营销活动做好了数据积累。利用这些用户人口统计和行为信息，网站可以很轻松地转换为一个广告网络。

2. 移动营销

对于移动营销，无论是学界还是业界都未给出一个确切的定义。从最早的短信营销开始，移动营销实际上已存在多年，但真正让移动营销引发大众关注的，还是 2009 年以来伴随智能手机的普及发展起来的移动化大潮。由于移动营销尚处在发展初期，新的形式、新的方法等层出不穷，学者很难给出一个非常全面的定义。例如，宋杰曾在《移动互联网成功之道》一书中描述，移动营销的未来是用户移动化、终端移动化、应用移动化、流量移动化、收入移动化的趋势。从业界看，对移动营销的定义同样众说纷纭。2003 年美国市场营销协会（AMA）将移动营销定义为：通过移动渠道来规划和实施想法，对产品或服务进行定价、促销、流通的过程。2006 年移动营销协会（MMA）将移动营销定义为：利用无线通信媒介作为传播内容沟通的主要渠道所进行的跨媒介营销。

上述定义揭示了移动营销的一个基本特点，就是利用无线通信媒介和无线渠道来展开营销，是一种广泛意义上的移动营销。与传统意义上的移动营销相比，在移动互联网的背景下，今天的移动营销主要是指基于无线移动智能终端，利用移动网络而展开的各种形式的营销活动，更是一种基于移动互联网的营销。为了使研究更有针对性，本书将移动营销定义为：基于以智能手机为主的智能移动终端，利用移动互联网展开的营销活动。

移动营销价值的凸显与移动互联网的发展是分不开的。简单而言，移动互联网的迅速发展使人们的生活迅速转向移动化，移动营销则是这一生活方式下最有效的营销方式之一。移动营销的重要性就在于它跟人们的移动化的生活方式紧密联系，是移动化时代最具针对性的营销举措。不仅如此，移动营销开创的一系列具体营销方法和措施，更是对传统营销的继承和发展。总而言之，在移动化的时代，移动营销是不可或缺的。下面将对二维码营销、LBS营销、移动广告、App营销、移动支付以及短视频营销6种主要的移动营销形式分别加以介绍。

1）二维码营销

（1）二维码营销概述。

二维码是由传统的一维条形码发展而来的。传统条形码由一组按一定编码规则排列的条、空符号组成，表示一定的字符、数字及符号信息。二维码又称二维条形码，是在一维条形码的基础上扩展出另一维的具有可读性的条形码。它是用按一定规律分布于平面（二维方向上）的黑白相间的图形记录数据符号信息的，在代码编制上利用构成计算机内部逻辑基础的比特流的概念，使用若干与二进制相对应的几何图形来表示文字数值信息，通过图像输入设备或光电扫描设备自动识读以实现信息的自动处理。

20世纪80年代，在计算机自动识别领域出现了二维条形码QR（Quick Response）Code技术，它将条形码的信息空间从一维扩展到二维，具有信息容量大、可靠性高、准确度高、防伪性好、保密性强等诸多优点。从编码密度来讲，一个二维码可容纳多达1 850个大写字母或2 710个数字，或1 108个字节，或500多个汉字，其信息容量比普通条形码高几十倍。从编码范围来讲，二维码可以将图片、声音、文字、签字、指纹等多种形式的信息编译进来。从容错能力来讲，即使二维码因穿孔、污损等引起局部损坏，照样可以正确得到识读，损毁面积达50%仍可恢复信息。除此之外，二维码制作成本低，持久耐用，可以用多种阅读器识别。以上优势决定了二维码在未来发展中的光明前景。

（2）二维码营销策略。

目前二维码的技术日趋成熟，它除了具有高密度编码、信息容量大等优势外，还具有成本低、制作简易、持久耐用的特点。由此可见，二维码的广泛推广与流行具有极大的可行性。如何将二维码结合到移动营销之中，如何创新地应用二维码，是本书要讨论的重点。

①创造生动有趣的二维码。

开展二维码营销的首要思路就是抓住人们的眼球，让消费者对它产生兴趣，继而有进一步了解它、扫描它的欲望。普通、呆板的由黑白方块组成的二维码已经泛滥，人们逐渐产生了见怪不怪的审美疲劳，因而在二维码呈现方式上做出创新成为许多商家营销方式的突破点。

②创建方便快捷、实时获取的二维码。

二维码给人们的生活带来的另一种便捷就是可以让人们随时随地了解信息，而且这种了解方式更加方便和迅速。比如，在广交会上以"企业二维码专辑+产品移动画册"的模式为参展商与采购商服务，与会者只要用手机扫描某个企业的二维码，就可以立即进入相应的移动画册，得到更加丰富的信息。如此一来，一本几十页的册子，可以汇集成百上千家企业和产品的二维码，成为通向这些企业产品移动画册的"大门"。又如，周末的商场中人会非常多，如果开辟二维码的线上支付通道，顾客便可以用手机支付，避免因排队而浪费时间。

③将二维码巧妙化作大事件。

二维码营销本身已是一大创新，如果能够同时与事件营销等其他营销方式相结合，就会创造出更好的效果。例如，智讯互动出品的"全国最大草坪二维码"案例曾荣获 2013 年大中华区艾菲奖（旅游与地产类）银奖。这次二维码事件的策划背景是：合肥森林公园本是一片被当地人遗忘已久的区域，在这片区域上新建的"万科森林公园"在开盘前夕的首要任务就是重新唤起合肥市民对这一区域的关注。在任务和预算都有限的情况下，策划出了一个"全国最大草坪二维码"的大事件，为这片区域赢得了极大的关注。

④建立无处不在的二维码商店。

二维码可以真正地突破线上与线下的阻隔，让商业店铺随时随地开展经营。企业只需将产品二维码通过印刷、喷印、附着、粘贴、镂空、篆刻等方式添加到产品外包装或者各种传播媒体（如报纸、杂志、户外广告牌、宣传单、网络媒体、电视媒体）上，消费者通过手机扫描这些二维码，就可以随时随地查看商品的介绍、图片、价格等信息，并且可以直接下单购买，简单、方便、快捷。一部手机就能让消费者完成逛店、选购和支付的全过程。

⑤利用二维码实现精准营销。

手机具有个性化特征，利用二维码便可以实现精准化营销。手机二维码可以精确地跟踪和分析每一个媒体、每一个访问者的记录，包括访问者的手机机型、话费类型、访问时间、地点、访问方式以及访问总量等，为企业选择最优媒体、最优广告位、最优投放时段提供精确的参考。如地铁里、商场里含有二维码的产品广告，通过设置编码区别和对浏览记录的分析，可以很容易地统计出不同区域的广告效果。因此，企业应当努力研究关于客户群体的细分需求与精准营销，开展多种尝试，并建立相关客户的数据库。

⑥注重二维码的安全问题。

二维码技术的发展也给许多恶意程序（如手机病毒、恶意程序、钓鱼网站等）的非法侵入提供了可乘之机，它们通过二维码进行传播的风险也在不断增加。这类程序往往通过让用户在扫描二维码后点击网址链接或下载 App 等方式使手机中毒。在共享单车兴起时，恶意替换单车二维码致使用户钱财被骗取的现象时有发生，曾引起人们对二维码应用安全的担忧。在未来的发展过程中，对二维码进行加密保护或者制定相应的政策法规来保护用户的网络安全显得尤为重要。

2）LBS 营销

（1）LBS 营销概述。

LBS 一词对于很多人而言可能很陌生，但实际上我们每天可能都在使用它。当你使用微信时，可以通过"附近的人"这一功能查找在你周围的人并给他们发消息；当你打开团购网站时，可以选择"离我最近"的筛选条件，网站会根据你的地理位置反馈附近的商家信息。这些都是当前 LBS 的常见形式。

LBS 是英文 "Location Based Service" 的缩写，即基于地理位置的服务。全球手机运营商商业协会（GSM Association）将 LBS 定义为：基于目标用户的地理位置信息而提供有附加价值的商务和消费者服务。该协会将 LBS 应用的实现分为两部分：一是提供用户位置信息；二是根据该信息提供服务。

（2）LBS 营销策略。

①基于地理位置信息传播，有效提升营销精准度。

在移动时代，移动化的生活方式正在成为越来越普遍的现象。在移动化的生活中，个人的地理位置信息是一个非常重要的变量。消费者的大部分消费行为都集中在一定的地域范围内。比如，上班族的中餐最可能选择的是距离办公楼 20 分钟以内路程的餐馆。这种现象在大部分生活服务消费中都表现得特别明显。反过来说，与商家距离在一定范围内的人群也是最有可能消费的潜在消费者。在消费者提交位置信息后，通过 LBS 平台主动搜寻周边的生活信息，或者商家向一定范围内的消费者推送消费信息，无疑要精准得多。

基于地理位置是 LBS 营销最重要的特点。位置信息发挥着 O2O 的中间层作用，能够匹配商家和目标消费者，加速线上用户和流量与线下资源的聚合，帮助生活服务和电商企业实现基于智能终端的精准营销。尽管当前诸如百度地图、大众点评网等 LBS 平台更多地由平台方主导，它们会主动收集商户信息，商家的发挥空间有限，但实际上，许多 LBS 平台已经开始开放 API 接口，企业可以将自己开发的应用对接进入 LBS 平台。如今的地图早已不是单纯地指示地理位置那么简单，还是承载生活服务信息的重要平台。百度、谷歌、高德的 LBS 应用正是采用了平台化的运作手段，以地图为入口，通过开放 API 吸引第三方应用来增强用户黏性，它们拉拢商户，靠广告、电子商务等成熟的商业模式来赚钱。

②增加营销的实用性与娱乐性，提升用户体验。

LBS 服务本质上是一个基于地理位置信息的生活服务门户。就现阶段影响力较大的 LBS 平台而言，基本上都将自身定位为生活搜索服务平台。用户打开一个 LBS 软件，是为了方便快捷地获取周边有用的生活服务信息。因此，企业进行营销时，不能强推广告意图明显的信息，一定要注意营销活动的实用性与娱乐性，给用户提供良好体验的同时，也带来实实在在的优惠。

③结合品牌 App，提供更具场景化效果的用户体验。

在企业自主开发的品牌 App 里也可以利用 LBS。LBS 的应用能够有效地为广告活动、品牌游戏 App 等提供更具场景化效果、更加真实的用户体验。这种场景化效果的原理是，消费者在使用 LBS 时，到达现实中的某一位置，使用智能手机在应用中进行相关操作以达到线下和线上联动的效果。也就是说，在现实中，品牌信息依然是在虚拟化 App 中传播的，但是与传统的广告不同，这种传播还在一定程度上要求受众在现实世界中抵达某一地理位置。在虚拟和现实的结合中，受众能够获得更具场景化、更丰富的用户体验，在一定程度上能够促成消费者的现实行为，从而使营销效果大幅提升。

当前，品牌 App 使用 LBS 技术的已有不少，使用者多为运动品牌。这主要是由于在 App 中使用 LBS，需要推动消费者的现实行为，不管是到品牌的某一门店，还是到城市中寻找虚拟道具，抑或在某个地点签到，都需要 App，即品牌给消费者一个强大的吸引力，消费者才有可能被说服并行动起来。在这一过程中，如何激励消费者行动起来，并与品牌进行良性互动是个非常大的挑战。基于运动品牌的天然属性，其呼吁品牌受众运动起来的诉求比较适合 LBS 的运用，因此利用 LBS 展开营销也特别有优势。

3）移动广告

（1）移动广告概述。

简单地说，移动广告就是嫁接在移动终端上的广告，是随着智能手机、平板电脑等的推广而逐渐流行的一种广告形式。过去人们看广告主要通过报纸、杂志、广播和电视等传统媒体，后来有了互联网，PC端的网络广告随之流行起来。如今，在移动互联网时代，移动广告必将大行其道。

本书可以简要地给移动广告下个定义：移动广告即存在于各种移动终端（如手机、平板电脑等）上的各种形式（如文字、图片、语音、视频、链接等）的广告。也可以说，移动广告是无线营销的一种形式，通过图形、文字、视频等方式来推广企业的产品或服务。

（2）移动广告应用策略。

①做到专为移动设备定制。

在移动广告营销中，首先要关注移动广告的形式，确保广告形式是专为移动设备定制的。移动设备的许多特点为营销者提供了得天独厚的机会。首先，要设计针对本地的广告。利用智能手机的位置功能，相关店铺可以向附近的消费者发送广告信息，吸引消费者前来购买。其次，设计移动富媒体广告，要充分利用高端移动设备和平板电脑的性能，提供有吸引力的、可互动的广告，因为多样化、趣味性的广告形式是吸引消费者的关键。最后，要注重点击下载广告这一形式。广告主可以在广告中宣传其应用程序，借助智能终端的方便性将受众引导到相关应用程序商店下载商家的应用，这一点也是移动广告与App相结合的创新之处。

②扎根生活服务。

从根本上来说，如果直接把互联网上的广告模式照搬到移动互联网，并不能获得增量市场，因为两者的价值不同。互联网的主要价值在于信息传播，移动互联网的主要价值在于信息化的生活服务。互联网是一个兼容并蓄、包含丰富信息的数据库，移动广告则应从繁杂的信息中选取有效的信息进行特定推送，满足特定用户的特定需求。

③使移动广告具有兼容性。

市场上从高端到低端的手机有很多种，许多消费者都配置了不止一部手机。可供广告主选择的移动广告形式也是多种多样的，包括文字、视频、移动横幅和手机应用广告等。AdMob可使发布商的应用程序在各种移动平台上营利。因此，应使移动广告具有针对不同终端平台的兼容性，以避免一则移动广告需要设计多种形式。

4）App营销

（1）App营销概述。

App即Application的缩写，表示移动终端上的应用程序。在PC时代，用户基本上是通过打开网页来浏览信息的，在PC终端上很少提及"应用"一词。能够脱离网络开展的工作大多局限于软件，如微软办公软件、Photoshop制图软件等。进入移动互联网时代以后，移动终端取得了更大的优势，个人化的应用提供了更加迅捷而愉悦的用户体验。如果说过去智能手机大多用于接打电话、收发信息、网上冲浪，那么App的出现使其从工具转变成了人们的贴身顾问。基于上面的了解，我们可以把App理解为可以从应用商店下载的移动终端设备的应用程序。App营销就是应用程序营销，主要利用第三方移动平台发布应用程序来吸引用户下载使用，从而开展相应的营销活动。

（2）App营销策略。

①App的功能定位要明确。

App的开发设计者要考虑到用户的喜好、需求、习惯以及兴趣点，充分洞察目标消费者的生活方式特点，有效地找到产品与消费者的契合点，从而在App的设计中既能体现产品或服务的特点，又可以吸引目标消费者的注意与兴趣，促进后期的产品推广。

现阶段，用户基数较大、用户体验不错的App客户端有大众点评网、美丽说、有道词典、高德地图等。不难发现，这些运行成熟、有一定客户黏度的终端应用，都有自己明确的切入点。如美丽说，侧重时尚、购物、女性话题的分享，每一个话题都有类似话题的延伸和链接，形成了一个优质的闭环社交圈，牢牢地圈住了顾客群。

②为消费者提供最佳体验。

有了明确、恰当的定位之后，是否具有超凡的体验是App能否得到用户的认可与接受的重要因素。成功的App应当具有自己独有的特性。比如，使用方便快捷，娱乐有趣生动，设计新颖抢眼等，App自身的创意决定了它在市场中得到的后期反馈。所以说，在确定了前期的定位之后，具有创意的App产品设计是另一个值得企业关注的关键点。富有创意的App才能赢得客户的好感。

③注重App的推广。

解决了App定位与体验度问题之后，接下来比较重要的便是App投入市场后的推广问题。目前市场上的推广方式较多，大体分为付费的广告宣传与免费的口碑营销两大类。线上线下付费的广告宣传是比较传统的推广方式，但不一定会使App的宣传推广达到最好的效果。醉心于App应用的大多是年轻的上班族。因此，做好推广前的消费者洞察，掌握目标消费者的人口统计特征，了解目标消费者的媒介习惯、生活习惯等是解决App推广问题的前提。口碑营销、游戏互动等创新的推广方式在新媒体时代可能会收到更好的效果。

5）移动支付

（1）移动支付概述。

移动支付是指让用户能够在移动终端随时随地为所购买的商品或服务进行支付的一种方式。在日常生活中，越来越多的人可以把手机当作公交卡，免去了忘带或者弄丢公交卡的烦恼；越来越多的人可以随时使用手机淘宝，免去了必须坐在电脑前买东西的时空限制；越来越多的人可以在旅途中轻松地拿出手机订回程的车票，免去了拥挤又恼人的购票长队……移动改变着我们的生活。二维码可以令我们更加方便及时地了解信息，移动广告巧妙地向我们推荐产品。消费者在移动终端看好一件商品时，能否顺利地进行支付就成为最重要的问题，这也是移动支付产生并存在的意义。

不同的组织对移动支付有不同的定义。移动支付论坛认为，移动支付是指交易双方为了某种产品或者服务，借助移动通信设备，通过移动通信网络实现的商业交易。移动支付所使用的移动终端可以是手机、移动PC、Pad等。移动支付专业杂志将移动支付定义为：移动支付是一种能够替代现金、支票、信用卡的快速便捷的交易方式，支付方为了获得某种实物、数字产品或某项服务，包括音乐、视频、网络游戏、手机铃声、壁纸等数字类产品，公交地铁火车、停车等交通票券，以及报刊、书籍、电子产品等，付出一定数量的信用额度或者存款。根据移动支付网的数据，按交易规模统计，2023年第三季度，支付宝和微信支付的交易量分别为 118.19 万亿元和 67.81 万亿元，合计占市场总份额的 94%以上。

移动支付主要分为近场支付和远程支付两种。近场支付一般是指用手机刷卡的方式坐车、买东西等，很方便；远程支付就是通过发送支付指令（如网上银行、电话银行、手机银行等）或借助支付工具（如转账、汇款等方式）进行的支付。目前支付方式的种类较多，支付标准也不统一。移动支付标准的制定工作已经持续了几年，过去主要是银行与中国移动等在抢夺市场，后来支付宝、腾讯微信也参与到市场的抢夺中来，而且势头很猛。新媒体、新技术的应用使银联与中国移动等传统移动支付方式受到很大的冲击。移动支付应用的分类如表 13-1 所示。

表 13-1　移动支付应用的分类

应用类型		应用举例
远程支付	自有服务	缴话费、移动应用支付
	公用事业	缴纳水、电、煤气、有线电视费用
	其他远程支付	逛积分商场、第三方商城、购买虚拟商品（软件/游戏/彩票等）
现场支付	现场消费	购买连锁快餐（麦当劳/星巴克等）、连锁便利店（物美/百联等）、影院、面包房
	公共交通	乘坐公交、地铁、轻轨
	电子票券	购买演唱会手机票、现场优惠券
	企业一卡通	缴话费、移动应用支付

资料来源：周训宙. 移动支付业务技术现状及发展趋势[J]. 互联网天地，2013（11）：6-7.

（2）移动支付应用策略。

①发展多样化的移动支付形式。

移动支付形式的多样化必然依赖于创新及其他技术的发展。比如目前发展较为成熟的二维码扫描支付方式，方便快捷，具有极强的推广意义。近场支付依靠短距离高频无线通信技术，使刷手机像刷卡一样成为现实。近年来，基于生物识别技术的移动支付逐渐走入人们的视野。

2015 年下半年，基于面部识别的身份认证支付开始涌现，谷歌、亚马逊、百度、腾讯、阿里巴巴等巨头纷纷积极研发并推广面部识别移动支付应用。除面部识别支付外，目前研究和投入使用较多的生物识别方式还有指纹识别、语音识别、虹膜识别、掌纹识别、静脉识别、耳形识别、视网膜识别等。例如，指纹支付是指消费者通过指纹识别完成消费支付操作的方式。

语音识别，又称声波支付，则是利用声波的传输，完成两个设备的近场识别。其具体操作过程是：在第三方支付产品的手机客户端里内置"声波支付"功能，用户打开此功能后，用手机麦克风对准收款方的麦克风，手机会播放一段声音，收款方手机接收到这段声波后就会自动处理和确认，随后付款方手机中将会出现付款界面，用户仅需根据提示操作就能顺利付款。

②移动支付成为重要的流量入口。

随着应用场景的增加，人们的移动支付意识逐渐增强，移动支付逐渐渗入生活的各个方面，不仅是在线上电商平台购物时选择移动支付方式，在线下购物也同样如此。比如，传统的零售业是线下线上完全分离的模式，但在新零售模式下，可以通过支付环节打通线下和线上的闭环。例如，用户在全家便利店扫码支付时，会自动关注"全家微生活"微信订阅号。将线下用户导流到线上平台，不仅可以通过信息推送增加品牌曝光，而且可以通过线上平台积累用户相关数据，为精准营销打下基础。

③移动支付支撑信用经济。

移动支付的普及使传统的会员制逐渐被电子会员取代。消费者在支付时可以选择在移动平台上成为电子会员，消费行为将被移动支付平台记录。当越来越多的个人消费数据汇聚，个人的信用体系也随之建立并得到广泛应用。例如，通过支付宝的芝麻信用积分，用户可以申请不同额度的贷款。

④移动支付接轨国际市场。

随着全球化进程的加快，中国在国际市场上的地位越来越高。据《华尔街日报》报道，2016年中国移动支付市场规模几乎是美国的90倍，领先于全球。中国的移动支付已引领国际消费时尚。未来，移动支付在全球必将进一步快速扩张，在世界经济发展中起到更加重要的支撑作用。

6）短视频营销

（1）短视频营销概述。

短视频是一种互联网内容传播方式，一般是指在互联网上传播的时长在1分钟以内的视频内容。随着移动终端的普及和网络的提速，短平快的大流量视频内容逐渐获得各大平台、粉丝和资本的青睐。不同于微电影和直播，短视频制作并没有像微电影一样具有特定的表达形式和团队配置要求，具有生产流程简单、制作门槛低、参与性强等特点，又比直播更具有传播价值。短视频既可以为用户提供一个自我展示的平台，又可以成为企业数字营销的新阵地。

（2）短视频的类型。

短纪录片：一条是国内较早出现的短视频制作团队，其内容多以纪录片的形式呈现，内容制作精良。其成功的渠道运营优先开启了短视频变现的商业模式，被各大资本争相追逐。

网红型：papi酱等网红形象在互联网上具有较高的认知度，其内容制作贴近生活。庞大的粉丝基数和用户黏性背后潜藏着巨大的商业价值。

草根恶搞型：以快手为代表，大量草根借助短视频输出搞笑内容。这类短视频虽然存在一定的争议性，但是在碎片化传播的今天也为网民提供了不少娱乐谈资。

情景短剧：该类视频短剧多以搞笑创意为主，在互联网上有非常广泛的传播。

技能分享型：随着短视频热度的不断提高，技能分享类短视频也在网络上有非常广泛的传播。

街头采访型：短视频的一种热门表现形式，其制作流程简单，话题性强，深受都市年轻群体的喜爱。

创意剪辑：利用剪辑技巧和创意，或制作精美震撼，或搞笑鬼畜，有的还加入解说、评论等元素，也颇受欢迎。

（3）短视频营销策略。

①内容贴合热点，引导用户自发传播。

短视频可以借助当下热点吸引用户关注，同时一些热门短视频还可以激发用户模仿的欲望。小米公司曾在微视上发布过一则模仿大热韩剧《来自星星的你》的短视频。该视频将小米手机拟人化，将其比拟成都教授附身。这种趣味性的短视频会让用户觉得饶有兴趣，然后点赞、评论和分享。贴合热点的短视频形成了引导用户自发传播的动力，能提升用户参与的积极性。

②鼓励用户参与短视频制作。

企业可以发起短视频制作活动并设立相应的奖励机制，鼓励用户参与到短视频的制作和传播中来。一方面，可以集聚网友的智慧，充分展现有个性、贴合大众需求的短视频内容；另一方面，拉近了品牌和消费者之间的距离，加深消费者对于品牌的认知和理解，同时也达到了一定的网络效应。迪士尼曾在 Vine 上发起过一场"迪士尼周边大比拼"的活动，鼓励用户上传短视频表达对迪士尼的热爱。对于迪士尼的品牌忠诚者而言，此次活动激发了他们寻找迪士尼周边的乐趣，同时在虚拟空间结识了更多有共同兴趣的用户，满足了他们对社交的需求。

③意见领袖助力短视频传播。

20 世纪 40 年代，拉扎斯菲尔德等在《人民的选择》一书中正式提出"意见领袖"的概念，他们认为，大众传播并不是直接"流"向一般受众，而是要经过意见领袖这个中间环节，即"大众传播—意见领袖——般受众"。相比一般受众，意见领袖接触媒体的频率更高，他们的存在对大众传播效果产生重大影响。品牌借力意见领袖，会产生晕轮效应，使用户自发投入短视频的传播中，并提高对品牌的认知度。

13.1.8 微电影与虚拟游戏营销

1. 微电影营销

数字媒体技术不断进步带来的数字革命浪潮，促使新的媒介形态不断发展，新的媒介形式不断涌现。微博、微信、微简历、微小说等新的媒介形式就是在这样的时代背景下产生并逐渐发展起来的。作为微时代重要的媒介形态，微电影以其独特的渠道平台引发了社会各界的广泛关注。如何有效地将微电影与资本完美融合，创造新的价值，获取更大的社会效益和经济效益已经成为电影界、营销界共同关注的话题。

2011 年 11 月 25 日，国家广播电影电视总局下发了《〈广播电视广告播出管理办法〉的补充规定》，将《广播电视广告播出管理办法》第十七条修改为："播出电视剧时，不得在每集（以四十五分钟计）中间以任何形式插播广告。播出电影时，插播广告参照前款规定执行。"同时明确该规定自 2012 年 1 月 1 日起施行。这促使广告主寻找新的营销传播渠道，于是，微电影适时而生。

1）微电影营销诞生的背景

微电影是微时代的产物，微电影营销也是适应微营销的发展而出现的。在数字营销盛行的今天，微电影作为广告主营销传播环节的重要组成部分，已经开始大范围地活跃在网络社交环境中。

新兴媒介不断出现，营销方式不断创新。互联网的普及彻底改变了人们的生活方式，正如微博和微信等社交平台改变人们获取信息的方式一样，借微博成长起来的微电影，也在潜移默化地改变着人们表达信息的方式。许多广告主不断更新变换营销方式，微电影营销自诞生之初就受到了市场的高度重视。营销环境的变化从未停止，给行业带来了无限的可能。近年来，短视频、直播等方式受到年轻人青睐，微电影营销逐渐趋于成熟。微电影营销以一种更软性的营销方式将产品功能和品牌理念传达给消费者，是消费者喜闻乐见的一种营销方式。需要注意的是，微电影营销并不是孤立存在的，它必须与数字时代的各种营销方式相结合才能发挥最大的效用。

快餐文化流行，受众需求转变。随着人们生活节奏的加快，社会上出现了"快餐文化"，即人们没有充裕的时间或者说人们不愿意花费更多的时间去仔细了解和观察某事物、某人或某种社会现象，从而促使快餐消费行为的出现。微电影凭借篇幅短小、内容集中的特征，在当下快节奏的生活中脱颖而出，适应受众求新、求快的心理，从而达到良好的营销效果。在眼球经济时代，营销的关键就在于适应新环境，伺机而动。因此，企业要搭好微电影这班车，充分了解受众的心理变化，搞好与受众之间的关系。

碎片化的时空，碎片化的注意力。人们已经进入信息大爆炸的时代，越来越多的媒介开始争夺受众有限的注意力，这与互联网环境带来的受众时间和空间的碎片化形成了深刻的矛盾。微电影的出现恰好在一定程度上解决了媒介和受众的这一矛盾。微电影形式简单，短小精悍，能够满足人们在移动状态或短时休闲状态下的观看需求，很好地适应了受众注意力碎片化的特征。

微电影天然的商业属性。微电影从诞生之初就与广告结下了不解之缘。广告作为微电影市场成长壮大的源泉，本身充满着商业气息。在广告大战的硝烟中，微电影可以有意无意地淡化产品的广告色彩，通过情感诉求的方式引起观众的情感共鸣，博得了广告主的青睐。微电影这个大平台为广告主产品的推广、品牌形象的宣传和品牌理念的传达提供了一个新的传播载体。微电影广告传播成本低、性价比高，可以根据观众的喜好有针对性地投放，使广告主的营销活动更加精准，而且好的微电影营销可以促使受众主动去搜索和推荐微电影，形成病毒式的口碑传播。

2）微电影营销的定义

2010年由《一触即发》引发的微电影狂潮标志着中国微电影元年的到来。2011年微电影继续蓬勃生长，开始被很多广告主用于开展营销活动，"微电影营销"的概念应运而生。也就是说，微电影营销是商业和微电影联姻的必然结果。

同微电影的概念一样，微电影营销直到今天都没有一个明确统一的定义。有学者把微电影营销定义为："广告主利用短小的电影制作模式，将特定广告主品牌文化、精神、产品等代表广告主形象的符号，融入具有完整故事情节的剧本，于无形中推广广告主品牌、渲染广告主文化，以期使消费者在观看视频的过程中既享有娱乐的快感，又达到推广目的的一种介于传统广告与商业电影之间的营销模式。"

简单地说，微电影营销就是微电影广告营销，其本质是微电影的广告植入。值得注意的是，微电影式广告和广告式微电影还是有细微差别的。微电影式广告的侧重点是电影，即以电影的故事情节为主，植入的广告为辅。

3）微电影营销的类型

利用微电影做营销已经成为很多广告主常用的手法，不同的广告主会在不同的时期根据市场大环境做出判断，到底拍摄哪一种类型的微电影较为合适。一般来说，从拍摄的角度看，微电影可分为两种类型。

第一类是草根微电影，即广告主与草根原创者一道拍摄的微电影。微电影的拍摄对器材的要求并不高，只需要一部手机、DV或者单反即可完成。从微电影兴起之初至今，有很多网友拍摄的原创微电影作品走红网络。这类作品的创作者以草根为主，他们的微电影一般统称为草根微电影。广告主借助草根创作者拍摄的微电影进行营销，不仅能够节约成本，而且比较容易产出与产品的品牌调性相符的作品，起到宣传自身产品和提升品牌形象的双重作用。

草根微电影又可以分为两种。一种是网络草根微电影。这类作品以胡戈为七喜拍摄的系列广告微电影为代表，如《七喜广告之"史上最温馨的情侣"》《七喜广告之"圣诞节许愿"》《七喜广告之"最绝的蝴蝶效应"》。七喜充分借助胡戈凭借搞笑短片《一个馒头引发的血案》积累下的人气和胡戈自身幽默搞笑的风格做了一次非常划算的营销。另一种是校园草根微电影，主要是指广告主与高等院校合作拍摄的以大学生生活为主题的微电影。这类作品旨在以隐性表达的方式宣传广告主的产品、服务或形象。

第二类是专业微电影，即广告主与视频网站合作拍摄的微电影。2013年是微电影走向成熟的一年，微电影的情节设计越来越细化，整合营销也不断深入。2013年也是视频网站竞争最残酷的一年，视频网站间的竞购和合并，新媒体带来的移动视频终端的崛起等无不警醒着各大视频网站必须内容为王。面对激烈的市场竞争，广告主和视频网站要想创造出双赢局面，就必须在拍摄微电影时进行合作。

专业微电影一般可以分为两种。一种是企业自组团队独立拍摄出品的微电影，常常冠有"××公司出品"的字样。这类企业往往资金雄厚，一般都会请专业的影视公司或创作团队制作拍摄，以产出高品质的微电影，甚至会请一些当红的名人、影星参与到微电影的拍摄中来。比如由慕思寝具出品，UMG联播传媒承制，于2012年12月17日上映的微电影《床上关系》，就是此类微电影的杰出代表。该微电影力邀知名导演执导，是一部将产品品牌特性与微电影故事情节巧妙结合的优秀作品。UMG联播传媒提供的数据显示，该微电影上线一周，各大视频网站点击率排名均位居前三；上线不到一个月，总播放量突破7 000万次。该影片以300万元的投入，获得了超过4 000万元的广告价值，性价比极高。该广告主在看到了良好的市场反应后，延续《床上关系》的风格拍摄了《床上关系Ⅱ》，并于2014年4月上映，借助演员的人气，从播出伊始就赢得了一边倒的好评。

另一种是由视频网站出品，广告主植入广告的微电影，常常冠有"××视频网站出品"的字样。视频网站为了获取更多的独立播出资源，往往会自制微电影，以降低版权购买成本，增强自身竞争力。比如由科鲁兹投资拍摄、优酷和筷子兄弟电影工作室联合出品的《父亲之父子篇》与《父亲之父女篇》，均以亲情为出发点，幽默中不失感动，向受众讲述了父爱的伟大。这也是筷子兄弟继微电影《老男孩》后的又一部佳作，进一步提升了科鲁兹品牌在受众心中的良好公众形象。

由此不难看出，微电影作为广告主投放广告、开展营销活动的一块阵地，凭借自身强大的互联网传播平台,已经成为广告主的宠儿。广告主要想在海量的网络信息中脱颖而出,就必须充分利用受众碎片化的时间和空间,尽可能多地为受众展现广告主自身的价值,找到广告主品牌娱乐营销的创新切入点。

4）微电影营销的特点

微电影营销从植入式广告蜕变而来,借助互联网平台大放异彩,在社交媒体的影响下深入人心。了解 Web3.0 时代微电影营销的特点,有助于我们更有效地利用微电影开展营销活动。

（1）微电影营销具有明显的"三微"特征。

微电影的微时长、微周期、微投资的"三微"特征,使广告主拍摄微电影更加容易,成本更加低廉,营销活动的开展也更加方便。虽然微电影比传统电影的时间更短,但依然具备完整的叙事能力,内容相较于传统电影提炼度更高,有助于受众在碎片化时间和移动化的情况下观看,传播速度更快。同时,拍摄周期短,投资成本不高等特征也使广告主在衡量传统广告与微电影广告的投入时,不被时间成本和高额资金成本困扰,做出更符合自身发展要求的营销决策。

（2）微电影营销具有双向互动的特点。

传统的广告是单向线性的,是以产品为中心的营销模式,受众只能被动地接受,广告主与受众之间的沟通渠道窄,互动体验感弱,广告主无法准确把握受众的心理特征和行为方式。在网络背景下成长起来的微电影营销则不同,它是双向的,是以受众需求为导向的营销模式,受众不再是被动的旁观者,他们以参与者的姿态走进了广告营销活动,可以随意观看、自由点评自己喜欢的电影,甚至可以利用软件进行改编。广告主与受众间的沟通渠道宽,互动体验感强,广告主可以准确把握受众的心理特征和行为方式,广告的有效覆盖面更大。

（3）微电影营销摆脱了传统广告的投放压力。

不同于传统电影,微电影没有商业票房的压力,可以摆脱院线上映的局限,同时微电影也可以克服电视广告时段的局限。因此,微电影营销被各方看好,利用微电影进行营销活动已逐渐成为广告主品牌传播的标配。

（4）微电影营销是广告主的一种软营销方式。

投放在报纸、杂志、广播、电视等传统媒体上的广告生硬直白,容易使受众产生逆反心理,引发受众的抵触情绪。微电影营销作为数字化浪潮下的一种新的营销传播模式,为广告主开辟了一条新的路径,巧妙地将广告主的品牌文化、品牌故事与微电影故事情节有机地结合起来,在不知不觉中影响消费者的购买决策,实为一种高明的软营销方式。

5）微电影营销的方式

我国网民以中青年群体为主,并持续向中高龄人群渗透。广告主在利用微电影进行营销时,一定要结合网民的实际情况,找准目标受众,选择符合受众口味的微电影营销方式。

（1）娱乐营销。

娱乐营销"就是借助各种娱乐活动与消费者实现互动,将娱乐元素融入产品或服务,通过娱乐元素将品牌与顾客情感建立起联系,从而实现推广品牌内涵、培养顾客忠诚、促进产品销售等营销目的的营销方式"。要注重微电影的娱乐性,将娱乐元素注入微电影的故事情节，与顾客建立联系，以达到产品促销和品牌形象宣传的目的。在运用微电影进行娱乐营销时要注意适度，"娱乐至死"迟早会把微电影逼上绝路。现在流行的很多微电影中，就有不少以娱乐为噱头，过度使用色情低俗情节以博取受众眼球的镜头。虽然现在很多视频网站都已经对类似的微电影进行了清除，但我们还是得提醒广告主，凡事适可而止，过犹不及。

（2）情感营销。

情感营销就是"把消费者个人情感差异和需求作为广告主品牌营销战略情感营销核心，通过借助情感包装、情感促销、情感广告、情感口碑、情设计等策略来实现企业的经营目标"。现在很多营销活动都喜欢打感情牌，试图通过感人的情感故事触动受众的内心，以期达与受众在消费层面产生共鸣。微电影也不例外。虽然能真正做到情感沟通的微电影少之又少，但令人欣慰的是，每年都会有佳作诞生。

小熊电器系列微电影自 2012 年推出第一部起就走红网络。以父爱为主线的《爱不停炖1》讲述了年迈的老人千辛万苦地为因节日期间加班而无法回家的女儿送去止咳雪梨汤的故事，牢牢抓住了背井离乡、难与家人团圆的奋斗人群的心。随后，小熊电器推出的第二部和第三部微电影均讲了青年情侣之间的爱情故事，不同程度地抓住了年轻人的心。同样以爱情为主线的《爱不停炖4：饭与爱情》围绕夫妻之间的爱如何保鲜，讲述了一对平凡夫妻不平凡的爱情，感动了无数观众。小熊电器在创立 9 周年之际采用新的跨屏观影模式推出《爱不停炖5：爱9 在一起》，再次聚焦年轻情侣的事，获得金瞳奖 2016 最佳互动微电影金奖。小熊电器从消费者的需求出发，激发消费者在亲情和爱情方面产生情感共鸣。

（3）网络口碑营销。

网络口碑营销是指"利用互联网上的口碑传播机制，通过消费者以文字等表达方式为载体的口碑信息传播，实现塑造广告主形象，推广广告主品牌，促进产品销售等营销目的的网络营销活动"。口碑即利用人际传播的优势，达到一传十、十传百的效果。一部好的微电影往往能够引起受众的兴趣，打动受众，促使其自发评论、分享、转发，利用人际传播机制达到广告主的营销目的。网络口碑营销成本低，收效高，已经成为广告主喜闻乐见的一种营销方式。但是，产出优秀的微电影并非易事，在竞争激烈的微电影市场更是难上加难。

（4）明星营销。

明星营销是指"具有一定名气和影响力的明星间接通过网络手段代言某种商品的营销事件"。大牌明星齐聚虽然会增加微电影的制作成本，但名人效应带来的营销效果也是显而易见的。很多资金实力雄厚的公司通常都会选择微电影的明星营销方式。

6）微电影营销的策略

良好的微电影营销策略可以让广告主以低成本的投入获得良好的营销效果。微电影营销的策略主要有以下几种：

（1）注重艺术性与品牌调性的完美结合。

微电影既不是广告的加长版也不是电影的浓缩版，它颠覆了"在电影里插广告"的传统思维模式，掀起了一场"在广告里插电影"的营销革命。优秀的微电影往往是在巧妙融合自身商业性与电影艺术性的基础上诞生的。利用微电影进行广告营销时不能太过功利。

太过商业化的内容往往会引起消费者的反感，造成广告主资金投入的浪费。作为商业和文化联姻产物的微电影，只有坚持以人为本的理念，才能在内容和创意上契合受众的心理，以艺术形态感染受众、软化受众，促使受众主动关注、主动转发、主动分享。因此，广告主在拍摄微电影之前一定要找到一个与品牌自身调性吻合的立足点，从而在微电影中展现良好的品牌形象。

（2）进行大数据营销，实现微电影的精准投放。

新媒体的发展带来了大数据的广泛运用，实现了广告主大规模的个性化定制。如今的广告主不再是无头苍蝇，他们懂得利用大数据寻找目标受众，制作符合受众口味的微电影，实现广告的精准投放。大数据不仅为广告主提供不同地域、不同族群、不同文化背景的受众群体的特征数据，还提供受众群的网络活跃度和活跃范围，使广告主能够在微电影的故事编排、情感诉求以及宣传包装等方面紧紧跟随目标受众群的需求点，实现资源的优化配置，提高广告收益。

（3）充分利用整合营销传播的优势，打造立体传播网络。

前面提到，微电影营销可以整合新媒体时代下的各种工具和多种渠道，实现全方位立体的营销传播。广告主可以将综合型的广告网络从 PC 平台向其他数字终端平台扩展，从而全面覆盖各个接触点，打造出立体的微电影传播网络。

2. 虚拟游戏营销

虚拟游戏是指在各种平台上的电子游戏，包括单机游戏和网络游戏两大类。虚拟游戏营销就是借助虚拟游戏来开展的营销活动。根据游戏和营销的关系，可将虚拟游戏分为两种：游戏植入广告和品牌定制游戏。游戏植入广告就是将广告信息融入游戏环节、场景、形象、道具中，让广告和游戏融为一体，从而使广告信息出现在游戏玩家面前。游戏植入广告出现较早，应用也较多，通常都是品牌与某些用户基数大的游戏合作，在游戏中植入营销信息，或者开展游戏奖励活动。

品牌定制游戏是指那些专门为传播品牌、宣传产品而开发制作的游戏。这种游戏的开发制作由有营销需要的品牌主导，完全是为企业的营销活动服务的。在社交游戏兴起以前，这类游戏主要以网页游戏的形式存在。在社交网站和移动互联网兴起后，基于社交网站平台的第三方游戏插件和游戏 App 成为主要形式，这种虚拟游戏营销形式的影响力也越来越大。

1）虚拟游戏营销的分类

根据不同的标准，可以将虚拟游戏营销划分为不同的种类。当前主要是根据游戏搭载平台、营销信息的植入方式进行划分的。根据虚拟游戏的搭载平台类型可将虚拟游戏分为传统的游戏机游戏、PC 端游戏和社交游戏（特指在社交网站上运营的社交游戏，以 PC 平台为主）、移动游戏（搭载平台为移动智能设备的游戏，实际上这类游戏也往往具有非常强大的社交功能）。相应地，虚拟游戏营销的方式可以根据游戏类型进行区分。当前，虚拟游戏营销采用较多的是社交网站平台上的社交游戏、基于智能移动设备的以用户可自由下载的应用形式出现的移动游戏。根据营销信息在游戏中植入程度的不同，可以将虚拟游戏营销划分为以下 4 种类型：

（1）游戏场景植入。

游戏场景植入是最基本、最简单的虚拟游戏营销形式，即在游戏场景中植入广告信息，如耐克在《街头篮球》游戏中植入的场边广告牌等。

（2）游戏道具植入。

游戏道具植入即在游戏中将产品以游戏道具的形式植入。这种植入方式能给企业提供与消费者互动交流的机会，能够更深入地将品牌和游戏内容联系起来，有助于提升消费者的游戏体验。例如，可口可乐植入《魔兽世界》采取的就是这种方式，可口可乐植入的是成为游戏中增补魔力的药剂。

（3）品牌定制游戏。

品牌定制游戏即根据品牌和商品的特点及营销要求，量身打造游戏。虽然这种游戏本质上是"广告游戏"，但是也能给消费者提供良好的游戏体验。移动互联网兴起后，社交网站平台上的游戏插件以及品牌定制游戏 App 越来越多。中粮的定制游戏《中粮生产队》就是人人网平台上的游戏插件，阿迪达斯的定制游戏《夺宝奇冰》则属于游戏 App。

（4）R&V 真实虚拟交错性游戏。

R&V 真实虚拟交错性游戏是在游戏中连接 R（Reality，现实）和 V（Virtual，虚拟）的虚拟游戏营销类型。游戏是虚拟的，但是在一定的技术下，游戏可以与现实联系起来。奔驰在瑞典斯德哥尔摩为 MINICountryman 进行新车推广时推出了一款名为 Getaway Stockholm 的 App 游戏应用。游戏中，在斯德哥尔摩市的某处设置了一台虚拟的 MINI Countryman，参与者下载 App 后，通过 App 查看这辆车的位置，去抢夺这辆车，然后在手机上带着虚拟汽车奔跑，以防止被别人抢夺，最后拥有这辆车的人会获得一辆真正的 MINI Countryman 汽车。当前还出现了游戏与电子商务相结合的虚拟游戏营销类型。

总体而言，随着近几年互联网社交化、移动化的快速发展，虚拟游戏和虚拟游戏营销都迅速发展。新的虚拟游戏营销方式大量出现，但还是可以通过游戏和营销的关系来进行基本划分。

2）虚拟游戏营销在移动互联网背景下具有新的特点

在移动互联网的环境中，一个非常明显的趋势是，移动游戏正在占据人们越来越多的时间。这种趋势给虚拟游戏营销带来了一系列变化。

（1）游戏轻量化，品牌定制游戏的趋势得到了进一步强化。

移动游戏通常以手机应用（也就是通常所说的 App）的形式出现。移动游戏 App 一般体积较小，大部分游戏的体积都在 100 Mb 以下，相对于传统游戏而言，移动游戏非常轻量化。轻量化的移动游戏一般开发简单，开发成本也相对较低。对比来看，暴雪旗下的大型网络游戏《魔兽世界》开发期将近 5 年，耗资 4 000 万美元，而下载量达到 17 亿次的《疯狂的小鸟》的开发成本不过 10 万美元。

在移动游戏出现以前，由于游戏开发成本非常高，一般植入虚拟游戏的品牌想要获得足够的玩家关注，只能选择那些玩家数量巨大，但是数量十分稀少的网络游戏。植入营销受到游戏题材、保持游戏体验等诸多方面的限制，自主开发的游戏多集中于网页游戏，因为玩家数量少，营销效果往往非常有限。在移动游戏兴起后，营销者完全可以自主开发或者联合其他专业游戏制作机构定制一款既能保持较好游戏体验，又能符合营销需求的游戏。在这样的条件下，品牌定制游戏得到了极大的发展。

（2）游戏题材趋于多样化，品牌植入广告的空间加大。

在品牌营销采取虚拟游戏营销的方式时，一个要点就是植入的广告信息必须与游戏的题材、游戏内容有一定的联系。植入内容需要与游戏内容本身高度相关，即游戏内容、受众要与产品概念具有内在关联，并且产品概念的植入不能影响游戏原有的体验。如果强行植入产品信息，破坏游戏体验，反而会让消费者对这个品牌产生厌恶感。

传统的网络游戏和单机游戏的题材集中于魔幻、动作、射击以及体育等类型，玩家集中于青少年且以男性居多。除了快速消费品、体育用品、汽车以及电子产品，其他产品似乎很难找到在这些网络游戏中植入营销信息的有效路径。移动游戏在游戏题材方面相对于传统的网络游戏有了很大的扩展和延伸，主题多样化，出现了动作冒险、竞速、角色扮演、棋牌、体育运动、音乐、益智解谜、飞行模拟、重力感应等类型，并且游戏类型还在不断增加，以满足所有年龄层玩家的各种兴趣需求。移动游戏用户性别比例也相对均衡，2022年中国移动游戏用户中女性占到 48.6%，与男性玩家的比例基本相当。对于品牌而言，游戏主题和玩家的扩展无疑给品牌植入营销提供了更大的空间。无论是可供选择的适合植入品牌的游戏，还是对品牌在游戏内的表现，相对而言，限制都少了很多。

（3）游戏时间碎片化，营销活动得以更深入受众生活。

在移动互联网时代，碎片化的特征变得十分明显。体积小、较为简单但又非常有趣的移动游戏，成功地满足了人们对碎片时间的休闲娱乐要求。在移动智能设备迅速普及的基础上，智能手机几乎成了人手一部的游戏机。与客户端游戏和网页游戏相比，移动游戏的游戏场所呈现出多样化的特点。人们在饭店等座、银行排队、乘坐地铁时，大多数时间都是碎片化的，无法集中利用，移动游戏成了打发碎片时间的最好方式。

因此，植入移动游戏的营销活动得以更加深入受众生活。传统广告在广播或电视媒介中投放，往往只有在受众打开收音机或电视机，收听或收看节目时才能接触到受众，而且通常只有数秒钟。只要营销活动植入了牢牢占据受众碎片时间的移动游戏，即可在受众的碎片时间里接触到受众，从而较全面地对消费者的生活施加影响。

（4）AR、LBS 等技术兴起，使游戏营销更加多样化。

近年来，伴随着移动互联网的兴起，AR、LBS 等一系列能够连接虚拟和现实的技术也得到了迅速发展。将这两种技术应用到游戏当中，就可以将虚拟和现实紧密联系起来，给玩家提供更真实、更丰富的游戏体验。

3）虚拟游戏营销的策略

（1）根据品牌实力和影响力，选择适合的虚拟游戏营销方式。

当前用户基数较大的热门网页游戏、社交游戏以及移动游戏是营销者进行品牌营销的主要选择，品牌定制的为营销活动服务的网页游戏、社交游戏和移动游戏也在不断增加。植入和定制这两种方式各有优缺点。

植入游戏营销方式由于游戏原本的玩家较多、影响力较大，因而品牌一旦植入游戏就能够接触到数量庞大的受众，容易获取较大的影响力；不足之处在于品牌的营销活动要受到游戏运营商、游戏题材和内容等方面的诸多限制。

品牌定制游戏的优点在于完全根据营销规划确定游戏的题材、内容、画面、游戏环节和类型，能够更好地为品牌传播服务；缺点是需要完全自主开发一款游戏，游戏的玩家和影响力不如热门的游戏，要想获取高影响力完全依赖于品牌方对这款游戏的推广。此外，在费用方面，现在开发一款移动游戏并不需要多大的投入，但是推广费用可能会较高。

这两种虚拟游戏营销方式各有特点，都不乏成功的案例，企业需要根据自身的品牌影响力来确定采用哪种方式。一般而言，知名的品牌在采用自主开发的虚拟游戏进行营销时，往往能够借助品牌已有的影响力来使这款游戏在短时间内获得较高的关注度。

（2）深入挖掘品牌、玩家以及游戏三者的联系。

无论是游戏植入广告还是品牌定制游戏，企业采用虚拟游戏营销这一方式的目的都是通过游戏给目标受众带来良好的游戏体验，在这种良好的体验中完成品牌信息的传播。因此，营销人员需要处理好品牌信息和游戏体验的关系。具体而言，在进行虚拟游戏营销时，首先要明确以下两个问题：

①游戏玩家和品牌消费者的联系。

明确游戏玩家和品牌消费者的联系，就是要明确游戏玩家和品牌的目标受众的重合程度。游戏玩家非常特殊，如传统游戏的受众多为 30 岁以下的年轻人，且以男性玩家居多。各个游戏的玩家在年龄、性别、职业等方面又有很大的不同，比如：体育类游戏 *NBA Online* 的玩家无疑是男性，以篮球爱好者居多；腾讯的音乐舞蹈类游戏《QQ 劲舞团》，女性玩家会占据一个比较大的比重。因此，在选择游戏进行广告植入时，不仅要看游戏的玩家数量，更要重视游戏的玩家在性别、年龄、职业等方面的特征和构成，明确游戏受众和品牌消费者之间是否重合。为了达到营销效果，游戏玩家和品牌的目标消费者之间的重合程度越高越好。

总体而言，传统的游戏玩家比较单一，主要为年轻的男性玩家，比较适合快速消费品的营销。与传统的客户端游戏和网页游戏的用户不同，移动游戏人群的年龄结构及职业类型等的差异化都较为明显，游戏已经成为移动端普遍的用户行为。玩游戏的已经不仅仅是 30 岁以下的年轻人，很多 30 岁以上的人也开始接触游戏。女性游戏玩家的人数增加，玩家的职业背景和收入水平更加多样化。受众的范围扩展给营销带来了新的机遇：游戏营销能够接触到更加广泛、更加多样的受众。品牌营销想要真正做到精准营销，则需要更加精细的受众调查与数据分析。品牌定制游戏就是根据品牌的营销目标开发制作的，因此营销需要考虑的是，如何使游戏吸引到足够的目标消费者。

②品牌和游戏内容的联系。

PC 端游戏和网页游戏的题材比较集中，主要是体育、射击、战争以及科幻等类型，因此对植入游戏的营销信息的限制较多。相对而言，将经常在现实的体育活动中扮演重要角色的运动品牌、饮料等商品植入体育游戏较为常见，其他类似的游戏中的品牌植入则需要深入挖掘品牌与游戏内容的内在联系，并加以创意表现。

社交游戏和移动游戏的题材十分广泛，一些非常贴近生活的题材（如美食、购物、家庭生活等）都有可能成为游戏的主题。这一转变为品牌营销提供了很好的机会，游戏的主题正在涵盖生活的方方面面，更多的品牌都能够轻松地进入游戏。知名游戏交流网站游戏邦列举了一些特定品牌适合植入的游戏类型，如表 13-2 所示。

表 13-2　特定品牌适合植入的游戏类型

游戏类型	适合植入的品牌类型
购物类游戏	服装类、时尚类品牌
城市建设、餐厅管理游戏	连锁餐厅品牌
夜生活游戏	娱乐传媒品牌
宠物游戏	包装品牌
农场经营游戏	食品品牌、保险公司

（3）将品牌内容和游戏有机融合，保障玩家的游戏体验。

将品牌内容和游戏有机融合，目的就是在不影响游戏体验的基础上传播品牌信息。在选择好一款游戏后，还要使向消费者传递的营销信息以一种恰当的，甚至能够提升游戏趣味性的方式出现在游戏中。如果厂商在游戏中过分突出营销信息，不仅不能带来良好的效果，还会引起玩家反感，产生对品牌的负面评价。如果营销信息不明显，达不到引起玩家注意的感觉阈值，则容易被玩家忽视。因此，在进行游戏植入营销时，需要在营销信息传递方式、位置、情节等方面把握好品牌与游戏内容的关系，原则是既不破坏游戏的整体体验，又能引起受众注意进而产生广告效果。

只有当游戏和品牌相得益彰时，虚拟游戏营销才能取得最佳的效果。因而，在将品牌信息植入游戏当中时，需要注意游戏界面、游戏机制两个方面的融合。

①品牌和游戏界面的融合。

植入游戏的品牌信息，不论其植入形式如何，在基本的视觉表现等方面都应该和游戏的内容保持一致。这是融合的基本要求，目的就是保证游戏画面的整体性和美观不被破坏。在进行品牌植入时，品牌植入信息要在画风、色彩、大小比例等方面适合游戏的整体风格，营销还需要在这个基础上增强产品的表现力，以便在游戏环境中吸引玩家的注意。游戏中体育赛场的场边广告就能够达到这个效果，既不会显得突兀，也不会被忽视。当然，多数社交游戏和移动游戏都采取了卡通的表现形式，将品牌融入游戏环境不会太难，但要将品牌变得吸引人却需要创意的支持。当仅仅凭借视觉表现上的创意无法吸引到玩家的注意时，就可以考虑采取更深度的融合形式——游戏机制层面的融合。

②品牌和游戏机制的融合。

这个层面的融合相对较为复杂，品牌的营销信息在游戏中的形式不再是简单的一块广告牌，而是游戏中重要的道具、场景甚至游戏环节。对营销者而言，这类融合方式的价值非常大，因为它很受玩家的欢迎，不会被当作无孔不入、令人厌烦的营销信息而受到排斥。这类融合方式通过在游戏中引入实物奖励，或者玩家的现实行为，能够极大地增强游戏的真实感。

（4）将品牌和游戏机制进行融合，可以采用以下形式。

①消费者在现实世界中消费产品后，可以到游戏中获取品牌定制的游戏道具和特殊奖励。

②品牌以游戏道具、游戏奖励等形式出现在游戏中，同时游戏道具可以让消费者到现实世界进行相关消费。这种形式的植入更加强调将产品融入整个游戏环节，使产品植入在

游戏中不显得突兀，强调通过游戏行为去获取现实奖励，甚至领取现实奖励也是玩家参与游戏的一部分。因此，这种植入能够提升游戏的体验，并且使品牌在游戏的营销活动更加容易被接受和认可。在游戏题材开始关注现实生活的方方面面时，这种植入更加易于实施，移动通信的发展又为紧密联系现实和游戏提供了可能。

③根据品牌营销的需要设计相关的游戏环节。这种形式融合的层次非常高，整个游戏环节都需要设计得符合品牌营销的需要，因而对游戏本身要进行非常大的改动。这一要求使这种形式的融合一般不会在非常热门的游戏中出现，往往以品牌定制游戏或者游戏制作方为品牌营销需要而推出的游戏副本等形式出现。

④根据品牌内容设计或选择合适的游戏角色。无论是根据现实设计新的虚拟角色还是利用现有的虚拟角色，只要把品牌与游戏、现实与虚拟巧妙地融合，都会对品牌的推广产生一定作用。利用游戏角色的营销一般来说有两种：一种是根据品牌定制一款全新的IPD；另一种是利用游戏IP为品牌代言。这种合作必须对品牌内容和游戏角色有很好的洞察力，若IP内涵与品牌调性相符，则可以选择其作为品牌代言人。

（5）结合AR、VR、LBS技术，紧密联系虚拟游戏和现实行为。

新技术的出现和发展使虚拟游戏营销跳出简单的贴片广告、场景展示等方式成为可能。在移动化的趋势下，当前可以为企业的虚拟游戏营销提供便利的主要有AR、VR、LBS技术。这些技术在虚拟游戏营销方面的作用首先是能够给受众提供更好的游戏体验，增加玩家对游戏的黏度，同时还使企业的虚拟游戏营销有了现实、直接的影响力，对消费者行为产生更大的影响力。

（6）利用游戏的社交属性，诱导玩家主动分享传播。

社交化是当今互联网的重要发展趋势，这一点已经成为整个互联网界的共识。在这一发展趋势下，虚拟游戏营销必须特别注意娱乐性和社交性。

游戏娱乐性的主要作用是增加用户黏度。用户数量和用户的游戏体验是黏度的基础。游戏的趣味性与用户参与游戏的深度紧密相关，受众在游戏中获得的感官体验一方面会直接影响受众对游戏本身的态度——游戏中植入的广告能够继续传播，另一方面会间接影响受众对植入游戏的品牌的好感度，进而影响营销活动的效果以及受众的线下购买选择。无论是植入游戏还是定制游戏，好的虚拟游戏营销都是在拥有很高的趣味性的基础上，将营销信息和游戏内容完美融合，使产品信息的传达水到渠成。

虚拟游戏营销的社交性是指玩家在玩游戏的同时开展社交活动。游戏的社交性符合人们的社交天性，可以使游戏体验更好，有效提升受众对游戏的黏度，使受众对游戏的专注度更高，参与时间更持久。不仅如此，游戏的社交功能还可以增加游戏本身的真实性，有助于提高虚拟游戏的营销效果。当前，在社交游戏和移动游戏中，社交功能都是必须配备且不断加强的功能。从早期网络游戏中的游戏公会，到后来农场游戏的好友农场"偷菜"的情节设置，再到各品牌游戏的"分享""邀请好友"等安排，都展示了游戏社交性的不可或缺。在这方面，微信平台上的数款热门游戏堪称典范。几乎所有的游戏都有好友间互赠心和游戏礼包、好友成绩排名系统、向好友发送成绩以及邀请好友等社交性很强的功能设置。在这些游戏里，查看自己的好友排名，向好友赠送心和游戏礼包以及向好友发起挑战等，都是游戏乐趣的来源。

除此之外，游戏的社交属性能够让玩家现实地与好友互动，主动传播或者相互交流关于游戏的信息。如果植入游戏的品牌能够引起玩家的好感，那么有可能引起玩家的讨论和口碑传播，从而大大扩展营销的影响范围。

（7）整合多种营销传播工具，使虚拟游戏营销效果最大化。

虚拟游戏营销在企业的数字营销组合中占有重要的位置，但是在企业的整个营销活动中，要注意使虚拟游戏营销成为整合营销传播中的一环。在采用虚拟游戏营销的同时，要注意用线下活动、平面广告、线上推广等形式来配合。

营销者应该明确虚拟游戏在整个营销组合中的任务，从而有的放矢地促进阶段营销目标和总体营销目标的实现。

13.1.9 网络营销与直播电商

1. 网络营销

1）网络营销的定义

网络营销是企业整体营销战略的一个组成部分，是借助互联网特性开展的市场营销活动。网络营销不能和网上销售画等号，网络营销贯穿于企业开展网上经营的整个过程，是企业围绕网上用户和消费者需求而开展的一系列经营活动的总称。

网络营销活动包括网上信息发布、网上市场调查、网络消费者行为分析、网络营销战略制定、网上产品和服务策略制定、网上产品价格策略制定、网络营销渠道选择、网络促销、网络营销管理与控制等环节。

网络营销基于互联网环境，采取了许多传统营销方式中没有的技术手段，如搜索引擎营销、电子邮件营销、博客营销、网络社区营销、简易信息聚合技术等。正是互联网的特性及相关信息技术的发展，决定了网络营销具有时域性、交互性、人性化、多媒体性、整合性、高效性、经济性、技术性、超前性、成长性等特点。其中，交互性和人性化的特点更凸显了网络营销的优势。

网络营销是消费者占主导地位的营销，随着互联网技术的进步和消费者网上行为习惯的改变而发展。从网络营销应用的主流工具和方法来看，网络营销大致经历了网站营销时代、搜索引擎营销时代、社区交互营销时代、移动社交营销时代几个阶段。

网络营销的发展是继往开来的过程。互联网的发展不断为网络营销提供新的工具和方法，每种新工具和方法的出现又丰富了网络营销的手段，而不是互相取代或淘汰。这是因为各种网络营销工具、方法都各有其特点和优势，企业可以根据自己的营销需要进行选择。

2）网络营销的常用工具与策略

目前常用的网络营销工具包括企业网站、网上商店、搜索引擎、网络社区、电子邮件、博客和微博、网络即时通信工具、微信、网络视频、App、电子书、网络游戏等。借助于这些网络营销工具，企业可以实现营销信息的发布、传递，与用户之间的交流与互动等，从而为促进销售创造有利的条件。下面对部分常用的网络营销工具进行简单介绍。

（1）企业网站。

企业网站是最基本、最重要的网络营销工具，通过它可以展示企业形象、发布各种信息（如企业新闻、供求关系、人才招聘等）、展示或销售企业产品、收集市场信息（通过用户注册或调查问卷等方式）、提供各种顾客服务（通过企业论坛、常见问题解答等方式）等。

需要注意的是，只有实现用户对企业网站的访问，企业网站的营销效果才能体现出来。因此，一方面，需要通过其他网络营销手段来推广企业网站，实现更多用户对企业网站的访问；另一方面，企业网站也是其他网络营销手段的基础，只有建设好了企业网站，一些重要的网络营销手段如搜索引擎营销、邮件列表营销、网络会员制营销等才具备了基本条件。

（2）网上商店。

网上商店既是企业销售产品的重要渠道，也是宣传品牌的重要平台。当前，许多企业都在淘宝、天猫、京东等电子商务平台上开店，网上商店已经成为网络营销的重要场所。

（3）搜索引擎。

搜索引擎是帮助用户在 Internet 上检索信息的网站。搜索引擎营销是指利用用户对搜索引擎的依赖和使用习惯，在用户检索信息时尽可能将企业的营销信息传递给目标客户。其具体流程是：让企业网站的信息被搜索引擎收录；当用户使用关键词检索信息时，在搜索结果中看到企业网站的信息；用户通过单击搜索结果链接访问企业网站。

目前，搜索引擎营销是推广企业网站的最主要方式之一。如何让企业网站信息出现在用户的搜索结果中并排名靠前，以便吸引更多用户点击，从而增加企业网站的访问量，是搜索引擎营销的核心。

（4）网络社区。

网络社区是指包括 BBS（网络论坛）、贴吧、公告栏、群组讨论、在线聊天、交友、个人空间等形式在内的网上交流空间。同一主题的网络社区下集中了具有共同兴趣的访问者，由于有众多用户参与，信息传播广泛，所以网络社区不仅具备交流的功能，同时也是一种理想的网络营销场所。比如，中国知名网络社区有百度贴吧、天涯、豆瓣、猫扑、知乎、网易论坛、果壳、铁血、西祠胡同等。

（5）电子邮件。

电子邮件（E-mail）是互联网应用比较广泛的一种通信服务。以电子邮件为基础的电子邮件营销是网络营销中的重要内容。电子邮件营销也被称为 EDM 营销，具体是指在用户事先许可的前提下，通过电子邮件的方式向目标用户传递有价值信息的一种网络营销手段。电子邮件营销能否产生价值取决于 3 个基本条件：基于用户许可；通过电子邮件传递信息；信息对用户有用。

电子邮件营销是一种精准、高效、低成本的市场推广手段，是互联网最重要的营销方式之一。电子邮件营销最大的优势在于：有助于刺激无明确需求的消费，且相对于搜索引擎和在线广告而言成本更低，目标更精准。

（6）博客和微博。

博客，简单来说就是一种供网民共享和传播知识、思想等信息的网络平台；微博是微型博客的简称，是一种通过关注机制分享简短实时信息的广播式社交网络平台。微博以不超过 140 个文字更新信息。企业通过较强的微博平台发布并更新企业或公司信息，并且密切关注并及时回复平台上客户对于企业的咨询，从而帮助企业零成本获得较好的搜索引擎排位和品牌口碑，以达到宣传目的的行为就叫作微博营销。

（7）网络即时通信工具。

网络即时通信工具是那些具有在网上实时交流信息功能的软件的统称。比较知名的网络即时通信软件有腾讯 QQ、阿里旺旺等。网络即时通信工具营销是指企业通过即时通信软件与潜在客户交流并发掘商机，或者利用软件直接发布广告和促销信息的行为。由于网络即时通信工具营销具有门槛低、灵活性大、成本小、回报快等特点，所以已成为广大中小企业常用的一种网络营销方式。

（8）微信。

微信是一款支持多平台即时通信的智能手机应用，目前通过微信进行网络营销已经成为移动互联网时代最主流的营销模式。简单来说，微信营销是指企业利用微信的点对点沟通形式，通过互动将与客户的普通关系发展成为强关系，使企业更方便进行精准的品牌企业订单。

推广、高互动的客户服务、高效的信息推送和口碑传播等工作，最终将强关系客户转化成位置签名、二维码、微信开发平台、语音信息、公众平台等。经过不断的技术创新，目前微信的很多功能都可以进行网络营销，如朋友圈、漂流瓶、位置签名、二维码、微信开发平台、语音信息、公众平台等。

（9）网络视频。

网络视频是指视频网站提供的在线视频播放服务，包括电影、电视剧、广告片、宣传片、微电影等可以在线直播或点播的声像文件。由于互联网的发展，网络视频表现出比传统电视媒体更灵活、更廉价、更精准的优势。因此，以网络视频为载体的视频营销逐渐受到了企业的青睐。

3）网络营销的策略

网络营销策略是指企业运用一种或多种网络营销工具实现营销目标的方法，如病毒式营销、口碑营销、事件营销、搜索引擎营销、软文营销、SNS 营销、广告营销等。这些网络营销策略之间存在或多或少的共同点，只是由于策略所运用的网络工具和推广内容的不同而有所不同，其目的都是以最小的成本实现网络营销效果的最大化。

（1）病毒式营销。

病毒式营销是指企业鼓励、诱导目标受众把想要推广的信息像病毒一样传递给周围的人，让每一个受众都成为信息的传播者，从而让推广信息在传播速度和曝光率上产生几何级增长的一种网络营销策略。这种信息传播可以通过微信、微博、电子邮件、即时通信软件、聊天室或者论坛等方式进行。

病毒式营销的核心在于找到引爆点，即找到既迎合目标用户口味又能宣传企业的话题或事件（信息源）。通过引爆点打动消费者，让消费者了解并主动传播相关信息。由于营销信息是消费者主动扩散和传播的，所以病毒式营销是网络营销中性价比最高的方式之一。

病毒式营销的基本步骤主要有方案的规划和设计、信息源和传播渠道的设计、原始信息的发布和传播、效果的跟踪和管理等，具体内容如表 13-3 所示。

表 13-3　病毒式营销的基本步骤

步骤	实施方法
方案的规划和设计	在规划方案时，要确认传播的信息和服务对用户是有价值的，并且信息易被用户自行传播。此外，要将信息传播与营销目的结合起来。但要注意，广告气息太重会影响信息的传播
信息源和传播渠道的设计	要使信息源吸引人，让人们自愿传播，然后根据信息源的特点设计信息的传播渠道
原始信息的发布和传播	信息的大范围传播是从较小的范围内开始的，原始信息应该发布在用户容易发现并且乐于传播的地方（如活跃的网络社区、微博），然后在较大的范围内主动传播这些信息，直到自愿参与传播的用户数量较为可观之后，才让其自然传播
效果的跟踪和管理	虽然病毒式营销的最终效果是无法控制的，但对病毒式营销进行效果分析非常必要。这样不仅可以及时掌握受众对营销信息传播的反应（如网站访问量增长），也可以从中发现规划存在的问题，从而及时改进思路

（2）口碑营销。

传统的口碑营销是指企业通过消费者之间的相互交流将自己的产品信息或者品牌传播开来。随着互联网的普及，信息的传播更为快速和有效，这一概念随之被网络营销广泛应用，所以有了网络口碑营销。网络口碑营销要求企业首先让消费者尤其是网络上的知名人士产生良好的客户体验，随后消费者通过网络社区、微博、微信等方式将正面的营销信息主动传播出去。

口碑营销与病毒式营销在信息传播上有诸多相似之处，不同点在于口碑营销以优质产品为基础，网络传播是手段，其最终目的是在消费者当中形成良好的品牌口碑。所以，企业进行口碑营销的重点并不在于提高企业和产品的知名度，而更看重产品的美誉度。

（3）事件营销。

随着越来越多的社会热点事件从互联网上暴发，许多企业积极利用消费者对互联网热点事件的关注度，通过多种形式的互动来展开网络事件营销活动。网络事件营销是指具有名人效应、新闻价值及社会影响的事件，并在事件中附加一定的企业营销信息，引起媒体、社会团体和消费者的兴趣与关注，并通过网络主动传播这些信息，以此来达到推广企业品牌目的的营销行为。

事件营销能够在极短的时间内引起大量消费者的关注，提升企业的知名度和美誉度，但是从时效上来讲，事件营销不如病毒式营销和口碑营销的效果持久。事件营销与病毒式营销、口碑营销在运用过程中具有一定的共同点，但三者的营销目标和营销效果还是有较为明显的区别，具体选择哪种策略以企业的网络营销战略需求为准。

（4）软文营销。

软文是现代广告的一种形式，是指企业通过策划在报纸、杂志或网络等宣传载体上登的可以提升企业品牌形象和知名度，或可以促进企业销售的一切文章，包括特定的报道、深度文章、人物传奇、人物访谈、案例分析等可以隐形地传达企业营销信息的文章。

软文营销具有隐蔽性，可让消费者在不知不觉中接收企业的营销信息，因此很容易获得消费者的信任。目前，软文营销已成为网络营销的主要方式之一。

软文营销还可以与其他网络营销方法形成互补，加强网络营销的整体效果。例如，在病毒式营销中，可以巧妙地写一些软文加强营销效果，进一步提高企业的知名度和美誉度。一篇高质量的软文看似站在第三方的角度进行公正评论，但实质是在为企业说话，同时还能吸引媒体的主动报道，从而不花钱或少花钱就达到营销目的。

（5）SNS营销。

SNS，全称 Social Networking Services，即社会性网络服务，专指帮助人们建立社会性网络的互联网应用服务。在我国，由于SNS的应用形式主要是网络社区站点，所以SNS通常又被称为社交网站（Social Networking Site）。实际上，社交网站只是SNS中的一部分，凡是由平台、用户、商业机构3种元素构成的网络环境都可以叫作SNS。

随着网络社区化的发展，SNS现在已经成为备受广大用户欢迎的一种网络交际模式。SNS营销就是利用SNS社区网站或者SNS服务的分享和共享功能，通过各种推广方法，使企业的品牌和产品被更多消费者所了解的一种营销策略。

（6）广告营销。

网络广告就是通过网络进行的广告宣传，其本质是向互联网用户传递营销信息。网络广告是目前最主要的一种网络营销方法，在网络营销体系中具有举足轻重的地位。网络广告不仅局限于放置在站点上的各种规格的链接和图文广告，事实上多种网络营销工具也都可以理解为网络广告服务的具体手段，如电子邮件广告、搜索引擎关键词广告等。

2. 直播电商营销

网络直播具有实时互动、感官体验极佳、强大的话题创造能力、能与消费者产生情感共鸣，以及低成本、高效传播的优势，通过网络直播进行营销，能获得良好的营销效果。网络直播营销以网络直播平台为载体，可使企业达到提升品牌形象或促进销售的目的。

1）直播电商的营销模式

直播的形式多样，有秀场直播、游戏直播、娱乐直播、电商直播等。直播营销是一种营销形式上的创新，有多种模式，以下4种比较常见。

（1）品牌+达人+直播。

达人是某一领域非常专业、出类拔萃的人物。例如各平台的头部主播，他们拥有大量的粉丝，他们推荐的产品让粉丝信任，能为品牌带来可观的销量。在企业直播营销模式中，"品牌+达人+直播"属于相对成熟、方便执行、容易成功的一种模式。

其中，"品牌+艺人+直播"模式的效果更为显著，艺人庞大的粉丝群可以为品牌带来巨大的流量。但应注意，大部分艺人很难创造影响较为深远的话题，且艺人直播已被大量企业运用，观众对艺人的好奇心被大量消磨之后，其产生的效益会大幅减少。企业在运用这种直播模式时，要学会把握时机、适当运用。

（2）品牌+企业日常+直播。

相比于包装出来的各种宣传大片，消费者有时反而对企业日常更感兴趣。企业日常是指企业设计、研发、生产产品的过程，或者企业开会的状态、员工的工作餐等。这些对于企业来说稀松平常，甚至还有点琐碎的小事，对于消费者来说却是掩盖在产品光环下的"机密"。企业可以通过挖掘企业日常，多角度向消费者展示企业、品牌，以剑走偏锋的方式引起消费者的兴趣。

（3）品牌+发布会+直播。

越来越多的品牌通过线上直播的方式发布新品。"品牌+发布会+直播"不仅可以帮企业节省场地费、搭建费，同时可以覆盖全世界的用户，大幅提升品牌粉丝的参与度和互动性。但发布会直播对于直播流程的策划，主播的临场反应能力、演讲能力都有很高的要求。

（4）品牌+分销+直播。

品牌可利用直播带货，由分销商在线下获得流量，然后在线上直播间完成转化。线下分销商有专门的识别码（如二维码），在分享直播消息的时候，系统可以通过识别码判断是由哪个分销商带来的流量，一旦用户产生购买行为，就给该分销商提成。

2）常见的直播平台

直播营销可以自建平台直播，但一般是在第三方平台上进行直播。常见的直播平台如下：

（1）电商平台。

淘宝直播：淘宝用户大多有精准的购物意向，有深度的购物习惯，故流量的精准性高。用户进入淘宝直播间的目的是购物，淘宝直播是一个纯购物场景，这意味着它对直播技巧的要求并不是特别高，对内容的要求也相对较低。

京东直播：京东平台的用户大多收入水平相对较高，消费欲望强，消费能力也强，并且用户的忠诚度较高。用户更追求产品的品质，京东的品类集中在 3C 数码、家电及中高品质的消费品、日用品、服饰鞋包等方面。京东平台的直播企业需要做好人群定位及用户画像分析，有针对性地选择产品及直播方式。

拼多多直播：拼多多以下沉市场为主，因其拼单团购的属性，所以拼多多具备社交电商的基因。其直播货品多以客单价较低的小商品、农产品或者地方特产为主，非常大众化，也有一定数量的忠诚用户。对有下沉需求的品牌而言，拼多多直播是一个值得尝试的流量池。

（2）内容平台。

抖音直播：抖音对优质内容的流量扶持大，着力于为用户打造沉浸式体验。在直播方面，彰显用户体验的互动行为成了抖音流量倾斜的标志，对团队运营的能力、主播的能力要求高。目前成熟的抖音直播人才还不是很多，企业需要培养能快速掌握平台玩法和紧跟其变化的直播团队。抖音推行的是去中心化的流量分配机制，只要能够把用户留住，不管是大品牌还是小企业都能在平台分得一杯羹。同为字节跳动旗下的西瓜视频直播已被合并到抖音直播，进一步拓展了抖音直播用户人群。

快手直播：快手平台用户以三四线城市的人群为主，大部分主播是草根出身。快手平台的分发偏社交属性，粉丝与内容同步分发，因此快手直播中，粉丝非常重要。这对团队和主播人设的塑造、粉丝的维护要求很高。目前，直播业务收入是快手的主要收入来源之一。其直播变现方式主要为面向观众销售虚拟物品获得收入，观众购买虚拟物品后将其作为礼物赠送给主播表示支持和赞赏。

小红书直播：小红书社交"种草"和笔记基因较强，主要为 Plog（Photo-blog，图片博客）分享生活记录，其用户以年轻女性为主。小红书直播以笔记+直播双向"种草"为核心，是重要的用户转化渠道。小红书直播取得流量的关键是将散落的私域流量和公域流量汇聚在一起，将用户青睐的产品通过"种草"笔记宣传曝光。

哔哩哔哩直播：哔哩哔哩（Bilibili，简称 B 站），用户主要为"Z 世代"。平台课堂讨论用户对于网络使用非常熟练。他们更重视商品价值与服务，不局限于这几个平台都适合什么消费，对于虚拟物品的消费水平较高。

（3）社交平台。

社交平台直播如微信视频号直播。视频号直播依托社交软件微信，以庞大的微信用户群为基础，且视频号直播可以通过微信群、朋友圈、分享给好友，用户一键点击即可进入直播间观看，无须注册和登录，因而视频号直播被认为极具发展潜力。目前，视频号端推荐到直播间的公域流量相对不多，在私域流量中的转化效果更好，可以通过视频号维系老客户或者通过朋友圈、微信群、好友转发而引发微信好友之间的裂变。

13.2　应用与实践

13.2.1　经典案例——阿迪达斯的经典数字营销策略

2012 年 4 月 11 日，阿迪达斯发布了重点产品——ClimaCool 清风系列跑鞋。与以往不同的是，此次阿迪达斯同步发布了与专业游戏公司合作开发的手机游戏 App《夺宝奇冰》，用来推广清风系列跑鞋。该游戏在上线两天后就取得了非常傲人的成绩：《夺宝奇冰》成为体育类免费游戏榜的第 2 名，免费游戏软件总榜的第 48 名。

以一款手机游戏应用作为新产品营销的主要途径，是阿迪达斯在虚拟游戏营销领域的首次大胆尝试。玩家下载《夺宝奇冰》后，只要打开雷达地图，携带着手机在现实世界中跑动起来，在虚拟世界或者现实世界（阿迪达斯的门店）中获取不同的破冰道具，然后在游戏中破冰成功，冰块中的清风跑鞋就可以归玩家所有。《夺宝奇冰》的营销效果非常好，上线不到 1 个月下载量已经超过 31 万次，传播效果触及近千万人。

资料来源：阳翼. 数字营销[M]. 北京：中国人民大学出版社，2020：197-199.

13.2.2　案例分析与方法应用

（1）如何针对目标消费者进行精准传播？

精准营销理论是一种基于现代信息技术手段的现代化营销方法。该理论是由科特勒从传统的营销理论中总结提炼出来的，它的核心在于通过精准定位客户和产品，建立具有个性化特色的服务体系，制订能够预测结果的营销计划，以在营销活动的过程中实现可测量、低成本、高回报的目标。精准营销的实施与大数据的运用密不可分，数据分析是实施精准营销的路径。通过大数据来预测和寻找目标客户群体，并构建相应推荐系统，通过推荐系统完成客户购买，继续利用大数据记录、分析客户购买行为，通过客户历史购买记录重新形成新的预测模型。

阿迪达斯选择以游戏 App 作为新系列跑鞋的推广手段，是因为综合考虑了其目标受众的属性和移动互联网的特征。它在这次营销活动中选择了 3 个切入点：追求时尚的年轻人、手机游戏以及互动传播。调查发现，阿迪达斯清风系列跑鞋的目标消费者群主要是那些爱好运动、爱好时尚的年轻人。这些人绝大部分是智能手机的使用者，他们使用手机时，玩游戏是其中一项非常重要的应用。因此，手机游戏爱好者实际上与清风跑鞋的消费者群高度重合。由此可见，阿迪达斯此次采用游戏 App 的方式营销，更是一次针对目标消费者的精准互动传播。

（2）如何利用 LBS 技术和社交功能增加消费者的参与程度？

顾客感知理论主要探讨的是顾客与服务系统之间的互动过程，特别是这一过程中顾客的真实感受和体验。这种感知在很大程度上受到服务质量的影响，而服务接触能力又是客户感知的基础。简言之，顾客感知就是服务接触，是接收者和供应者之间面对面的互动。这种互动发生在服务传递系统之间，包括实体环境、客户、前线员工等多个影响因素。顾客感知对于传送系统、品质控制、服务差异等都有着巨大的影响。因此，在企业为客户提供、创造、设计价值时，应从客户的导向出发，把客户对价值的感知作为决定的因素。这意味着，企业需要关注并理解客户的需求和期望，提供符合或超越这些需求和期望的产品及服务，以提高客户的感知价值，从而增强客户的满意度和忠诚度。

游戏《夺宝奇冰》本身的独特之处在于：该游戏不仅仅是在虚拟世界中要求玩家完成一定的任务，还利用了 LBS 技术，要求玩家在现实中完成一定的任务，保持线上和线下的结合，从而完成整个游戏，最后获得奖品。通过 LBS 功能和社交功能，《夺宝奇冰》实质上成功地将阿迪达斯的品牌诉求、消费者特征和玩家心理融合到了一起，将移动 App、线下活动和实体店销售紧密联系了起来。在这个游戏中，玩家必须全身心地投入进去，不仅心动，还要身动，整个营销活动也能集中更多消费者的注意力。阿迪达斯本身就是运动品牌，其品牌诉求就是让人们穿着阿迪达斯的运动鞋运动起来。《夺宝奇冰》这款游戏通过奖品的激励来推动人们去跑步，并将最新款的清风系列跑鞋作为奖品。阿迪达斯的市场调查报告显示，许多消费者认为跑步是枯燥乏味的运动。通过将虚拟游戏和现实的跑步相结合，能够促使消费者对跑步的态度发生改变，越来越喜欢这项运动。随着消费者对跑步的好感增加，消费者对阿迪达斯和清风系列跑鞋品牌的好感也会大幅提升。

（3）如何整合多种营销手段形成合力？

整合营销理论是一种新型的营销理论，它强调以消费者为中心，根据市场情况，综合运用市场调研、营销传播、销售促进、公共关系、直接营销等手段进行市场营销。这种理论主张将产品、价格、渠道、促销、宣传和服务等传统要素进行系统的综合考虑，从而使它们形成一个强有力的传播系统，以求得企业各方利益的最佳整合。整合营销的实质是建立一个双向沟通机制，通过加强与顾客的沟通来满足顾客在成本、便利等方面的需求。这种理论也强调了信息传播的重要性，要求企业在营销活动中注重信息的有趣性、利益性、互动性和个性化，以吸引和留住顾客。

在本次营销活动中，让玩家在线上和线下都积极参与游戏。为了配合《夺宝奇冰》，阿迪达斯推出了一系列同时进行的线上和线下活动，产品路演、门店活动、地铁 LED 二维码、电视广告等营销手段一齐发力，将整个营销活动推向高潮。整个活动向全国消费者发出"全倾全力 360 度透气酷跑"的邀请，阿迪达斯在上海淮海路和北京三里屯品牌中心推出了全天路演，让大量消费者亲身参与体验。每一位到场者都有机会亲身体验并挑战破冰环节。与此同时，发布了《夺宝奇冰》游戏。因此，《夺宝奇冰》一上线就拥有了巨大的影响力。为了使游戏变得更有吸引力，阿迪达斯还在游戏中内置了数百双单价接近千元的新款 ClimaCool 系列跑鞋作为玩家的奖品。这些新款跑鞋能吸引大量玩家参与营销活动，获得这些跑鞋的玩家又成了这些鞋的第一批使用者和品牌传播者。

本章知识结构图：

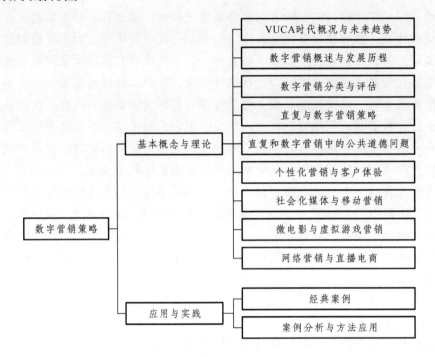

课后思考题

一、名词解释

1. 数字营销：

2. 事件营销：

3. VR 营销：

4. 网络营销：

5. 直复与数字营销：

二、单选题

1. 增长最快的直复营销形式是（　　　　）。

    A. 数字和社交媒体营销　　　　　　B. 社交媒体营销

    C. 网络营销　　　　　　　　　　　D. 移动营销

2. 以下属于直复和数字营销中公共道德问题的是（　　　　）。

    A. 消费者喜好　　　　　　　　　　B. 营销态度

    C. 消费者隐私问题　　　　　　　　D. 营销力度

3. 以下不属于二维码营销形式的是（　　　　）。

    A. 二维码广告　　　　　　　　　　B. 线下虚拟商店

    C. 虚拟广告　　　　　　　　　　　D. 线上预订，线下消费

4. 以下不属于微电影营销方式的是（　　　　）。

    A. 娱乐营销　　　　　　　　　　　B. 情感营销

    C. 明星营销　　　　　　　　　　　D. 虚拟营销

5. 网络营销是企业整体营销战略的一个组成部分，是借助（　　　）开展的市场营销活动。

    A. 互联网特性   B. 市场特性

    C. 网络特性   D. 虚拟特性

三、多选题

1. 以下属于数字营销的是（　　　）。

    A. 网络营销   B. 社交媒体营销

    C. 绿色营销   D. 移动营销

2. 以下属于微电影营销模式的是（　　　）。

    A. 自愿分享   B. 影院

    C. 微平台   D. 线上线下整合

3. 以下属于直播电商营销模式的是（　　　）。

    A. 品牌+达人+直播   B. 品牌+企业日常+直播

    C. 品牌+发布会+直播   D. 品牌+分销+直播

4. 以下属于网络营销特点的是（　　　）。

    A. 时域性   B. 人性化

    C. 交互性   D. 整合性

5. 常见的个性化营销策略有（　　　）。

    A. 数据驱动的内容营销   B. 用户画像与细分

    C. 互动营销   D. 整合营销

四、判断题

1. 将数字营销的发展历程划分为 4 个阶段：基于 Web1.0 的单向营销、基于 Web2.0 的互动营销、基于大数据的精准营销，以及基于人工智能的智慧营销。（　　　）

2. 网络营销活动包括网上信息发布、网上市场调查、网络消费者行为分析、网络营销战略制定、网上产品和服务策略制定、网上产品价格策略制定、网络营销渠道选择、网络促销、网络营销管理与控制等环节。（　　　）

3. VUCA 的时代代表的是易变性、不确定性、复杂性和模糊性。（　　　）

4. 直复营销的滥用包括过分打扰顾客、不公正行为甚至是直接的欺骗和欺诈行为。（　　　）

5. 微电影营销的本质和虚拟营销的本质相同。（　　　）

五、简答题

1. 简述数字营销的概念、特点。

2. 简述事件营销的概念、特点。

3. 简述 VR 营销的概念、特点。

第14章　可持续营销策略

◆学习目标

思政目标：提高学生的政治敏锐性；树立正确的市场意识，传递家国情怀、民族自豪感，培育系统思维和国际视野，培养学生整体、联系、动态的多元化思维方式。

知识目标：了解可持续营销的定义；了解传统市场营销和绿色市场营销的不同之处；了解可持续发展策略。

能力目标：培养对绿色市场和全球市场标准认定的能力；培养对绿色市场和全球市场区别的能力；培养对绿色市场和全球市场进行选择的能力。

素质目标：培养学生具备诚信正直的品格，注重道德修养和职业操守，掌握绿色营销与传统营销的差异，坚持可持续发展的基本方法。

案例导入

上海 XP 电器有限公司绿色营销活动

上海 XP 电器有限公司成立于 1992 年，总投资 1.559 8 亿美元，主要生产空调器、冰箱、洗衣机、微波炉、电饭煲 5 大系列产品，产品除中国本土市场外，还销往美国、日本、欧洲和东南亚市场。公司已取得了 ISO9001 质量管理体系和 ISO14001 环境管理体系认证证书，为上海市家电行业中率先获得该两项认证证书的企业，并且连续 4 年进入中国最大外商投资企业百强行列。

上海 XP 在迅速发展的同时，清醒地认识到自己在生产、经营、产品和服务中有可能对环境造成一定影响。因此，从保护自然环境，并为世界经济可持续发展作贡献的角度出发，开展了一系列的绿色营销行动。

根据自身特点，围绕 3G1R 环境战略，制定了公司的环境方针，即"提高环保意识，遵守法律规范，合理利用资源，制造绿色产品，开展污染防治，不断改进提高"，并开展了以下活动：

1. GP：绿色产品

在引进产品的同时，不仅考虑其产品的技术先进性，还特别强调其环保特性。

2. GF：绿色工厂

积极致力于绿色工厂的建立工作。公司在环境管理者代表的领导下，依据 ISO14001 标准要求，编制了 4 个层次的环境管理体系文件，对从原材料采购、储运、使用，到产品的加工，整机装配出厂，直至售后服务的整个过程进行系统的环境控制，以尽量减少公司生产、经营、产品和服务过程中对周围环境造成的负面影响。

3. GM：绿色思想

人的因素是各项工作中起决定性的因素。公司分别对管理干部、环境作业人员、全体员工进行不同层次的环境教育与培训。

4. RB：再利用事业

公司目前初步对产品及办公用品开展了再利用事业，如削减办公用纸数量，推广办公用纸正反面使用，在产品材料上标注材质等。今后将不断推广再利用事业，最终目标是建立废旧产品回收网络。

公司通过实施ISO14001环境管理体系标准，在付出一定资金的同时，也取得了良好的经济效益。比如：对第一工厂空压机房的改造，通过利用空气动力学原理，改变通风方向，同时选用节能型电机，采用控制电机的使用时间等措施，一年可比原来节约近3万元电费；对第二工厂变电设备的技术调整和改造，估计每年可为公司节约近50万元的电费。

14.1 基本概念与理论

14.1.1 绿色营销概述

1. 绿色营销的概念

绿色营销是指以促进可持续发展为目标，为实现经济利益、消费者需求和环境利益的统一，市场主体根据科学性和规范性的原则，通过有目的、有计划地开发以及同其他市场主体交换产品价值来满足市场需求的一种管理过程。该定义强调了绿色营销的最终目标是促进可持续发展和实现循环经济，而实现该目标的准则是注重经济利益、消费者需求和环境利益的统一。

因此，企业无论是在战略管理的 4 个阶段，即探测（市场调查预测）、细分（市场细分）、择优（选择目标市场）、定位（市场定位）过程中，还是在战术管理，即产品开发、定价、分销渠道、促销过程中，都必须从促进经济可持续发展这个基本原则出发，既注重按生态环境的要求，保持自然生态平衡和保护自然资源，又强调在创造及交换产品和价值，满足消费者需求的时候，不会导致环境和自然资源的破坏，为子孙后代留下生存和发展的权利。实际上，绿色营销是人类环境保护意识与市场营销观念相结合的一种现代市场营销观念，也是实现经济持续发展的重要战略措施。它要求企业在营销活动中，注重地球生态环境的保护，促进经济与生态的协同发展，以确保企业的永续性经营。

对于绿色营销的定义，很多学者还从不同的角度进行了界定。概括起来，具有代表性的观点可以归纳为以下 4 种类型：

1）产品中心论

产品中心论认为，"绿色营销是指以产品对环境的影响作为中心点的市场营销手段"。它强调以环境保护为宗旨，从本质上改革产品的构成，以及与之联系在一起的产品的生产过程和消费后废弃物的处理方式。产品中心论主要从以下 4 个方面考虑：

（1）产品本身。

为保护环境，企业要设计生产绿色产品，即企业生产的产品无论从生产过程到消费过程，还是从外包装到废旧后的回收都要有利于人体的健康，有利于环境的保护和改善，能够在创造企业内部经济性的同时带来社会外部的经济性。

（2）产品包装。

产品的包装设计，必须考虑对环境的影响。企业应选用对环境污染轻甚至无污染的材料来制作包装物，并应考虑包装废弃物处理等问题。

（3）产品加工过程。

为了减轻对环境的污染，产品的加工过程应该符合"清洁生产"的标准，即尽量避免使用有毒有害的原料及中间产品，减少生产过程的各种危险性因素；采用少废、无废的工艺和高效的设备；使用物料的再循环（厂内、厂外）；采用简便的操作和控制等。

（4）倡导赞助环保的组织和事业。

为更好地推进绿色产品的生产，实施绿色营销，必须呼吁社会尽快成立具有权威性的、与"国际绿十字会"接轨的绿色组织，承担起对有关"绿色知识"的教育培训、宣传推广、监督控制等任务。针对不同对象采取不同方式进行教育培训，提高全社会的绿色意识；利用各种宣传工具和宣传形式，开展各种保护生态环境的活动；发动全社会的力量来促进企业增强环保意识，监督企业实施绿色营销。

2）环境中心论

环境中心论认为，"绿色营销是指企业在市场营销中要保护地球生态环境，反污染以保持生态，充分利用资源以造福后代""绿色营销是以环境问题作为推进点而展开的营销实践"。这一定义的着眼点是利用绿色问题来推销产品，而并不是真正意义上帮助解决环境问题。例如：1990 年"地球日"给了那些与环境问题有关的公司发起绿色宣传运动的机会，这些公司并没有真正开发出对改善环境有益的货真价实的产品，而是以功利主义为目的纷纷为自己的产品加上顺应环境保护的标签，以推销产品。

3）利益中心论

利益中心论认为，"绿色营销是为了实现企业自身利益、消费者需求和环境利益的统一，而对产品和服务的观念、定价、促销和分销进行策划、实施的过程"。它强调企业在实施绿色营销时，不仅要满足消费者的需求并由此获得利润，而且要符合环境保护的长远利益，正确处理消费者需求、企业利益和环境保护之间的矛盾，把三者利益协调起来，统筹兼顾。

4）发展中心论

发展中心论将绿色营销与企业的永续性经营和人类社会的可持续发展联系起来，认为"绿色营销是一种能辨识、预期及符合消费者与社会需求，并可带来利润及永续经营的管理过程"。

2. 绿色营销与传统营销的差异

1）营销观念的升华

经过近一个世纪的探索和发展，企业的营销观念已从以产品为导向发展到以人类社会的可持续发展为导向，并在此基础上提出了绿色营销观。与传统的营销观念相比较，绿色营销观是继 20 世纪 50 年代由产品导向转向顾客导向的这一具有根本性的变革基础上的又一次升华。

2）绿色营销观念更注重社会效益

企业作为社会的一个组成部分，不仅要注重自身的经济效益，而且要注重整个社会的经济效益和社会效益。

绿色营销观要求企业注重以社会效益为中心，以全社会的长远利益为重点，要求企业在营销中不仅要考虑消费者欲望和需求的满足，而且要符合消费者和全社会的最长远利益，变"以消费者为中心"为"以社会为中心"。一方面，企业要搞好市场研究，不仅要调查了解市场的现实需求和潜在需求，而且要了解市场需求的满足情况，以避免重复引进、重复生产带来的社会资源的浪费；另一方面，企业要注意和竞争对手的优劣势分析，以扬长避短、发挥自身的优势，从而提高营销的效果，增加全社会的积累。同时，企业还要注重选择、发展有益于社会和人的身心健康的业务，放弃那些高能耗、高污染，有损人的身心健康的业务，为促进社会的发展做出贡献。

3）绿色营销观念更注重企业的社会责任和社会道德

绿色营销观要求企业在营销中不仅要考虑消费者利益和企业自身的利益，而且要考虑社会利益和环境利益，将4个利益结合起来，遵循社会的道德规范，实现企业的社会责任。

（1）注重企业的经济责任。实施绿色营销的企业通过合理安排企业资源有效利用社会资源和能源，争取以低能耗、低污染、低投入取得符合社会需要的高产出、高效益，在提高企业利润的同时，提高全社会的总体经济效益。

（2）注重企业的社会责任。企业通过绿色营销的实施，保护地球生态环境以保证人类社会的可持续发展；通过绿色产品的销售和宣传，在满足消费者绿色消费需求的同时，促进全社会绿色文明的发展。

（3）注重企业的法律责任。企业实施绿色营销，必须自觉地以国际组织和目标市场所在地所制定的，包括环境保护在内的有关法律和法规为约束，规范自身的营销行为。

（4）遵循社会的道德规范。企业实施绿色营销，必须注重社会公德，杜绝以牺牲环境利益（如对能源的无节制的使用、对生态环境的污染等）来获得企业的经济利益。

4）经营目标的差异

在传统营销方式下，无论是以产品为导向还是以顾客为导向，企业经营都以取得利润作为最终目标。传统营销主要考虑的是企业利益，往往忽视了全社会的整体利益和长远利益。其研究焦点是由企业、顾客与竞争者构成的"魔术三角"，通过协调三者间的关系来获取利润。在营销中不注意资源的有价性，生态需要置于人类需求体系之外，视之为可有可无，往往不惜以破坏生态环境来获得企业的最大利润。

绿色营销的目标是使经济发展目标同生态发展和社会发展目标相协调，促进总体可持续发展战略目标的实现。绿色营销不仅应考虑企业自身利益，还应考虑全社会的利益。

企业实施绿色营销，往往从产品的设计开始，到材料的选择，包装材料和方式的采用，运输仓储方式的选用，直至产品消费和废弃物的处理等整个过程中，都时刻考虑到对环境的影响，做到安全、卫生、无公害，以维护全社会的整体利益和长远利益。

5）经营手段的差异

传统营销通过产品、价格、渠道、促销的有机组合来实现自己的营销目标。绿色营销强调营销组合中的"绿色"因素：注重绿色消费需求的调查与引导，注重在生产、消费及废弃物回收过程中降低公害，开发和经营符合绿色标志的绿色产品，并在定价、渠道选择、促销、服务、企业形象树立等营销全过程中考虑以保护生态环境为主要内容的绿色因素。

6）产品比较

传统营销生产经营的产品具有以下3个特征：

实用性：核心产品符合消费者的主要需求；

安全性：产品符合各种技术及质量标准；

竞争性：产品在市场上具有竞争力而且有利于企业实现营利目标。

而实施绿色营销的企业所生产经营的绿色产品除具有上述3个特征外，更重要的是其绿色特征，即可以从以下几个方面来评价产品维持环境可持续发展的可能性。企业在选择生产何种产品及应用何种技术时，必须考虑尽量减少对环境的不利影响；产品在生产过程中要考虑安全性，在消费中要考虑降低对环境的负面影响；企业设计产品及包装时，要减低原材料消耗，并减少包装对环境的不利影响；从产品整体概念考虑产品的设计、产品形体及售后服务，要节约及保护环境资源。

7）价格比较

传统产品的价格主要考虑的是产品的生产成本及营销费用，而绿色产品的价格还必须反映环境成本，即企业为保护环境及改善环境所支出的成本，并将这些费用计入绿色价格中。

8）渠道比较

绿色分销注重控制分销过程中对环境造成的污染，节约环境资源。首先，使用绿色通道，并应用无铅燃料及控制污染装置的交通工具和使用节省燃料的交通工具。其次，降低分销过程中的浪费，即对产品处理及储存方面的技术进行革新，以降低对资源的耗费。最后，在分销环节上，简化供应环节，以减少资源的消耗。

9）促销比较

绿色促销是通过绿色媒体、传递绿色产品及绿色企业的信息，引发消费者购置绿色产品的兴趣。在绿色促销中，要运用绿色广告、绿色公关、绿色人员推销等促销手段。

此外，从影响营销的环境因素来看，传统营销受到人口环境、经济环境、自然环境、技术环境、政治环境、文化环境的制约；而绿色营销除受到以上因素的制约外，还受到环境资源政策及环境资源保护法规的约束。

3. 绿色营销产生的理论基础

绿色营销是可持续发展理论和循环经济理论与市场营销观念相结合的新的营销观，是生态文化兴起的产物。可持续发展理论和循环经济理论要求人类改变生产和消费方式，对企业来讲，就是要树立绿色营销观念，进行绿色营销。

可持续发展一词，最初出现在20世纪80年代中期的一些发达国家的文章和文件中，后又在全球范围内展开了广泛的讨论。学界对可持续发展概念的理解众说纷纭。由于可持续发展涉及人口、资源、生态和环境以及与其密切相关的人类社会、经济和科技活动等问题，所以人们从不同的视角对其进行了阐述。

1）生态学家从生态系统角度出发提出的可持续发展概念

持续性这一概念是由生态学家首先提出来的，即所谓的生态持续性。它旨在说明自然资源及其开发利用程度间的平衡问题。1991 年 11 月，国际生态学协会（International Association for Ecology）和国际生物学联合会（IUBS）联合举办了关于可持续发展问题的专题研讨会。会议将可持续发展定义为"保护和加强环境系统的生产和更新能力"，即可持续发展是不超越环境系统再生能力的发展。与之相似的另一种可持续发展的定义是从生物圈概念出发来说明的，即认为可持续发展是寻求一种最佳的生态系统。所谓生态系统是指生物群落与其生存环境之间以及生物群落内生物种群之间密切联系、相互作用，通过物质交换、能量转化和信息传递，成为占据一定空间、具有一定结构、执行一定功能的动态平衡整体。简言之，在一定空间内生物群落与非生物环境相互作用的统一体即生态系统。

2）社会学家从人类社会角度出发提出的可持续发展概念

1991年，由世界自然保护同盟、联合国环境规划署和世界野生生物基金会共同发表《保护地球——可持续生存战略》（*Caring for the Earth: Strategy for Sustainable Living*），将可持续发展定义为："在生存于不超出维持生态系统承载能力之情况下，提高人类的生活质量。"与此同时，该战略框架中还提出了可持续生存的九条基本原则。在这些原则中，强调了人类的生产方式和生活方式要与地球承载能力保持平衡，保护地球的生命力和生物多样性，提出了人类可持续发展的价值观和130个行动方案，着重论述了可持续发展的最终落脚点是人类社会，即改善人类的生活质量，创造美好的生活环境。该战略还指出，各国可以根据自己的国情制定不同的发展目标。但是，只有在"发展"的内涵中包括有提高人类健康水平、改善人类生活质量和获得必需资源的途径，并创造一个保障人们平等、自由、人权的环境，只有使我们的生活在所有这些方面都得到改善的"发展"，才是真正的"发展"。

3）经济学家对可持续发展的概念界定

经济学家提出的可持续发展的定义有许多表述方式。但是，经济学家都一致认为，可持续发展的核心是经济发展。爱德华·巴伯（Edward B.Barbier）在其著作《经济、自然资源稀缺性和发展》（*Economics, Natural Resource Scarcity and Development*）中，将可持续发展定义为："在保持自然资源的质量和所提供服务的前提下，使经济发展的净利益增加到最大限度。"当然，定义中的经济发展已不是传统的以牺牲资源和环境为代价的经济发展，而是"不降低环境质量和不破坏世界自然资源基础的经济发展"。还有的经济学家提出，可持续发展是"今天的资源使用不应减少未来的实际收入"。

4）环境学家从科学技术对环境的作用角度对可持续发展的定义

显然，要实现可持续发展，除了管理和政策法规外，科技创新和进步有着重大而深刻的作用。因此，环境学家认为："可持续发展就是转向更清洁、更有效的技术，尽可能接近'零排放'或'密闭式'工艺方法，以此减少能源和其他自然资源的消耗。"他们认为，污染并不是工业活动不可避免的结果，而是技术水平差、效率低的表现。

5）国际社会普遍接受和认可的可持续发展概念

1992年联合国环境与发展大会上取得共识的可持续发展概念是：可持续发展是指既满足当代人的需要又不损害后代后人满足需要能力的发展。

综上所述，人们从生态、环境、经济和社会多角度对可持续发展进行了界定。虽然这些概念在形式和内容上都有一定差异，但都不矛盾，而且在某种程度上是互补的，它们说明了可持续发展是一个涉及自然、经济和社会3大系统的复合问题。正因为这样，可持续发展概念自诞生以来，已越来越得到社会各界的关注并逐步向社会经济活动的各个领域渗透，成为当今社会最热点的问题之一。

4. 可持续发展的影响因素

从以上分析可知，可持续发展是一种涉及多因素的、全方位的、综合的发展。它不仅取决于经济因素，而且还取决于人口、科技、资源、制度、环境等因素。

1）人口

人口是经济和社会系统的核心，是发展的原动力和终极受益者。但是，人口对发展的进程和质量影响是双重的、矛盾的，既可以促进也可以阻碍经济的增长和发展。因此，人口问题（不仅仅是数量问题）与资源、生态环境、经济、社会的相互协调，是可持续发展的基本问题之一。

从可持续发展角度看，人口增长对自然资源、生态环境以及人类社会系统会产生压力，从而影响可持续发展。从资源方面来看，人口过多，增长过快，必然形成对资源的过度需求，导致资源过度消耗，进而形成资源危机。从生态环境方面看，人口过多可从两个方面影响环境。首先，人口增加，引起城市化的膨胀，居住条件恶化，噪声污染，"三废"物资增加等问题，从而造成环境污染。其次，人口过多，会对资源造成过度消耗，从而对生态系统造成破坏，打破生态均衡，导致土地沙漠化、盐渍化、森林草场锐减、水体污染、温室效应等问题，从而危及人类的生存。

2）环境

环境是指与人类密切相关的，影响人类生活和生产的，在自然或人类作用下形成的物质和能量及相互关系的总和。生态系统及人类与之相互作用形成的关系是环境的实质。在生态环境中，生物群落（包括人）与非生物环境之间及生物群落之间形成一个相互作用的动态平衡整体。如果人类的活动打破了这种平衡关系，就会引起一系列严重后果。生态环境问题是伴随着人类经济活动而开始的，随着人类活动的增加，对环境的破坏也大大增加。一旦超过生态系统的承受能力时，生态失衡就会成为危害人类社会的严重问题。

环境首先为人类生存、发展提供物质条件和空间条件，其次承受和吸纳人类活动所产生的废弃物质。在工业革命以前，人类用手工进行生产，人口和社会生产力发展增长缓慢，对环境的需求和施加的影响非常有限，因此环境与发展处于相对和谐的状态。工业革命之后，特别是近半个世纪以来，随着生产力的巨大发展，人类社会和经济活动对环境的需求及施加的影响强度日益扩大，人们在处理经济增长与自然、环境的关系时，往往强调单纯的经济增长（即 GNP 值的增加）而忽视生态平衡问题，结果付出了沉重的代价——生态环境的恶化。可持续发展的内容之一就是生态持续，要求改变单纯追求经济增长、忽视生态环境保护的传统发展方式。而且，生态持续是可持续发展的基础，生态环境是人类生存和发展的基础及条件，人类的可持续发展需要保护和改善生态环境。

3）资源

资源是经济发展的基本要素。人类进行生产活动的目的就是增加财富以满足人类的消费需要，而自然资源本来就是原生态的物质财富。迄今人类创造的一切物质财富无不直接或间接地来自自然界。供人们消费的各种物质财富，不过是自然资源的转化形态，即使人工培育合成的新生物种、新材料，其所需要的基本物质，仍是自然界的原生成分。资源（这里指自然资源）对人类社会的生存和发展至关重要。

自然资源的合理利用和开发是可持续发展的重要条件。首先，自然资源的永续利用是可持续发展的物质基础和基本条件。自然资源支撑着人类社会的持续发展，其阈限预示着人类种群数量的规模，同时又制约着人类经济社会结构的规模。而且，可持续发展的本质就是人类社会自身的永续生存和发展，资源利用不仅要考虑当代人的需要，还要考虑和关注后代人的需要。否则，可持续发展就是一句空话。其次，虽然自然资源是可持续发展的物质基础和基本条件，但是不能因此而盲目地坚持限制资源的利用。因为资源的利用与经济发展是相辅相成的关系：资源是经济发展的基础，同时经济发展为保护自然资源、提高资源的利用效率提供了保证。因此，可持续发展不是限制或停止对自然资源的开发利用，而是通过实现资源的永续利用，来最终实现可持续发展。

4）技术

经济发展离不开技术进步。技术进步既是经济发展的一个重要方面，又是提高经济增长质量、实现可持续发展的根本途径。

技术进步是经济增长的源泉之一。对于这一点，经济学家们已进行了深入分析和研究。索罗（Solow）的新古典增长模型以及索罗（Solow）、丹尼森（Dension）、库兹涅茨（Kuznets）、舒尔茨等人通过实证分析证明了技术进步对经济增长的作用。

然而，如上所述，从人类历史看，技术进步的后果是双重的，技术是一把双刃剑，给人类带来经济增长的同时，也给人类的生存和发展埋下了危险的种子。因此，对技术进步的后果，以及如何利用科学技术促进人类永续发展是值得关注和引起高度重视的。

5）制度

20 世纪 80 年代中期以后，经济发展中的制度分析理论和新增长理论蔚然兴起，其代表人物诺斯和卢卡斯分别获得了 1993 年、1995 年的诺贝尔经济学奖。这些理论指出，制度安排和制度创新思想、人力资本和收益递增的思想是实现可持续发展的基本保证。

制度因素对经济发展的作用得到经济学家们的关注和重新审视，他们认为制度是经济运行和经济发展的内生变量，有效的经济组织与制度安排对经济发展有着不可替代的作用。

如前所述，可持续发展既不是单指经济发展或社会发展，也不是单指生态持续，而是自然—经济—社会三维复合系统的可持续。这个三维系统的持续发展是以生态可持续性为基础、经济可持续性为主导、社会可持续性为根本目的的可持续发展。制度因素不仅对经济的发展有重要作用，而且为生态可持续和社会可持续提供了基本保证。

5. 实现可持续发展的思路

可持续发展既不是单指经济发展或社会发展，也不是单指生态持续，而是生态—经济—社会三维复合系统的可持续。影响这个复合系统运行的因素很多，其中主要包括人口、环境（特别是生态环境）、资源、技术以及制度等 5 个方面。可持续发展主张：在保护以地球为中心的自然系统基础上的可持续经济发展的经济观，人类与自然和谐相处的生态观，以及公平分配以满足当代人和后代人需要的社会观。要实现这些主张，就必须在每一时间断面上做到资源、经济社会和环境之间的协调。而要协调资源、经济、社会和环境之间的关系，就必须从人口、环境、资源及技术以及制度等方面入手，即通过控制人口和提高人口素质、保护环境、合理利用资源、进行技术和制度创新来实现可持续发展。

14.1.2　绿色营销策略

从长远来看，绿色营销的实施无论是对整个社会的发展，还是对企业的持续发展都是十分有利的。然而，从短期来看，实施绿色营销可能会增加资金的投入，为企业带来诸多不便，使一些具有"短视症"的企业缺乏实施绿色营销的自觉性。因此，构建绿色营销的宏观战略，从宏观上加强政府对企业的绿色营销活动的引导与管理，对于促进绿色营销的健康有序发展具有重要意义。本章主要介绍政府对绿色营销的管理和促进、绿色组织与绿色教育、完善绿色营销相关法规等内容，帮助读者从宏观战略的高度认识绿色市场营销。

绿色营销战略是一项系统工程，它需要政府、企业、社会等各方面的共同努力。而我国在绿色浪潮兴起之初，要想迅速培育、发展绿色营销事业，既需要企业的努力，更需要政府部门的宏观管理、监督、指导以及政策、资金上的扶持，为绿色营销活动的开展创造良好的氛围与环境。

1. 制定促进绿色营销的宏观战略

在发展我国绿色营销事业的过程中，政府应积极发挥其宏观调控及管理监督作用，制定宏观发展战略，进行宏观调控和政策引导。具体要做到以下几个方面：

1）树立绿色战略思想

编制绿色蓝图，不仅是在规划中确定一系列生态及环境质量指标和措施，更重要的还在于在规划中体现生态及环境保护的战略思想和政策。环境保护之所以成为一项立国之策、治国之策、兴国之策，是因为环境和自然资源是经济发展、人民生活的物质基础，是生存和发展之本。

实施这一战略思想需从几方面入手：第一，要把环境规划纳入国民经济和社会发展计划，使经济建设、社会发展和生态环境保护从总体上得到协调。第二，在安排国民经济发展速度时，要适当，不可过热，要照顾到环境保护和资源保护的投资规模。第三，加强经济快速发展中的资源开发利用的规划管理，把节约资源，提高资源利用率作为国家资源开发利用总体战略的一项主要目标，同时加强对废物的回收转化工作，使废物资源化，减少对环境的污染。

2）制定绿色政策体系

制定绿色环境保护的政策要预防为主，防治结合，在社会经济发展的同时，采取积极主动措施，力求防患于未然，在工业化过程中，从产品的生产开始就要走绿色化道路。当前绿色环境保护的主要政策目标有：工业污染控制规划目标；城市污染控制规划目标；水域污染控制规划目标；生态环境建设规划目标；生态及环境科学技术规划目标；环境教育规划目标等。绿色环境政策目标是企业绿色营销具体行动的指南。

3）制定有利于绿色产业发展的产业政策

在当今的产业发展进程中，产业集群的发展及生态工业园的建设已经在世界范围内受到重视，成为 21 世纪产业发展的新动向。政府应加大这一方面的关注和投入，并在各个方面给予相应的支持。产品、设备、资源过程中，在国际合作投资项目的审定中，在进出口贸易中都要注重对生态环境和资源的保护，以应对绿色贸易壁垒的限制，杜绝发达国家的污染转移。

4）制定绿色产品发展战略

政府要把发展中国绿色产品这一工程纳入国民经济和社会中长期发展计划之中，并对工程的具体实施给予全面系统的战略指导。政府要研究制定包括总体战略、地区战略、部门战略在内的适应现代国际竞争的绿色产品发展战略；建立和完善绿色产品发展的激励机制；还要结合实际情况，按照调整产业结构的要求，把重点行业的重点产品，有市场潜力的产品，特别是高新技术含量、高市场容量、高附加值、高创收、高效益、低物耗的产品列入规划，帮助企业制定和落实发展绿色产品的措施，从而突出重点，发展绿色产品。

2. 绿色营销中的制度与政策支持

1）以市场机制促进自然资源的产业化

（1）推进资源价格合理化。资源价格要充分体现资源的补偿租金，即自然成本，体现资源的稀缺状况和短缺趋势，但我国长期资源补偿费偏低。具体改变措施是，要从根本上解决"资源无价"的观念，将资源产业推入市场改进资源补偿费的计算方法，对于浪费的资源储量加倍征收补偿金，以达到节约资源、重复利用资源的目的。

（2）对自然资源实行产业化管理。明晰产权、明确责任，所有自然资源产业都要建立和完善有偿使用制度、价格体系，建立资源更新的经济补偿机制。

（3）将资源核算纳入国民经济核算体系，让防治公害和节能的成本由企业内部消化，并反映在企业效益上。

（4）实施环境成本制度。由于我国尚未实行环境成本制度，企业产品成本并未将环境成本计算在内，因而许多企业的环境成本外部化，企业将治理污染的成本推向社会。结合我国的实际情况和特点，建立环境成本制度，使环境成本内部化，对于企业将污染治理推向社会的行为，应予以法律和经济意义上的制裁，方能使企业行为规范化，从而促使企业走绿色发展之路。

2）大力培育绿色市场

培育绿色产业市场是发展绿色产业的重要措施，是开展绿色营销的重要保障。要发挥政府在培育市场中的重要作用，让企业了解政府对环境保护的规划和要求。

（1）引导企业开发生产市场所需的绿色产品，形成企业跟着市场走，市场引导企业走的良性循环。

（2）积极促进绿色需求，引导绿色消费。

（3）大力开展绿色产品的营销，通过各地政府的绿色产品展销、绿色产品专营机构的建立促进绿色产品的营销。

3）建立政府的绿色采购制度

发达国家政府的绿色采购对引领可持续性的消费模式有重要作用。世界各国的政府采购在其国民生产总值中所占的比重很大，足以影响某些产品的市场份额和消费倾向。截至2022年年中，欧盟及其成员国每年的公共采购金额约为1.3万亿欧元，占欧盟整体GDP的17.5%。日本中央政府每年的采购额达到14万亿日元左右。中国自2003年实施《政府采购法》后，政府采购规模和范围逐年扩大，平均每年以近500亿的采购规模递增。中国政府采购规模占GDP的比重由2002年的不足1%提高到2024年的3%以上。因此，建立政府的绿色采购制度，增加政府对绿色产品的购买力将是政府从宏观上调控绿色产品市场的一个重要手段。

4）调整产业结构，开发绿色产品，积极发展环保产业

发展环保产业是开展绿色营销的基础，是产业结构调整的需要。20世纪90年代以来，全球性产业结构发展的新趋势，就是向资源利用合理化、废物产生减量化的生态工业发展

模式转换。高投入、低产出、资源和能源消耗高的产业逐步消亡，符合环保要求的"绿色标志产品"受到消费者的欢迎。环境意识成了人们在挑选商品时的决定性准则。当前，国际上许多国家都在大力调整产品和产业结构，抓紧研制绿色产品。可以断言，具有绿色标志的产品，在不久的将来将风靡世界。

一个以绿色产品为特征的新的全球性产业结构调整时期正在到来。因此，政府在这一新的机遇面前，应做好以下工作：一是积极推动科学技术进步。一方面，依靠新科技、新工艺、新创造、新发展来发展绿色（环保）产业；另一方面，要促进科技成果转化为实用的绿色（环保）新产品。二是调整产业结构、产品结构。加快对原有的产业结构中缺乏绿色营销思想的产业的绿化和调整，通过发展产业集群、生态工业园来生产符合绿色营销需要的产品。三是对绿色产业实行倾斜政策。政府应通过对产业发展的倾斜政策，尽可能发展轻污染、无污染的产业，加大那些技术含量高、加工层次深、产品附加值大的技术密集型、资本密集型的投入。并以此为契机，加快建立我国的绿色产品体系。在农业生产方面，搞好生态农业的建设、开发绿色食品的出口。工业方面大力推行清洁生产，使环境与生态意识贯穿于生产的全过程。四是在政策和资金方面给予支持。从某种意义上说，环保产业是被动产业，没有政府或企业的投入，就不会有环保业的兴盛。我国环保产业发展急需国家政策的大力扶持。

3. 建立宏观管理和监控体系

在环境管理中，行政手段、法律手段一直都是基本的手段，伴随着环境问题的日益严重，经济手段的作用越来越不容忽视，成为制定环境政策的根本依据。然而，经济手段自身的局限性（如过度追求利润）又必须靠政府进行宏观调控，充分发挥政府的宏观协调与控制作用。

1）建立有效的环境宏观管理机制

为了促进国民经济持续、稳定、协调发展，应以综合效益为中心加强政府宏观调控，使单纯发展经济和孤立保护环境的战略模式，向生态与经济有机结合、协调发展的战略模式转变。借鉴国际成功的经验，成立国家环境保护委员会，把环境保护纳入经济发展战略中，实行归口管理，从而把生态、经济和社会效益三者有机结合起来。

2）构建完善的产品评价体系

我国目前已开展绿色产品审核活动，然而客观地讲，这种审核仅仅是初步的、局部的，也不尽科学完善。随着全球可持续发展达成共识，对环境保护的评价，已由着眼于末端管理发展为全面性的综合思考方式，即从产品原料的获取、产品的生产、使用、销售及废弃、回收整个产品生命周期对环境产生的影响，来评价其对环境产生的影响程度。

我国已从政策、标准到实践层面全面推广生命周期评价法，并通过统一认证体系规范绿色产品市场。然而，中小企业落地难度、国际标准差异等问题仍需持续优化。一方面，造成国内绿色产品市场的不规范，甚至许多企业打出自己的企业绿色产品；另一方面，造成我国在进出口方面频频遭遇"绿色壁垒"的限制。2002 年，我国 71%的出口企业和 39%的出口产品受到国外绿色壁垒的限制，因此而蒙受的损失达 170 亿美元。而 2005 年，欧盟两项指令——《关于报废电气电子设备指令》（简称 WEEE）和《关于在电气电子设备中限制使用某些有害物质指令》（简称 ROHS）付诸实施后，中国受到直接影响的电器产品出口额就达 317 亿美元，占到中国出口欧盟机电产品总值的 71%。

为有效规范我国绿色产品市场，纠正当前的混乱局面，政府急需依据 ISO14000 系列标准，尽快制定出客观、公正且统一的评价标准与方法。值得欣喜的是，国内在相关领域已有所行动，2023 年 11 月，中国首个开放透明生命周期单元过程数据库——"天工数据库"正式发布，为后续工作的开展奠定了一定的数据基础。2024 年 6 月，上海启动产品碳足迹认证试点，并发布了首批 11 项产品种类规则采信清单。但这还远远不够，政府应进一步加大推进力度，整合各方资源，加速构建完善的产品评价体系，提升我国在绿色产品评价领域的话语权，突破国际贸易中的绿色壁垒，促进我国绿色产品市场健康、有序发展，推动我国经济向绿色低碳方向转型。

3）完善绿色法规管理体系，规范绿色营销市场

为了促进生态和经济的协调发展，世界各国都制定了相应的法规。我国政府于 1998 年制定了《中华人民共和国环境保护法》，于 1994 年颁布了《中国 21 世纪议程》，为我国新的环保法规的修订奠定了基础。近年来，我国在原有法律框架下新增及修订了多项法律法规，尤其在绿色产品认证、污染治理、能源转型等领域进行了重要补充，如《中华人民共和国能源法》《绿色产品认证与标识管理法》《国家危险废物名录（2025 版）》《入海排污口监督管理办法》等。

14.1.3 绿色营销评价体系

1993 年，国际标准化组织（ISO）成立了环境管理标准技术委员会（ISO/TC207），将环境管理工作纳入国际标准化的轨道，颁布了 ISO14000 系列标准。ISO14000 系列标准的宗旨是通过建立、实施一系列环境管理体系，达到全面管理，污染预防，持续改进的目的。其中，ISO14000 环境标准制度，则是通过环境标志对企业的环保行为加以确定，以推动有益于环境的产品的发展，达到企业自觉改善环境、保护环境的目的。我国是 ISO/TC207 的成员之一，1995 年成立了全国环境管理标准化技术委员会和中国环境管理体系认证指导委员会，实施 ISO14000 环境指标的认证工作。1996 年 12 月将 ISO14000 系列标准等转化为国家标准，通过认证的企业可获得"绿色"标志。

1. ISO14000 系列标准的特点

1）ISO14000 系列的基本框架与内容

ISO14000 是一个国际环境管理系列标准，即"是一项关于某个组织与实施维持或完成其涉及大气、水质、土壤、天然资源、生态等环境保护方针有关的包括计划、运营、组织、资源等整个管理体系标准"。其内容主要包括：环境管理体系；环境审计；环境标志；环境行为评价；生命周期评定及术语、定义等。

ISO14000 标准有 50 个标准号和 51 个备用标准号。50 个标准号从 ISO14000—ISO14049，51 个备用标准号从 ISO14050—ISO14100。目前公布的有《ISO14001：环境管理体系——规范及使用指南》《ISO14004：环境管理体系——原则、体系和支撑技术通用指南》《ISO14010：环境审核指南——通用原则》《ISO14011：环境审核指南——审核程序——环境管理体系审核》《ISO14012：环境审核指南——环境审核员资格要求》《ISO14040：生命周期评估——原则与框架》等。

ISO14000 是适合于一切工矿企业、各个部门和机构的新的环境管理体系。它不解决绝对的量化标准问题、技术问题和产品标准问题，主要解决是否符合环保法规，是否和承诺一致的问题。因此，无论发达国家还是发展中国家，无论什么单位实施 ISO14000 系列标准都是可行的。

2）ISO14000 的特点

这一系列标准与我国制定的 364 个环境质量、污染排放等标准不同，是一个在国际上通用的标准，是一个管理性标准。它具有如下特点：

（1）以消费者行为为根本动力。以往的环境保护工作是由政府推动的，依靠制定法规、法令等强制企业执行。ISO14000 标准强调的是非行政手段，通过市场上消费者对环境问题的共同认识，来达到促使生产者改进其环境行为的目的。环境意识的普遍提高，使"消费"已超过"法律"成为环境保护的第一动因。

（2）自愿申请，不带任何强制性。企业建立环境管理体系、申请认证完全是自愿的。企业出于商业竞争、提升企业形象、扩大市场份额的需要，在企业内部实施 ISO14000 标准，并以此向外界展示其实力和对保护环境的态度。

（3）没有绝对量的设置，以各国的法律、法规要求为基准。整个标准没有对环境因素提出任何数据化要求，强调了体系的行动以达到设定的目标、指标，并符合各国的法规要求。

（4）强调持续改进和污染预防。要求企业实施全面管理，尽可能把污染消除在产品设计、生产过程之中，并且要求企业注重进一步改进，逐年改进环境行为。

（5）是一个管理体系，注重体系的完整性。要求采用结构化、程序化、文件化的管理手段，强调管理和环境问题的可追溯性，体现出整体优化的特色。

（6）强调了生命周期思想的应用。对产品进行从摇篮到坟墓的分析，全面覆盖了当代的环境问题。从产品设计入手，从根本上解决人类不当的生产方式和消费方式所引起的环境问题。

2. 我国环境标志制度的建立

我国环境标志制度始于 1993 年 3 月，国家环保总局向全国各省、自治区、直辖市和计划单列市的环境保护行政主管部门发出了《关于在我国开发环境标志工作的通知》。1993 年 10 月，国家环保总局和国际技术监督局共同在北京主办了 1993 年中国国际环境标志交流活动，除中外专家进行理论研讨外，还有 92 个企业的 129 种产品送展，其中大多数都是我国当时开发的有益于环境的高新技术产品，如低氟家用制冷器具、氟利昂回收装置、无磷洗衣粉、生物农药、节能节水设备等。专家们从中评选出 60 种产品并授予"环境标志希望杯"，希望他们能在我国实施环境标志时捷足先登。

由国家技术监督局授权的"中国环境标志产品认证委员会"于 1994 年 5 月 17 日正式成立，它是代表国家对环境标志产品实施认证的唯一合法机构。

1995 年 3 月 20 日，中国环境标志产品认证委员会向新闻界公布了 11 家厂家生产的首批通过认证的环境标志产品共有 6 类 18 种。具体包括：不使用氟氯化碳的产品；不含有毒有害物质的涂料；回收再生的卫生纸；无铅汽油；对人体无害的真丝绸产品；无汞、镉电池。

首批环境标志产品的认证是对我国环境标志产品认证体系的一次检验，它为我国环境标志制度的完善积累了经验，也为我国今后环境标志工作的开展打下了基础。此后，认证委员会进行了第二批环境标志产品认证种类的筛选工作。1996 年环境标志认证委员会秘书处又对 12 类产品开展认证准备工作。1996 年 2 月 29 日，《中国环境标志产品认证和环境标志使用管理规定》正式公布，取代了原来的试行文本。

1996 年 3 月 6 日国家环保总局环境标志管理办公室正式成立并开始工作。其工作范围为：审批环境标志工作规划、计划；处理认证工作中所引起的纠纷事务；组织管理检验机构、评审员和检查员的考核认可与评审工作；指导制订环境标志产品的技术要求，确定产品认证应使用的标准；指导环境标志产品的宣传与推广工作；监督环境标志的发放和管理，并管理环境标志产品现场检查工作；指导环境标志产品种类的筛选和申报工作；指导各省、自治区、直辖市环保总局开展环境标志管理工作。

目前已正式通过的一系列规章制度，包括：《中国环境标志产品认证委员会（试行）》《环境标志产品认证管理办法（试行）》《中国环境标志产品认证书和环境标志使用管理规定（试行）》《环境标志产品种类建议》《环境标志产品认证申请书》《中国环境标志产品认证收费实施细则等》。

到 2024 年 8 月为止，绿色产品尚无严格、统一、准确的行业标准，但从消费者与可持续发展的角度来讲，绿色产品标准应有以下 4 条：产品在生产过程中少用资源和能源并且不污染环境；产品在使用过程中能耗低，不会对使用者造成危害，也不会产生环境污染物；产品使用后易于拆卸、回收翻新或能够安全废置并长期无忧；产品质量优良。

只有按以上标准，经过严格认证，贴有绿色标志的产品，才是绿色产品。

3．绿色产品的评价指标

严格地讲，完全符合环境要求、对环境绝对不造成不良影响的产品是很少见的。因此，所有实施绿色标志的国家都公认，一种具有绿色标志的产品只是相对于其他功能相当的同类产品对环境的影响或危害较少些。而鉴定产品间在环境影响方面的差异，需要对产品的整个生命周期即从原料、生产、销售（包括包装运输）使用到后期处置的全过程进行环境影响分析，以找出产品总的环境影响。国外一些已实施绿色标志的国家，为了选择环境标志产品种类和制定获得环境标志必须满足的标准，通常采取如下步骤：

一是产品种类选择；

二是对初选产品种类进行产品整个生命周期的环境影响评价；

三是建立恰当的考核产品环境性能的标准值；

四是产品种类范围的精选。

其中，对初选产品进行产品整个生命周期的环境影响评价是选择产品种类和制定绿色标志产品标准的依据，也是实施绿色标志的关键与核心。

4．绿色营销效益的评价

1）绿色营销效益的界定

效益，即收获与付出之间的比率。比率越大，满意度亦越高，也越是为人所趋。效益的重新界定表现为对收获和付出的重新认识。由马斯洛的需求理论可知，人类的需要分为生存需要、安全需要、交际需要、尊重需要和自我实现的需要 5 个层次，而且在低层次的需要得到满足的情况下才产生高层次的需要。我们可以发现，人的需要是从有形的物质方面转向无形的精神方面，由内在感受转向外在观点，再转向在外在观点影响下的内在满足感。因此"收获"既包括物质方面的满足，又包括精神方面的满足；既包括自我满足，又包括社会满足。同样地，"付出"亦不再是指单一的金钱付出，还包括时间、体力、精力等方面。在这里，我们所提到的效益即是指广义的收获和付出之间的比率，用公式表示为：

$$效益 = \frac{物质（有形）收获 + 精神（无形）收获}{金钱付出 + 时间付出 + 体力付出 + 精力付出}$$

2）绿色营销的效益

绿色营销是将绿色引入企业的营销活动中，一方面使企业内部生机盎然绵绵不息，另一方面有益于社会、有益于生态环境，是一个双赢的局面，人与大自然的和谐相处，人与社会的相得益彰。绿色营销的效益就是指在绿色营销的整个过程中所获得的全部有形收获（如利润的增加）、无形收获（如企业形象的提高、生态环境的改善等）与全部支出（如环保产品的设计、绿色消费观念的宣传等）的对比关系。

3）绿色营销效益的评价指标

按主体的不同，绿色营销的效益可分为：企业效益、企业外效益（包括生态效益和社会效益）；按时间长短的不同，绿色营销的效益可分为：短期效益（直接效益）、长远效益（间接效益）；按是否能用金钱来衡量，绿色营销的效益可分为：经济效益、公共效益。为方便起见，这里仅以不同的主体为线索对绿色营销的效益进行评价。

企业效益：企业是从事绿色营销的主力军，对企业来讲，需要搜索绿色信息，开发绿色资源，研制绿色产品，制定绿色价格，选择绿色渠道，开展绿色促销，实施绿色管理。这一系列活动都需要耗费成本，也会产生效益，不同的营销活动所产生的效益也不一样。企业效益中既包括可以定量的企业经济效益，又包括只能定性的企业竞争力效益。

企业经济效益：企业从事绿色营销所获得的经济效益同非绿色营销所得到的经济效益的比较，主要表现为利润率上的比较。

企业竞争力效益：企业从事绿色营销所获得的竞争力的提高与所增加的成本之间的比较。这是一项定性的指标，但对于企业来说相当重要，特别是在竞争异常激烈的今天，有时候企业甚至不惜牺牲一部分经济利益来换取竞争力效益，因为这里蕴涵着企业发展的动力。它主要包括以下几个方面：企业市场占有率的扩大；企业知名度；企业美誉度；企业文化的形成。

企业外效益：绿色营销是由营销经历了一系列的导向变化发展而来的，从产品导向—顾客导向—社会导向—绿色营销导向（满足顾客需求、社会利益和生态的可持续性）。由此可见，绿色营销最大的贡献就在于引入了对生态环境的关注与保护。因为要创造出营销自身的可持续性，就需依赖环境不断地提供营销所需资源的能力，同时能持续吸收营销过程的产物的能力。所以，必须关注企业外部的生态效益和社会效益。

14.1.4　全球市场营销环境

1. 当今的全球营销

便捷的通信、交通和资金流动正使世界迅速"变小"。在一个国家开发的产品——麦当劳的汉堡包、网飞的视频服务、三星的电子产品、卡特彼勒的挖掘设备、德国的宝马汽车，在其他国家也受到消费者的喜爱。一位穿着意大利套装的德国商人，在日本餐馆里会见英国朋友，回家后饮用俄罗斯伏特加，观看美剧《生活大爆炸》，浏览全球朋友刚刚在小红书上发布的消息，这样的事早已不足为奇。

过去30多年，国际贸易迅猛发展，全球跨国公司的数量已经翻番，增加到65 000多家。这些跨国公司中有一些真正的巨型企业。实际上，世界上最大的150个经济体中，只有88个是国家，其余的62个是跨国公司。2022年，世界上最大的公司是沃尔玛（根据加权平均的销售额、利润、资产和市值排名），其年收益已经超过世界排名第26位的国家的GDP。尽管最近世界范围的经济衰退导致国际贸易有所下降，2023年全球产品和服务贸易仍然达到16.5万亿美元，约占世界GDP总量的22%。

随着全球贸易的发展，全球竞争也日益加剧。外国公司积极地扩张进入新的国际市场，国内市场不再充满机会。如果公司耽误了国际化的步伐，就可能被西欧和东欧、中国和环太平洋国家、俄罗斯、印度、巴西和其他国家日益增长的市场阻隔在外。那些固守国内市场想图个安逸的企业，不仅会失去进入其他国家市场的机会，而且有可能失去国内市场。那些根本没有考虑国外竞争者的国内公司会突然发现，这些竞争者已经来到了自家后院。

具有讽刺意味的是，尽管企业迈出国门的愿望比以往任何时候都要强烈，但风险也大得多。进入全球市场的公司可能面对不稳定的政局和货币、政府的限制性政策和管制，以及较高的贸易壁垒。最近低迷的全球经济环境也带来了严峻的挑战。另外，腐败也是一个日趋严重的问题，一些国家的官员常常把生意交给贿赂额最高的，而不是最优秀的投标者。

全球企业是在一个以上的国家开展经营活动，并获得市场营销、生产、研发和融资优势的公司，而这些优势是只在国内经营的企业无法得到的。全球企业将世界视为一个统一的市场。它寻求不同国家市场的共性，建立跨国品牌，在全世界选择最合适的地方融资、购买原材料和零部件、制造并营销产品。

这并不意味着每个中小企业都必须在十几个国家经营才能够获得成功。规模较小的公司可以实施全球性补缺战略。但是，世界正越变越小，所有在全球行业中经营的公司，不论规模大小，都必须在世界市场中评价和确立自己的定位。

全球化的快速推进意味着所有的公司不得不回答以下基本问题：我们应该在国内、经济区域或全球如何定位？谁是我们的全球竞争者？它们的战略和资源优势是什么？我们应该在哪里生产或采购产品？我们应该与其他企业在世界范围内形成怎样的战略联盟？

如图14-1所示，公司在国际市场营销中面临6项主要决策，本节将依次讨论。

| 考察全球
营销环境 | → | 决定是否
走向全球 | → | 决定进入
哪些市场 | → | 决定如何 | → | 制订全球
营销计划 | → | 决定全球市
场营销组织 |

图 14-1　国际营销的主要决策

2. 考察全球营销环境

在决定是否进行国际化经营之前，公司必须全面了解国际市场营销环境。最近 20 年间，这一环境发生了重大的变化，既创造了新的机会，也带来了新的问题。

1）国际贸易体系

希望从事国际化经营的公司必须首先理解国际贸易体系。力图将产品出售给其他国家顾客的企业往往会面临不同的贸易限制。外国政府可能对某些进口产品征收较高的关税和税收，旨在增加收入或保护本国企业。关税还常常用于限制其他国家的贸易活动。

例如，在确定中国太阳能电池和电池板制造商在欧盟国家的售价低于市场价之后，欧盟对中国太阳能电池板征收进口税。中国政府第二天就采取了措施，对欧盟出口中国的葡萄酒征收关税。该争议在中国太阳能电池板生产商同意接受欧洲最低价格，而欧盟同意帮助中国发展自己的葡萄酒产业作为在中国推销葡萄酒的回报后才得以解决。

外国政府还可能设定配额，限制某些产品的进口数量，目的是节约外汇，并保护当地的产业发展和就业机会。从事国际化经营的企业也许还会遇到外汇管制，即限制外汇总量以及与其他货币兑换的汇率。公司还可能面临非关税壁垒，如对外国公司投标的偏见、限制性产品标准或者东道国的其他管制或限制。

同时，有些力量帮助不同国家和地区之间开展贸易。例如，世界贸易组织（WTO）和各种区域性自由贸易协定。世界贸易组织建立于 1947 年、调整于 1994 年的关贸总协定（GATT），致力于通过降低关税和其他国际贸易壁垒来促进世界贸易的发展。它是世界贸易组织（WTO）的前身。WTO 于 1995 年取代 GATT，继续执行原先由 GATT 完成的任务。WTO 和 GATT 成员（目前的数量是 162 个国家和地区）已经在一起经过了 8 轮谈判，重新评估贸易壁垒，为国际贸易设定新规则。WTO 还调解国际贸易争端，执行贸易制裁。其行动已经卓有成效。

国际市场营销者必须明白，每个国家都有自己的独特之处。一个国家对不同产品和服务的接受意愿及其作为一个市场对外国企业的吸引力，取决于其经济、政治、法律和文化环境。

2）经济环境

国际市场营销者必须研究各个国家的经济发展状况。有两种经济因素反映了一个国家的市场吸引力：该国的产业结构及其收入分配。

第一种经济因素是该国的产业结构。一个国家的产业结构决定了其产品和服务需求、收入水平和就业水平。例如，在自给自足的经济中，绝大多数人口从事简单的农业劳作。他们大多数的产出供自己消费，余下的小部分用于交换简单的产品和服务。这种经济只能提供很少的市场机会。许多非洲国家属于这类经济结构。另外一个极端则是工业经济。工业经济国家是产品、服务和资本的主要输出国。它们彼此之间开展商品贸易往来，也将原材料和半成品出口给其他经济类型的国家。这些工业化国家的各种生产活动及其大规模的中产阶层，使之成为各种商品的巨大市场。如美国、日本和西欧各国。

新兴经济是那些快速增长和工业化进程中的国家或地区。例如，金砖（BRICS）国家——巴西、俄罗斯、印度、中国和南非。随着制造业的增长，这些国家需要进口更多的原材料、钢铁和重型机械，而纺织品、纸制品和汽车的进口逐步减少。工业化往往会产生一个新的富裕阶层和一个虽然规模较小但增长迅速的中产阶层，这两个阶层对新型的进口产品都有较高的需求。随着发达市场越来越停滞且竞争越来越激烈，如今许多市场营销者瞄准新兴市场中蕴涵的增长机会。

第二种经济因素是该国的收入分配。工业化国家有低、中、高收入的家庭。相反，在自给自足经济的国家可能主要是低收入的家庭，其他经济形态的国家中家庭收入可能相差很大。但是对各种商品而言，即使是贫穷的国家或发展中国家，也可能存在有吸引力的市场。近年来，随着全球经济趋弱，美国国内和新兴市场的增长都放慢了速度，许多公司开始将目光转向新目标——所谓的"金字塔底层"，即尚未开发的广大市场。

3. 政治和法律环境

世界各国在政治和法律环境上常常差异显著。公司决定是否在某个国家做生意时，应该考虑该国对待国际采购的态度、政府的官僚作风、政局稳定性以及金融管制等因素。

一些国家对外国企业非常友好，一些国家却对外国投资存有敌意。例如，印度用进口配额、金融管制等限制措施干扰外国企业，使在那里经营成为一种挑战。相反，邻近的亚洲国家诸如新加坡和泰国对外国投资则很友好，为它们提供激励和有利的经营条件。政局和管制稳定性是另一个问题。例如，国家间的地缘政治冲突，无疑使在那里做生意的难度和风险增加。

公司还必须考虑一个国家的货币管制政策。销售者希望他们所获取的利润能够用有价值的货币支付。较为理想的状况是，买者能够以卖者的货币或以其他世界流通的货币支付货款。缺少这种货币的时候，卖方可能接受一种受管制的货币——买方政府限制这种货币的汇出，买方只能在当地购买自己所需的其他商品，或者将所购商品在其他地方出售换回所需货币。除了外汇管制，不断波动的汇率也给国际市场营销者带来很高的风险。

大多数国际贸易涉及现金交易。然而，许多国家硬通货很少，不足以支付从其他国家购买。它们可能希望用其他东西替代现金来支付相关款项，这就推动了易货贸易的增长。易货贸易涉及产品或服务的直接交换。例如，委内瑞拉通常在国际市场上用剩余的石油换取食品，如圭亚那的大米，萨尔瓦多的咖啡，尼加拉瓜的糖、咖啡、肉等，多米尼加共和国的大豆和面粉，古巴的医生和医疗服务。

4. 文化环境

每个国家都有自己的风俗、道德规范和禁忌。设计全球市场营销战略时，公司必须了解在各个细分市场中，文化怎样影响消费者的反应，以及自己的市场营销战略如何影响当地文化。

文化对市场营销战略的影响：在制订营销计划之前，公司必须理解不同国家的消费者对产品的看法和使用习惯。世界市场上常常有意想不到的事情发生。例如，法国男性对化妆品和洗漱用品的平均使用量是其妻子的 2 倍。德国人和法国人比意大利人食用更多品牌化包装的意大利面。大约 49%的中国人在上班路上吃早餐。大多数美国女性在睡觉时打散发型并卸妆，而 15%的中国女性在睡觉时保持发型。

因此，理解文化传统、偏好和行为可以有效地利用跨文化机会，可以通过文化改变市场营销战略影响。全球化是双向的：如果全球化有米老鼠的耳朵，那它也戴着法式贝雷帽，用华为手机打电话，在宜家买家具，开着丰田的凯美瑞汽车，用松下 OLED 电视机收看英国的电视节目。

5. 决定是否走向全球

并非所有的公司都需要到国际市场上冒险才能生存。例如，大多数当地企业仅仅需要在本国市场好好营销就可以。国内经营相对容易和安全，管理者不需要学习另一个国家的语言和法律，也不必应付货币价值的频繁波动和面对不确定的政治法律环境，或者重新设计产品以适应不同顾客的期望。但是，在全球行业中经营的公司则不同，它们在特定市场的战略定位受到其全球化定位的极大影响，因此必须在地区或世界范围的基础上竞争，才能获得成功。

以下因素中的任何一种都可能将公司推向国际竞争的舞台。例如，全球竞争对手可能通过提供更好的产品或更低的价格攻击公司的母国市场，而公司可能要在竞争对手的本国市场中反击，以牵制它们的资源，或者公司的顾客可能正在全球扩张并要求国际服务，或者外国市场很可能带来额外的销售和利润机会。例如，正如我们在本章引例中讨论过的，可口可乐公司近年来非常强调国际增长以缓解由于美国软饮料市场增长停滞和下降对收益造成的影响。2024 年，可口可乐近 60%的总销售收入和 81%的利润来自美国之外，公司正努力扩大自己在 90 个新兴市场的份额，如中国、印度和整个非洲大陆。

在进入国际市场之前，公司必须权衡一些风险并回答有关其全球经营能力的问题。公司了解其他国家消费者的偏好和购买行为吗？能够比竞争对手提供更有吸引力的产品吗？能够适应其他国家的商业文化并有效地与外国人打交道吗？公司的管理者具有必要的国际化经验吗？管理层考虑过他国法规和政治环境的影响吗？

6. 决定进入哪些市场

在进入国外市场之前，公司应该努力制定国际营销的目标和政策，明确所希望的国外销售数量。大多数公司最初进入国际市场时的规模并不大。一些公司的计划本身就是小规模的，将国际销售视为其业务的一小部分。有些公司则有较大的计划，认为国际业务与国内业务地位同等，甚至更加重要。公司还需要确定在多少个国家开展市场营销活动，必须小心，不能扩张太快，一下子进入太多的国家而消耗太多，或超出自己的经营能力。而且，公司需要决定进入的国家类型。一个国家市场的吸引力取决于产品、地理因素、收入和人口、政治氛围和其他因素。销售者可能偏好某些国家集团或世界市场的某些部分。近年来，出现了许多重要的新兴市场，在提供巨大的发展机会的同时，也带来令人望而生畏的挑战。在确定可能的国际市场之后，公司必须仔细地逐一评价。

公司应该将可能进入的国家市场根据一些评价因素排序，包括市场规模、市场增长、经营成本、竞争优势和风险水平等，目的在于判断各个市场的潜力，如表 14-1 所示。然后，市场营销者必须判断哪个市场的长期投资回报率最高。

表 14-1　市场潜力指标

人口特征	社会文化因素
教育； 人口规模和增长； 人口年龄结构	消费者的生活方式、信念和价值观； 商业道德和方式； 文化与社会规范； 语言
地理特点	政治和法律因素
气候； 国家规模； 人口密度——城市、农村； 交通结构和市场可到达性	国家优先政策； 政局稳定性； 政府对全球贸易的态度； 政府的官僚作风； 货币和贸易管制
经济因素	
GDP 规模和增长率； 收入分配； 工业基础设施； 自然资源； 金融和人力资源	

14.1.5　全球市场营销开发

1. 决定如何进入市场

一旦公司决定在国外销售，就必须确定最佳的市场进入模式。它可以选择出口、联合企业和直接投资。图 14-2 显示了进入市场的 3 种方法和每种方法的具体形式，从左至右，各种进入战略所涉及的投入和风险越来越大，但控制性和潜在利润也逐步增大。

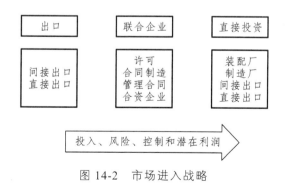

图 14-2　市场进入战略

1）出口

进入国外市场最简单的方法是出口。公司可能偶尔被动地将其剩余产品出口，也可能采取积极的行动对某一特定的市场扩大出口。无论哪种情况，公司都在母国生产所有产品，出口产品可能根据东道国市场的需求特征进行调整，也可能不调整。因此，公司的产品线、组织结构、投资或使命的变动最小。

公司通常从间接出口开始，即通过独立的国际市场营销中间商出口。间接出口涉及较少的投资，因为企业并不需要建立海外营销组织或网络。它涉及的风险较小。国际市场营销中间商具有相关知识和服务经验，在销售过程中较少犯错误。公司最终可能会转向直接出口，即由自己来处理出口业务。这种战略涉及的投资和风险会在一定程度上提高，但其潜在回报也比较高。

2）联合企业

进入国际市场的第二种方式是联合企业——与外国公司组建合资企业生产或营销产品或服务。联合企业与出口的差异在于，公司与东道国的伙伴一起在海外销售或营销。它与直接投资的不同在于，与国外企业形成了合作关系。有4种类型的联合企业：许可、合同制造、管理合同和合资企业。

3）许可

对制造商而言，许可是一种进入国际市场的简单途径。公司与国外的被许可人达成协议，被许可人支付费用和许可费，就可以从公司（许可人）获得加工工艺、商标、专利、商业秘密或其他有价值事项的使用权。公司因此以很小的风险进入该国市场。被许可人无须白手起家就能获得生产技术或知名的产品和品牌。

4）合同制造

合同制造也是一种选择，公司与国外制造商签订合同，由其负责生产产品和提供服务。

5）管理合同

在管理合同方式下，由国内公司向国外公司提供管理知识，后者自己提供资本。换言之，公司出口的是管理服务，而不是产品。希尔顿就是运用这种方式管理全球各地的连锁酒店的。例如，该酒店连锁企业在从英国和意大利到秘鲁、哥斯达黎加，再到中国、俄罗斯和坦桑尼亚经营希尔顿旗下的"双树"。该物业属于当地人，希尔顿运用自己驰名全球的酒店管理专长进行管理。

6）合资企业

合资企业是由当地公司与国外投资者联合创办的企业，合资方分享所有权和控制权。公司可以收购当地公司的股权，或者双方共同出资组建一个新公司。有时，出于某些政治或经济原因，合资可能是公司唯一的选择。例如，公司也许因为缺少在国外市场独自经营的资金、物力或管理人才，或者外国政府以合资作为准许进入其市场的条件。香港迪士尼乐园和上海迪士尼乐园都是与中国国有企业上海申迪集团组建的合资企业。迪士尼和上海申迪集团分别拥有上海迪士尼乐园43%和57%的股份。通常，公司采用合资企业形式是为了在开发全球营销机会时实现优势互补。

合资企业也有一些缺点。合资伙伴也许在投资、营销或其他政策上出现分歧。许多美国公司喜欢将收益再投资以求加速增长，但当地企业常常偏好将这些收益收回；美国企业强调市场营销的作用，当地投资者可能更重视销售。

7）直接投资

对外国市场卷入度最深的是直接投资建立国外组装厂或制造厂。例如，除了在中国成立合资企业，英特尔还投巨资建立了自己的制造厂和研究中心。它花费 16 亿美元为其位于成都的芯片工厂进行升级改造，投资 25 亿美元在大连建设一家崭新的加工厂。"中国是我们增长最快的主要市场。"英特尔的 CEO 说，"我们相信这些将带来未来增长的市场投资，对更好地服务我们的客户非常关键"。

假如公司在出口中积累了诸多经验，而且国外市场足够大，那么国外建厂的进入方式会提供许多优势。公司可以通过廉价劳动力或原材料、外国政府的投资激励、运费的节省等大幅降低成本。公司还可以在东道国提升形象，因为它创造了就业机会。通常，公司可以与政府、客户、当地供应商和分销商建立更深的关系，使其更好地适应当地市场。另外，公司能保持对投资的全部控制，因而可以按长期的国际目标制定制造和营销政策。

直接投资的主要缺点是，公司面对许多风险，如货币限制和贬值、市场衰退或者政权更替等。但在有些情况下，公司要想在东道国经营，只能承担这些风险，别无选择。

2．制订全球营销计划

在一个或多个外国市场经营的公司必须决定在多大程度上调整其市场营销战略和方案，以适应当地的市场条件。一个极端是运用标准化全球营销的全球公司，它们在全球范围内运用几乎一模一样的市场营销战略和市场营销组合。另一个极端是调整的全球营销。在这种情况下，生产者根据各个目标市场的需求特点，调整其市场营销战略和市场营销组合要素。虽然成本较高，但有望获得较大的市场份额和回报。

近年来，跨国经营的公司应该选择调整的全球营销战略，还是标准化全球营销战略的问题，引发了激烈的争论。一方面，一些国际市场营销者相信，技术正使世界变得越来越相似，这为"全球品牌"和标准化全球营销铺平了道路。全球品牌化和标准化反过来使品牌的力量愈发强大，并通过规模经济降低成本。

另一方面，市场营销理念认为，为每个目标顾客群量身定制独特的营销方案，效果会更好。如果这一理念在一个国家内部有效，就可以在更广泛的国际市场应用。尽管全球市场日益一体化，但不同国家的消费者仍然有不同的文化背景。他们仍然在需求和欲望、购买能力、产品偏好和购物模式上存在显著差别。而且，这些差别很难消除。大多数市场营销者因此调整自己的产品、定价、渠道和促销，以适应不同国家的消费者需求。

但全球标准化不是一个非此即彼的命题，而是一个程度问题。大多数国际市场营销者认为，公司应该"全球思维，当地行动"——它们应该在标准化与调整之间追求一种平衡，充分利用其卓越的全球品牌知名度的同时，针对具体的市场调整营销和运营。

总体来看，当地品牌仍然在消费者购买中占绝大部分。大多数消费者，无论住在哪里，都过着非常当地化的生活。所以，全球品牌应该脚踏实地吸引当地消费者，尊重当地文化，并成为它的一部分。

3．产　品

公司可用于调整产品和营销沟通计划适应全球市场的战略主要有 5 种（见图 14-3）。

图 14-3　5 种全球产品沟通战略

直接产品延伸：公司对产品不做任何改变的在国外营销。高层管理者对营销人员说："把产品原封不动地拿去，为它找到客户。"尽管如此，第一步还是要先发现外国消费者是否使用该产品，以及他们偏好何种产品形式。

产品调整：根据当地条件或需求对产品做出修正和改变。例如，在美国，唐恩都乐出售覆着糖霜、填充了果酱和奶油、裹着巧克力的优质甜甜圈给顾客早上带着路上吃。

产品创新：为满足特定国别市场的需要而创造新产品。随着市场日益全球化，从电器制造商和汽车制造商到糖果和软饮料生产者，各行各业的公司纷纷开发能够满足发展中国家低收入消费者特殊要求的产品。

4. 促　销

公司可以采用与母国市场相同的沟通战略，也可以根据当地市场做出相应调整。让我们看看广告策略。一些全球公司在世界各地运用标准化的广告主题。例如，雪佛兰将以前聚焦美国的"雪佛兰驰骋至深"（Chevy Runs Deep）定位和广告主题替换为更具全球性的"开拓新天地"（Find New Roads）。这个新主题"适用于全球所有的市场"。通用汽车的营销总裁说道："该主题在像美国这样的成熟市场与像俄罗斯和印度之类增长潜力巨大的新兴市场都意义深刻。"雪佛兰在 140 多个国家出售汽车，截至 2023 年，其近 2/3 的销售收入来自美国之外的市场，而 10 年前这一比例还只有 1/3。

当然，即使在高度标准化的沟通运动中，也必须适应语言和文化的差异进行细微的调整。全球公司常常难以跨越语言障碍，结果导致尴尬，甚至失败。看似平淡无奇的品牌名称和广告语在翻译成另一种语言时可能无意中犯忌或产生歧义。

营销者必须小心地避免这种错误，在特殊的海外市场对品牌及其信息进行本土化传播时要格外谨慎。在重要但文化差异巨大的市场。另一些公司没有采用全球标准化的广告策略，而是遵循沟通调整，针对当地市场的需求特点充分地调整沟通信息。消费者产品营销者联合利华对麾下众多品牌就是这样做的。

在全球营销中，也需要调整媒体选择决策，因为各国的媒体在可获得性和管制程度上存在很大差异。例如，欧洲限制电视广告的播放时间，法国每天可以有 4 小时的广告时间，北欧国家干脆不允许播放电视广告。广告主必须提前几个月就购买好广告时段，即使这样也无法控制播出时间。不过，在欧洲和亚洲，手机广告的接受程度比较高。各国杂志广告效果也有很大差异。杂志在意大利是一种主要的媒体，但在奥地利的影响很小。报纸在英国是全国性的媒体，在西班牙则是地方性的。

5. 定　价

公司在制定国际价格时，会面临众多问题。例如，百得公司应该如何在全球制定其电动工具的价格？它可以制定一个全球统一的价格，但是这种价格对贫穷的国家来说可能太高，对富裕的国家来说可能过低。它也可以在不同的国家制定当地消费者负担得起的价格，但是这种定价忽略了各国之间实际成本的差异。最终，公司还可以在世界各地采用标准的成本加成法定价，但这种定价方法可能使百得公司在成本高的国家失去竞争力。

无论公司如何为它们的产品制定价格，国外售价都可能会比国内价格高。苹果 iPad3 在美国的售价是 399 美元，在英国却要 546 美元。为什么？苹果面对价格攀升问题。它必须在出厂价上增加运输费用、关税、进口商毛利、批发商毛利和零售商毛利等一系列成本。由于这些增加的成本，产品必须以 2 ~ 5 倍的价格在另一个国家出售，才能够获得相同的利润。

在向发展中国家贫穷的消费者出售产品时，为了克服价格攀升的问题，许多公司为其产品制作更简单或更小的版本，以便以较低的价格出售。还有些公司在新兴市场推出更实惠的品牌。

最近的经济和技术因素对全球定价产生了影响。例如，互联网正使全球价格差异更加明显。当公司在互联网上出售商品时，顾客可以看到产品在不同国家的售价。他们甚至可以直接从价格最低的公司或经销商处订购产品。这促使公司采用更加标准化的国际定价。

6. 分销渠道

跨国公司必须采用整体渠道观看待向最终消费者分销产品的问题。图 14-4 展示了卖家和最终买家之间的两种重要联系。第一种联系是国家之间的渠道，将公司的产品从生产地运送到东道国的进口地点。第二种联系是东道国国内的渠道，将产品从市场进入地运送到最终消费者手中。整体渠道观对整个全球供应链和市场营销渠道都高度关注。要在全球市场竞争中获胜，公司必须有效地设计和管理整个全球价值递送网络。

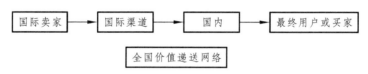

图 14-4　国际市场营销的整体渠道观念

国内的分销渠道因国家不同而各异。首先，各个国家市场的中间商数量和类型存在很大的差异，服务于这些中间商的交通基础设施也是如此。例如，在美国，大规模的零售连锁主导着市场，但在其他国家，大部分的零售业务可能由众多独立的小型零售商来完成。在印度或印度尼西亚，商品由数百万零售商经营的小商店或在集市上销售。

在新兴市场中，公司常常必须克服分销渠道设施和资源供应的挑战，即使在有相似类型零售商的市场中，零售惯例也可能大相径庭。

7. 决定全球市场营销组织

公司至少可以用 3 种方式管理国际营销活动：大多数公司最初组建一个出口部门，然后创建一个出口事业部，最终发展成为一家全球组织。

公司通常通过简单地出售其产品涉足国际市场营销。如果其国际销售扩展了，就由一个销售经理和一些助手组建一个出口部。随着销售增加，出口部可能扩展为包括各种营销服务，以便它可以积极地打理业务。如果公司希望开始建立联合企业或直接投资，出口部就不够了。

许多公司涉足数个国际市场。公司可以将产品出口给一个国家，通过许可进入另一个国家，与第三个国家的企业合资，还可以在第四个国家直接投资或建立分支机构。它迟早会成立一个国际事业部或子公司来专门负责所有的国际业务。

国际事业部的组织方式有多种。其员工包括市场营销、制造、调研、财务和人力资源等各个领域的专家。他们为各个运营单位制订计划并提供服务，可以 3 种方式组织起来。它们可以是地理型组织，在不同的国家设立经理负责管理销售人员、分支机构、分销商和被授权的国外企业；也可以是世界产品小组，分别负责不同产品在世界范围内的销售；还可以是国际分公司，分别对各自的销售和利润负责。

不少公司已经超越了国际事业部阶段，成为真正的全球组织。全球组织不再认为自己是在国外销售的国内市场营销者，而将自己视为全球市场营销者。公司高层管理者和员工在世界范围内进行生产设施、市场营销政策、资金流和物流系统的规划。全球运营单位直接向公司的执行总裁或执行委员会，而不是国际事业部的主管报告。经理人员接受全球经营而非仅仅国内或国际经营的培训。公司从不同的国家招聘所需的管理人才，在价格最低的国家购买零部件和原材料，在预期回报率最高的国家进行投资。

如今，大型集团公司如果希望继续在竞争中取胜，就必须更加全球化。随着外国公司成功地进入国内市场，公司必须更积极地开拓外国市场。它们必须改变，从将国际经营视为次要的业务，转变为将全世界视为一个无边界的市场。

14.2　应用与实践

14.2.1　经典案例——蒙牛集团的绿色营销策略

环保人士坦言，废弃包装的回收系统是最让人头疼的。建有聚乙烯铝塑复合包装材料回收利用技术公司的大中城市的回收率不到 20%，普遍困扰这些企业的问题，就是利乐包回收数量的不足。没有建有回收公司的中小城市回收率更低，马路边、水渠旁随处可见废弃包装，又不易降解，问题连连。

蒙牛集团根据铝塑包装盒回收难的问题，做出了具体的活动实施方案，即 10 个或 20 个空盒换一盒奶，建立回收系统让经销商一级一级往上交，定期送到邻近有回收设备的城市。先期投资就是物流费和系统建立的费用，不久就能回收系统建立成本，但给企业形象带来的却是无形的价值。

在各个卖点进行的"一件捆一盒奶、一件送一盒纸巾"的促销本身给人有点"费力不讨好"的感觉（在人们印象中只有低端产品才做赠品促销），但是以环保的名义用包装盒来换奶更能体现出企业的社会责任感，更能体现出蒙牛产品的价值（蒙牛是不轻易送的）。"得人心者得天下"，蒙牛为中小学生免费送奶计划也是为企业树立品牌形象。"包装盒换奶回收计划"适宜时代环保需求，笼络了现代人对都市环保的心。蒙牛集团通过铝塑包装盒换奶以及送奶计划等绿色营销活动，赢得了企业品牌形象，巩固了消费者对企业的价值认定。

资料来源：GREEN 战略引领价值链 夯实可持续发展韧性——蒙牛发布 2024 年可持续发展报告 [EB/OL].（2025-04-29）[2025-05-30].央视网，https://baijiahao.baidu.com/s?id=1830730070700324958&wfr=spider&for=pc.

14.2.2 案例分析与方法应用

1. 产品策略分析

蒙牛乳业有绿色独特的奶源及生态产业链,前瞻性提出以生态草原建设为基础的绿色奶源战略,引进优质草种,推进大型生态牧场建设,夯实优质奶源基础,建立了亚洲最大的单体牧场——蒙牛澳亚国际牧场。蒙牛除了建设生态牧场,打造中国乳业绿色经济样本外,还在节能减排和循环经济方面累计投入超过 4 亿元,着力构建绿色花园工厂,将低碳环保融入"绿色生态产业链"的各个环节。

2. 价格策略分析

250 mL 的纯牛奶有 24 盒,一箱 1 L 的纯牛奶有 10 盒,所以一箱对于经常喝的用户来说,价格不贵,并且这只是一个很小也很容易积累的量。10 个或 20 个空盒拿到买的商店或超市去换盒奶,这是很简单又很实惠的事;同时又让消费者感到环保是件好事。所以基于方便和好的理念,这个做法得到了全面的推广,得到了消费者的支持。

3. 渠道策略分析

蒙牛乳业加强 ISO14000 和绿色标志的认证管理。ISO14000 认证和绿色标志认证是企业进入国际市场和冲破绿色壁垒的绿色通行证。申请认证能推动企业内部环境管理体系的建立,引导企业按照绿色要求改进产品设计、生产工艺和生产过程。现在蒙牛公司已经获得了绿色标志的认证,公司要积极开拓国外市场营销渠道就必须获得 ISO14000 这张通向海外的通行证。

4. 促销策略分析

蒙牛乳业借助自身强大的品牌号召力进行绿色营销的促销策略。蒙牛是全国知名品牌,拥有良好的全国销售渠道,使活动可以在全国顺利地进行。通过促销活动宣传绿色思想,树立蒙牛企业的绿色公关形象。由于消费者对蒙牛公司有足够的信任,蒙牛乳业绿色营销活动就有了成功的保证。仅此一次绿色环保活动就足以引起全国的关注。蒙牛公司的此次活动在无形中教育并影响了这一代人的环保意识。大量绿色食品的出现,已掀起热爱绿色食品的浪潮,促进了绿色消费意识的形成;可降解餐饮用具的使用,不仅减少了"白色污染",也增强了人们保护环境、防止污染的意识;包装可回收的应用也大大改变了人们节约资源、回收废物的观念……消费者环保意识逐步增强,代代相传,从而实现可持续发展。

本章知识结构图:

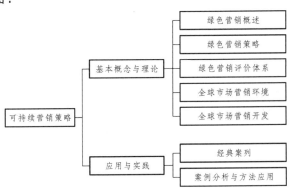

课后思考题

一、名词解释

1. 绿色营销：

2. 可持续发展：

3. 绿色营销策略：

4. 联合企业：

5. 直接投资：

二、单选题

1. 市场营销观念，是一种强调以（　　　）为中心的营销观念。
   A. 企业利润　　　　　　　　B. 广品
   C. 顾客需求　　　　　　　　D. 销售

2. 个人或家庭为了生活消费而购买商品或服务的市场，是指（　　　）。
   A. 生产者市场　　　　　　　B. 中间商市场
   C. 政府市场　　　　　　　　D. 消费者市场

3. "好酒不怕巷子深"是（　　　）营销观念的具体体现。
   A. 生产观念　　　　　　　　B. 产品观念
   C. 推销观念　　　　　　　　D. 社会观念

4. 在国际市场营销中，企业面临的最重要的挑战是（　　　）。
   A. 语言和文化的差异　　　　B. 国际贸易政策变化
   C. 跨国竞争对手　　　　　　D. 运输和物流成本的增加

5. 下列选项中，国际市场营销的基本原则是（　　　）。
   A. 适应性营销　　　　　　　B. 个性化营销
   C. 客户导向　　　　　　　　D. 增值服务

三、多选题

1. 下列属于绿色消费范围的有（　　　）。
   A. 绿色家电　　　　　　　　B. 绿色服装
   C. 绿色管理技术　　　　　　D. 绿色原材料
   E. 绿色食品

2. 绿色消费心理的过程包括（　　　）。
   A. 情绪过程　　　　　　　　B. 绿色需求
   C. 认知过程　　　　　　　　C. 意志过程
   E. 绿色需要

3. 绿色营销观要求企业在营销中要考虑（　　　）。
   A. 消费者利益　　　　　　　B. 企业自身利益
   C. 社会利益　　　　　　　　D. 环境利益
   E. 政府利益

4. 国外市场营销计划结构包括（　　　　）。

　　A. 产品　　　　　　　　　　　　B. 价格

　　C. 渠道　　　　　　　　　　　　D. 储运

　　E. 促销

5. 以下关于补偿贸易的说法，错误的有（　　　　）。

　　A. 补偿贸易有易货贸易的性质

　　B. 补偿贸易具有延期付款的性质

　　C. 补偿贸易是在 20 世纪 80 年代开始出现的

　　D. 补偿贸易具有卖方信贷的性质

　　E. 补偿贸易是技术转让与信贷业务相结合的产物

四、判断题

1. 绿色营销实质就是市场营销。（　　　　）

2. 绿色营销服务的对象已从消费者扩展到消费者和社会，其目标从最大限度地刺激消费转变为追求可持续发展。（　　　　）

3. 消费者的性别、年龄、受教育程度、生活方式、经济状况等因素都会影响消费者的绿色消费行为。（　　　　）

4. 密集分销可提高产品的形象，且对中间商有较大的控制力。（　　　　）

5. 在控制力方面，间接渠道比直接渠道有利。（　　　　）

五、简答题

1. 解释 ISO14000 国际环境管理系列标准。

2. ISO14000 国际环境管理系列标准包括哪些内容？

3. 简述如何制订一个可行的全球营销计划。

参考文献

[1] 阳翼. 数字营销[M]. 3 版. 北京：中国人民大学出版社，2020.

[2] 许安心，林榲荷. 市场营销教学案例与分析[M]. 北京：中国农业出版社，2021.

[3] 加里·阿姆斯特朗，菲利普·科特勒. 市场营销学[M]. 赵占波，孙鲁平，赵江波，等，译.13 版. 北京：机械工业出版社，2019.

[4] 李先国. 市场营销学[M]. 3 版. 上海：上海交通大学出版社，2017.

[5] 菲利普·科特勒，加里·阿姆斯特朗. 市场营销原理与实践[M]. 楼尊，译.17 版. 北京：中国人民大学出版社，2020.

[6] 万后芬. 绿色营销[M]. 2 版. 北京：高等教育出版社，2006.

[7] 李先国. 市场营销学[M]. 上海：上海交通大学出版社，2012.

[8] 王竹. 市场营销学[M]. 北京：航空工业出版社，2015.

[9] 叶敏，赵伯庄. 市场营销原理与实践[M]. 北京：国防工业出版社，2008.